乡村振兴视阈下农村社会信用体系建设研究

肖仕刚 著

中国财经出版传媒集团
中国财政经济出版社
· 北京 ·

图书在版编目（CIP）数据

乡村振兴视阈下农村社会信用体系建设研究 / 肖仕刚著. -- 北京 : 中国财政经济出版社, 2025. 3.
ISBN 978-7-5223-3590-2
Ⅰ. F832.43
中国国家版本馆CIP数据核字第2025YJ4106号

责任编辑：潘 飞　　责任印制：党 辉
封面设计：孙俪铭　　责任校对：张 凡

乡村振兴视阈下农村社会信用体系建设研究
XIANGCUN ZHENXING SHIYUXIA NONGCUN SHEHUI XINYONG TIXI JIANSHE YANJIU

中国财政经济出版社 出版
URL：http：//www. cfeph. cn
E－mail：cfeph@ cfeph. cn

社址：北京市海淀区阜成路甲28号　邮政编码：100142
营销中心电话：010－88191522
天猫网店：中国财政经济出版社旗舰店
网址：https：//zgczjjcbs. tmall. com
涿州汇美亿浓印刷有限公司印刷　各地新华书店经销
成品尺寸：185mm×260mm　16开　21.25印张　495 000字
2025年3月第1版　2025年3月河北第1次印刷
定价：62.00元
ISBN 978－7－5223－3590－2
（图书出现印装问题，本社负责调换，电话：010－88190548）
本社质量投诉电话：010－88190744
打击盗版举报热线：010－88191661　QQ：2242791300

前　言

一、乡村振兴战略的提出背景

在全球化和城镇化进程不断加速的时代背景下，农村社会的发展问题引发了广泛关注。中国作为一个拥有庞大农业人口的国家，乡村振兴不仅关系到农业生产的现代化与农村经济的发展，更关乎社会稳定与国家整体发展的战略布局。随着城市化的推进，农村地区面临着一系列严峻挑战，例如人口大量外流导致的农村劳动力短缺、经济衰退带来的发展瓶颈，以及生态环境日益恶化等问题。在经济快速发展的背景下，城乡差距也逐渐扩大。这种差距不仅体现在收入水平和生活质量上，还在基础设施建设、公共服务供给和社会资源分配等方面表现得尤为明显。这些问题严重制约了农村地区的可持续发展，威胁到国家发展的均衡性和长远性。

为应对上述挑战，国家提出了乡村振兴战略，旨在通过多层次、多维度的措施，推动农村社会的全面发展与现代化转型，最终实现农村经济的繁荣与社会的和谐稳定。乡村振兴战略的核心目标是通过产业振兴、人才振兴、文化振兴、生态振兴和组织振兴五大关键领域的协同推进，全面提升农村经济社会的综合发展水平，缩小城乡差距，推动城乡融合发展。为了达成这一目标，国家在政策层面进行了全方位的布局，包括强化农村基础设施建设、提升农村公共服务质量、推动农业现代化、促进农村金融改革等诸多方面的努力。这一战略不仅要求对农村经济发展高度重视，还对农村社会全方位发展的整体性设计提出了更高的要求，体现了国家对农村地区长远发展的重视与投入。

通过乡村振兴战略的实施，国家不仅期望解决当前农村社会发展面临的突出问题，还希望通过制度设计和政策创新，构建起一个可持续发展的农村社会体系。这个体系不仅要能够应对当前的挑战，还要具备长期发展潜力，为国家的整体发展提供坚实的后盾。因此，乡村振兴战略的提出具有深远的历史背景和重大的现实意义，是在全球化、城镇化双重进程下，中国农村社会适应新时代发展要求的必然选择。

二、农村信用体系建设的现实需求

在乡村振兴战略的背景下，农村信用体系的建设逐渐成为推动农村经济社会发展的重要保障。信用作为现代市场经济的重要支撑，在农村经济活动中扮演着不可或缺的关键角色。然而，传统农村社会中的信用关系大多依赖于人际关系和社会资本，这种传统的信用关系模式在现代经济活动中已无法充分满足市场经济的需求。随着金融服务的普及和农村金融体系的逐步完善，信用体系的建设显得尤为迫切和必要。当前，农村信用体系的缺失不仅导致了农村金融服务效率低下，还在很大程度上限制了农民获取信贷资源的能力，进而影响了农村经济的整体发展潜力。

农村信用体系建设的现实需求主要体现在以下几个方面：首先，建立健全信用体系，可以有效降低农村金融风险，提高金融资源配置的效率。信用体系通过对农户和农村企业的信用状况进行科学评估，为金融机构提供有效的风险控制工具，降低贷款违约率，提升金融资源的利用效率。其次，信用体系的建设有助于增强农村经济主体的信用意识，促进诚信经营和依法纳税，进而推动农村市场的健康有序发展。通过信用体系的规范与引导，可以培养农民和农村企业的信用习惯，提升整体社会信用水平，构建一个和谐有序的农村市场环境。最后，信用体系的建设还能促进农村社会治理的现代化，通过建立信用约束机制实现对社会行为的有效调控，提升农村治理能力，为乡村振兴战略的全面实施提供坚实的保障。

因此，农村信用体系的建设不仅是实现乡村振兴战略目标的重要手段，更是推动农村经济社会发展、促进城乡融合发展的关键所在。通过科学合理的信用体系建设，不仅可以优化农村金融服务，提高经济发展的可持续性，还可以在更广泛的社会层面上提升社会信用度，推动社会资本的有效积累，为农村社会的长远发展奠定坚实的基础。

三、研究目的

随着我国乡村振兴战略深入实施，农村信用体系建设成为推动农村经济发展、促进社会和谐稳定、提升农村居民生活质量的重要保障。然而，当前农村信用体系建设过程中仍面临诸多挑战，如信用信息不透明、信用机制不完善、信用文化建设滞后等问题。因此，本书的目的主要包括以下几个方面。

（一）系统分析农村社会信用体系建设的现状与存在的问题

通过全面梳理国内外在农村信用体系建设方面的理论研究与实践经验，识别出当前我国农村信用体系在制度设计、信息管理、信用文化等方面存在的不足和亟待解决的问题。通过对比国内外成功案例，提炼出适合我国农村实际情况的信用体系建设模式和路径，为后续研究提供理论依据和实践参考。

（二）探讨农村社会信用体系建设对农村经济发展的作用机制

农村信用体系的完善有助于降低融资成本、提高金融服务效率、促进农业生产和农村企业的发展。本书将深入分析信用体系如何通过改善融资环境、增强市场信任度、促进资源有效配置等途径，推动农村经济的持续健康发展。同时，本书将关注信用体系对农村市场交易的规范作用，分析其在减少交易摩擦、提高市场透明度和促进公平竞争中的具体表现。

（三）研究农村社会信用体系建设对农村社会治理和文化建设的影响

信用体系不仅是经济工具，也是社会治理的重要手段。通过构建完善的信用体系，可以促进农村社会治理的现代化，提升社会管理效率，增强社会成员之间的信任与合作。同时，信用体系的建设对农村社会文化具有深远影响，有助于培养和弘扬诚信文化，增强社会凝聚力和向心力。

（四）提出针对性的政策建议和实施路径

基于对农村社会信用体系建设现状的全面分析，本书将提出切实可行的政策建议，旨在为政府部门、金融机构和农村社会各界提供科学依据和指导意见，推动农村信用体系的建设和完善，从而助力乡村振兴战略的顺利实施。本书将重点关注政策设计的合理性、实施的可操作性以及政策环境的优化，为相关部门制定和调整政策提供参考。

四、研究内容及结构

本书作为一部系统研究农村社会信用体系建设的学术著作，旨在探讨在乡村振兴战略背景下，农村社会信用体系的发展现状、面临的挑战及其未来的发展方向。本书共分为十三章，结构设计旨在全面涵盖从理论基础到实践探索的各个方面，力求为学术界、政策制定者以及相关从业人员提供深入的研究成果和实践指导。以下是对各章内容及其结构安排的简要介绍。

第一章：农村社会信用体系建设的理论基础

本章拟详细阐述信用的概念及其在经济与社会中的功能，重点讨论信用在农村社会中的历史发展及其演变。本章通过分析不同文化背景下的信用演变历程，提出了现代信用制度在农村信用体系建设中的历史基础。

第二章：农村社会信用体系的制度设计

聚焦于探索如何在农村社会构建有效的信用体系。核心讨论围绕信用体系的基本原则、制度框架以及适应农村社会特殊环境的措施展开，强调通过法律和制度的引导来增强农村信用的合法化和规范化。进一步分析了政府、金融机构以及农民个体在信用体系中的角色，探讨信用制度如何促进农村经济的可持续发展，以及如何通过制度设计来解决信用缺失的问题。

第三章：农村社会的信用经济与金融

主要内容集中于分析农村信用经济的发展模式及其与金融系统的互动。本章讨论了农村社会中信用关系的形成及其在经济活动中的作用，尤其是非正式信用机制如何补充正式金融体系的不足。此外，还探讨了农村金融在推动农村经济发展中的关键作用，特别是小额贷款、农村合作金融等机制在促进信用经济中的贡献，并分析了金融创新如何影响农村社会的信用行为与经济发展。

第四章：信用与农村社会文化：文明传承与社会凝聚

本章探讨在中国农村社会历史进程中，信用文化如何不仅作为经济交易的基础，也成为维系社会关系与文化传承的重要元素。农村社会正经历现代化进程，传统的信用体系面临重构。本章强调了信用在文化传承和社会凝聚中的作用，指出现有信用体系在乡村振兴战略中的挑战，并提供了理论与实践结合的解决方案。

第五章：信用政治经济学：权力、制度与农村信用体系

本章探讨信用在农村社会中如何与权力和制度相互作用。通过分析信用体系在政治经济学框架下的表现，本章揭示了农村信用体系建设中的权力关系以及制度性障碍，并提出了如何通过制度改革与信用机制优化，来提升农村信用体系的公信力与运行效率。

第六章：信用主体的角色与行为规范

本章分析不同信用主体在农村信用体系中的角色与其行为规范。通过研究不同主体（如农户、金融机构、政府）的信用行为，探讨了信用如何在这些角色间互动。本章还分析了信用机制如何规范各方行为，确保信用体系的顺畅运行。

第七章：农村信用信息体系的建设与管理

主要讨论如何建立和管理农村信用信息体系，以提高农村社会的信用透明度和可信度。内容涵盖了信用信息收集的标准与方法，特别是如何针对农村地区的特殊性设计适应性的信用评估模型。还分析了信用信息共享平台的建设、数据的安全与隐私保护，以及政府、金融机构、农民个体在信用信息管理中的职责和协作方式。本章重点强调了信息体系的透明度对促进农村信用体系整体发展的重要性。

第八章：农村信用体系中的法律与制度保障

主要讨论如何通过法律和制度来保障农村信用体系的有效运作。内容涉及法律框架的建立、相关法规和政策的制定及其对信用体系的支持作用。分析现行法律如何保护信用信息的真实性与合法性，避免信用风险，同时探讨法律对信用纠纷的解决机制，以及如何通过制度保障来提升信用体系的公信力和稳定性。还强调了法律和制度在促进农村经济发展、维护市场秩序中的重要作用。

第九章：农村社会信用体系的实施路径

主要讨论如何将理论上的信用体系设计和规划落实到实际操作中。本章内容包括制定实施策略、步骤和时间表，以确保信用体系的有效推进。重点分析了实施过程中可能遇到的挑战及其解决方案，包括资源配置、人员培训、信息技术应用等方面的措施。还探讨了实施路径的调整和优化，以应对动态变化的农村经济环境，并通过实际案例分析了成功实施的经验与教训。

第十章：农村社会信用体系建设的国际视野

主要探讨全球范围内农村信用体系建设的不同模式和经验。内容包括各国在农村信用体系方面的政策、实践和创新，分析了国际经验对中国农村信用体系建设的启示。本章比较了不同国家的信用体系设计及其实施效果，重点关注了成功案例和存在的挑战，讨论了如何借鉴国际经验来改进本国的农村信用体系。还探讨了国际合作在促进农村信用体系发展中的潜力和前景。

第十一章：农村信用体系的评估与优化

主要讨论如何对农村信用体系进行全面评估并提出优化建议。本章内容包括评估标准和方法，分析信用体系的实际运行效果、存在的问题以及改进的方向。探讨了通过数据分析、反馈机制和案例研究来识别系统中的不足，并提出具体的优化措施和策略，以提升信用体系的效率和效果。还讨论了持续监测和动态调整的必要性，以确保信用体系能够适应不断变化的农村经济环境。

第十二章：农村信用体系建设的未来发展

主要探讨农村信用体系未来的发展趋势和前景。内容包括对当前信用体系的未来演变进行预测，分析可能影响农村信用体系发展的新兴技术、政策变化和市场趋势。本章还讨论了如何应对未来挑战，探索创新的解决方案，提升信用体系的适应性和韧性。此外，还展望了农村信用体系在促进乡村振兴和可持续发展的潜力，以及如何实现长期目标和愿景。

第十三章：研究的局限性与未来方向

对研究内容进行总结，回顾主要研究成果和发现。主要讨论本书的局限性和存在的不足之处。评估研究的局限性和不足，并对未来的研究方向提出展望。总结本书的核心贡献，为相关领域的进一步研究提供建议和方向，确保研究成果的有效传承和应用。内容涉及研究范围、方法论、数据采集等方面的限制，以及这些局限性对研究结果的影响。本章还探讨了未来研究的可能方向，包括改进研究方法、扩展研究范围、深化理论探讨等，以填补当前研究中的空白，并推动领域的进一步发展。总之，重点是识别和反思当前研究的不足，并提出未来研究的建议和方向。

通过上述章节安排，本书全面涵盖了农村社会信用体系建设的各个方面，结合理论与实践，为相关领域的研究和政策制定提供了深入的分析和实用的指导。每章内容精心设计，确保了研究的广度与深度，为读者提供了系统、全面的学术参考。当然，由于作者研究能力有待提升，有关内容的研究论证深入程度有待加强、夯实，期待读者批评指正，为今后进一步拓宽研究农村社会信用体系建设学术视野奠定基础，争取获得更多关于社会信用体系建设的成果。

作者

2024 年 10 月

目　　录

第一章
农村社会信用体系建设的理论基础

第一节　社会信用的概念与理论探讨

一、信用的内涵与本质

（一）信用的定义与基本特征

1. 信用的基本定义与内涵

信用作为一种社会历史现象，源于商品交换。要深入理解信用，必须从多维度多领域进行综合考量。《信用基本术语》（GBT 22117—2018）把信用定义为个人或组织履行承诺的意愿和能力。① 中国古代汉语中，信用一词的本义是遵守诺言，实践成约，从而取得别人的信任。在我国一些古典文献和辞书中，常以“诚”“实”“专一不移”“不欺”等来解释“信”的含义。古汉语“诚”的本义是真实，“信”的含义是真实无欺。故“诚”“信”二字的含义在古汉语中可以互通。② “信用”两字合用常作动词。史尚宽教授认为，信用是民事主体经济方面的综合能力的社会评价，实质相当于民事主体的商誉。③ 江平教授对信用的理解是从四个方面着手，把信用看成资格、财产、权利和信息的统一体。④ 杨立新教授认为，信用是指民事主体所具有的经济能力在社会上获得的别人的信赖与社会评价。⑤ 在经济领域，信用的含义等同于交易信用，是指交易各方在信任的基础上，不用立即付款或担保就可获得资金、物资或服务的能力。这种能力是在约定期限内偿还的承诺条

---

① 全国社会信用标准化技术委员会．信用基本术语［M］．北京：中国标准出版社，2018：1.

② 李新庚．信用理论与制度建设研究［M］．北京：中国书籍出版社，2019：19.

③ 史尚宽．债法总论［M］．台北：荣泰印书馆，1978：147.

④ 江平．四面八方说诚信（中）：江平教授“与诚信”｜专题讲座（摘要）［J］．中国律师，2003（9）：64—66.

⑤ 杨立新．人身权法论［M］．北京：人民法院出版社，2002：695.

件。同时该能力受到一个条件的约束，即受益方在其应允的时间期限内为所获资金、物资、服务而付款或还款。信用的内涵涉及社会对诚信的共同认可和期望。它不仅是经济交往中的核心要素，也是社会成员之间建立信任和合作关系的基础。信用依赖于社会对承诺履行的普遍信任，这种信任通常通过制度安排和社会规范加以维护。因此，对信用的基本定义和内涵的深入理解，有助于我们把握其在社会经济体系中的核心作用，并为农村信用体系的构建提供理论支持。

2. 信用的主要特征与分类

信用的主要特征包括人格性、财产性、文化性和社会性。古代信用到现代信用发展过程为：从伦理道德人格性到法律人格性，后加强并从民事人格权向商事人格权转化。信用作为伦理道德人格利益有相对独立性，核心是信任，无实物形态，以个人或组织为载体，可进行所有权与使用权剥离。拥有好信用可获得贷款和信任，信用损失无形且消失快。信用的财产性表现为，信用为拥有者提供价值与使用价值，其在债权债务关系中体现为货币的财富符号意义，源于大众对国家的信任。信用确保货币价值，通过交换展示价值特性。作为最安全的流通手段，信用保证了货币的购买力，并在延期交易中作为交易实现的必要条件，尤其是在非即期交易中，信用的缺乏将阻碍交易发生。法律对信用的保护至关重要，维护其作为无形资产的财产价值，否则信用的财产性将使其失去价值。

信用的文化性具有价值导向，信用在文化中代表着一种积极的价值导向。不同的文化中都强调诚实、守信的重要性，将其视为一种美德。如在中国传统文化中，“信”是五常之一，强调做人要讲信用，言出必行。这种价值观念深入人们的思想意识，影响着人们的行为选择。信用成为一种文化性的行为规范。它不仅是一种道德要求，更是一种在社会生活中被广泛认可和遵循的行为准则。在商业交易、人际交往等各个领域，人们都自觉或不自觉地以信用为标准来衡量他人和自己的行为。信用还通过文化传承得以延续和发展。从先辈那里传承下来的关于信用的故事、谚语、家训等，都在不断地向后代传递着信用的重要性。这些文化元素成为教育和培养人们信用意识的重要载体，使信用的观念在一代又一代中得以传承和弘扬。

信用的社会性体现在信用是社会秩序的基础，在社会中，如果人们都能够遵守信用，那么社会交往就会更加顺畅，矛盾和冲突也会减少。例如，在市场经济中，信用良好的企业和个人能够获得更多的机会和资源，而失信者则会受到惩罚，这有助于维护市场的公平竞争秩序。信用是社会合作的重要纽带。在社会生活中，人们需要相互合作才能实现共同的目标。而信用则是建立合作关系的前提和基础，只有当人们相信对方会遵守承诺、履行义务时，才会愿意进行合作。信用也是推动社会发展的重要动力。一个信用良好的社会，能够吸引更多的投资和人才，促进经济的发展和社会的进步。同时，信用也能够激发人们的创新和创造力，因为在一个信任的环境中，人们更加敢于尝试新的事物和方法。如在科技创新领域，投资者更愿意投资于信用良好的企业和项目，这有助于推动科技创新的发展。

信用的分类可以基于不同的标准进行。从主体角度来看，信用可以分为个人信用、企业信用和政府信用；根据约束信用的准则不同，信用可以分为道德信用、经济信用和法律信用等。有学者认为，个人信用可从广义、狭义定义。狭义个人信用通常表现为消费信用，指消费者个人在无资金能力时向金融机构获取资金支持完成当前消费的经济行为中，对于未来还款的一种承诺。广义个人信用是在经济活动中代替货币行使支付功能的特殊经济形态。[①] 企业信用可分两个层次。广义企业信用指企业间在生产、流通和买卖过程中的信用活动，是企业价值取向和责任承担的外在表现，包括商业信用和金融信用。狭义企业信用是企业赊销过程中卖方允许买方将来付款、买方承诺未来还款的信用行为，实质是企业间短期融资行为。

政府信用是社会公众对一个政府遵守承诺的意愿、能力和行为的评价，是在政治委托—代理关系中产生的代理人信用，反映的是社会公众对政府的信任度。在市场经济中，由于政府身份的双重（身兼市场管理者和市场主体两个身份），政府信用也因而具有两层含义：一是因政府作为市场的管理者为确保市场经济的稳定而制定的政策、条例不肆意变更而获得的公众对政府的信任；二是作为市场主体的政府向公众提供公共服务时，筹集经费所发行或出售各种信用工具（如公债、国库券），这些信用工具是政府承诺将来偿还债款的一种实物载体，因承诺主体是政府，被称为政府信用。[②]

根据约束信用的准则不同，可将信用分为道德信用、经济信用和法律信用。道德信用是在交往中由约定等引发的伦理关系及相应品行，是行为主体对合同等的自觉践履，表现为责任感。其作用关键在于个人的价值观等，真正的道德信用是通过内部力量达到自律阶段。经济信用是经济活动中以预先约定为基础、以偿还或增值为特征的价值运动特殊形式，是诚实守信的践约行为，具有回报性等特点，在现代市场经济中大部分交易为信用交易。法律信用是法律对社会关系的规则安排及调整，包括立法信用、法律运行信用和法律保障信用，涉及法律创制到执行的诸多环节，由观念要素、法律要素、运行要素和目的要素等构成，一个环节信用不会影响整体法律信用，但会影响整体社会信用的建设，对每一步的严格把关才能促使法律信用和社会信用完善和成功建设。

（二）信用的历史发展

1. 信用的演变历程

信用的演变历程可以追溯到人类社会的早期阶段。从原始社会的互惠互助到古代社会的货币交换，再到近现代的信用形式和机制不断发展。古代起源阶段：道德层面的初步形成，在中国古代，“信”字最早从人、从口构形，其本义表示传话之人，后引申为真实可信之人、信物等。由于信使需真实可靠地传递信息，所以“信”又代表真实可信。后来，“信”与“诚”组合为“诚信”，表示诚实守信、言行一致。古代诸多思想家强调信用的重要性，如《论语》中“人而无信，不知其可也”“民无信不立”等名句，反复强调了信用对于个人和社会的意义。这一时期，信用主要体现在个人的品德修养和社会交往的道德准则上，是人们安身立命、社会正常运转的基础。封建时期的缓慢发展阶段：商业信用的发展，随着封建社会经济的发展，商业活动逐渐增多，商业信用也有了一定的发展。一些商人开始注重自己的信誉，通过诚信守信的经营来赢得客户的信任和长期合作。官方信用

① 刘宗胜．社会信用法［M］．北京：高等教育出版社，2021：9.
② 刘宗胜．社会信用法［M］．北京：高等教育出版社，2021：10.

出现在封建王朝时期，官方会通过一些政策和制度来维护信用。如政府发行的货币需要有一定的信用保证，以确保其在市场上的流通和使用。同时，政府在与百姓的交往中，也需要遵守一定的信用原则，如税收政策的执行、对百姓的承诺等。

近代的转型阶段：金融信用体系的初步建立，近代以来，随着西方资本主义的传入和中国经济的近代化转型，金融信用体系开始初步建立。银行等金融机构逐渐兴起，它们通过吸收存款、发放贷款等业务，建立了与企业和个人之间的信用关系。同时，一些金融工具如汇票、支票等也开始出现，这些金融工具的使用需要依赖于信用体系的支持。现代化的快速发展阶段：多元化信用体系的形成，现代社会，信用体系变得更加多元化。除了金融信用外，还包括企业信用、个人信用等多个方面。企业通过良好的经营管理和信用记录，能够获得更多的商业机会和合作伙伴；个人信用则在消费信贷、信用卡、租房、求职等方面发挥着重要作用。信用评估和征信体系的建立，随着信息技术的发展，信用评估和征信体系逐渐建立起来。专业的征信机构通过收集、整理和分析个人和企业的信用信息，为金融机构、企业等提供信用评估报告，帮助他们判断信用风险。同时，大数据、人工智能等技术的应用，也使得信用评估更加准确和高效。信用在经济活动中的主导地位日益凸显，在现代市场经济中，信用交易已成为主导的交易方式。企业之间的商业往来、个人的消费行为等，都越来越依赖于信用。信用经济的发展，不仅提高了经济活动的效率，也促进了资源的优化配置。了解信用的演变历程，有助于我们把握现代信用制度的形成背景，并为农村信用体系的构建提供历史支持。

2. 不同文化中的信用演变

不同文化中的信用演变各具特色。在古代中国，传统伦理文化中的诚信建立在封建社会自给自足的小农经济基础之上，强调的是伦理性。商鞅立木取信的故事体现了信用对于国家治理和社会稳定的重要性，诚信被视为一种高尚的品德，是个人修身、齐家、治国、平天下的基础。在商业活动中，也逐渐形成了诸如“童叟无欺”等经营理念，商人通过恪守信用来赢得顾客的信任和口碑。随着西方文化的传入和中国社会的近代化转型，信用观念受到一定的冲击和挑战。传统的信用体系在商业领域逐渐与西方的契约精神相结合，合同、票据等书面形式的信用工具开始广泛应用。社会主义市场经济的发展，使信用体系建设越发重要。政府大力推动社会信用体系建设，个人信用记录、企业信用评级等制度不断完善，信用成为个人和企业在社会经济活动中的重要资产。

在欧洲，信用的演变则受到市场经济和法律体系的影响。诚信是古希腊城邦公民德性的重要组成部分，公民之间的交往和商业活动依赖于彼此的信任。[①] 古希腊哲学家们也对诚信进行了思考和探讨，为西方诚信观念的发展奠定了基础。古罗马时期契约精神得到高度发展，签订合同成为商业和社会交往中的重要行为。罗马法对契约的规定非常详细，保障了契约的履行，也强化了人们的信用意识。“信用（credit）”一词也在这个时期出现。中世纪基督教的影响深远，宗教教义中的道德规范对人们的行为产生了约束。在商业活动中，诚信被视为一种符合上帝意志的行为，违背信用会受到宗教和道德的谴责。近代以来，随着资本主义的发展，信用成为市场经济运行的重要规则。银行、证券等金融机构的

① ［英］伯特兰·罗素．西方哲学史［M］．何兆武，译．北京：商务印书馆，2020：57—63.

出现，使得信用交易更加广泛和复杂。同时，西方社会也建立了一系列的法律制度和信用评级机构，保障信用体系的正常运行。不同文化中的信用演变，反映了社会对诚信和责任的不同理解和规范。国际化的市场经济和金融体系，使得不同文化中的信用机制和标准相互影响和融合。这种融合不仅促进了国际经济合作，也推动了全球信用体系的完善。不同文化中的信用演变，有助于我们在全球化背景下构建具有本土特色的农村信用体系。

3. 现代信用制度的历史基础

现代信用制度的形成，建立在历史上多个信用机制基础之上。商业信用，古代商业实践的积累，在古代商业活动中就已经出现了赊销、预付款等交易方式，这是商业信用的早期形态。比如中国古代的商人在长期的贸易活动中，通过彼此的信任建立起商业关系，约定在一定期限内支付货款或交付货物，这种基于信任的商业交易行为为现代商业信用制度的形成提供了实践基础。商业契约的发展随着商业活动的不断发展，人们开始意识到需要通过书面契约来规范商业交易中的信用行为。在中世纪的欧洲，商业契约逐渐普及，明确了交易双方的权利和义务，为信用的建立和维护提供了法律依据。这种对契约的重视和发展，为现代信用制度中合同的签订和履行奠定了基础。

（1）银行信用机制

货币兑换和保管业务的演变体现银行信用的发展。古代的钱庄、银号等金融机构最初主要从事货币的兑换和保管业务。人们将货币存入钱庄，钱庄出具凭证，持有人可以凭凭证随时支取货币。这种货币保管和支取的业务模式，逐渐演变成了现代银行的存款和取款业务，为银行信用的产生提供了条件。在古代，一些富裕的商人或金融机构开始向资金短缺的人提供贷款，收取利息。这种借贷行为逐渐发展成为专门的金融业务，银行作为专业的金融机构，承担起了资金融通的重要角色。银行通过吸收存款、发放贷款，建立了以货币为基础的信用关系，成为现代信用制度的重要组成部分。

（2）国家信用机制

国家信用主要体现在国家债务的发行上。国家为了筹集资金进行战争、建设公共设施等，会向民众或其他国家发行债券。欧洲国家在近代经常发行国债来满足财政需求。国家债券的发行需要国家以信用为担保，按时偿还本金和利息，这就形成了国家信用。[①] 这种国家信用的实践为现代国家信用制度的建立提供了经验。国家财政制度的建立，稳定的国家财政制度是国家信用的重要保障。古代国家就开始建立财政收支的管理制度，对税收的征收、财政支出的审批等进行规范。随着历史的发展，国家财政制度不断完善，为国家信用的建立和维护提供了制度基础。现代国家通过健全的财政制度，保证国家债务的偿还能力，维护国家信用的稳定。

（3）法律信用制度

罗马法的契约精神对后世的法律制度产生了深远的影响，为现代信用制度中的合同法律制度提供了重要的历史借鉴。罗马法对契约的规定非常详细，明确了契约的订立、履行、违约等方面的法律责任。现代合同法在很大程度上继承了罗马法的契约理念，强调契

① ［英］詹姆斯·麦克唐纳（James Macdonald）．债务与国家的崛起［M］．杨宇光，译．北京：社会科学文献出版社，2021：116—132.

约的自由、平等和信守。随着资本主义的发展，近代欧洲各国纷纷建立起了完善的法律体系，对信用行为进行规范和保护，并制定了破产法、商法等法律，对企业和个人的信用行为进行监管和约束。这些法律制度的建立，为现代信用制度的运行提供了法律保障，确保信用关系的稳定和可靠。

（4）信用文化传统

在许多文化中，诚信一直被视为重要的道德准则。中国传统文化中强调的“言必信，行必果”“君子一言，驷马难追”等，都体现了对诚信的重视。[①] 这种诚信文化的传承，为现代信用制度的建立提供了文化土壤，使人们在内心深处认同和遵守信用原则。商业道德的形成，在长期的商业活动中，形成了商业道德规范，商业道德规范约束了商人的行为，促进了商业信用的发展。现代商业社会依然倡导这些商业道德，并且将其纳入企业的社会责任和商业伦理中，成为现代信用制度的重要文化支撑。从早期的债务契约和货币交换，到近代的信用评级和金融监管，现代信用制度逐渐发展成为一个系统化、规范化的体系。现代信用制度的历史基础，不仅包括法律和合同，还涉及金融机构、信用评级机构等多个方面。通过对历史基础的研究，我们可以更好地理解现代信用制度的构建过程，并为农村信用体系的设计提供借鉴和参考。深入研究现代信用制度的历史基础，对于推动农村信用体系的建设具有重要意义。

（三）信用的社会功能

1. 信用在经济交易中的作用

信用在经济交易中扮演了重要角色。在经济交易中，买卖双方往往互不相识，信用作为一种无形的纽带，能够增强彼此之间的信任，促进交易达成。信用对经济之所以重要，是因为信用或信用制度的存在极大地降低了交易成本，促进了社会分工和市场的发展。[②] 如在没有信用的情况下，交易双方可能需要花费大量的时间和精力去调查对方的背景和信誉，或者通过签订复杂的合同来保障自己的权益。而有了信用，这些成本就可以大大降低。此外，信用良好的企业还可以获得更优惠的融资条件，降低资金成本。信用可以推动经济发展，并扩大市场规模，信用的存在使得交易更加便捷和高效，从而促进了市场的扩大。企业可以通过信用销售的方式，将产品或服务推向更广泛的客户群体，提高市场占有率。消费者也可以借助信用消费的方式，提前购买自己需要的商品或服务，满足自己的消费需求。这样一来，市场的规模就会不断扩大，经济也会得到持续发展。同时促进资金流动，信用在金融领域的作用尤为突出。银行等金融机构通过对企业和个人的信用评估，发放贷款和提供融资服务，促进了资金的流动和合理配置。企业可以利用贷款扩大生产规模、进行技术创新等，提高经济效益。个人可以通过信用消费实现跨期消费，提高生活水平。金融市场上的各种信用工具，如债券、票据等，也为投资者提供了多样化的投资选择，促进了资金的有效配置。

信用能够维护市场秩序，信用对交易双方都具有约束作用。周汉华认为：“信用就是

---

① 杨伯峻. 论语译注［M］. 北京：中华书局，2018：195—203.

② 徐涛. 信用缺失与经济交易的效率［J］. 山东大学学报（哲学社会科学版），2005（2）：128—131.

市场主体之间发生的一种合理期待或信赖关系，它存在于人们的交往行为之中。”① 一方面，企业和个人为了维护自己的信用，会更加自觉地遵守法律法规和市场规则，履行合同约定，诚信守信经营；另一方面，如果一方违约或失信，将会受到信用惩罚，如降低信用评级、被列入失信名单等，这将对其未来的经济活动产生不利影响。因此，信用能够有效地约束交易行为，维护市场秩序。也能促进公平竞争，信用良好的企业和个人在市场竞争中更容易获得优势，这就促使其他市场主体不断提高自己的信用水平，从而推动了整个市场的信用建设。同时，信用也为市场监管提供了重要依据，监管部门可以通过对信用信息的收集和分析，及时发现和查处违法违规行为，维护市场的公平竞争环境。信用的存在使得资本能够在更广泛的范围内流动，从而支持了企业的投资和经济的增长。深入探讨信用在经济交易中的作用，有助于我们理解其对市场经济和资源配置的影响，并为农村信用体系的建设提供理论支持。

2. 信用与社会关系的建立

信用不仅是经济交易的工具，也是社会关系的基础。在社会交往中，信用的建立和维护依赖于个人的诚信和社会的规范。良好的信用行为，有助于建立和维持社会成员之间的信任关系，从而促进了社会的稳定和谐。例如，在社区合作和家庭关系中，信用的存在使得成员能够在互信的基础上进行合作和交流，从而实现共同的目标和利益。信用的社会功能还体现在对社会治理的支持上。通过建立和维护良好的信用机制，社会能够更好地协调个体和集体的利益，促进社会的合作与共识。如《全国失信惩戒措施基础清单（2024 年版）》（发改财金规〔2024〕203 号）提到对一般失信规定的惩戒措施主要为审查、监管、限制享受相关便利化措施、公共资源交易中的信用减分，针对失信主体则采取限制准入、资格等措施。对失信行为的界定与国家发展改革委印发的《国务院关于建立完善守信联合激励和失信联合惩戒制度加快推进社会诚信建设的指导意见》（国发〔2016〕33 号）文件所列举的四类行为一致，采用这种做法的还有天津、陕西等地。这种机制不仅有助于社会秩序的维护，还推动了社会的整体发展。因此，研究信用与社会关系的建立，有助于我们理解其在社会治理中的作用，并为农村信用体系的建设提供支持。

3. 信用对社会合作的促进

信用对社会合作的促进作用显而易见。信用可以增强合作意愿，在社会合作中，信用如同坚实的基石，给予人们合作的信心和安全感。当人们知道合作对象是守信用的，便会更愿意主动参与合作。在商业合作中，企业若有着良好的信用记录，其他企业会更积极地与其寻求合作机会，共同开拓市场、研发产品或提供服务。与信用良好的企业合作，能够减少不确定性和风险，合作过程会更加顺利，预期的收益也更有保障。在个人层面，一个讲信用的人在社区活动、志愿工作或团队项目中，往往更容易获得他人的认可和接纳，从而促使更多的人愿意与他合作，共同为实现目标而努力。

信用可以降低合作成本，信用能够显著降低社会合作中的交易成本。在信息收集方面，若各方都有良好的信用，就无须花费大量的时间和资源去调查对方的背景、信誉和过往行为。在寻找合作伙伴时，如果信用体系健全，人们可以通过查询信用评级等方式快速

① 周汉华. 信用与法律：经济社会体制比较［J］. 中国社会科学，2002（3）：18—24.

了解对方的信用状况，从而节省大量的时间和精力。在合同执行和监督方面，信用良好的合作方会自觉遵守合同约定，减少违约风险，降低了监督成本和法律诉讼的可能性。信用能够促进合作稳定，信用有助于建立长期稳定的社会合作关系。当合作双方都坚守信用原则时，即使在合作过程中遇到困难和挑战，也更容易通过沟通和协商来解决问题，而不是轻易放弃合作。

信用还能推动合作创新，信用环境良好的社会能够激发更多的合作创新。信用为创新合作提供了保障，在创新活动中，往往需要多个主体共同参与，涉及资金投入、技术共享、知识产权保护等复杂问题。如果各方都有良好的信用，就能够更加放心地进行合作创新，共同承担风险和分享收益。信用文化能够鼓励人们勇于尝试新的合作模式和创新方法。当人们相信自己的合作伙伴会遵守信用，就会更有勇气去探索新的领域和机会，从而推动社会合作不断创新和发展。我们应该共同努力，加强信用体系建设，营造一个诚实守信的社会环境。因此，了解信用对社会合作的促进作用，有助于我们在农村信用体系建设中，充分发挥信用的社会功能，从而实现农村社会的全面发展。

（四）信用的经济价值

1. 信用对经济增长的影响

信用在经济增长中的作用是显著的。信用是市场经济的生命，现代市场经济中的大部分交易都是以信用为中介的交易。因此，现代市场经济从本质上而言是一种信用经济，即一种建立在信用基础之上，以信用为纽带维系生产、交换、分配、消费诸环节的经济组织形式。① 同时，信用能够提供必要的资金支持，从而推动投资和生产活动。企业和个人在面临资金短缺时，通常依赖于信用贷款来实现生产扩张或消费需求。信用的存在，使得资本可以在更大范围内流动，从而支持了经济的增长和发展。在农村经济中，农民可以通过信用贷款获得资金用于购买生产资料和改善农业技术，这不仅提高了生产效率，还促进了农村经济的整体发展。

信用还通过降低交易成本和增加市场流动性来推动经济增长。信用机制减少了交易中的不确定性，使得市场参与者能够在未来时间点进行交易。这种机制有助于提高市场的效率和资源的配置能力，从而推动经济的持续发展。信用的扩展还促进了市场的深度和广度，使得更多的经济主体能够参与经济活动，从而推动了经济的多元化和创新。

2. 农村经济中的信用作用

在农村经济中，信用发挥了重要作用。在 1999 年和 2001 年，中国人民银行先后印发《农村信用社农户小额信用贷款管理暂行办法》（银发〔1999〕245 号）、《农村信用合作社农户小额信用贷款管理指导意见》（银发〔2001〕397 号），明确农村信用社支农服务、推进农户小额信用贷款、推动建立农村信贷担保机制等内容，这是我国农村信用体系建设的雏形。信用为农村经济的发展提供了资金支持。农民可以通过信用贷款获得资金用于农业生产和基础设施建设，从而提高生产效率和生活水平。信用还促进了农村经济的多样化和现代化。通过信用机制，农村经济能够引入新技术和新产业，推动农业和非农经济的融

① 骆玉鼎．信用经济中的金融控制［M］．上海：上海财经大学出版社，2000：3—4.

合发展。

信用还在农村社会的普惠金融方面发挥了作用。我国普惠金融于 2013 年正式提出。农业、农村、农民是我国普惠金融的重点服务对象，农村信用体系建设是推动普惠金融发展的有效手段。通过建立农村信用体系，金融服务可以更好地覆盖农村地区，提高金融服务的可及性和便利性。这不仅促进了农村经济的发展，还改善了农民的生活条件和社会福利。当前，我国农村正处在脱贫攻坚目标任务完成后全面转向乡村振兴阶段的五年过渡期，完善农村信用体系建设是过渡期的一个有力抓手，为完成过渡期任务和实现乡村振兴提供有力的保障。① 了解信用在农村经济中的作用，有助于我们在农村信用体系建设中充分发挥信用的经济价值，从而实现农村经济的全面振兴。

（五）信用的道德意义与文化意义

1. 信用的道德基础

信用的道德基础是指社会对诚信和责任的普遍认可。信用不仅涉及经济行为，还包括道德规范和社会价值观。道德规范的特殊性就在于，它不是由政治的、行政的机构所制定，也不靠强力的、威胁的手段去维护，而是由人们约定俗成，是社会意愿的表达，并且最终需要靠内心信念和社会舆论的监督来维护。② 在社会交往中，个人的信用行为通常受到道德观念的影响，诚信被视为一种社会责任和道德义务。良好的信用行为不仅体现了个人的道德修养，也有助于建立和维持社会的信任和合作关系。道德基础上的信用机制，能够有效地促进社会的和谐和稳定。通过对信用行为的规范和约束，社会能够减少违约行为，维护社会秩序。道德基础上的信用制度，也能够增强社会成员的责任感和诚信意识，从而推动社会的整体进步。

2. 信用与个人诚信的关系

个人诚信是信用的核心要素之一，两者之间相互影响。个人诚信决定信用基础，具有诚信品质的人，在各种经济和社会活动中更有可能遵守规则、履行承诺，从而建立起良好的信用。信用反映个人诚信状况，信用状况可以在一定程度上反映个人的诚信水平。良好的信用记录通常意味着这个人在经济活动中表现出了较高的诚信度。相反，不良的信用记录则可能暗示着这个人在诚信方面存在问题。以海南省为例，在围绕“诚信兴商宣传月”活动中，宣传了诚信理念、诚信文化和契约精神，倡导企业和个人珍视自身信用、加强信用管理，让“诚信经营、守信服务”蔚然成风，这体现了信用和诚信在商业活动中的价值。③ 由该例可知，诚信不仅是个人信用的基础，也是社会信任和合作的关键。个人诚信的维护，依赖于道德观念的培养和社会规范的约束，通过诚信的行为，个体能够获得社会的认可和支持。同时，信用与个人诚信的关系还体现在对社会规范的遵守和对社会责任的履行上。通过对个人诚信的研究，我们可以更好地理解信用在社会交往中的作用，并为农村信用体系的建设提供支持。

---

① 杜金富，张红地．过渡期进一步完善我国农村信用体系建设研究及政策建议［J］．开发性金融研究，2023（10）：3—10.

② 周荣华．信用规范的第三形态研究——基于信用学的视野［J］．征信，2024（5）：13—21.

③ 王晓樱，张悦鑫．2021 年全国“诚信兴商宣传月”启动［N］．光明日报，2021－09－29（10）.

3. 信用在文化传承中的作用

信用在文化传承中起着重要作用。党的十八大以来，自觉培育和践行包括诚信理念在内的社会主义核心价值观，已越来越成为全社会的共识。弘扬诚信文化、建设诚信社会，是我们在中国式现代化进程特别是文化建设和社会建设中面临的一项重要任务。强调了诚信是中华民族的传统美德，是培育和践行社会主义核心价值观的文化基础，这也体现了信用在文化传承中的重要价值。信用为文化传承提供了稳定的社会环境。一个讲信用的社会，人们相互信任、遵守承诺，社会秩序良好。这种稳定的环境有利于文化遗产的保护、传统文化的传承以及文化活动的开展。在历史建筑的保护中，政府、企业和民众基于信用承诺共同努力，确保这些珍贵的文化遗产得以保存。信用有助于文化传承主体的合作与交流。文化传承往往需要众多主体的参与，信用使得这些主体之间能够建立良好的合作关系，共同致力于文化的传承与创新。信用可以激发人们对文化传承的责任感。当人们重视信用时，会更加自觉地履行对文化传承的责任。信用能够提升文化传承的影响力和公信力。具有良好信用的文化机构、活动和项目更容易获得社会的认可和支持，吸引更多的人参与文化传承。

第二节　信用与社会资本的关系

一、社会资本的定义与类型

（一）社会资本的基本理论

社会资本的理论基础源于社会学和经济学领域，对于社会资本的理解通常包括社会网络、信任、合作和社会规范等核心概念。社会资本理论由社会学家皮埃尔·布迪厄（Pierre Bourdieu）和詹姆斯·科尔曼（James Coleman）等人提出，强调社会网络中个人之间的关系和互动如何为个体和社会提供资源和支持。社会资本是指通过社会关系网络、信任和合作等形式所获得的资源和利益。它的基本理论包括社会资本的形成机制、功能及其对社会和经济发展的影响。社会资本的核心概念涉及社会网络、信任和互助。社会网络提供了资源获取的渠道，信任降低了交易成本，互助则增强了社会成员之间的合作。

社会资本理论的起源可以追溯到19世纪的社会学研究，但在20世纪末，经济学家和社会学家对这一概念进行了深入探讨。布迪厄（Pierre Bourdieu）系统地提出了资本理论，并进一步提出和阐述了经济资本、文化资本和社会资本这三种主要的资本形式以及资本如何在不同的资本形式中相互转化。① 另一个重要的贡献来自科尔曼（James S. Coleman），他指出“使用（社会资本）这一概念的意义在于，可以通过分析社会结构的功能，识别其

① ［法］皮埃尔·布迪厄（Pierre Bourdieu）. 实践感［M］. 蒋梓骅，译. 南京：译林出版社，2003：82—87.

特征”，“‘社会资本’把人们的注意力引向社会结构的下述功能，即行动者以此种结构为资源，可以实现自身利益”。[①] 同时，社会资本概念既有助于解释微观现象的差别，又可以实现微观到宏观的过渡，“社会资本这一概念能够表明，这类资源如何与其他资源相结合从而导致宏观水平的不同行为以及微观水平的不同结果”。社会资本对于对社会系统进行定量和定性分析都是极其有用的。

在社会资本的理论框架中，网络资源、信任和互助被视为核心要素。学界目前却将社会资本主要理解为关系，或者称之为关系资本，将社会资本视为对关系的投入与回报，社会资本就变成了经济逻辑在社会领域的演绎，社会资本就成了关系的经济学，似乎关系之于网络，便如商品之如市场。虽然在效用函数中加入了网络、关系，但实际上又回到了个体化的交换主义。个体关系叠加为私人关系网，暗合了费孝通所谓的差序格局。[②] 社会网络提供了获取信息和资源的途径，信任则降低了交易成本并促进了合作。互助行为不仅增强了社会成员间的联系，也推动了社会资本的积累。理论上，社会资本通过这些机制影响经济活动、社会关系以及社会的整体发展水平。

（二）社会资本的主要类型

社会资本通常被划分为结构性社会资本、关系性社会资本和认知性社会资本三种主要类型。这种分类有助于深入理解社会资本的不同维度及其对社会功能的影响。结构性社会资本关注社会网络的形态和结构，包括社会组织、社交圈及其相互联系。它体现了个体如何通过社会网络获取资源和信息，网络的密集程度和结构的复杂性直接影响社会资本的质量。关系性社会资本主要关注社会成员之间关系的质量，包括信任、互助和合作。它反映了个体之间关系的深度和稳定性，对社会行为和互动有着直接影响。高质量的关系性社会资本可以减少社会冲突，增强合作的意愿，从而提高社会资本的整体效益。认知性社会资本涉及社会成员对共同价值观、规范和信任的认同。它包括社会成员对社会规范的接受程度，以及对社会信任和合作价值的共享。这种类型的社会资本对社会的一致性和稳定性至关重要，通过共同的价值观和规范，推动社会的和谐与发展。这些类型的社会资本相互交织，共同影响社会的功能和经济的运作。结构性社会资本提供了社会互动的框架，关系性社会资本增强了合作的基础，而认知性社会资本塑造了社会的价值观和规范，从而推动社会的整体进步。

（三）社会资本与经济发展的关系

社会资本对经济发展的影响主要体现在三个方面：合作促进、交易成本降低和创新推动。社会资本通过社会网络、信任和规范的机制，影响经济的运作和发展。合作促进——社会资本通过建立社会网络和增强社会信任，促进了社会成员之间的合作。良好的社会资本可以提高合作的意愿和能力，从而推动经济活动的发展。合作不仅能提升资源的配置效率，还能创造更多的经济机会和增长点。社会网络的广泛程度和关系的紧密程度直接影响

---

① 詹姆斯·科尔曼．社会理论的基础［M］．邓方，译．北京：社会科学文献出版社，1990：336.
② 费孝通．乡土中国生育制度［M］．北京：北京大学出版社，1998：27—30.

合作的质量和效果。交易成本降低——社会资本能够通过减少信息不对称和道德风险，降低经济活动中的交易成本。社会信任和规范的建立，可以减少交易中的不确定性，提高市场的效率。通过建立透明的信用记录和评价机制，社会资本降低了经济交往中的成本，提高了市场的运作效率。创新推动——社会资本的积累和发展有助于提升社会的创新能力和创业活力。社会网络的丰富性和成员之间的信任，促进了信息的流通和资源的共享，从而推动了创新和创业活动的开展。社会资本通过支持创新和创业，推动经济的多样化和增长。在农村经济中，社会资本的作用尤其显著。农村社会通常依赖于互助合作来应对经济和社会挑战。通过提升社会资本，能够进一步推动农村经济的发展和振兴，实现农村经济的可持续增长。社会资本的积累不仅影响经济活动，也对社会关系和社区建设产生积极的影响。

二、信用在社会资本中的作用

（一）信用对社会资本形成的影响

信用对社会资本的形成具有深远的影响。国务院印发的《社会信用体系建设规划纲要（2014—2020年）》（国发〔2014〕21号），作为国家层面的重要政策文件，对社会信用体系建设进行了全面规划。其强调了通过加强政务诚信、商务诚信、社会诚信和司法公信建设，营造良好的社会信用环境。良好的信用环境能够增强人们之间的信任和合作，信用不仅是社会成员之间互动的基础，也是社会资本积累的重要推动力。社会成员通过履行承诺和维护诚信，能够提升社会资本的质量和效益。在农村社会中，信用的作用尤为显著。通过建立和完善的信用体系，可以进一步推动农村社区的合作与互助，提高社会资本的积累和利用。这种影响不仅体现在经济活动中，也体现在社会关系和社区建设上，从而推动农村社会的全面发展。信用机制的良好运行能够促进农村社会成员之间的合作，提高社会资本的积累速度和质量。

（二）信用机制与社会资本的互动

信用机制与社会资本之间存在密切的互动关系。良好的信用机制能够促进社会资本的积累，增强社会成员之间的信任和合作。信用机制通过建立透明的信用评价和记录体系，提供了有效的社会信任基础，促进了社会资本的形成和发展。同时，社会资本的积累也能够提升信用机制的有效性，通过增强社会网络的支持和参与，提高信用机制的执行力和公信力。在农村社会中，信用机制的建设可以通过提升信用记录的透明度和可靠性，进一步推动社会资本的积累。信用机制与社会资本的互动，能够促进农村社区的合作和发展，提高农村社会的整体活力和稳定性。信用机制的完善和社会资本的积累相互促进，共同推动农村社会的进步和发展。

（三）信用与社会合作的关系

信用与社会合作之间的关系密切且复杂。良好的信用文化能够增强社会成员之间的合作意愿，提高合作的能力。信用机制通过鼓励诚信和合作，推动社会成员在各种社会活动中的积极参与，从而形成稳定的社会关系网络。这种合作不仅体现在经济交易中，也体现在社会服务和社区建设中，增强了社会的凝聚力和向心力。在农村社会中，信用对社会合作的促进作用尤为明显。农村社区通常依赖于互助合作来应对经济和社会挑战，通过建立健全的信用体系，可以进一步推动农村社区的合作和互助，提高社会的整体稳定性和发展水平。信用文化的推动和社会合作的加强，相互作用，共同促进农村社会的和谐与进步。

三、社会资本与经济发展的关系

社会资本对经济增长的贡献主要体现在促进合作、降低交易成本和提升创新能力。习近平总书记在主持中共中央政治局第三十八次集体学习时强调，资本是社会主义市场经济的重要生产要素，在社会主义市场经济条件下规范和引导资本发展，既是一个重大经济问题，也是一个重大政治问题，既是一个重大实践问题，也是一个重大理论问题，关系坚持社会主义基本经济制度，关系改革开放基本国策，关系高质量发展和共同富裕，关系国家安全和社会稳定。必须深化对新的时代条件下我国各类资本及其作用的认识，规范和引导资本健康发展，发挥其作为重要生产要素的积极作用。[①] 社会资本通过建立社会网络和信任机制，影响经济的运作和发展。良好的社会资本能够推动合作，提升资源的配置效率，推动经济活动的发展。同时能够减少交易中的信息不对称和道德风险，提高市场的效率。社会资本的积累和发展还能够推动社会的创新和创业活动，为经济增长提供新的动力。

在农村经济中，社会资本的作用尤为重要。社会资本能够推动农村经济的多样化和增长，通过改善社会关系和资源配置，实现农村经济的振兴。农村社会中的社会资本通过建立紧密的社区网络和互助机制，提高了资源的利用效率，推动了农村经济的发展。根据《中国乡村振兴产业融合发展报告（2022）》（国农发〔2022〕1号），全国农村产业融合发展势头良好，截至2021年，全国规模以上农产品加工企业全年营业收入18.1万亿元，同比增长25.17%，其中农副食品加工业营业收入同比增长12.57%；2022年第一季度，全国农副食品加工业增加值同比增长6.4%。除此之外，农业生产性服务业、农村旅游业、农村环保产业、农村特色文化产业等领域作为新的金融投资热点，也蕴含着众多商机。财政政策上，针对社会资本投资农业农村项目的补贴持续加码。税收政策上，截至2022年，我国针对农村基础设施建设、农村特色产业、农村创业就业、社会力量加大乡村振兴捐赠等六个方面共颁布了109项税费优惠政策。[②] 在乡村振兴战略引导下，随着农业产业现代化进程不断推进，农业的投资回报率涨幅可观，受到逐利本性的刺激，资本下乡的热度不断高涨，资本下乡的深度持续扩展。

社会资本的积累也促进了农村经济的创新和创业活动，为农村经济的振兴提供了支持。在农村社会中，社会资本的作用不仅体现在经济活动中，也体现在社会结构和文化传

① 简新华. 正确认识“资本是社会主义市场经济的重要生产要素”[N]. 光明日报，2022-09-27（11）.

② 罗聪. 社会资本助力乡村振兴的理论逻辑、现实困境与优化路径[J]. 中国集体经济，2024（24）：101—104.

承方面。通过参与社区活动和建立社会联系，农村社会成员能够增强社会资本，提高社会的整体活力和稳定性。这种作用有助于推动农村经济的持续增长，实现农村社会的全面发展。社会资本的积累和发展对于推动农村社会的整体进步具有重要意义。2022 年 10 月，党的二十大报告也明确指出要“依法规范与引导资本健康发展”。[①] 社会资本的积累和发展能够推动经济的多样化和创新，为经济增长提供新的动力。

同时，社会资本的积累还能够促进社会的稳定和谐，提高经济发展的可持续性，不过要坚持效率与公平兼顾的原则，一方面，效率与公平具有一致性。资本的逐利本性推动着生产效率的提升，使公平的实现有了坚实的物质基础，同时公平分配通过提高劳动者的积极性和创造性有助于生产效率的提高。另一方面，效率与公平也存在矛盾的一面。资本的逐利和积累也必然会导致，一面是少数人大量财富的积累，另一面是大多数人贫困的积累，从而削弱社会公平，不仅效率得不到提升，还会引起极具破坏性的危机发生。正如习近平总书记指出，“放任资本逐利，其结果将是引发新一轮危机。……富者愈富、穷者愈穷的局面不仅难以持续，也有违公平正义。”[②] 社会资本的积累和发展能够推动经济的多样化和创新，为经济增长提供新的动力。同时，社会资本的积累还能够促进社会的稳定和谐，提高经济发展的可持续性。在经济学研究中，社会资本被视为一种重要的经济资源，通过影响社会行为和市场运作，推动经济的发展和进步。社会资本的理论和实证研究，为理解经济增长和社会发展的关系提供了重要的视角和支持。

四、社会资本与农村社会结构的关系

（一）社会资本在农村社会中的表现

社会资本在农村社会中的表现主要体现在社会网络、信任和互助机制。农村社会中的社会资本通过建立紧密的社会联系和有效的互助机制，提高了社会的稳定性和凝聚力。社会资本的表现还包括信任的建立和社会规范的形成，这些因素共同推动了农村社会的和谐与发展。改革开放以来，尤其是建立社会主义市场经济体制以来，少数民族农村社会的社会资本呈现出复杂的样态。在农村社会中，社会资本的表现尤为显著。[③] 农业农村部办公厅、国家乡村振兴局综合司联合印发《社会资本投资农业农村指引（2022 年）》（农办计财〔2022〕10 号）（以下简称《指引》）。《指引》明确，社会资本是全面推进乡村振兴的重要支撑力量，需要加大政策引导撬动力度，扩大农业农村有效投资。社会资本投资农业农村应当尊重农民主体地位，充分尊重农民意愿；应当遵循市场规律，充分发挥市场在资源配置中的决定性作用，更好发挥政府作用；应当坚持开拓创新，发挥社会资本市场化、专业化优势，加快投融资模式创新应用；应当稳妥有序投入亟须支持的农业农村领域，不超越发展阶段搞大融资、大开发、大建设。

---

① 习近平. 高举中国特色社会主义伟大旗帜为全面建设社会主义现代化国家而团结奋斗——在中国共产党第二十次全国代表大会上的报告［M］. 北京：人民出版社，2022：30.

② 习近平谈治国理政（第二卷）［M］. 北京：外文出版社，2017：524.

③ 王丽华，赵启燕. 利用少数民族农村传统社会资本创新社会管理——以云南某佤族农村为例［J］. 云南行政学院学报，2013，15（6）：143—146.

（二）社会资本对农村社会结构的影响

社会资本对农村社会结构有着多方面的重要影响：社会资本促进农村社会网络的紧密化，在农村地区，社会资本以人际关系、社区规范和信任为主要表现形式。它促使村民之间形成紧密的社会网络。村民们通过家族关系、邻里互助和农村社团等渠道相互联系，这种联系不仅在日常生活中提供了情感支持和实际帮助，还在农业生产、农村建设等方面发挥着关键作用。以黑龙江省东部的依兰县为例，松花江中下游，被牡丹江、倭肯河和松花江贯穿，全县三面环水，2020 年以来洪灾易发，当地群众在灾难中互帮互助的意识强，认知社会资本中的信任和互惠程度、结构社会资本中的跨越型社会网络对自助互助意识的显著影响。① 社会资本有助于强化和传承农村社会规范。农村社会有着独特的风俗习惯、道德准则和行为规范，这些规范在维护农村社会秩序、协调人际关系方面起着重要作用。社会资本中的信任和互惠机制促使村民们自觉遵守这些规范，对违反规范的行为进行监督和纠正。如尊老爱幼、互帮互助等传统美德在农村社会中得以传承和发扬，成为农村社会结构的重要支撑。同时，社会资本也促进了新的社会规范的形成，以适应农村社会的发展变化。

丰富的社会资本能够促进农村社会的合作与治理。村民之间的信任和合作意愿使得他们更愿意参与农村公共事务的管理和决策。在农村环境治理、农村教育发展等方面，村民们通过成立村民自治组织、参与农村议事会等方式，共同为农村的发展出谋划策。社会资本还为农村治理提供了重要的资源支持，如人力资源、物质资源和信息资源等。农村干部可以借助社会资本，动员村民参与农村建设，提高农村治理的效率和质量。影响农村社会阶层结构的变化，社会资本的分布和积累也会影响农村社会阶层结构。拥有丰富社会资本的村民往往能够获得更多的发展机会和资源，从而在经济、社会地位等方面得到提升。如善于利用人际关系和社会网络的村民能够成功创业，带动农村经济发展，提升自己在农村社会中的地位。同时，社会资本的缺乏可能导致部分村民在发展中面临困难，加剧农村社会的阶层分化。然而，社会资本也可以通过促进社会公平、加强阶层之间的流动，来缓解农村社会阶层结构的矛盾。通过研究社会资本对农村社会结构的影响，可以更好地理解农村社会的发展动态和变革趋势，为农村社会的建设和发展提供理论依据。

（三）信用体系对社会资本的促进作用

根据党的十八大提出的“加强政务诚信、商务诚信、社会诚信和司法公信建设”，党的十八届三中全会提出的“建立健全社会征信体系，褒扬诚信，惩戒失信”，以及党中央、国务院印发了《关于加强和创新社会管理的意见》（中发〔2011〕11 号）提出的“建立健全社会诚信制度”，该一系列政策凸显信用体系对社会资本的促进作用：提升社会信任、增强社会网络和优化资源配置。良好的信用体系能够提供透明的信用记录和评价机制，增强社会成员之间的信任，提高社会资本的质量和效益。2022 年，中共中央办公厅、国务院

① 陈怀宇，张子源，梁瑜璠．社会资本对防洪中村民自助互助意识影响分析［J］．中国安全生产科学技术，2023，19（4）：28—34.

办公厅印发《关于推进社会信用体系建设高质量发展促进形成新发展格局的意见》（中办发〔2022〕25号），强调信用体系对推进高质量发展的支撑作用。信用体系通过推动诚信和合作，促进社会成员在各种社会活动中的积极参与，形成稳固的社会关系网络。在农村社会中，健全的信用体系可以进一步推动社会资本的积累和利用。通过提升信用记录的透明度和可靠性，信用体系能够增强社会成员之间的信任，促进农村社区的合作和发展。信用体系对社会资本的促进作用，不仅有助于提高农村社会的整体活力和稳定性，还能够推动农村经济和社会的全面进步。

第三节　社会信用体系的理论模型

一、社会信用体系的理论支撑和构建原则

（一）社会信用体系的理论支撑

社会信用体系是包含一维诚信体系，二维信用管理体系，三维信用交易体系[①]的三维信用建设的系统性工程，是由信用立法、信用交易、信用监管、信用服务、失信惩罚机制、信用文化与教育的管理与服务体系共同作用、交织形成的社会综合管理机制。同样信息不对称理论、交易成本理论和博弈论为社会信用体系的建设提供理论支撑。信息不对称论认为，信息不对称是产生失信行为的重要原因之一，由于缺乏历史交易信息、信息传递不畅，失信者往往不能被市场及时发现而受到约束；交易成本论认为，守信更易促成合作，降低经济社会的交易成本；博弈论认为，一次性博弈当中不可能产生合作，合作的前提是重复性博弈。[②] 社会信用体系理论支撑为社会信用体系的建成提供基础保障和建设方向，指明社会信用体系对社会发展的重要性。

（二）公正性原则

公正性原则是社会信用体系建设的核心原则之一，其旨在确保信用体系的操作和实施过程中不受偏见和不公平待遇的影响。公正性要求所有信用信息的采集、处理、存储和应用都必须以公平的态度对待每一个个体和机构，避免任何形式的歧视或不公正行为。国务院已印发《社会信用体系建设规划纲要（2014—2020年）》（国发〔2014〕21号），部署加快建设社会信用体系、构筑诚实守信的经济社会环境。2015年是我国社会信用体系建设里程碑式的一年。社会信用体系建设在这一年实现了突飞猛进的发展，进入全面、实质、快速发展的时期。在实践中，公正性原则的落实需要建立透明且公正的信用记录制度，确

① 吴晶妹，韩家平．信用管理学［M］．北京：高等教育出版社，2015：73.
② 周雨．乡村振兴“新基建”农村信用体系建设研究［M］．北京：中国金融出版社，2023：8—18.

保每个人和组织的信用信息都能够被准确、公平地记录和评估。公正性还包括对信用信息的平等访问权。所有的信用主体，无论是个人还是组织，都应当有权访问和纠正自身的信用信息，这不仅有助于维护个体的权利，还能增强信用体系的可信度和接受度。在农村信用体系中，公正性原则尤为重要。因为农村社会相对较为紧密，任何不公平的信用管理行为都可能对社区关系产生负面影响。故在构建农村信用体系时，需要特别关注确保所有成员在信用管理和评价中的平等待遇。

（三）透明性原则

透明性原则强调在社会信用体系中，各种操作、决策过程以及信息发布的公开性和可见性。透明性是建立公众对信用体系信任的基础，因为它允许公众了解信用信息的来源、处理过程和最终结果。为了实现透明性，信用体系需要明确的信息披露标准和流程，使所有相关方能够清晰地看到信用信息的管理和评估过程。这种透明性不仅提升了系统的可信度，也有效地防止了信息操控和不正当干预。同样在农村信用体系建设中，透明性同样至关重要，因为农村社会的信用问题往往涉及整个社区的利益。通过透明的信息披露，可以使社区成员对信用评估和管理有更高的认同感，从而提升信用体系的有效性和社会接受度。透明性还需要技术手段的支持，例如通过使用现代信息技术建立信用信息平台，以便所有参与者都能实时获取和了解相关的信用信息。

（四）包容性原则

包容性原则要求社会信用体系在设计和实施过程中，要考虑到各类不同社会群体的需求和特点，确保各类主体都能公平地参与信用体系。这意味着，无论是经济地位高还是低的个体或组织，都应当享有平等的信用机会和权利。包容性原则还包括对农村地区特殊情况的适应，在农村地区更多展现出的是包容性共享，包容性共享是一种更趋公平，也更具人文关怀、更注重可持续性的治理理念，体现的是全面、多维的发展观。构建包容共享的治理格局是我国贫困治理的重要经验，将包容性共享纳入治贫理念与行动，实现了贫困人口对发展成果的共享。包容性共享这一治理框架所内蕴的参与机会均等、全员权利平等、发展能力塑造、发展成果共享等价值意涵和思想内核分别是脱贫攻坚与乡村振兴有效衔接的先决条件、基础条件、实现条件及根本。

乡村振兴聚焦农村和人的全面发展，需要在贫困治理的基础上，进一步凸显内生发展、平台共建、合作参与的逻辑，以更好地调动各类资源，构建全民参与、全民共享的良性发展机制。以京津冀三省对农村居民调查为例，京津冀对2114位农村居民调查数据，探索数字普惠金融中数字支付服务、数字投资服务和数字借贷服务的使用情况以及数字金融服务的可得性等四个维度对农村包容性增长的影响。该结果显示，除数字投资服务的使用情况外，其余三个维度均对农村包容性增长有显著的直接促进作用，且数字金融服务的可得性可通过影响另外两个维度间接推动农村包容性增长。[①] 这种包容性不仅能够帮助那

---

① 任碧云，李柳颍．数字普惠金融是否促进农村包容性增长——基于京津冀2114位农村居民调查数据的研究[J]．现代财经（天津财经大学学报），2019，39（4）：3—14.

些信用记录欠佳的主体重新融入社会信用体系，还能够促进整体信用水平的提升。在农村信用体系建设中，包容性原则尤为重要，因为农村社会中往往存在较大的经济和社会差异，通过包容性的设计可以更好地促进社会的和谐与稳定。

二、社会信用体系的结构与应用

（一）信用信息的采集与管理

信用信息的采集是社会信用体系运作的基础，它涉及如何收集、记录和存储个人及组织的信用数据。2013 年 3 月 15 日，酝酿了十年之久的国家征信法规——《征信业管理条例》（国务院令第 631 号）终于正式实施了，中国征信业发展从此步入有法可依的时代。《征信业务管理条例》的出台，有利于规范征信机构、信息提供者和信息使用者的行为，保护信息主体权益。有效的信用信息采集不仅需要准确和全面的数据收集，还要确保信息的安全性和隐私保护。在此过程中，信用信息的来源应当包括银行贷款记录、公共服务记录、商业交易记录等多方面的内容，以形成对信用主体全面、真实的信用画像。管理方面，信用信息的管理需要建立科学的管理机制，包括信息更新、审核和纠正等。管理机制的设计应确保信息的实时性和准确性，以便在信用评估和决策时提供可靠的数据支持。此外，信息的保密性和安全性也是管理中的重要问题，需要采取有效的技术措施来防止信息泄露或滥用。农村信用体系在信息管理方面也需要特别关注，考虑到农村地区的信息化水平和资源情况，设计出适合其实际需求的管理办法。

（二）信用评价机制的构建

信用评价机制是社会信用体系的核心部分，它负责对信用主体的信用状况进行综合评价。2022 年，中共中央办公厅、国务院办公厅印发《关于推进社会信用体系建设高质量发展促进形成新发展格局的意见》（中办发〔2022〕25 号）强调“加强各类主体信用建设”。构建科学的信用评价机制需要明确评价的标准和方法，通常包括信用评分、信用评级等形式。评价标准应综合考虑各种信用信息，包括历史交易记录、还款记录、社会行为等，以确保评价结果的全面性和客观性。同样评价机制还需要建立有效的反馈和纠错机制，以便信用主体能够及时了解评价结果并提出异议。这样的机制不仅能够提升信用体系的公正性，也有助于维护信用主体的权益。在农村信用体系中，评价机制的设计要兼顾农村社会的实际情况，考虑到农村地区的经济和社会特点，制定出切实可行的评价标准和方法。

（三）信用应用的领域

信用信息的应用是社会信用体系的实际运作部分，它涉及如何将信用评价结果应用于实际的经济和社会活动中。信用应用的领域包括金融服务、商业交易、社会服务等多个方面。在金融领域，信用信息的应用可以帮助银行和其他金融机构进行贷款审批、风险控制等操作。以山东省沂水县为例，在 2022 年沂水县被临沂市委、市政府确定为农村信用体系建设试点县。沂水县依托临沂市普惠金融服务乡村振兴改革试验区平台，创新推出“美德＋积分＋金融”普惠金融模式，将农村信用体系建设与农村治理有机融合，将无形“美德”进行量化积分，作为金融机构投放信贷的重要依据，着力破解传统信贷模式下因农户抵押物不足导致的融资难、信贷难问题，探索出一种普惠金融发展新模式。[①] 在商业领域，信用信息可以用于合作伙伴的选择和交易条件的确定；在社会服务领域，信用信息的应用可以帮助政府和社会组织进行资源分配和服务提供。

三、社会信用体系的挑战与对策

（一）信用体系建设中的主要挑战

信用体系建设面临的主要挑战包括数据质量问题、隐私保护问题和制度执行问题。数据质量问题指的是信用信息的准确性和完整性可能受到各种因素的影响，导致信用评价结果不准确。隐私保护问题涉及如何在收集和使用信用信息的过程中，保障个人和组织的隐私权利。制度执行问题则包括如何确保信用体系的各项规章制度得到有效实施，防止信用管理中的不正当行为。2022 年 4 月，中共中央办公厅、国务院办公厅联合印发《关于推进社会信用体系建设高质量发展促进形成新发展格局的意见》（中办发〔2022〕25 号），标志着社会信用体系建设进入规范化和高质量发展的新阶段，解决这些挑战需要综合运用技术手段和管理措施。通过引入大数据和人工智能技术，提高数据的准确性和处理效率；通过制定严格的隐私保护政策和措施，保障信息的安全性和隐私性；通过加强对制度执行的监督和管理，确保信用体系的各项规章制度得到有效落实。农村信用体系的建设同样需要面对这些挑战，并根据农村地区的实际情况，制定相应的对策和解决方案。

（二）社会信用体系的技术挑战

国家发展改革委对外发布《2024—2025 年社会信用体系建设行动计划》（发改办财金〔2024〕451 号），多举措推动社会信用体系建设高质量发展。技术挑战是社会信用体系建设中的重要问题，主要包括技术系统的兼容性、安全性和稳定性。技术系统的兼容性问题涉及不同信用信息系统之间的数据交换和共享，需要建立标准化的数据格式和接口。安全性问题则涉及如何防范网络攻击和信息泄露，保障系统的安全和可靠。稳定性问题包括系统的高可用性和应急处理能力，以应对突发事件和系统故障。应对技术挑战需要采取多方面的措施。制定和实施技术标准和规范，确保系统的兼容性；通过加强网络安全技术和措施，防范信息泄露和网络攻击；通过建立系统监控和维护机制，提高系统的稳定性和可靠性。农村信用体系的技术挑战需要结合农村的实际情况，考虑到其技术基础和资源条件，设计出适合的技术解决方案。

---

① 郑海锋，佟会宝．美德信用积分在普惠金融领域的应用研究——基于沂水的探索实践［J］．金融发展研究，2024（7）：90—92.

（三）社会信用体系的法律保障

法律保障是社会信用体系建设中的关键环节，主要涉及信用信息的法律保护、信用纠纷的法律解决和信用制度的法律实施。现代信用体系必须有完备的法律作基础，从信息采集到传播再到处罚力度等都需要有法可依，只有这样才能确保信用信息的有效披露和权威性。在美国，有关诚信方面的法律有 10 多部，对各种失信行为的惩罚，措施严厉、规定具体明确，一旦失信，寸步难行，甚至倾家荡产。我们应借鉴世界上信用管理较发达国家的成功经验，根据我国实际，抓紧制定以失信惩戒机制为主要内容的，涉及银行有关立法和非银行有关立法的法律法规体系，如《社会信用信息使用条例》（国办发〔2020〕49号）等法律法规。在农村信用体系的建设中，法律保障同样至关重要。需要根据农村地区的实际情况，制定和完善相关法律法规，建立健全的法律监管机制。通过法律保障，可以有效维护信用体系的公正性和有效性，促进农村信用体系的健康发展。

第四节　信用在农村社会中的功能定位

一、信用在经济活动中的作用

（一）信用在交易中的重要性

习近平总书记指出："社会主义市场经济是信用经济、法治经济。"完善的社会信用体系是供需有效衔接的重要保障，是资源优化配置的坚实基础，是良好营商环境的重要组成部分，对促进国民经济循环高效畅通、构建新发展格局具有重要意义。[①] 信用在经济交易中发挥着关键作用，其重要性体现在以下几个方面。信用能够降低交易中的不确定性和风险。当交易双方建立了信用关系，通常会减少对合同履行的担忧，从而促进交易的顺利进行。在农村经济中，信用能够通过建立信任关系来促进农产品的销售、土地租赁等经济活动。信用的存在能够提高经济活动的流动性。在农村，许多经济活动依赖于口碑和长期关系，这种信用基础能够帮助农民获得更多的市场机会，同时也使得资源能够更高效地配置。信用的流动性还体现在贷款和融资方面，通过信用评估，金融机构能够为农村企业和个体提供资金支持，从而促进经济发展。农村信用体系的建立和完善，能够显著提升信用在经济交易中的作用，推动农村经济的整体发展。农户通过调用信用评估模块获取自身信用情况，金融机构通过查询分布式账本获取农户基础信息、农产品信息和历史借贷信息，利用信用评估方法得出农户的信用等级。[②]

---

① 周倩文，张隽．加强信用经济研究［N］．人民日报，2023－10－09（13）．

② 蒋季，胡灵．数据共享下农村信用体系框架研究［J］．征信，2024（7）：59—64.

（二）信用对农村经济发展的推动

信用对农村经济发展的推动作用主要体现在信用能够促进投资和融资，信用能够促进农村市场的稳定发展，信用还能够推动农村经济结构的优化和升级。信用能够促进投资和融资。金融是现代经济的核心。全面推进乡村振兴、实现农业农村现代化，离不开金融的支持。党的十九届五中全会提出“健全农村金融服务体系”，为金融更好地服务乡村振兴战略、促进农业农村现代化指明了方向。我们必须深入贯彻落实党的十九届五中全会决策部署，着力健全农村金融服务体系，打通金融服务乡村振兴的“最后一公里”。农村经济发展往往面临资金短缺的问题，通过建立信用体系，农民和农村企业可以获得更多的融资机会，从而进行生产和经营扩展。以安徽省当涂县为例，党建引领“信用村”建设为农村产业发展注入新动能。农户李德平凭借AA级信用户身份，从徽商银行贷得28万元无抵押信用贷款，实现“小精高”河蟹养殖。当涂通过信息采集为10.9万户农户“精准画像”划分信用等级，A级以上农户可申请无抵押信用贷款。桃花村股份经济合作社获100万元无抵押信用贷款。为打消银行顾虑，当涂设600万元信用风险补偿基金。目前8家金融机构开发13款信贷产品，累计授信5.2亿元，用信1.22亿元。① 可以看出，信用能够促进农村市场的稳定发展，信用体系的建立有助于提升市场的透明度和信任度，从而吸引更多的投资者和消费者。在农村市场中，建立良好的信用体系可以减少市场的不确定性，促进市场的活跃度和竞争力。信用还能够推动农村经济结构的优化和升级。通过信用体系的建设，农村经济能够向更多元化和高附加值的方向发展。

（三）信用机制对交易成本的影响

交易成本包括信息成本、谈判成本和执行成本等，而信用机制可以降低信息成本。在建立信用关系后，交易双方对对方的行为和信誉有了充分的了解，从而减少了信息不对称的情况。恩格斯在《英国工人阶级状况》1892年德文第二版的序言中指出，“现代政治经济学的规律之一就是：资本主义生产愈发展，它就愈不能采用作为它早期阶段的特征的那些琐细的哄骗和欺诈手段”。② 信用机制能够减少谈判成本。当交易双方建立了信用关系时，通常能够减少合同条款的复杂性和谈判的时间成本。信用良好的主体往往能够在交易中享有更为优惠的条件，从而降低谈判的复杂性。只有在“最发达的竞争”条件下，信用也会成为“经济行为主体之间自然而然的事情”。完善的市场竞争机制不但内生经济信用的道德要求，而且能产生经济信用的自动供给。③ 可见，完善市场竞争机制的重要意义。

信用机制对交易成本有着显著影响。良好的信用机制能降低交易成本。当存在完善的信用体系时，交易双方能够更加信任彼此，减少了为防范风险而进行的各种调查、监督等活动所耗费的时间和资源。在商业交易中，信用良好的企业可以凭借其信誉获得更优惠的交易条件和更快捷的交易流程，无须花费大量成本去证明自身的可靠性。同时，信用机制可以促使交易各方遵守合同约定，降低违约风险，减少因违约而产生的法律诉讼等成本。

---

① 马荣瑞．安徽当涂：“信用村”建设引来金融“活水”［N］．光明日报，2021-10-25（03）．
② 恩格斯．英国工人阶级状况［M］．北京：人民出版社，1892：1—2．
③ 张静祎．略论市场经济中的信用机制［J］．国际关系学院学报，2009（5）：55—60．

缺乏信用机制会增加交易成本。如果没有有效的信用约束，交易双方可能会对对方的诚信度产生怀疑，从而加大信息搜集和验证的成本。在交易过程中，可能会采取更加严格的担保措施或提高价格来弥补潜在的风险，这无疑会增加交易成本。而且，一旦发生违约，后续的纠纷处理和损失弥补将耗费大量的人力、物力和财力。信用机制在交易成本的降低方面发挥了重要作用。

二、信用在社会治理中的作用

（一）信用在维护社会秩序中的角色

信用在社会治理中扮演着重要角色，尤其是在维护社会秩序方面。习近平总书记在《之江新语》中指出"'人而无信，不知其可'；企业无信，则难求发展；社会无信，则人人自危；政府无信，则权威不立"，提出"建立包括信用信息、信用评价、信用激励和失范惩罚机制在内的社会信用体系"。党的十八大以来，习近平总书记更是多次要求加强社会信用体系建设。统一社会信用代码制度、信用红黑名单制度、信用贷款支撑中小微企业融资服务……近年来，我国社会信用体系建设不断发展与完善，"守信获益，失信受罚；一处失信、处处受限"的守信联合激励和失信联合惩戒机制逐步健全。① 信用机制能够有效促进社会秩序的稳定，通过建立和维护信用关系，个体和组织之间能够形成稳定的合作和互动关系，从而减少社会冲突和纠纷。

在农村社会中，信用的维护尤为关键，因为农村社区往往具有较强的人际关系网络和社会联系。通过建立有效的信用评估和管理机制，可以对不良信用行为进行适当的制裁和纠正，从而维护社会的公平和正义。信用不良的个体或组织可能会面临社会交往受限或经济活动受限的后果，这种机制能够促使社会成员自觉遵守社会规范和法律法规。农村社会的治理也可以通过信用机制来加强对公共资源的管理和分配，提高社会治理的效率和效果。

（二）信用对道德建设的影响

信用不仅是一种经济工具，还对社会的道德建设产生了深远的影响。在我国，遵守信用的风尚已流传几千年，虽然"信"字在《论语》中只出现过三十八次，其出现的频次低于"仁"（一百零九次）和"礼"（七十四次），但高于描述道德规范的多数词汇，比如"善"（三十六次）、"义"（二十四次）、"敬"（二十一次）、"勇"（十六次）、"耻"（十六次）等。而"子以四教：文，行，忠，信""人而无信，不知其可也""自古皆有死，民无信不立""言必信，行必果"等名句，反复强调信用的意义与价值②，时至今日仍在使用。在西方社会，信用也是人们奉行的道德主轴，信用、信任等相关词汇，在《圣经》中也出现了几十次。

① 信息来源：信用中国网站，https：//www.creditchina.gov.cn，访问日期：2024 年 6 月 27 日。
② 孔子．论语［M］．刘胜利，译．北京：中华书局出版社，2006：57—80.

这种对信用的重视，不仅体现在经典文献中，也深深植根于社会生活的各个方面。信用机制能够促进社会道德的规范和提升，通过对信用行为的奖励和惩罚，形成良好的社会风尚和道德标准。在农村社会中，信用的道德影响尤为明显，因为农村社会往往存在较为传统和根深蒂固的道德观念。良好的信用行为能够体现社会成员的诚信和责任感，从而促进道德水平的提高。信用体系的建设可以通过道德教育和信用激励相结合的方式，提升农村社区成员的道德素养和行为规范。例如，通过对信用良好的个体和组织给予社会认可和奖励，激励更多的人遵循道德准则和诚信原则。

（三）信用在社区合作中的重要性

信用在社区合作中起着关键作用，它能够促进社区成员之间的合作与互动。建立良好的信用关系能够增强社区成员的信任感，从而提高社区合作的效率和效果。信用在社区合作中具有至关重要的意义体现在以下多方面：建立信任基础，社区合作的核心是成员之间的信任。信用良好的个人和组织能够赢得他人的信任，为社区合作搭建稳固的桥梁。当居民相信彼此会遵守承诺、履行义务时，才会更愿意参与社区活动、共享资源以及共同解决问题。如山东省荣成市崖头街道香河社区坚持党建引领，以铸牢中华民族共同体意识为主线，用好信用建设。社区吸纳各族群众成立“石榴籽”志愿服务队，开展多种活动 60 余次；打造“红石榴”志愿服务品牌，推行“三单制”服务模式，精准解决各族居民需求；通过各类活动增强各民族群众参与度、体验感和幸福感。同时，采用信用激励政策和管理工作法，开展信用表彰、兑换活动。社区党委书记表示将继续用好“信用+”模式，推动各民族群众守望相助。[①] 因此信用良好的组织者和参与者能够确保项目的顺利实施。组织者如果有良好的信用记录，能够吸引更多居民参与项目，并且在项目执行过程中，能够按照承诺筹集资金、安排人力物力，保证项目按时完成。参与者的信用表现也很重要，他们的守时、尽责能够保证项目的各个环节有序进行。提升社区治理效率。

信用可以作为一种有效的社区治理工具。通过建立信用评价体系，对居民的行为进行规范和监督。信用良好的居民可以获得奖励和荣誉，激励更多人遵守社区规则；而失信行为则会受到批评和惩罚，促使居民自觉改正。这样可以减少社区中的不良行为，提高社区治理的效率和质量。在农村社会中，信用的作用尤为突出，因为农村社区往往依赖于紧密的人际关系和合作网络。在农村社会中，社区合作不仅有助于经济发展，还能增强社会的整体稳定性和和谐性。

（四）信用对社会弱势群体的影响

信用在社会中对弱势群体的影响是一个重要的关注点。信用机制的建设需要关注弱势群体的权益保障，确保他们能够公平地参与社会经济活动。信用对社会弱势群体的影响主要体现在提升他们的社会参与度和经济机会。许多地方都制定了社会信用条例，比如《河南省社会信用条例》（河南省人大常委会发〔2019〕27 号）、《陕西省社会信用条例》（陕西省人大常委会发〔2021〕66 号）等。这些条例对社会信用信息的管理、信用激励与约

① 赵秋丽，刘家缙．山东荣成：“信用+”助推和谐社区建设［N］．2022－11－28（10）．

束、信用主体权益保护等方面进行了规定。对于弱势群体来说，一方面，他们的信用信息得到规范管理和保护，防止信息被滥用或泄露；另一方面，在信用激励措施中，弱势群体如果保持良好的信用记录，也有机会享受到相应的政策优惠和便利服务，如在就业、创业、公共服务等方面获得更多支持。

通过建立和完善信用体系，可以帮助弱势群体获得更多的经济支持和社会资源。针对信用较差的弱势群体，可以提供信用修复和改善的机会，帮助他们逐步融入社会经济体系。通过信用激励措施，可以提升弱势群体的社会地位和参与感，促进社会的整体包容性和公平性。弱势群体在践行社会主义核心价值观和社会信用体系中非常重要，它能够促进社会关系的和谐与稳定。建立良好的信用关系可以减少社会冲突和摩擦，从而提高社会的和谐度。同时在农村社会中，信用的作用尤为显著，因为农村社区通常存在较为复杂的社会关系和人际网络。良好的信用关系能够帮助社会成员建立相互信任和合作，从而增强社会的整体和谐性。信用机制的有效应用可以促进社会的和谐。

第二章 农村社会信用体系的制度设计

第一节 信用体系的制度构建与框架

一、农村信用体系建设的核心要素

党的十九大以来，国务院各部委相继出台规范性文件加强对农村信用体系核心要素的建设。如 2019 年《关于金融服务乡村振兴的指导意见》（第二十一条规定）强调建立完善农户信用信息档案的重要性；2022 年《关于做好 2022 年金融支持全面推进乡村振兴重点工作的意见》（第十八条规定）提出深化农村信用体系建设，推进新型农业经营主体的信用评价体系建设，探索信用救助与评价结果的创新应用，以增强信用贷款的投放精准性；2024 年《关于推进社会信用体系建设高质量发展 促进形成新发展格局的意见》（第十六条规定）提出创新信用监管策略和建立信用承诺制度，提升农村信用监管的精准性和有效性。国家各部委相关文件的连续出台，不仅体现出对核心要素不断深入优化，更反映出对农村信用体系建设的持续重视。

农村信用体系建设是一项系统性的工程，涉及对多个核心要素的构建。尤其在乡村振兴的战略背景下，农村信用体系的建设是推动农业现代化、实现农村经济社会全面发展的关键环节。农村信用体系是国家信用体系的重要组成部分，其核心要素的构建对于深化农村金融改革、完善农村金融服务体系具有重要的理论和实践意义。农村信用体系建设的各核心要素相互关联，共同构成了农村信用体系的基础框架。推动开展农村信用体系建设工作，需要着力把握农村信用体系建设的核心要素，了解农村信用体系的基本构成、完善农村信用体系的制度设计与实施机制、不断优化和改进系统评估方法。

（一）农村信用体系的基本构成

1. 信息采集与处理

农村信用体系的首要任务是建立全面的信息采集与处理机制。① 信息采集作为首要环节，其范围广泛而细致，主要涵盖个人和企业的信用历史、财务状况、交易记录等方面。在此过程中，需确保信息来源的可靠性与准确性，信息的整理涉及数据的分类、标准化处理和整合。分类是为了将不同类型的信息进行区分，便于后续的处理和分析；标准化处理则是为了确保信息的格式、单位、精度等符合统一的标准，提高信息的可比性和可分析性；整合则是将分散在各个来源的信息进行汇总和归并，形成完整的信用信息库，为后续的信用评估提供基础。

信息处理机制包括对信用信息的全面收集、整理和分析。② 《关于推进农村信用体系建设工作的指导意见》（银发〔2009〕129 号）提出："运用现代信息技术提升信用数据处理能力。"这包括对信用信息的动态更新，以反映最新的信用状态。数据处理环节，应采用先进的数据分析技术，如大数据分析、云计算、人工智能等，从大量信息中提炼出有价值的信用评价指标。国家发展改革委办公厅印发《2024—2025 年社会信用体系建设行动计划》（发改办财金〔2024〕451 号）第四条规定要强化全国信用信息共享平台的"总枢纽"功能，构建覆盖所有信用主体和信息类别的全国性信用信息网络，并提升信用信息的质量和数据治理能力。为确保信用信息处理机制的有效性，应不断优化数据治理和提升分析技术。

2. 信用评估与评级

信用评估是信用体系的核心环节，其目的是对信息进行深入分析，得出信用评级结果。根据《信用评级业管理暂行办法》的相关规定，信用评估流程涵盖了从信用与财务信息的收集、整理，到数据分析，再到利用信用评分模型对潜在信用风险的评估。评估结论将编纂成报告，并在适当情况下向利益相关者披露。为确保评级结果的可靠性，信用评估机构必须在评级的整个有效期内持续进行跟踪评估，并及时调整评级结果，以适应变化的市场环境和企业状况。

有效的评估机制能够显著增强整个信用体系的可靠性和公信力。加强对农村信用评级工作的监管和指导，是确保评级活动规范性和有效性的关键。制定农村信用评级体系评估标准要综合考量农村地区的信用历史、偿债能力、财务稳定性等多个关键维度，以确保评估过程的科学性和公正性。评级模型的准确性直接关系到信用信息的精准传递和决策者的有效参考，信用评级的结论不仅对农户个体或农村企业的信用状况产生直接影响，更深层次地塑造了其在农村信用生态系统中的地位及未来发展潜力。人才培养和技术支持是农村信用评估和评级的内在要求，提升从业人员的专业能力和服务质量是确保评级工作高效开展的基础，而引入先进的技术手段则有助于提高数据处理的效率和准确性。

3. 信用应用与监督

国务院办公厅《关于加快推进社会信用体系建设构建以信用为基础的新型监管机制的

---

① 李新庚．社会信用体系运行机制研究［M］．北京：中国社会出版社，2017：82—94.

② 周明．信息管理学［M］．重庆：重庆大学出版社，2020：154.

指导意见》（国办发〔2019〕35号）指出，通过信用信息的共享与应用，优化监管资源配置，提高对社会信用体系的监管效能。这一指导意见不仅强调了信用监管在优化监管资源配置和提高监管效能方面的关键作用，还揭示了信用监管作为一种新型监管机制，其发展与农村社会信用体系的逐步建立和完善紧密相连。信用监管是伴随社会信用体系的逐步建立和完善而相应发展起来的，信用监管解决的正是信用信息应用在监管部门端的落地实现。[①] 信用监管的核心在于通过系统地归集、处理和应用信用信息，实现对市场主体的精准监管，从而提高市场效率和公平性。

信用应用是信用监管流程中的重要环节，它涉及将信用评估结果广泛应用于信贷审批、保险定价、合同履行等多个方面的金融决策和社会信用管理实践中。在此过程中，信用评估结果的准确性和公正性至关重要，其直接关系到市场参与者的利益和市场整体的健康运行。为了确保信用评估结果的有效性，需要建立一套科学合理的信用评估标准和流程，同时加强对信用评估机构的监管，以防止利益冲突和评估偏差。

信用监管机制是农村信用体系建设的有力保障。监督机制的作用在于确保信用信息的真实性、信用评估过程的透明度以及信用应用的合法性。为此，需要构建一个涵盖内部审核机制和外部监管机制的多层次、全方位的监督体系。内部审核机制要求农村信用机构建立健全的内部控制制度，确保信用信息的收集、处理和存储过程符合相关法律法规和行业标准。外部监管机制则涉及政府监管部门、农村企业以及村民等多方面的参与，通过法律、行政、舆论等多种手段对信用机构的行为进行监督和约束。

（二）制度设计的实施机制

1. 政策支持与资金保障

实施信用体系的设计需要政策支持与资金保障。政府应制定相关政策，包括制定相关法规、实施细则及政策支持措施，以激励更多的社会资源和力量共同参与建设符合国家战略和地方实际需求的信用体系。如《社会信用体系建设规划纲要（2014—2020年）》（国发〔2014〕21号）为社会信用体系建设提供了宏观指导和政策框架，明确了社会信用体系建设的方向和目标。聚焦农村信用体系建设，应当制定符合本区域实际需求的相关发展纲要、地方性条例等，为当地信用体系的建设提供明确的法律框架和实施指导。当地政府还需要定期评估政策的实施效果，根据农村信用体系建设中出现的新情况和新问题，及时调整和完善相关政策，以保持信用体系建设的动态适应性和前瞻性。

资金保障是实施机制的另一个关键要素。政府或相关机构需要为信用体系的建设和运营提供必要的财政支持，以确保信用体系的可持续发展。这包括投资于信用信息数据库的建设和维护、定期对相关人员进行专业培训以及确保系统的日常运营和数据更新。在农村信用体系实施机制的资金保障方面，除了依赖当地政府的财政拨款，还应该积极探索和引入社会资本，建立多元化的资金筹措机制。可以通过公私合营（PPP）模式来吸引企业的投资，或者设立专项基金来鼓励和引导社会捐赠。多元化资金来源不仅可以减轻政府的财政负担，还可以带来更多的市场机制和创新元素，提高信用体系的整体运营效率。当地政

① 王伟．信用监管的逻辑与机理［J］．中国市场监管研究，2021（8），26—30.

府和相关机构应根据信用体系的发展目标和实际需求，制订科学的资金使用规划。这包括明确各项支出的优先级，合理分配资金至技术建设、人员培训、日常运营等各个环节。通过合理的资金规划和预算管理，确保信用体系的可持续发展。

2. 技术支持与平台建设

技术支持是信用体系建设的重要保障，对推动乡村振兴和农业现代化具有重要意义，体现在农村信息技术平台的建设、人员培训、系统维护、农村金融知识普及和农村金融产品创新等方面。对相关人员的培训，能够确保相关人员能够熟练操作系统和准确处理信息。[①] 定期的技术更新和系统维护能保证平台的高效运作和稳定性。建立先进的信息技术平台，需要涵盖数据采集、存储、处理和分析等各个方面。平台的建设需要考虑系统的扩展性、安全性和兼容性，以适应未来可能的技术发展和需求变化。技术支持的扩展性不仅包括信用信息共享平台的建设，还涉及智能化风控、移动金融服务、区块链技术以及物联网技术的应用；技术平台的建设过程中所涉及的信息安全和数据安全，《中华人民共和国网络安全法》和《中华人民共和国数据安全法》等法律法规提供了法律依据和指导原则；兼容性要求则关系到平台能否与现有或未来的其他系统有效对接，实现数据和业务流程协同。借助这些技术支持，农村信用体系能够更有效地服务于农村的经济发展和农民的金融需求。

3. 组织协调与执行

组织协调是确保信用体系有效实施的关键，有助于规范流程，保障信用信息采集、评价等环节有序开展，促进信息共享，为信用评估提供依据。需要建立专门的组织机构，负责信用体系的日常管理、协调与执行。机构内的人员应具备专业的知识和技能，以处理信用体系中的各项事务。根据《社会信用体系建设规划纲要（2014—2020 年）》（国发〔2014〕21 号）的要求，各级人民政府应当加强对社会信用体系建设的组织领导，建立健全工作协调机制。同时，《关于推进社会信用体系建设高质量发展促进形成新发展格局的意见》（中办发〔2022〕25 号）强调了社会信用体系的重要性，并提出了具体的工作要求和措施，这为组织提供了政策支持和方向。

执行是落实规划的关键，需要制定有效的执行机制保障政策施行。执行机制包括制订详细的实施方案，明确各部门的职责和任务。每个部门都应清楚自己在整体工作中的定位和具体要承担的责任，避免职责不清导致的推卸责任现象，各部门做到各司其职、协同合作。为了保障执行机制的持续有效性和适应性，需要结合定期的检查和评估机制。定期的检查和评估机制能够及时发现和解决问题，如实施过程中的偏差、潜在的风险等，还可以对工作进展进行全面把握，及时调整策略和方法。而评估机制则可以对信用体系的实施效果进行客观衡量，了解其是否达到预期目标。根据评估结果，可以针对性地进行改进和优化，不断提升信用体系的实施质量和效果。

安徽省党建引领信用村建设的实践表明，组织协调是确保农村信用体系有效实施的关键。安徽省通过系统性地构建组织协调框架，细致划分各级职责，并重视专业人才培养，

---

① 郑曦．《刑事诉讼法》与《数据安全法》《个人信息保护法》衔接问题研究［J］．中国刑事法杂志，2024（2）：107－123．

同时结合有效的激励机制和调度措施，全面推进了农村信用体系的发展。这种做法不仅显著改善了农村地区的信用状况，而且有效地促进了金融资本向农村地区的倾斜，满足了当地经济实体的资金需求。尤为重要的是，信用村建设的不断深化，有效促进了农村社会治理结构的改进，增强了基层治理能力，为农村经济的稳定增长和持续发展奠定了坚实的基础。①②

（三）系统评估与改进

1. 效果评估方法

系统评估是检验信用体系实施效果的关键环节。评估方法包括定量分析和定性分析两方面。③ 定量分析通过数据统计和模型分析，评估信用体系的实际运行效果。④ 数据统计可以收集大量与信用体系相关的数据，通过对这些数据的整理和分析，能够直观地了解信用体系在不同方面的表现。模型分析则可以利用各种数学模型和算法，对信用数据进行深入挖掘，预测信用风险、评估信用体系的稳定性和可持续性。

定性分析则通过调查研究、专家评估等方式，了解系统在实际应用中的表现和影响。调查研究可以针对不同的用户群体，如消费者、企业、金融机构等，了解他们对信用体系的认知、满意度和使用体验。通过问卷调查、访谈等形式，可以收集到丰富的第一手资料，为评估信用体系提供重要的参考依据。专家评估则邀请相关领域的专家学者，对信用体系的设计、实施和运行进行全面的评估。专家们凭借其专业知识和丰富的经验，能够从更宏观的角度分析信用体系的优势和不足，并提出有针对性的改进建议。

2. 问题识别与解决方案

通过系统评估，可以识别信用体系中存在的问题。⑤ 这些问题可能涉及信息采集的准确性、信用评估的公正性、信用应用的合理性等方面。识别问题后要制订相应的解决方案，包括调整政策、改进技术、优化流程等，以提高系统的整体效果。解决方案的实施需要多方面的配合，包括政策支持、技术改进和组织协调。

在农村信用体系建设中，政策支持能为信用体系的改进提供明确的方向和有力的保障。政府须出台法规规范信用信息采集、使用和管理，制定农村信用采集标准，为金融机构提供可靠数据。如四川省通过《建设新时代更高水平“天府粮仓”行动方案》，创新推出“天府粮仓贷”，满足多样化金融需求。阿坝州九寨沟县建立信用体系建设机制和考核激励机制，推动农村信用体系建设工作开展。⑥ 政策支持鼓励企业和社会组织积极参与农村信用体系建设，推动信用体系的不断完善。政府通过给予税收优惠、财政补贴等激励措施，鼓励银行增加对农村的信贷投放，提高农村金融服务的覆盖面和可得性。

技术改进是提高农村信用体系效率和准确性的关键。在经济全球化和信息化的背景

---

① 姜世群，朱波，从宝辉．安徽省党建引领信用村建设制度优势与实践思考——以安徽省为例［J］．征信，2020，38（2）：64—68.

② 王亮．安徽省党建引领信用村建设实践与推广思考［J］．征信，2022，40（6）：50—55.

③ 李新庚．社会信用体系运行机制研究［M］．北京：中国社会出版社，2017：147.

④ 吕柏乐．信用评级中的量化研究方法与应用［M］．北京：中国财政经济出版社，2021：6.

⑤ 冯敬．企业信用管理体系智能化转型的实践与启示［J］．征信，2024，42（1）.

⑥ 周洪双．四川：聚力建好更高水平“天府粮仓”［N］．光明日报，2023-02-09（9）.

下，农村市场环境和社会需求不断变化，农村信用体系也需要不断调整和完善，大数据、人工智能、区块链等新技术将广泛应用于农村信用体系中。如黑龙江省利用大数据技术对农村地区的信用数据进行了深入分析和挖掘。通过建立省级农业大数据共享平台，构建了动态立体式涉农信用评价体系，展示了大数据技术在农业领域的应用，这个体系通过创建“信用名片”[①]，有效地分析了大量的农村信用数据，揭示了潜在的信用风险和问题。如广西那坡县通过“互联网＋”和大数据升级农户信用信息系统，实现了信用信息的精准采集和高效管理。[②] 这一举措不仅提升了农村信用体系的信息化水平，也为农村经济社会的发展提供了有力的支撑。

组织协调是农村信用体系建设解决方案实施的重要环节。农村信用体系涉及政府部门、商业银行、农村合作社、农户等多个部门和机构。需要建立有效的协调机制，加强部门之间的沟通和合作，确保各项改进措施的顺利实施。加强农村信用体系建设的宣传和培训，提高公众认知理解，营造良好信用环境，是推动乡村振兴的重要举措。商业银行应密切关注农村经济动态，调整信贷政策和服务，满足多样化金融需求，加强与各方合作，共同推动信用体系完善，助力乡村振兴。

3. 改进措施的实施

改进措施的实施是整个优化流程中的关键环节，涵盖方案的具体执行以及效果的持续跟踪。在执行阶段，应明确责任主体，设定具体的时间节点，并进行资源的合理分配。此举能够确保改进措施得以切实执行，并在既定时间内达成预期目标。实施完成后，还需对改进成效进行追踪与评估，这不仅涵盖对实施成果的验证，还包括依据评估结果及时作出调整与优化举措，以实现最优化的效果。通过这一持续的改进过程，可以显著提升农村信用体系的运作效率和信誉度，进而增强其在支撑社会经济活动方面的重要作用与影响力。

二、信用制度的设计原则与内容

（一）设计原则

1. 公正性原则

公正性原则是设计信用制度的核心要求，旨在确保信用评估和管理过程的公平性。公正性原则要求所有信用主体在信用评估中得到平等对待，不受个人关系或社会地位等非相关因素的影响。在制定信用标准和评估方法时，应确保规则透明、评估依据明确，以保证评估的客观性和公正性。在实际操作中，信用信息的收集和处理必须全面准确，避免信息不完整或偏差导致的错误评估。由于农村地区的经济和社会结构相对复杂，信用评估往往面临更多的挑战。公正性原则要求农村信用评估机构和人员在处理农民和农村企业的信用信息时，必须遵循统一的标准和透明的流程。建立严格的审核机制和纠错机制，以确保农村信用信息的真实性和可靠性，提高农村信用体系的整体公信力。

---

① 温源．信用名片引来金融支农活水［N］．光明日报，2021－05－14（10）．
② 温源，李慧．农村信用体系建设助力乡村振兴［N］．光明日报，2019－07－25（10）．

2. 透明性原则

透明性原则要求信用制度的各个方面，包括信息采集、信用评估、评级标准和信用应用等，都应向公众公开，接受监督。透明性有助于增强信用体系的公信力，使所有参与者能够清楚了解信用制度的运作机制和标准，从而减少疑虑和误解。[①] 制定清晰的信息公开政策和设立有效的投诉和反馈机制，以促进社会各界对信用制度的信任和支持。在设计信用制度时，应制定清晰的信息公开政策[②]，包括信用评价标准、数据处理流程和信用记录查询渠道等。透明性原则也要求设立有效的投诉和反馈机制，允许信用主体对评估结果提出异议，并获得公正处理。在农村信用体系建设中，透明性原则的实施尤为关键。由于农村地区的信息传播渠道相对有限，农民和企业获取信用信息的难度较大。因此，农村信用机构应当加强与当地社区的合作，通过多种渠道公开信用信息和评估标准，确保农民和企业能够及时了解和掌握相关信息。设立便捷的投诉和反馈机制，允许农村居民对评估结果提出异议，并获得公正处理，从而提高农村信用体系的透明度和公信力。

3. 可操作性原则

可操作性原则强调信用制度的实际操作性和实施性。在设计信用制度时，必须考虑到其实施的可行性和实际操作的便利性。[③] 设计的制度应具有明确的操作步骤和实施细则，以确保在实际应用中能够顺利运行。可操作性原则还涉及对技术支持和人员培训的需求。信用制度的实施需要依托技术平台和专业人员，系统的设计应考虑到技术的可行性和操作的简便性。建立完善的培训体系，确保相关人员对制度的理解和执行能力，也是保证制度有效性的关键。在农村信用体系中，可操作性原则的实施面临特殊的挑战。由于农村地区的技术基础设施和专业人才相对匮乏，信用制度的实施需要更加注重简化和实用。例如，可以通过引入简单易用的信用评估工具和方法，减少对复杂技术的依赖。加强对农村地区工作人员的培训，提高他们的专业素养和操作技能，确保信用制度在农村地区的有效实施。通过这些措施，提升农村信用体系的整体运行效率和准确性，从而更好地服务于农村经济发展。

（二）核心内容

1. 信用评价标准

信用评价标准是信用制度的核心内容之一，决定了信用评估的依据和方法。评价标准应基于全面、客观的信用信息，涵盖个人或企业的信用历史、财务状况、还款能力等多个方面。这些标准需要与实际经济活动和信用风险相适应，以确保评估结果的准确性和实用性。信用评价的目的是减少信用交易中的不确定性和风险，促进信用的合理分配和使用。信用评价的结果通常以信用评分或信用等级的形式表示，为银行、投资者和其他信用提供者提供了重要的决策参考。标准的制定应遵循公平、公正的原则，避免对某一类信用主体的不公正评价。通过建立明确的评价体系，提高信用评估的透明度和信任度，是确保信用

---

① 李国权．“人工智能＋信用治理”：逻辑理路、边界约束及实践路向［J］．征信，2024（8）．

② 张鹏．个人信用信息的收集、利用和保护——论我国个人征信体系法律制度的建立和完善［M］．北京：中国政法大学出版社，2012：9．

③ 刘昕．神经网络技术与商业银行个人信用管理［J］．农村金融研究，2007（6）．

制度有效实施的基础。① 在制定评价标准时，应结合地方实际情况，确保标准的科学性和合理性。例如，《陕西省“十四五”社会信用体系建设规划》（陕发改财金〔2021〕1088号）等政策文件的出台，进一步对当地的农村信用体系的建设进行了规范，体现了信用评价标准在促进地方经济发展中的重要性。

2. 信息管理规范

信息管理规范涉及对信用信息的采集、存储、使用和保护的要求。规范的制定应涵盖信息的收集流程、数据的整理标准、信息更新的频率等方面，确保信用信息的准确性和时效性。在信息管理过程中，必须遵循数据隐私保护的相关法律法规，采取必要的安全措施，以防止信息泄露和滥用。例如，在中国人民银行公布的《征信业务管理办法（征求意见稿）》中，明确要求对信用信息的采集、加工、对外提供等各环节加强监管，以保护信息主体的合法权益。《人民日报》在多篇文章中强调了信息安全的重要性：在《筑牢网络与信息安全防护墙（评论员观察）》一文 中提到，随着数字化带来的便利，信息泄露风险也随之增加，因此需要加强网络与信息安全的保障；② 在《夯实高质量发展的“信用基石”（评论员观察）》一文中，强调了市场经济是法治经济、信用经济，信用制度是社会主义市场经济体制的重要基础。③ 这表明信用制度的建设需要法律的支持和保障，信息管理规范的制定和执行也需要法律的支撑。

3. 激励与惩戒机制

激励与惩戒机制是社会信用体系的重要内容，它们通过正面激励和负面约束来塑造良好的信用环境。合理设计激励与惩戒机制，有助于维护信用体系的稳定性和公信力，促进信用文化的建设和发展。根据国务院办公厅发布的《关于加快推进社会信用体系建设构建以信用为基础的新型监管机制的指导意见》（国办发〔2019〕35号），激励机制的核心目标是褒扬诚信，对恪守信用的市场主体给予更多的发展机遇与实质性利益。激励机制可细化为信用积分累积、信用评级提升、贷款优先权等，旨在激发市场主体自觉维护良好信用的内在动力。而惩戒机制则包括贷款限制、融资成本上升、失信记录公示等，以此对违约行为形成有力的外部约束。激励与惩戒机制的有机结合，能够增强社会信用体系的整体效能，推动形成全社会共同参与信用建设的良好格局。在激励机制方面，设立行政审批的“绿色通道”为守信者提供便捷高效的公共服务；优化行政监管流程以减轻企业负担；降低市场交易成本，营造正向激烈的市场氛围。而对于惩戒机制，针对严重失信的行为，必须依法依规实施行政性、市场性、行业性和社会性约束与惩戒措施，以大幅提高失信成本。

（三）实施路径

1. 政策制定与实施方案

政策制定是信用制度实施的基础，需明确制度目标、实施步骤和资源配置。政策制定

① 袁敏．金融助推城乡商贸流通一体化高质量发展问题探讨［J］．商业经济研究，2024（17）．
② 吕晓勋．筑牢网络与信息安全防护墙（评论员观察）［N］．人民日报，2022-10-27（09）．
③ 周人杰．夯实高质量发展的“信用基石”（评论员观察）［N］．人民日报，2022-04-12（05）．

过程中，应广泛征求意见，确保政策的科学性和适用性。① 政策制定的首要任务是明确目标，如提升市场效率、强化诚信、降低交易成本和风险。中共中央办公厅、国务院办公厅印发的《关于推进社会信用体系建设高质量发展促进形成新发展格局的意见》（中办发〔2022〕25 号）提出了具体工作要求和步骤。制定过程中，应通过公开征求意见、研讨和专家咨询，确保政策的科学性、适用性和透明度。实施方案需涵盖时间表、任务分配和预算。

实施中，要建立监督机制，跟踪效果，及时调整方案。信用监管机制的建立和完善，需要在法治轨道上进行，如国家发展改革委《建设符合高水平社会主义市场经济体制的社会信用体系建设法》提出的法律框架和制度。现代信息技术，特别是大数据和互联网技术，为信用监管提供了新的工具和手段，使得监管更加精准和高效。信用监管是多方参与的社会共治过程，需要行业组织、第三方信用服务机构和市场主体的共同参与。保护信用主体权益至关重要，确保信息准确，提供查询、异议和修复权利。政策实施后，需要定期进行效果评估，根据评估结果进行必要的政策调整和改进。

2. 宣传推广与培训

宣传推广是确保信用制度广泛认知和接受的重要环节。通过多渠道的宣传活动，向公众普及信用制度的基本内容和重要性，尤其是要让农村地区的居民深刻认识到农村信用体系建设对他们生产生活的积极影响，从而提高社会各界对信用制度的认同和参与度，为农村信用体系建设营造良好的社会氛围。培训则是提高制度实施效果的关键，针对不同的受众群体，提供专业的培训课程。对于农村居民和涉农企业，培训应使其掌握信用制度的要求和操作流程，以便更好地参与农村信用体系建设；对于相关部门和机构，培训则侧重于提升其在农村信用体系建设中的实施和管理能力，确保农村信用体系建设工作的高效推进。

以四川省广元市为例，该市在脱贫攻坚过程中探索出了“六个聚焦”的信用救助模式，并取得了显著成效。然而，实施过程中也暴露出一些问题，如救助主体涵盖范围不足、识别难度大、金融机构救助动力不足等。为解决这些问题，广元市提出了深化部门协作、完善救助流程、加大信息共享等政策建议，以期进一步完善农村信用救助机制，破解农村非恶意失信经济主体的获贷困境。② 这一案例表明，有效的宣传推广和培训能够助力信用制度的顺利实施，并通过不断优化和完善机制，提升信用制度的服务效能。

3. 实施效果的监测

实施效果的监测是信用制度建设不可或缺的一环，通过对信用制度运行情况的全面评估和分析，确保制度的有效实施和持续优化。监测内容不仅包括制度的实施进度和效果评估，还涉及问题反馈等多个方面。通过定期的效果评估，识别制度实施中的问题和不足，可能包括信息采集的不准确、评估标准的不合理、信用应用的局限性等问题。一旦发现这些问题，相关部门可以及时对制度进行调整和优化。例如，通过对信用评分系统的运行效果进行监测，可以识别出评分模型的准确性和公正性，进而对其进行改进。

---

① 李朝晖．政府经济职能研究——基于政府信用的视角［M］．武汉：华中科技大学出版社，2013：67—68.

② 郾鸿，李茂，杨锐．农村信用救助工作的有效性与持续性思考——以四川省广元市为例［J］．征信，2023，41（2）.

在信用制度建设中，建立高效的反馈机制是关键环节。这一机制涉及收集和分析来自信用主体、相关部门以及社会各界的意见和建议。通过反馈不仅可以发现制度设计中的盲点，还可以更深入地了解信用制度在实际运作中的表现，不断优化制度设计和实施方案。对于农村信用体系建设而言，同样需要依靠高效的反馈机制，为未来农村信用政策调整提供数据支持，以不断改进农村信用制度设计和实施方案。

三、农村信用体系中的法律保障

（一）法律框架的构建

1. 法律法规的制定

法律法规的制定是保障农村信用体系合法运行的基础。[①] 有效的法律框架应涵盖信用体系的各个方面，包括信用信息的采集与使用、信用评价的标准与程序、信用纠纷的解决机制等。有必要完善法治建设，加强信用平台建设的顶层设计，如推动制定《社会信用促进法》《个人信用信息保护法》等，明确政府和市场的边界，为信用平台提供法律保障。[②] 法律法规应根据农村信用体系的实际需求和发展情况，结合国际国内的经验和实践，制定符合实际的法律条款和规范。制定法律法规时，需要进行充分的调研和论证，应明确信用体系的基本原则和运行机制，确保法律条款的科学性和可行性。

2. 法律责任的明确

明确法律责任是保障法律框架有效实施的关键。法律责任的明确不仅有助于规范信用主体的行为，也能够提高信用体系的整体信用度和可靠性。法律责任包括对信用信息提供者、信用评价机构、信用用户等各方的法律义务和责任。法律责任的明确有助于防范和处理信用信息的虚假、失信行为，确保信用体系的正常运行。具体而言，应对信用信息提供者在信息准确性、完整性方面的责任进行明确规定，对信用评价机构在评价过程中的公正性、透明性进行约束，对信用用户在信用行为中的合法性、诚实性进行要求。

3. 法律实施的监督

法律实施的监督是保障法律框架有效运行的重要措施。监督机制包括法律实施的监控、检查和评估等环节。有效的法律监督机制能够及时发现和纠正法律实施中的问题，确保法律法规的落实和执行。监督机制应包括政府部门的监督、社会组织的监督以及公众的监督等多方面的内容。政府部门应负责对法律实施的总体监督和具体检查，社会组织和公众则可通过舆论监督、举报投诉等形式参与法律实施的监督。通过建立健全的监督机制，确保法律法规的有效实施和农村信用体系的规范运行。

（二）法律保障实施机制

1. 法律宣传与教育

法律宣传与教育是增强法律意识和保障法律实施的重要手段。通过多元化的宣传方

① 郭少华．社会组织信用体系建设面临的挑战及应对策略研究［J］．征信，2023，41（8）．

② 李政为，吴杰．我国农村信用体系建设的基本模式及政策建议［J］．征信，2020，38（9）：55—58.

式，如媒体、社区讲座、培训班等，普及信用法律知识，提高信用主体的法律素养和遵守能力，从而促进法律的有效实施。法律宣传应通过多种渠道进行，包括媒体宣传、社区讲座、培训班等，普及信用法律知识和法律规定。针对不同信用主体，包括信息提供者、评价机构、信用用户等，提供定制化法律教育，以提升其法律素养和法律遵守能力。

2. 法律服务与援助

法律服务与援助是支持信用主体合法权益的保障措施。法律服务应包括对信用主体的法律咨询服务、法律援助服务等，法律咨询服务涉及帮助信用主体了解相关的法律法规，如信用体系建设、信用信息管理、信用修复等方面。法律咨询服务可以通过开设法律咨询热线、举办法律知识讲座、提供在线法律咨询平台等多种方式，帮助信用主体了解法律规定和处理法律事务，更好地维护自身权益。法律援助则应针对经济困难或特殊情况的信用主体，提供代理诉讼、非诉讼调解、法律文书撰写等免费的法律帮助和支持，保障信用主体的合法权益，维护法律的公正和权威。

3. 法律监督与检查

法律监督与检查是确保法律实施有效性的必要措施。法律监督包括对信用体系运行过程中的法律实施情况进行监控、检查和评估，以发现和解决法律实施中的问题。法律监督应包括对法律实施的常规检查和专项检查，如对信用信息采集、信用评价、信用纠纷处理等环节的检查。通过建立法律监督机构和制定监督制度，定期进行法律实施的评估和检查，确保法律的有效执行和信用体系的规范运作。

（三）法律纠纷解决机制

1. 纠纷调解

纠纷调解是解决信用纠纷的前期和解手段。调解过程由中立的调解机构或调解人员进行，旨在通过协商和沟通，达成双方认可的解决方案。调解机制应包括调解程序、调解规则、调解机构的设立等内容，确保调解过程的公正性和有效性。调解应注重提高调解效率和调解质量，建立健全的调解机制和程序，确保调解的公正性和权威性。通过调解机制的有效实施，能够迅速解决信用纠纷，维护信用体系的稳定和健康发展。为了提高纠纷调解的效率和质量，确保调解机制的有效性，可以从明确调解职责和流程、加强调解员的专业培训、保护当事人隐私、调解协议的法律效力、调解与诉讼的衔接等方面进行优化。通过这些措施，可以提升调解的效率和效果，帮助快速解决信用纠纷，维护信用体系的稳定和健康发展。

2. 仲裁机制

仲裁机制是解决信用纠纷的另一种重要手段。通过完善仲裁机制，能够提高信用纠纷解决的效率和公正性，维护信用主体的合法权益。[①] 仲裁机制由专业的仲裁机构或仲裁员进行裁决，其裁决结果具有法律约束力，作为解决争议的最终依据。仲裁机制的特点是程序简便、处理迅速，适用于复杂难解或金额较大的信用纠纷。仲裁机制的建立应包括仲裁规则、仲裁程序、仲裁员的选任等内容，确保仲裁过程的公正性和合法性。仲裁机制的完

---

① 胡建平，崔立新．加强信用档案管理服务信用体系建设［J］．兰台世界，2005（8）．

善也是推动法治社会建设、提升社会治理水平的重要举措。

3. 诉讼程序

诉讼程序是解决信用纠纷的司法手段。诉讼程序通过法院审理和判决解决信用纠纷，具有法律权威性和强制性。诉讼程序应包括案件的受理、审理、判决等环节，确保诉讼过程的公正性和合法性。诉讼程序的实施应包括对诉讼案件的受理标准、审理程序、判决执行等内容，确保诉讼的顺利进行。通过建立健全的诉讼程序和机制，保障信用纠纷的合法解决，提高法律的权威性和公正性。完善的诉讼程序能够为信用主体提供明确的法律指引，增强其依法维权的意识和能力；高效的诉讼机制有助于及时化解信用纠纷，促进社会信用体系的稳定运行。

第二节　信用治理的多元主体参与

一、政府在信用治理中的主导作用

政府在信用治理中发挥着主导作用。国家农村政策文件是农村信用体系建设的重要引领和行动指南，以其前瞻性和权威性为农村信用体系建设指明方向。党的十九大以来，党中央高度重视农村信用体系建设工作，多年来国家农业发展政策文件对农村信用体系建设提出指导性意见。如 2021 年 1 月 4 日《中共中央 国务院关于全面推进乡村振兴加快农业农村现代化的意见》指出，支持市县构建域内共享的涉农信用信息数据库，用 3 年时间基本建成比较完善的新型农业经营主体信用体系；2022 年 2 月 22 日《中共中央 国务院关于做好 2022 年全面推进乡村振兴重点工作的意见》指出，深入开展农村信用体系建设，发展农户信用贷款；2023 年 1 月 2 日《中共中央 国务院关于做好 2023 年全面推进乡村振兴重点工作的意见》指出加强农业信用信息共享；2024 年 1 月 1 日《中共中央 国务院关于学习运用“千村示范、万村整治”工程经验有力有效推进农村全面振兴的意见》指出，发展农村数字普惠金融，推进农村信用体系建设。

从“建成比较完善”到“深入开展”再到“加强”最后到“推进”，这一发展脉络充分彰显了党中央对农村信用体系建设的高度重视、持续推进和不断深化，也明确了政府在农村信用体系建设中的主导作用。在此背景下，深入研究政府在农村信用体系建设中的政策引领、资源投入、监督管理等方面的积极作为，对于进一步推动农村经济发展、实现乡村振兴具有重大意义，同时也能为农村信用体系建设提供坚实的政策保障和实践方向。

（一）政府的职责与角色

1. 政策制定与执行

在信用治理体系中，政府作为公共政策的制定者和执行者，承担着至关重要的职责。[1]

---

[1] 郭家巧．中国农村合作金融［M］．北京：中国金融出版社，2006：124.

政府负责设计和推行涵盖信用信息采集、管理、评估与应用的法律法规，构建整体的政策框架。这一政策框架是信用体系的基础，不仅涵盖个人和企业的信用记录管理，还涉及各类信用服务的规范与标准化。政府的政策制定须考虑到信用市场的复杂性和多样性，确保政策既具有广泛的适用性，又能够灵活应对市场变化。政府在政策制定中还需考虑不同地区和行业的特殊需求，制定针对性强的信用管理政策，以适应不同领域的信用治理要求。政策执行层面，政府需设立专门的执行机构，如信用监督管理部门，确保政策的有效实施，并通过制定详细的实施细则和操作规范，指导相关机构和市场主体的执行行为。① 政府应建立健全的监督机制，对信用管理活动进行定期检查和评估，确保政策执行不偏离既定目标，及时发现和纠正执行过程中的问题。通过这些措施，政府能够有效地推动信用治理体系的建设，促进社会信用体系环境的持续改善，为经济发展和社会和谐稳定提供有力支撑。

2. 监督与管理

监督与管理是政府在信用治理中不可或缺的职能。政府通过设立专门的监管机构，对信用信息服务提供者、信用评价机构以及信用中介进行严格的监督，确保其运营的合法性、公正性和透明性。例如，政府可以通过定期审计信用信息系统的运行情况，检查其数据的准确性和安全性，防止信息泄露和不当使用。监管机构还需对信用评价标准和流程进行审核，确保其符合国家法律法规和行业标准，避免出现信用评价失准、偏差或不公平现象。对于信用信息服务中的违规行为，如信息垄断、信息不对称等，政府需具备强有力的惩戒手段，确保信用市场的公正性和秩序性。政府还需推动建立信用信息的透明化平台，使社会各界能够公平获取信用信息，从而提升信用治理的整体效率和公信力。② 透明化的平台能够打破信息壁垒，让信用信息在阳光下运行。

3. 资源配置与支持

政府在信用治理中扮演着资源分配者和支持者的角色，通过合理配置财政资源、技术资源和政策支持，确保信用体系的健康运转。③ 通过合理配置财政资源、技术资源和政策支持，政府能够为信用体系提供坚实的物质基础和制度保障。政府可以通过设立专项资金，支持信用信息基础设施的建设，如建立全国统一的信用信息数据库，提升信用数据的采集和管理能力。《中华人民共和国乡村振兴促进法》第四条第四款规定："坚持改革创新，充分发挥市场在资源配置中的决定性作用，更好发挥政府作用，推进农业供给侧结构性改革和高质量发展，不断解放和发展农村社会生产力，激发农村发展活力。"这意味着政府需要不断创新机制，激发市场和社会的活力，推动信用体系的完善和发展。政府应鼓励公共和私营部门之间的合作，推动信用信息的共享与合作创新，通过政策激励，鼓励银行、金融机构与信用服务企业之间的数据共享与合作，打破信息孤岛，提高信用评估的精准性。政策支持方面，政府应制定相应的激励政策，鼓励社会各界积极参与信用体系的建设和完善，通过制定合理的法律保护信用主体的权益，提升全社会对信用治理的参与度和信任度。

---

① 陈勇阳．个人信用管理：理论、实务及案例［M］．重庆：重庆大学出版社，2016：50.

② 于新循．政府信用理论与法制保障要论［M］．北京：中国政法大学出版社，2013：54.

③ 周雨，陈海盛．农村信用体系建设的政策梳理、实践经验与发展趋势［J］．征信，2024（9）.

（二）政府的行动策略

1. 政策落实的措施

为了确保政策的有效落实，政府需采取多种切实可行的措施，推进信用治理政策的全面贯彻。政府应制定详细的政策实施细则，明确政策目标、实施步骤和预期效果，为相关机构和市场主体提供明确的操作指南。政府需建立专门的执行机构，赋予其足够的权力和资源，确保政策在全国范围内的统一实施。政府应开展广泛的政策宣传和培训活动，帮助社会各界理解政策内容，提升政策执行的效率。例如，政府可以通过举办专题研讨会、培训班等形式，帮助信用服务机构、金融机构和企业了解并掌握最新的信用管理政策，提高其执行能力。

2. 行政监管的手段

行政监管是政府确保信用治理政策有效执行的重要手段。通过建立多层次的监管机制，政府可以对信用信息的采集、管理和应用进行全方位的监控。① 这种监管机制不仅包括了对信用服务机构日常运营的监督，还涉及对信用信息生命周期的全程管理，从数据的收集、存储、处理到最终的销毁，每一个环节都需要严格遵循法律法规和行业标准。例如，政府可以设立定期检查和突击审查制度，监督信用服务机构的数据管理流程，确保信息的准确性和安全性。对于出现的问题，政府可以通过行政命令、罚款、业务限制等方式进行处理，确保信用服务市场的规范性。政府还应推动建立信用信息的公开透明机制，定期向社会披露信用服务机构的运营情况和监管结果，增强信用治理的透明度和公信力。② 通过定期向社会披露信用服务机构的运营情况和监管结果，政府能够增强信用治理的透明度和公信力，让社会各界对信用体系的建设和运行情况有更加清晰的认识。通过行政监管手段，政府不仅能有效防范和应对信用治理中的各类风险，还能提升整个信用体系的规范性和公正性。

3. 政府与其他主体的协调

在信用治理中，政府不仅需要发挥自身的主导作用，还需要与金融机构、社会组织、信用中介等其他主体密切合作，形成多元主体的协同治理格局。政府可以通过建立跨部门、跨领域的协调机制，整合各方资源，共同推进信用治理目标的实现。例如，政府可以定期组织召开信用治理联席会议，邀请金融机构、信用服务企业、行业协会等主体参与，共同讨论信用治理中的重大问题和政策实施中的挑战，并制定相应的应对策略。政府还应推动建立公共服务平台，促进各类信用信息的共享与流通，提高信用信息的利用效率和质量。③ 在这一过程中，政府应充分发挥引导和协调作用，确保各方合作的顺畅和高效。

二、社会组织与村民自治的参与模式

（一）社会组织的作用

1. 组织参与的形式

社会组织在信用治理中扮演着重要的角色，作为政府和市场之间的桥梁，社会组织通

① 陈丽君．中国社会信用监管体系构建研究［M］．杭州：浙江大学出版社，2020：250.
② 肖卫兵．中国信息公开改革新解：从信息流通角度［M］．上海：上海社会科学院出版社，2013：122—123.
③ 吴昊．大数据时代中国政府信息共享机制研究［M］．北京：中国社会科学出版社，2020：82.

过多种参与形式为信用治理提供支持。社会组织可以通过参与政策讨论和建议，为政府制定更加贴近基层和实际的信用治理政策提供参考。例如，地方性行业协会、非政府组织可以基于其丰富的实践经验，向政府提供有关信用信息管理、信用评价标准等方面的建议，帮助政府制定更具针对性和可操作性的政策。社会组织还可以通过开展信用教育和培训活动，提升公众对信用治理的认知和参与意识。例如，社会组织可以组织社区讲座、宣传活动，普及信用知识，帮助个人和企业理解信用信息的重要性及其在社会经济生活中的作用，从而提升全社会的信用意识。[①] 这些活动不仅能够提高公众对信用的认知度，还能引导公众树立正确的信用观念，通过宣传信用知识，社会组织可以帮助个人和企业了解信用信息如何影响他们的经济活动和社会交往，从而激励他们更加注重自身信用的积累和维护。

2. 组织对信用治理的贡献

社会组织在信用治理中通过自身的专业知识和资源网络，为信用体系的建设和完善作出了重要贡献。社会组织可以通过开展独立的信用调查和研究，提供客观、公正的信用评价报告，为政府和市场主体决策提供依据。这些报告通常基于社会组织自主采集的数据和研究成果，能够反映出信用市场的真实情况，弥补政府和市场信息的不对称。社会组织还可以通过推动信用信息的透明化和公开化，增强信用体系的公信力和透明度。一些社会组织通过搭建信息平台，向公众公开信用评价结果，提升信用信息的社会监督力度，促进信用主体的自律行为。社会组织还可以通过为信用主体提供咨询和指导服务，帮助其提升信用管理水平和信用记录的完善性，从而推动信用体系的良性发展。以江西省鹰潭市为例，该市创新推动农村信用体系建设，强化社会组织与农村自治、金融科技、农村改革结合，取得农村金融供给质量提升、金融生态环境改善、农村治理水平提升的成果。[②] 鹰潭市的成功实践展示了社会组织在信用体系建设中的积极作用，通过社会组织的参与和贡献，信用体系的建设和完善得以加强，为乡村振兴战略的实施提供了坚实的金融基础。

（二）村民自治的模式

1. 自治机制的设计

村民自治依托于农村社区的内在联系和共同价值，是农村信用治理的重要组成部分。通过设计合理的自治机制，可以有效地促进农村信用体系的建设和完善。自治机制的设计应充分考虑农村社会的特殊性和多样性，确保其符合村民的实际需求和参与意愿，同时也要兼顾农村的经济条件、文化传统和社会结构。自治机制应包括设立村级信用管理组织，如村民信用委员会，负责信用信息的管理和信用问题的处理。村民信用委员会可以由村民代表选举产生，代表全体村民的利益和意愿，负责制定和执行信用治理的相关规定。自治机制还需制定详细的运作流程和操作规范，确保村民信用委员会的透明运作和公正决策。例如，村民信用委员会可以定期召开会议，讨论信用治理中的问题和解决方案，如信用记

① 孙贵珍．中国农民信息不对称问题对策研究：基于信息需求侧和供给侧［M］．北京：人民出版社，2019：151—152.

② 徐文平．乡村振兴战略下农村信用体系建设的实践与思考——以江西省鹰潭市为例［J］．征信，2020，38（3）.

录的更新、信用评价的标准、失信行为的惩戒措施等，并通过民主投票的方式决定信用治理的重大事项。

2. 自治组织的作用

村级自治组织在信用治理中发挥着桥梁和纽带的作用，通过协调村民与外部信用机构之间的关系，推动农村信用体系的健康发展。自治组织可以负责信用信息的采集和管理，确保信用信息的真实性和准确性。例如，自治组织可以定期收集村民的信用记录，如还款记录、契约履行情况等，并将其汇总成信用档案，为后续的信用评估提供依据。自治组织还可以负责村民信用评价的初审和反馈，通过对村民信用行为的日常监督，及时发现并纠正不良信用行为，维护村庄的信用秩序。自治组织应将初审意见和反馈意见传达给村民，帮助村民了解自己的信用状况，引导他们树立正确的信用观念。自治组织还可以为村民提供信用咨询和指导服务，自治组织可以根据村民的实际需求，通过组织信用知识讲座、案例分享、信用宣传月等活动，帮助村民提升信用管理能力，防范信用风险，引导村民在日常生活中自觉维护个人和集体的信用。

3. 自治模式的实施

自治模式的实施是农村信用治理能否成功的关键，实施过程中需注意民主参与、公正透明和制度保障。自治模式的实施应注重村民的广泛参与，确保每个村民都有机会参与信用治理的决策过程。例如，在信用治理的重大事项决策时，自治组织应通过召开全体村民大会，听取村民的意见和建议，确保决策的科学性和民主性。自治模式的实施需注重公正透明，通过制定和公开信用治理的相关制度和操作流程，提升自治组织的公信力和透明度。例如，自治组织可以定期向全体村民公布信用治理的进展情况和工作成果，接受村民的监督和质询。自治模式的实施还需建立健全的制度保障，确保自治组织的持续运作和村民信用权益的有效维护。例如，自治组织可以与当地政府、金融机构等建立合作机制，获得必要的资金和技术支持，确保自治模式的长效运行。[①] 建立合作机制后，自治组织、当地政府和金融机构可以形成优势互补、互利共赢的局面。自治组织能够更好地发挥自身优势，推动农村信用体系建设及乡村振兴等工作；当地政府则可以通过与自治组织的合作，更好地了解基层情况，制定更加符合实际的政策措施；金融机构则可以通过与自治组织的合作，拓展业务范围，提升服务质量。

三、金融机构与信用中介的协同效应

（一）金融机构的角色

1. 信用评估与风险管理

金融机构在信用治理中扮演着关键角色，特别是在信用评估和风险管理方面。[②] 金融机构能够有效识别、监控和控制信用风险，确保金融市场的稳定和持续发展。在信用评估

① 张照新．农民合作社内部信用合作实践探索与发展思路［M］．北京：中国发展出版社，2018：1.

② 谢永红．农村信用治理机制优化的路径选择——基于农地抵押融资的分析框架［J］．征信，2021，39（11）.

方面，金融机构通过对个人和企业的财务状况、还款能力、信用记录等信息的综合分析，形成信用评级，为信贷决策提供依据。[①] 信用评级不仅帮助金融机构管理风险，也为借款者提供了一个展示其信用状况的透明窗口。例如，银行可以通过内部的信用评分模型，对借款人的信用风险进行量化评估，确定贷款的利率和额度。风险管理方面，金融机构通过建立健全的风险控制体系，有效识别和防范信用风险。银行也可以通过设立信用风险管理部门，负责信用风险的监测和控制，及时采取措施应对潜在的违约风险。金融机构还可以通过信用保险、资产证券化等手段，分散信用风险，增强信用体系的稳定性。

2. 信贷服务与产品设计

金融机构在信用治理中的另一个重要角色是信贷服务与产品设计。金融机构根据不同信用主体的需求，设计多样化的信贷产品和服务，满足不同层次的信用需求。针对小微企业，金融机构可以设计无抵押的小额贷款产品，降低小微企业的融资门槛，支持其发展。针对农村地区，金融机构可以设计灵活的农业贷款产品，支持农民的生产和生活需求。金融机构还可以通过开发信用卡、消费贷款等个人信贷产品，满足居民的消费需求，提升居民的生活质量。在信贷服务方面，金融机构应加强客户服务体系建设，提供便捷、快速的信贷服务，提高客户的满意度和信任度。例如，金融机构可以通过设立专门的客户服务中心，为客户提供信用咨询、贷款申请等一站式服务，提升客户体验。

3. 金融机构的合作与协调

金融机构在信用治理中不仅需要独立运作，还需与其他信用主体进行紧密合作，形成协同效应。[②] 金融机构可以与信用中介机构合作，共享信用信息，提高信用评估的准确性和全面性。金融机构还可以与政府部门合作，参与信用政策的制定和实施，推动信用体系的完善。例如，金融机构可以参与政府的信用评级体系建设，提供专业的信用评估意见，帮助政府制定更加科学和合理的信用评级标准。金融机构还可以与社会组织合作，共同开展信用教育和培训活动，提升全社会的信用意识和信用治理水平。在合作与协调过程中，金融机构应注重信息的透明和共享，确保各方的合作顺畅和高效，形成信用治理的合力。

（二）信用中介的作用

1. 中介服务的内容

信用中介机构作为信用治理的重要参与者，其服务内容涵盖信用信息的采集、分析、评估和应用。信用中介机构通过专业化的信用服务，帮助金融机构、企业和个人有效管理信用风险，提高信用决策的科学性和准确性。如信用中介机构可以通过收集和分析多维度的信用数据，形成综合的信用报告，为金融机构的信贷决策提供参考。信用中介机构还可以提供信用评级服务，通过对企业或个人的信用行为、财务状况、经营能力等进行综合评估，确定其信用等级，为各类信用交易提供依据。在信用信息的应用方面，信用中介机构还可以帮助企业和个人提升信用记录，改善信用状况，从而获得更好的融资条件和商业

---

① 马一宁．乡村振兴战略下河北省农户信用评级体系构建［M］．长春：吉林人民出版社，2021：115—116.
② 刘卫平．社会信任：民间金融与经济转型［M］．北京：中国人民大学出版社，2021：145.

机会。

2. 中介对信用治理的支持

信用中介机构在信用治理中不仅提供专业的信用服务，还通过促进信用信息的流通和应用，支持信用体系的建设和完善。信用中介机构通过搭建信用信息共享平台，推动信用信息的公开和透明，减少信息不对称现象，提升信用市场的效率。信用中介机构可以通过建立信用数据库，向公众和市场主体提供信用信息查询服务，帮助各方作出更为科学的信用决策。信用中介机构通过推动信用评价标准的统一化和规范化，提升信用市场的公信力和信任度。例如，信用中介机构可以与金融机构、行业协会等合作，制定统一的信用评级标准和流程，确保信用评价的公正性和一致性。信用中介机构还可以通过开展信用培训和咨询服务，提升企业和个人的信用管理能力，推动全社会信用水平的提升。

3. 中介的监管与评估

信用中介机构在信用治理中虽然发挥了重要作用，但也需要接受严格的监管和评估，确保其服务的公正性、透明性和专业性。政府应通过立法和行政监管，制定信用中介机构的准入标准、服务规范和信息披露要求，防止其滥用职权或操纵信用信息。这不仅能够促进信用中介机构的规范化运营，还能够提升整个社会的信用意识和信用水平。信用中介机构还需接受独立的第三方评估，确保其服务的质量和公正性。例如，政府可以定期对信用中介机构的运营情况进行审计，检查其信用数据的采集和管理流程，确保信息的准确性和完整性。信用中介机构还应建立内部的质量控制机制，定期对自身的服务进行评估和改进，提升服务的专业性和公信力。通过严格的监管和评估，信用中介机构可以更好地服务于信用治理的整体目标，推动信用体系的健康发展。

四、村民参与信用治理的激励机制

（一）激励措施的设计

1. 经济激励

经济激励是促使村民积极参与信用治理的重要手段。通过设立各类经济奖励机制，政府和自治组织可以有效调动村民的参与热情，提升信用治理的效果。例如，政府可以设立守信奖励基金，对信用表现良好的村民进行现金奖励或提供低息贷款，鼓励村民在日常生活和经济活动中践行守信行为。自治组织还可以通过设立集体经济分红机制，将村民的信用表现与集体经济利益挂钩，提升村民的信用意识和参与度。村民信用评分较高者，可以优先享受村集体经济收益的分配权，进一步激发村民的守信意愿。

2. 非经济激励

非经济激励在信用治理中同样发挥着重要作用，特别是在提升村民的社会荣誉感和集体归属感方面。如自治组织可以设立守信村民荣誉榜，对信用表现优异的村民进行公开表彰，增强其社会地位和荣誉感。村级组织还可以通过开展各类信用评优活动，如“信用示范户”“诚信村民”等评选活动，提升村民的信用意识和参与积极性。通过这些非经济激励手段，村民不仅能获得物质以外的荣誉和认可，还能增强与社区的联系和归属感，从而更加积极地参与信用治理。

3. 激励措施的实施

激励措施的有效实施是确保其激励效果的关键。在实施过程中，自治组织需确保激励措施的公开、公正和透明。在经济激励方面，自治组织应制定详细的奖励规则和操作流程，确保奖励的公平性和透明度。自治组织还应定期对激励措施的实施效果进行评估，并根据实际情况进行调整和优化。在非经济激励方面，自治组织应通过广泛的宣传和教育，提升村民对激励措施的认同感和参与意愿。例如，通过组织村民大会、宣传栏等形式，向村民介绍激励措施的内容和意义，增强村民的参与意识和自觉性。

（二）参与效果的评估

1. 参与的效果指标

为了科学评估村民参与信用治理的效果，需设立明确的评估指标体系。这些指标应涵盖信用治理的各个方面，包括村民的参与率、信用行为的改善程度、信用信息的利用率等。一个全面的评估体系需综合考量参与度、行为改善、信息利用及社会治理效果等多个维度，以确保对村民参与信用治理的效果进行科学、准确地评估。可以通过统计村民参与信用治理活动的频次、参与人数等数据，评估村民的参与热情和积极性。还可以通过对村民信用评分的变化进行分析，评估信用治理对村民信用行为的改善效果。还可以通过调查问卷等形式，了解村民对信用治理的认知和满意度，从而全面评估参与效果。

2. 评估方法与工具

评估村民参与信用治理效果的方法和工具应科学合理，确保评估结果的准确性和客观性以及确保评估的全面性和深入性。可以通过定量分析的方法，统计和分析各类参与数据，如参与率、信用评分等，形成量化评估报告。可以通过定性研究的方法，如深入访谈、焦点小组讨论等，了解村民对信用治理的主观感受和评价，形成定性评估报告。还可以结合大数据分析技术，通过对信用数据的深度挖掘，发现信用治理中的潜在问题和改进空间，为后续的政策制定提供科学依据。

3. 评估结果的应用

评估结果的应用是提升信用治理效果的关键。通过对评估结果的深入分析，自治组织和政府可以发现信用治理中的问题和不足，制定相应的改进措施。若评估结果显示村民参与率较低，自治组织可以通过加强宣传教育、优化激励措施等方式，提升村民的参与积极性。评估结果还可以为信用政策的调整提供参考，帮助政府和自治组织制定更加贴合实际的信用治理政策，推动信用治理的持续优化和提升。

第三章
农村社会的信用经济与金融

第一节　信用经济的理论基础

一、信用经济的基本概念与理论探讨

（一）信用经济的定义与内涵

信用经济，作为经济学中一种重要的研究范畴，是指经济活动中以信用为基础和核心的资源配置与交换机制。它不局限于货币交易的范畴，而是强调在市场经济体系中，信用作为一种无形资产，如何通过信贷、担保、票据等形式，影响资源的分配与市场的运作。2020 年 11 月 25 日召开的国务院常务会议明确指出，“市场经济首先是信用经济，信用经济必须是法治经济”“要通过推进社会信用体系建设，加强诚信建设、营造公平诚信的市场环境和社会环境”。[①] 信用经济的定义涵盖了信用关系、信用工具、信用市场等多层次、多角度的经济现象。在传统经济模式中，经济活动主要依赖于货币的流通与实物的交换，信用被视为货币的一种延伸或替代品。然而，在信用经济中，信用本身成为资源配置的核心机制，能够对经济行为主体的交易活动产生深远的影响。[②]

信用经济的定义不仅是对经济现象的描述，更是对现代市场经济中无形资产运作机制的深刻认识。在现代市场体系中，信用已经超越了传统的个人信用与商业信用范畴，发展出金融信用、社会信用、国家信用等多种形态。[③] 这些信用形态通过不同的信用工具和机制，构建了一个以信用为基础的经济网络。这一网络不仅影响着资本流动、市场交易、金融稳定，还对社会信任、契约精神、法律制度等方面产生广泛的作用。

---

① 信息来源：信用中国网站，https：//www. creditchina. gov. cn，访问日期：2024 年 10 月 4 日。

② 吴婷．国内信用研究的可视化分析：体系、脉络与前沿［J］．征信，2024，42（8）：1—12.

③ 张强，黄卫东．社会信用体系建设的理论与实践——信用经济与信用体系国际高峰论坛文集［M］．长沙：湖南大学出版社，2009：67—90.

（二）信用经济的理论框架

信用经济的理论框架主要围绕信用在经济活动中的核心作用展开。信用作为一种无形资产，能够在资源配置中起到重要的调节作用。在信用经济的核心理论中，信用被视为经济主体之间的一种承诺，它能够降低交易成本、提高交易效率。[①] 再者，信用的时间价值理论指出，信用是一种对未来支付的承诺，因此具有时间上的价值。借贷双方基于信用的交易，实质上是基于对未来收益的预期，这一预期的兑现程度决定了信用的价值。在“十四五”时期，通过信用赋能，促进信用在经济领域的广泛应用，加快发展信用经济，更好发挥信用服务功能，推动经济高质量发展，是信用建设的重中之重。[②] 信用风险理论也是信用经济的重要组成部分。在信用经济中，风险管理是至关重要的一环。通过信用评级、担保机制、信用保险等手段，经济主体可以有效地分散和管理信用风险。这些理论构成了信用经济的核心框架，指导着实际经济活动中的信用操作和管理。

（三）信用经济与传统经济模式的区别

1. 信用经济与货币经济的对比

信用经济与传统的货币经济在资源配置方式和市场运作机制上存在显著区别。在货币经济中，交易主要依赖于货币的直接交换，货币作为价值尺度、流通手段和储藏手段发挥着核心作用。然而，在信用经济中，信用逐渐取代货币成为资源配置的主要工具。信用通过未来支付的承诺，减少了对实物货币的依赖，使得交易活动能够在更大范围和更复杂的市场环境中展开。这种对比显示出信用经济对市场行为的深远影响。信用的广泛应用使得交易能够突破货币的物理限制，扩大了市场的规模和参与主体。信用经济的非即时性交易特点，使得市场可以承受更大的波动和不确定性，但也增加了信用风险。通过信用工具，企业和个人可以获得远超其现有资金水平的资源，这种杠杆效应在促进经济发展时，也带来了潜在的金融风险和系统性危机的可能。

2. 信用经济对市场行为的影响

信用经济对市场行为的影响体现在多个方面。在消费市场中，信用消费已成为一种普遍现象。通过信用卡、消费贷款等方式，消费者可以提前享受商品和服务，与此同时，这种消费方式在刺激经济增长时，也改变了消费者的行为模式和消费习惯。在企业融资方面，信用为企业提供了更为灵活的资金获取渠道，通过发行债券、股票等信用工具，企业可以在不增加负债的情况下获得大量资金支持。然而，信用经济对市场行为的影响也存在风险。例如，过度信用消费可能导致个人和家庭的债务负担加重，进而影响整体消费能力；企业过度依赖信用融资，可能会在经济环境不利的情况下面临严重的偿债压力。这些都显示出，信用经济在促进市场行为活跃时，也带来了新的挑战，尤其是在风险管理和监管方面。

---

① 孙国志，张炎培．信用经济——启动中国经济腾飞之钥［M］．北京：企业管理出版社，2005：34—42.

② 厦门国信信用大数据创新研究院．信用蓝皮书——社会信用体系建设年度报告（2021—2022）［M］．北京：中国市场出版社，2022：19.

3. 信用经济下的资源配置方式

传统货币经济模式中，资源配置依赖货币流通和市场价格机制，货币影响市场供求平衡。信用经济中，资源配置方式变化显著，信用作为支付承诺工具，使市场主体在无实际货币时也能进行资源配置。信用经济通过信贷、债券、票据等信用工具，打破了货币资源的限制，促进了经济活动的扩展和深化。① 信用经济下资源配置方式具有灵活性和扩展性，信用工具使资金在更大范围流动，打破资金壁垒，促进跨区域资源配置和利用，也促进企业和个人创新与投资。信用经济下资源配置涉及多种生产要素，使经济体系多元化和复杂化。但信用交易非即时性增加了市场的波动性和不确定性，信用违约或经济环境变化会影响资源配置有效性，信用扩张可能引发系统性风险，在金融危机中表现明显。

二、信用在经济发展中的关键作用

（一）信用是经济发展的基础

1. 信用对市场信心的影响

信用作为经济活动中的一种核心机制，对市场信心的塑造和维持起着至关重要的作用。市场信心是指市场参与者对未来经济环境和市场运作的预期，当市场主体对信用体系有信心时，他们更愿意进行投资、消费和交易活动，从而推动经济的持续增长。信用通过提供一种稳定且可信的交易环境，降低了市场参与者的担忧，促进了市场活动的活跃度。具体而言，信用体系的完善有助于增强市场主体对经济前景的信心。例如，在一个信用良好的市场环境中，企业和消费者相信合同和信用承诺会得到严格履行，这种信任感激发了企业的投资意愿和消费者的消费欲望。相反，当市场信心受到打击时，信用的缺失可能导致市场交易的急剧减少，企业投资意愿下降，消费者支出紧缩，从而引发经济衰退。因此，信用作为经济发展的基础，通过塑造市场信心，对经济增长具有重要的推动作用。

2. 信用在交易成本中的作用

交易成本理论认为，市场交易不仅涉及商品和服务的交换成本，还包括搜寻信息、谈判、监督和执行合同等隐性成本。信用作为一种降低交易成本的重要工具，在市场经济中发挥着关键作用。通过建立良好的信用体系，市场主体之间可以减少信息不对称，降低谈判和监督成本，从而提高交易效率。信用在降低交易成本中的作用主要体现在以下几个方面：信用可以简化交易流程。在一个信用度高的市场中，交易双方无须花费大量时间和资源进行背景调查和合同谈判②，因为信用记录和信用评级已经为他们提供了可靠的信用信息。信用可以减少违约和争议的发生。在信用体系完善的环境下，违约行为将受到严厉惩罚，这种威慑作用促使市场主体遵守合同和信用承诺，从而降低了监督和执行的成本。

① 刘康磊，高加怡．我国社会信用体系的技术治理及其规制［J］．征信，2022，40（1）：26—35.

② 章红，肖瑞婷，郝嵘．征信体系建设的理论基础和发展路径［J］．征信，2014，32（11）：54—56.

（二）信用对经济增长的促进作用

1. 信用对企业融资的推动

企业融资是经济增长的重要引擎，而信用在企业融资中扮演着关键角色。通过信用融资，企业可以在未持有足够资本的情况下，获得必要的资金支持，用于扩大生产、技术创新、市场开拓等活动。信用融资的形式多样，包括银行贷款、发行债券、股票融资、商业票据等，这些信用工具使得企业能够灵活应对市场变化，抓住发展机会，从而推动整体经济的增长。信用对企业融资的推动作用体现在降低融资门槛和成本上。传统的融资方式通常需要企业具备一定的实物资产或高额的自有资本，而信用融资则依赖于企业的信用评级和未来的盈利预期。这种融资方式不仅扩大了企业的融资渠道，也降低了企业的融资成本，使得更多中小企业能够获得发展资金，从而带动整体经济的活力和增长。

2. 信用对技术创新的支持

信用经济对技术创新的支持主要体现在为创新活动提供资金和风险分担机制。技术创新通常需要大量的前期投入和长期的回报周期，而信用融资为这些创新活动提供了必要的资金保障。通过风险投资、科技贷款、政府信用担保等形式，信用经济不仅为技术创新提供了资金支持，还通过分散和管理创新过程中的风险，促进了技术创新的实现。信用对技术创新的支持不仅限于资金层面，还包括对创新生态系统的建设。在一个良好的信用环境中，创新主体之间可以通过信用合作，建立起高效的研发、生产和市场推广网络。例如，科技公司通过信用融资获得的资金，可以用于组建研发团队、购置先进设备，并与上下游企业建立紧密的合作关系，从而形成一个以信用为基础的创新生态系统。这种系统通过信用的纽带，将各方资源和能力整合在一起，大大提高了技术创新的效率和成功率。

三、信用经济对农村发展的推动力

（一）信用经济在农村发展的重要性

1. 信用经济对农村资源配置的优化

在农村的全面发展进程中，资源配置所呈现出的效率以及公平性发挥着至关重要的作用。传统模式下的农村经济通常会面临诸多困境，其中资源匮乏以及配置效率低下的问题尤为突出。尤其是在资本资源、技术资源以及市场资源的获取方面，农村地区在很长一段时间内都处于明显的不利地位。而信用经济的兴起，为农村的资源配置带来了全新的机遇。借助信用工具的广泛应用，农村地区能够更加有效地对各类资源进行整合与利用，进而实现资源配置的全面优化。信用经济在农村资源配置中的作用体现在金融资源的分配上。通过农村信用合作社、农村银行等信用机构，农村居民和企业可以获得比传统金融机构更为便捷和灵活的信贷支持。这些信用工具不仅帮助农村地区解决了资金短缺的问题，还通过信用评级和风险管理机制，提高了资源配置的效率。信用经济还促进了技术资源的流动。通过信用融资，农村企业可以引进先进的农业技术和设备，改善生产条件，提高生产效率，从而实现农业现代化和产业升级。

信用经济对农村劳动力资源的配置也起到了积极作用。通过农村金融市场的信用支持，农村劳动力可以获得创业资金和技能培训资源，从而提升自身的就业能力和收入水平。这种劳动力资源的优化配置，不仅改善了农村居民的生活条件，也推动了农村经济的可持续发展。然而，信用经济在优化农村资源配置的过程中，也面临着信用风险管理和信用体系建设的挑战。因此，在农村信用经济的发展中，需要加强信用风险的防控机制，确保信用资源的有效配置和利用。

2. 信用经济对农村生产力的提升

信用经济对农村生产力的提升具有显著的推动作用。通过信用融资，农村企业和农户可以获得必要的资金支持，用于扩大生产规模、引进先进技术和改进生产工艺。这些资金支持使得农村生产力得以提高，农业和农村经济活动更加高效和可持续。例如，通过信用贷款，农户可以购置现代化农业机械，实施集约化经营，提高土地利用效率和作物产量。信用经济还通过推动农村合作社的发展，进一步提升了农村生产力。农村合作社作为一种基于信用的合作组织，通过成员之间的信用合作、整合资源、降低成本，提高了农业生产的集约化和规模化水平。这种基于信用的合作模式，使得农村生产力不仅依赖于单个农户的努力，更依赖于合作社整体的资源整合和市场应对能力，从而大幅提高了农村经济的竞争力和抗风险能力。

（二）信用经济在农村社会中的渗透路径

1. 信用在农村金融体系中的作用

在农村社会中，金融体系的健全与否直接影响着农村经济的发展。信用经济的渗透路径主要通过建立完善的农村金融体系来实现，而信用在这一过程中扮演着至关重要的角色。[①] 信用经济的基本理念是通过信任和信用工具的使用，将资金、技术等资源在农村经济体之间进行有效配置，从而促进农村经济的发展。信用在农村金融体系中的作用表现为引入信用评级和信用担保机制。传统农村金融体系缺乏信用评估导致放贷风险高，引入信用评级体系可根据信用历史等因素评估降低风险，促进信贷资金流动；信用担保机制可为信用评级低者提供担保，降低放贷风险，提高信贷可获得性。信用经济还通过农村金融产品创新推动信用在农村金融体系中的应用，创新信用产品如信用卡等可提供多样化金融服务，提高覆盖面和增强信用意识，为信用经济在农村进一步渗透奠定基础。

2. 信用在农产品市场中的应用

农产品市场是农村经济的重要组成部分，信用经济在其中的渗透促进农村经济活力和市场效率。传统农产品交易模式有信息不对称等问题，信用经济引入提供解决方案。一是通过推动农产品期货和期权等信用工具应用降低市场风险，稳定农户收入，促进市场稳定发展。二是通过建立农产品供应链金融体系优化资源配置，金融机构提供信用支持确保供应链稳定运行，提高市场效率，促进农村经济健康发展。

3. 信用对农村劳动力市场的影响

农村劳动力市场是农村经济发展核心要素之一，信用经济渗透对其优化配置有重要作

① 张素云. 促进农村经济发展的金融研究 [M]. 咸阳：西北农林科技大学出版社，2010：1—10.

用，提升了效率和公平性，在劳动力培训、就业和创业方面发挥积极作用。信用经济通过提供教育贷款等工具帮助农村劳动力提升技能和竞争力，改善就业条件，为农村经济转型升级提供人力保障。还通过创业贷款、信用担保等形式鼓励支持农村劳动力创业，提供资金和风险保障，降低门槛和风险，促进农村经济发展和劳动力市场活跃度。

（三）信用经济对农村发展的长期效应

1. 信用对农村经济结构的调整

农村经济结构的调整是乡村振兴战略的重要内容，而信用经济在这一过程中起到了至关重要的推动作用。通过信用经济的渗透，农村经济结构正在从传统的农业主导模式向更加多元化、现代化的经济结构转型。信用经济通过促进产业结构调整，实现了农村经济的多元化发展。在传统的农村经济中，农业是主要的经济活动，而信用经济的引入，使得农村地区可以获得更多的资金和资源，用于发展非农产业，如农村旅游、手工业、服务业等。这种产业结构的多元化，不仅提高了农村经济的抗风险能力，也为农村居民提供了更多的就业和收入机会，推动了农村经济的可持续发展。信用经济还通过推动农业现代化，提升了农村经济的整体竞争力。在信用经济的支持下，农村地区得以引进现代化的农业技术和装备，实现了农业生产的集约化和规模化经营。这种农业现代化进程，不仅提高了农业生产效率和产品质量，也提升了农业的市场竞争力，为农村经济的长期发展提供了坚实的基础。

2. 信用在农村可持续发展中的作用

农村可持续发展是乡村振兴的最终目标，而信用经济为实现这一目标提供了重要的保障。通过信用经济的推广，农村地区在经济、社会、环境等方面的可持续发展能力得到了显著提升。信用经济通过支持绿色金融和生态农业，促进了农村的环境可持续发展。农村地区的生态环境是其发展的基础，而通过信用经济的支持，农村地区可以获得资金用于实施生态农业项目、建设环保设施、推广绿色生产技术等。这些绿色金融项目的实施，不仅改善了农村的生态环境，也为农村经济的可持续发展提供了重要的保障。信用经济还通过推动农村社会治理的创新，促进了农村社会的和谐稳定。信用经济的推广，使得农村地区的社会治理方式发生了变化，如通过信用评级、信用担保等机制，促进了农村社区的自治和合作精神。这种基于信用的社会治理模式，不仅提高了农村社会的凝聚力和公信力，也为农村的长期稳定和发展提供了制度保障。

3. 信用经济对农村贫困问题的缓解

农村贫困问题是全球性挑战之一，而信用经济的引入为缓解农村贫困提供了新的思路和路径。通过信用经济的推广，贫困农村地区的经济活力和居民生活水平得到了显著提升。信用经济通过提供普惠金融服务，帮助贫困农户摆脱资金困境。传统金融体系往往难以覆盖贫困地区，而信用经济的普及使得贫困农户可以通过信用贷款、微型金融等渠道获得发展资金。这些资金支持帮助贫困农户开展农业生产、发展小型产业，从而实现增收脱贫。特别是在欠发达地区，信用经济为贫困家庭提供了重要的经济支撑和发展的机会。信用经济还通过支持农村教育和健康事业，进一步缓解了农村的代际贫困问题。信用经济的推广，使得更多的贫困家庭能够通过教育贷款、健康保险等方式，改善子女的教育条件和家庭的健康状况，从而打破贫困的代际传递链条，为农村贫困问题的长期解决提供了可能。

四、信用经济与农村金融市场的关系

（一）信用经济对农村金融市场的影响

信用经济作为现代经济体系的重要组成部分，对农村金融市场的发展起到了显著的推动作用。通过信用工具的应用，农村金融市场的深度和广度得到了极大的扩展。信用经济通过推动农村金融产品的创新，丰富了农村金融市场的服务内容。在传统的农村金融市场中，金融产品的种类和覆盖面相对有限，难以满足多样化的农村经济需求。随着信用经济的发展，信用卡、信用贷款、农业保险等创新金融产品在农村市场逐渐普及，极大地丰富了农村金融市场的产品种类和服务形式。这些新型信用产品的推广，不仅提高了农村金融市场的竞争力，也为农村居民提供了更加便利和多样化的金融服务。信用经济还通过推动农村金融市场的普惠性发展，增强了农村金融市场的包容性。在信用经济的推动下，农村金融市场逐渐向更广泛的农村居民开放，尤其是那些传统金融体系难以覆盖的低收入群体和边缘化地区。通过普惠金融服务，信用经济帮助这些群体获得了必要的金融支持，提高了其经济参与度和发展机会，从而促进了农村金融市场的全面发展。

（二）农村金融市场在信用经济中的表现

1. 农村金融市场的发展现状

农村金融市场的发展是农村经济活力的重要体现，而在信用经济的推动下，农村金融市场呈现出不断扩展和多样化的趋势。当前，农村金融市场的发展现状主要表现为以下几个方面。

农村金融机构在近年来呈现出的多样化特征以及普及性得到了极为显著的提高。传统意义上，农村金融市场在很大程度上主要依赖农业银行、农村信用社等为数不多的金融机构来维持运转。然而，近些年来，伴随信用经济的蓬勃发展，数量越来越多的商业银行、互联网金融平台、小额贷款公司以及合作金融组织纷纷开始涉足农村市场。这些金融机构的多元化发展态势，不但极大地扩展了农村金融市场的服务覆盖范围，而且还引入了更为丰富的竞争机制，有力地推动了农村金融产品和服务在创新层面以及改进层面的不断前行。

农村金融产品日益丰富，金融服务的层次不断提升。在信用经济的驱动下，农村金融市场的产品结构逐渐从单一的信贷产品向多元化、综合性的金融服务体系转变。[①] 除了传统的农业贷款外，农村金融市场还提供了诸如小微企业贷款、农村住房贷款、农业保险、理财产品、信用卡等多种金融服务。这些丰富的金融产品和服务，有效地满足了农村居民和企业多样化的金融需求，促进了农村经济的发展。尽管农村金融市场取得了长足的进

① 周雨．乡村振兴新基建——农村信用体系建设研究［M］．北京：中国金融出版社，2023：19—36.

展，但其发展仍然面临一些挑战。农村地区金融服务的可获得性和便利性仍不均衡，特别是在偏远和贫困地区，金融机构的覆盖率相对较低，金融服务的获取仍然存在一定的障碍。农村金融市场的风险管理机制尚不完善，信用风险和市场风险仍然是影响农村金融市场健康发展的重要因素。因此，进一步优化农村金融市场的发展路径，加大风险管理和监管力度，是确保信用经济在农村金融市场中发挥更大作用的关键。

2. 信用经济下的农村金融市场结构

信用经济的发展对农村金融市场结构的调整产生了深远影响，特别是在金融机构的布局、金融产品的供给以及金融资源的配置等方面，呈现出新的变化。信用经济促进了农村金融市场机构结构的优化。在信用经济的推动下，农村金融市场中不同类型的金融机构开始形成分工协作的格局。以传统农业银行和农村信用社为代表的大型金融机构，依托其雄厚的资本和广泛的网络，继续主导着农村市场的主流金融服务，如农业贷款、存款服务等。而以小额贷款公司、农村合作金融组织为代表的新兴金融机构，则通过提供灵活多样的金融产品，填补了大型金融机构难以覆盖的市场空白。互联网金融平台的兴起，进一步打破了地域限制，为农村居民提供了更加便捷和广泛的金融服务选择。这个多元化的金融机构体系，使得农村金融市场的结构更加合理和高效，满足了不同层次和类型的金融需求。

信用经济推动了农村金融产品结构的多样化和复杂化。在信用经济的框架下，农村金融市场的产品从传统的单一贷款形式逐步扩展到涵盖信用卡、信用担保、农产品期货、保险等多种金融工具。这些金融工具不仅满足了农村居民日益多样化的金融需求，还推动了农村金融市场的创新与发展。但信用经济下的农村金融市场结构调整也带来了新的问题。不同金融机构之间的竞争加剧，可能导致市场资源的过度集中或分散，影响金融市场的整体效率。金融产品的多样化和复杂化也增加了金融市场的监管难度，尤其是在信息不对称和信用风险较高的农村地区。因此，在推动农村金融市场结构优化的过程中，必须注重平衡市场竞争与协调发展，强化金融监管和风险防范措施，确保信用经济下的农村金融市场能够健康、有序地发展。

3. 农村金融市场的信用风险特征

信用风险是农村金融市场发展中面临的主要挑战之一，特别是在信用经济的推动下，农村金融市场的信用风险特征更加复杂和多样化。了解和应对这些风险特征，对于保障农村金融市场的健康发展至关重要。信息不对称是农村金融市场信用风险的主要特征之一。由于农村地区的经济活动较为分散，金融机构难以全面掌握借款人的信用信息，导致信息不对称现象普遍存在。这种信息不对称使得金融机构在评估贷款风险时面临较大的不确定性，增加了信用风险的发生概率。农村地区的信用信息系统尚不完善，缺乏有效的信用记录和评估机制，使得金融机构在贷前调查和贷后管理中面临更大的挑战。

农村金融市场的信用风险还表现为信用风险的集中性和系统性。农村金融市场中，许多金融机构的客户群体集中在特定的行业或区域，如农业或某个特定的农村社区。这种客户群体的集中性使得信用风险具有较强的区域性和行业性特征，一旦某个行业或区域发生经济衰退或自然灾害，可能会引发连锁反应，导致大范围的信用违约。与此同时，农村金融市场的系统性风险也值得关注，由于农村金融市场的规模较小，抗风险能力较弱，一旦信用风险积累到一定程度，可能会引发系统性金融危机，对整个农村经济产生严重影响。为了有效应对农村金融市场的信用风险，金融机构需要加强风险管理能力，完善信用风险评估和监控机制。一方面，金融机构可以通过引入先进的信用风险评估模型和技术手段，提高风险识别和预测能力，减少信息不对称带来的风险；另一方面，金融机构还可以通过分散信贷风险、加强区域和行业的信用风险控制，降低信用风险的集中性和系统性。政府和相关机构也应加快推进农村信用信息系统建设，建立健全的信用信息共享机制，为金融机构提供更为全面和准确的信用数据支持，从而降低农村金融市场的信用风险。

（三）信用经济与农村金融市场的互动发展

1. 信用经济与农村金融市场的协同发展

信用经济与农村金融市场的协同发展关系表现在，信用经济通过提高农村地区的信用水平，为农村金融市场的发展提供了动力。信用评级体系的建立使得金融机构能够更准确地评估借款人的信用状况，从而更愿意向农村地区提供贷款。这种信贷支持不仅促进了农村地区的经济发展，也增强了农村居民的信用意识，形成了一个积极的反馈循环，推动了农村经济的全面增长。此外，随着信用经济的推广，农村地区的支付、结算等金融服务也得到了改善，进一步促进了农村经济的活跃度和金融市场的稳定性。

2. 农村金融市场对信用经济的支持机制

农村金融市场在支持信用经济方面发挥了关键作用，特别是在提供多样化的信用产品和服务方面。这些服务不仅满足了农村居民的日常金融需求，还帮助他们建立起信用记录，增强了他们在金融市场中的活跃度。此外，农村金融市场通过建立信用信息共享平台，提高了信用信息的透明度，降低了金融机构的风险，从而促进了信用经济的健康发展。这种信息共享机制对于防范金融风险、提高金融资源配置效率具有重要意义，也为农村地区的经济发展提供了坚实的金融支持。

3. 信用经济对农村金融市场的推动作用

信用经济对农村金融市场的推动作用主要体现在促进了金融产品的创新和金融服务的改善。信用经济的发展鼓励金融机构开发更多适合农村市场的金融产品，如小额信贷、农业保险等，这些产品更好地满足了农村居民和企业的需求。同时，信用经济也推动了农村金融市场的风险管理体系的完善，提高了金融机构对信用风险的管理能力。这种推动作用不仅提升了农村金融市场的服务质量，还促进了农村经济的多元化发展，为农村经济的可持续发展提供了强有力的支持。

4. 信用经济与农村金融市场的动态平衡

信用经济与农村金融市场之间的动态平衡对于两者的可持续发展至关重要。这种平衡需要金融机构在扩大信贷规模的同时，注意控制信用风险，避免过度借贷导致的不良贷款。同时，政府和监管机构应通过制定适当的政策和监管措施，确保农村金融市场的稳定，促进信用经济和农村金融市场的和谐发展。通过这种动态平衡，可以有效地利用信用资源，促进农村经济的健康发展。此外，动态平衡还要求金融机构不断创新服务模式，提高服务效率，以适应农村经济发展的新需求，确保金融服务与农村经济的同步增长。

第二节　农村信用体系中的金融支持

一、农村金融机构的信用服务模式

（一）金融机构在农村信用体系中的角色

1. 银行与信用社的功能分析

在农村信用体系中，银行和信用社扮演着至关重要的角色。银行作为主要的金融机构，其在农村经济中的功能不仅限于传统的储蓄和贷款业务。银行在农村地区的存在使得资金流动更加顺畅，并为地方经济发展提供了必要的金融支持。特别是大银行，通过其网络覆盖的广泛性和资金实力，能够为农村地区提供大规模的信贷支持和多样化的金融产品。这种支持不仅限于农业生产贷款，还包括对农村基础设施建设、产业发展等方面的融资。

信用社则是农村金融体系中更具地方特色的金融机构。作为农村金融体系的重要组成部分，信用社通常由当地居民组成，其在服务农村经济中具有灵活性和针对性。① 信用社不仅能够提供传统的储蓄和贷款服务，还能够根据当地经济发展的实际需求，设计符合农村特点的金融产品。信用社可提供专门针对小规模农户的贷款产品，或是为农村合作社提供融资支持。信用社的地方性使其在金融服务中能够更加贴近农村居民的实际需求，提高了金融服务的普惠性和针对性。

2. 非银行金融机构的支持作用

非银行金融机构在农村信用体系中的支持作用同样不可忽视。这类机构包括保险公司、信托公司、融资租赁公司等，它们通过提供多样化的金融服务，补充了银行系统在农村金融服务中的不足。保险公司在农村金融体系中发挥着重要作用，通过提供农业保险、健康保险等产品，能够为农村居民和农业生产提供风险保障，减少自然灾害、疾病等带来的经济损失。保险的存在不仅能够提高农民的风险抵御能力，还能够增加金融服务的深度和广度。

信托公司和融资租赁公司则通过提供特定的金融服务，如资产管理和融资租赁，支持农村经济的发展。信托公司可以通过设计农业投资信托产品，吸引社会资本进入农村经济领域，促进农业现代化和农村基础设施建设。融资租赁公司则能够为农村企业提供设备融资支持，帮助其引进先进的生产设备，提高生产效率和产品质量。这些非银行金融机构通过提供专业化的金融服务，推动了农村金融体系的多样化和深化。

① 孙昌兴，钟金仟．对农村信用合作社定位社区银行的思考［J］．河南金融管理干部学院学报，2009，27（3）：96—99.

3. 金融科技对农村信用服务的影响

金融科技的发展对农村信用服务的影响深远。[①] 金融科技通过互联网、大数据、人工智能等技术手段，为农村金融服务提供了新的解决方案。金融科技能够显著提高金融服务的普及率和便利性。通过移动金融平台，农村居民可以方便地进行在线贷款申请、账户查询和支付交易，降低了金融服务的门槛，提高了金融服务的可得性。金融科技在信用评估和风险管理中的应用也极大地提升了金融服务的质量和效率。利用大数据分析技术，金融机构可以对农村居民和企业的信用状况进行全面评估，生成更加准确的信用评分。这些信用评分不仅能够提高贷款审批的效率，还能够降低金融风险。人工智能技术的应用还能够在风险识别和预警中发挥重要作用，通过实时监测和分析信用数据，及时发现潜在的风险问题，采取相应的防控措施。

（二）农村金融机构的信用产品设计

1. 面向农村客户的信用贷款产品

面向广大农村客户的信用贷款产品，无疑是金融机构在农村金融服务领域中至关重要且不可或缺的重要组成部分。这类贷款产品的存在，其根本目的在于充分满足农村居民以及小微企业迫切的融资需求，进而为农业生产的顺利进行以及农村经济的持续发展提供有力的支持。在信用贷款产品的设计过程中，必须充分考虑农村经济所具有的特殊性，以及农村客户的实际需求状况。只有这样，才能够确保设计出的信用贷款产品真正贴合农村市场，切实发挥其应有的作用。

2. 农村信用卡与消费信贷的推广

农村信用卡和消费信贷的推广是推动农村金融服务现代化的重要举措。农村信用卡的推出，能够为农村居民提供便捷的支付工具，促进消费和生活水平的提高。通过信用卡，农村居民可以方便地进行线上和线下消费，提升了生活便利性和消费能力。信用卡的分期付款功能能够减轻消费压力，帮助农村居民管理消费支出。消费信贷的推广则能够支持农村居民的消费需求，提高生活质量。通过提供消费贷款产品，金融机构能够为农村居民提供资金融通的途径，支持其进行大额消费或购买耐用消费品。这不仅能够刺激农村消费市场的活跃，还能够提高农村居民的生活水平，促进经济的可持续增长。

（三）金融机构对农村信用的管理

1. 信用风险的识别与防控措施

信用风险的识别与防控是金融机构在农村信用服务中的核心任务。有效的信用风险管理能够降低金融风险，保护金融机构的资产安全。[②] 金融机构可以通过建立健全的风险管理体系，对农村客户的信用风险进行识别和评估。金融机构应建立完善的信用信息系统，收集和分析客户的信用数据，如还款记录、财务状况、经营情况等。这些数据能够提供有关客户信用状况的全面信息，帮助金融机构识别潜在的风险。金融机构可以采用先进的风

---

① 周雨，陈海盛．农村信用体系建设的政策梳理、实践经验与发展趋势［J］．征信，2024（9）：63—70.

② 段金锁．征信：金融企业信用风险控制的护卫舰［J］．征信，2009，27（5）：21—23.

险管理工具和技术，如风险模型、数据分析等，对信用风险进行预测和控制。通过建立风险预警系统，金融机构能够及时发现风险迹象，并采取相应的防控措施。

2. 信用信息的收集与利用

信用信息的收集与利用是金融机构信用管理的重要环节。通过系统化的信息收集和管理，金融机构能够获得客户的信用历史和现状，进行全面的信用评估。信用信息的收集不仅包括客户的还款记录，还应涵盖其财务状况、资产负债情况等。这些信息能够提供有关客户偿还能力和信用风险的全面视角，为金融决策提供科学依据。利用信用信息，金融机构可以进行精准的风险管理和信用评估。通过数据分析和风险模型的应用，金融机构能够提高信用评估的准确性和科学性。信用信息的共享和整合能够提高信用管理的效率，减少信息不对称，促进金融市场的健康发展。

3. 金融机构对信用体系建设的支持

为了顺应农村金融改革、改善农村金融服务、适应农村金融机构业务发展的需要，中国人民银行持续推进农村地区信用户、信用村、信用乡（镇）建设，配合做好小额信贷业务工作。[①] 金融机构在信用体系建设中扮演着重要角色，通过提供金融服务和支持，推动信用体系的完善和发展。金融机构应积极参与信用信息平台的建设和维护，推动信用信息的共享和整合。金融机构还可以通过创新金融产品和服务，提高信用体系的覆盖面和服务水平。金融机构还应加强对信用风险的管理和控制，确保金融服务的安全性和稳定性。通过建立健全的风险管理机制和技术手段，金融机构能够有效识别和控制信用风险，维护金融市场的稳定性和健康发展。金融机构的参与和支持对于推动农村信用体系的发展具有重要意义，有助于提高金融服务的质量和效果。

二、普惠金融与农村信用体系的结合

（一）普惠金融的理念与农村信用体系的融合

1. 普惠金融在农村发展的必要性

普惠金融的核心理念是通过提供可及、可负担的金融服务，促进社会经济的公平与包容。由于金融资源的不平衡配置，许多农村居民和小微企业无法获得充足的金融支持，这严重制约了农村经济的发展。普惠金融的引入能够有效弥补这些不足，提供更加广泛的金融服务覆盖，促进农村经济的全面发展。普惠金融服务模式已经呈现出多样化的发展特征，相较于传统金融模式，普惠金融在其基础上提升了金融服务的普惠程度，并可突破时空限制，做到服务对象的下沉。[②] 普惠金融不仅是扩大金融服务的覆盖面，还涉及金融服务的质量和适用性。

2. 普惠金融与信用体系的协同作用

农村信用体系建设是全面推进乡村振兴的重要基础设施，是实现基层善治的重要手

---

① 周雨，陈海盛．农村信用体系建设的政策梳理、实践经验与发展趋势［J］．征信，2024：63—70.

② 杨宜周，刘春晖．关于农村金融服务体系构建的思考——基于普惠金融视角的分析［J］．征信，2023，41：80—84.

段。[①] 普惠金融与信用体系的协同作用体现在多方面。普惠金融的推广可提升农村信用体系覆盖范围和服务能力，体现在金融产品多样化、普及率提升及信用信息收集管理上，同时为信用体系提供信息支持。健全的信用体系对普惠金融有效实施至关重要，通过建立信用记录和评级体系，为普惠金融提供稳定基础，降低风险，提高服务准确性和针对性。

3. 普惠金融对农村信用体系的影响

普惠金融的实施能够有效提高农村信用体系的服务覆盖面。通过推广小额贷款、消费信贷等普惠金融产品，农村信用体系能够触及更多的农村居民和企业，扩大金融服务的范围和深度。普惠金融的引入能够促进农村信用体系的创新和发展。数字普惠金融可以通过对农民支付便利性的优化效应、对农村流动性约束的缓解效应、对农户预防性储蓄的减弱效应、对农民收入增长的助力效应、对农民消费约束的缓解效应，为农村居民消费行为实施提供更全面的资金服务和风险管理。[②] 金融科技的应用使得金融服务变得更加便捷和高效。

（二）普惠金融产品在农村信用体系中的应用

1. 小额贷款与信用担保

小额贷款是普惠金融产品中的重要组成部分，对于农村地区的经济发展具有显著的支持作用。小额贷款产品设计时应考虑到农村居民和小微企业的融资需求和还款能力。例如，贷款额度可以设定在较低水平，以适应小规模经营的需要；还款方式可以灵活设置，如根据农业生产周期设置还款计划，减轻农民的还款压力。小额贷款的推广能够帮助更多的农村居民和企业获得融资支持，推动农业生产、农村创业等方面的发展。“十三五”至“十四五”时期，金融精准扶贫形成了中国人民银行牵头，银保监、证监、发展改革、扶贫、财政等部门及金融机构参与的工作联动机制。截至 2020 年末全国扶贫小额信贷余额 1661.8 亿元，支持贫困户 43222 万户，累计发放 7100 多亿元。扶贫小额信贷累计续贷 520.4 亿元，累计续贷户数 128.7 万户。已有 6.5 万笔贷款共 20.2 亿元获得风险补偿。惠及贫困人口超过 9000 万人次，助力贫困户全部脱贫摘帽。[③] 信用担保机制则是提升小额贷款可得性和降低风险的重要手段。通过建立信用担保机构或担保基金，可以为贷款提供额外的风险保障，提高金融机构对贷款申请的接受度。信用担保机制不仅能够降低贷款风险，还能够增强金融机构对农村客户的信任，扩大金融服务的覆盖范围。信用担保还可以通过提供风险分担和补偿，降低金融服务的成本，提高普惠金融产品的可负担性。

2. 移动金融与信用服务的创新

提升金融科技发展水平是提升普惠金融服务效率和质量的重要手段。[④] 移动金融作为金融科技的重要应用，能够极大地提升农村金融服务的便捷性和效率。通过移动金融平台，农村居民可以方便地进行在线贷款申请、账户管理和支付交易，降低了金融服务的门

---

① 周雨，陈海盛．农村信用体系建设的政策梳理、实践经验与发展趋势［J］．征信，2024：63—70.

② 周华敏，方冬莉，李国英．数字普惠金融驱动农村消费市场扩容增量的机理与措施完善［J］．农业经济，2024：129—131.

③ 厦门国信信用大数据创新研究院．信用蓝皮书——社会信用体系建设年度报告（2021—2022）［M］．北京：中国市场出版社，2022：223.

④ 程毅然，李永建．金融科技对小额贷款公司杠杆率的影响机制研究［J］．证券市场导报，2021：21—29.

槛。移动金融的普及不仅提高了金融服务的可获得性，还能够减少传统金融服务中的操作成本和时间成本，推动金融服务的普惠化和现代化。在信用服务方面，移动金融能够提供更加精准和个性化的服务。例如，通过数据分析和信用评分技术，金融机构可以根据客户的信用记录和交易行为，提供定制化的贷款产品和金融服务。这种创新模式不仅提升了金融服务的质量和效率，还能够增强客户的满意度和信任度。移动金融平台还能够通过提供实时的信用信息和风险预警，帮助金融机构进行更加科学的风险管理和决策支持。

3. 保险产品与信用体系的结合

保险产品在农村金融体系中的应用能够为农村经济发展提供有效的风险保障。通过设计适合农村经济特点的保险产品，例如农业保险、健康保险等，可以有效降低农村居民和企业面临的风险，提高其经济安全性。农业保险能够为农民提供自然灾害和农业风险的保障，减少因灾害造成的经济损失；健康保险则能够为农村居民提供医疗费用的保障，提高生活质量。保险产品与信用体系的结合能够进一步增强金融服务的综合性和有效性。例如，通过将保险产品与贷款产品捆绑，金融机构能够为贷款客户提供额外的风险保障，提高贷款的安全性。这种结合不仅能够降低金融风险，还能够提高金融服务的覆盖面和质量。保险产品的数据和信息也能够为信用体系提供更多的参考依据，推动信用信息的全面化和精准化，提高信用管理的科学性和有效性。

（三）普惠金融在农村信用体系的长远效应

1. 普惠金融的推广对农村信用的提升

普惠金融的推广能够显著提升农村信用体系的覆盖范围和服务能力。普惠金融能够充分实现金融功能，有效缓解小微企业所面临的融资困境，从而对扩大内需、畅通国内大循环产生积极作用。[①] 普惠金融通过扩大普及面和降低门槛，能触及更多农村居民和小微企业，提升其信用记录和评级，提高金融服务普惠性，促进农村经济增长和发展。普惠金融的推广能促进农村信用体系创新和发展，引入金融科技和创新产品可推动其现代化和智能化，提高适应经济发展能力。普惠金融实施还能促使金融机构对农村客户进行更细致个性化信用评估，提高信用管理精准度和科学性。“十三五”期间，中国人民银行、银保监会、农业农村部积极协调推进农村信用体系建设，以信用信息服务助力脱贫攻坚和乡村振兴战略的实施。因地制宜推动农村信用信息服务平台建设，不断扩展农户信用信息的采集覆盖面，积极推动开展农户信用评价。中国人民银行的数据显示，截至 2020 末，全国各地共建设农户信用信息系统 270 个，总计为 1.9 亿农户建立了信用档案，其中开展信用评定的农户为 1.33 亿户。[②]

2. 普惠金融对农村经济发展的支持

普惠金融的支持能够促进农村经济的多元化和可持续发展。通过提供小额贷款、消费信贷等金融服务，普惠金融能够支持农村居民的消费和创业活动，推动农村经济的增长和

---

① 周毅，边宇腾．商业银行普惠金融支持小微企业发展：机理、困境与对策［J］．新金融，2024：36—40.

② 厦门国信信用大数据创新研究院．信用蓝皮书——社会信用体系建设年度报告（2021—2022）［M］．北京：中国市场出版社，2022：222—223.

转型。[①] 普惠金融能为农村企业提供融资支持，促进农业现代化和产业升级，提升农村经济整体竞争力和发展潜力。其支持还能促进农村经济包容性和公平性，降低门槛和成本可帮助更多农村居民和企业获得金融支持，缩小城乡差距，提高经济发展公平性和包容性，有助于农村经济可持续发展，改善农村居民生活质量和社会福利。

3. 普惠金融在信用体系中的可持续性

普惠金融在信用体系中的可持续性是其长期发展和有效实施的关键。需建立健全的金融监管机制和风险管理体系，确保金融服务质量和安全。其可持续性还涉及金融产品和服务创新发展，通过不断创新改进，能适应农村经济发展变化和需求，提高金融服务适应性和有效性。推进数字普惠金融下乡、构建现代化农业经营体系、制定差异化发展战略，为赋能农业现代化发展、农民农村共同富裕提供经验借鉴的实践路径。[②]

三、信用在农村金融风险中的作用

（一）信用信息在风险识别中的重要性

1. 农村信用信息采集与分析

信用信息的采集与分析在农村金融风险管理中起关键作用。农村面临信用信息不完全、数据缺乏挑战，导致金融机构风险评估和贷款决策不确定性大。为有效管理农村金融风险，须建立健全信用信息系统，对农村居民和企业信用状况进行全面评估，包括对个人和企业信用历史、贷款还款记录、财务状况等信息的系统化收集与整理。负面清单制度、相关性原则和使用最小化原则的结合可以最大限度地实现信用主体和征信机构间的权益平衡。[③] 同时，信息采集的准确性和全面性直接影响风险识别效果。例如，大数据技术和区块链技术可提高信用信息透明度和可靠性，帮助金融机构获取更准确和实时的信用数据，提升信用评估的准确性和效率。

2. 信用评估对风险管理的作用

信用评估在金融风险管理中扮演着至关重要的角色。有效的信用评估不仅能够识别借款人的信用风险，还能够为金融机构提供科学的风险控制依据。信用评估涉及对借款人信用记录、还款能力、收入稳定性等多方面因素的综合分析。[④] 随着人工智能、大数据技术等不断深入各行各业，对中小微企业进行信用风险的标准化评估显得尤为重要。[⑤] 在农村金融环境中，信用评估可建立信用评分模型量化借款人风险，帮助金融机构科学放贷决策，还能用于制定个性化贷款条件。科学运用评估结果可有效管理控制风险，提高贷款业务安全性和盈利能力，既保护金融机构利益，又能提高对农村客户金融服务的质量和

---

① 程惠霞．农村小型信贷金融机构如何获取可持续资金——普惠金融发展的关键议题［M］．北京：中国经济出版社，2018：82—95.

② 穆鹏云，张守夫．数字普惠金融、农业现代化与农民农村共同富裕［J］．统计与决策，2024，40：134—139.

③ 翟相娟．个人信用信息采集最小化原则的适用困境与替代方案［J］．南京大学学报（哲学·人文科学·社会科学），2024，61：73—82＋158.

④ 马晓青．构建区域性农村信用评估与征信体系研究［M］．上海：上海财经大学出版社，2017：120—136.

⑤ 吕秀梅．大数据金融下的中小微企业信用评估［J］．财会月刊，2019：22—27.

效率。

3. 信用信息共享的优势与挑战

信用信息共享是提升农村金融风险管理能力的重要手段。完善的信用信息共享机制对于发挥信用信息的市场价值尤为重要。[①] 信用信息共享有助于金融机构全面了解借款人，促进跨机构风险评估和控制，增强金融体系稳定性。但也面临挑战，如数据隐私保护和安全问题，需解决共享信息时保护借款人个人隐私这一关键问题，不同金融机构信息标准和系统兼容性也可能影响共享效果。为克服挑战，需建立完善的信息共享机制和规范，确保信息共享的安全性和有效性。

（二）信用在农村金融风险防控中的应用

1. 信用风险管理工具与技术

信用风险管理工具和技术的广泛应用能够显著提升农村金融风险的防控效果。传统的信用风险管理工具能够助力金融机构有效地识别和评估潜在风险。与此同时，金融科技在农村金融环境中也带来了全新的发展机遇。信用风险管理工具的范畴还涵盖了信用保险和风险分担机制等方面。信用保险能够为农村金融活动提供可靠的风险保障，从而有效地降低信贷风险。而风险分担机制则可以通过设立风险基金或者联合担保机构等方式，合理地分担贷款风险，进而提高农村金融服务的稳定性和可持续性。

2. 信用评级对贷款风险的控制

信用评级在贷款风险控制中发挥重要作用。金融机构通过对借款人信用状况评级，可科学评估贷款风险并制定贷款条件。信用评级模型通常考虑信用历史、财务状况、还款能力等因素确定信用等级，帮助金融机构在贷款决策中作出更准确判断，降低不良贷款发生率。信用评级机构应在遵守法律法规的前提下，结合实际情况，建立健全内部管理制度，制订规范的公司章程，设置科学高效的管理和监督机构，订立科学严密的管理制度和操作规程，使内部控制工作具有得力的组织和制度保障。[②] 在农村金融环境中，信用评级的实施可促进金融市场健康发展。建立科学信用评级体系能提高金融服务透明度和公平性，促进金融市场规范化和成熟化。信用评级还能为农村企业提供更多融资机会，企业通过提升信用评级可获得更优惠的贷款条件，推动业务发展和经济增长。

3. 信用保险在农村金融中的作用

信用保险作为一种重要的风险管理工具，能够为农村金融体系切实提供强有力的风险保障。其主要作用在于为贷款提供风险补偿，从而有效降低因违约而产生的损失。在农村金融这一特定环境中，信用保险可以极大地帮助金融机构从容应对贷款风险，显著提高金融服务的安全性与稳定性。此外，信用保险还能够有力地促进农村金融服务的普及与发展。金融机构通过提供信用保险，能够大幅扩大贷款业务的覆盖范围，支持更多的农村居民和企业顺利获得融资。如此一来，便能够积极推动农村经济的蓬勃发展，切实提高金融服务的普惠性和公平性。

---

① 钱雪松，王帅，秦睿祺．信用信息共享降低了企业现金持有吗？——来自创建社会信用体系建设示范城市的经验证据［J］．经济评论，2024：105—121.

② 郭卫东．我国信用评级行业存在的问题及对策略［J］．河南金融管理干部学院学报，2008，26：7—9.

（三）信用机制在农村金融风险处置中的应用

1. 信用风险的监测与预警

信用风险的监测与预警是处置农村金融风险的关键环节。建立信用风险监测系统可实时跟踪借款人的信用状况，识别潜在风险点，包括对信用信息、交易行为、财务状况等持续监测并预警干预。在农村金融环境中，需考虑农村经济特殊性，结合当地情况制定监测预警策略，提高风险管理科学性和有效性。从未来发展方向来看，构建社会信用法治体系，加强信用法治是推动社会信用发展的重要路径，也是社会信用体系得以发展的根本保障。[①]

2. 信用修复与风险缓释策略

信用修复和风险缓释是处置农村金融风险的重要手段。信用修复可处理不良贷款和恢复借款人信用，如制订还款计划、债务重组等。风险缓释策略包括设风险准备金、开展风险分担等降低风险。在农村金融环境中，需根据具体情况制定策略，如调整农业贷款还款计划、提供生产性资金支持修复信用，建立农村信用担保基金、引入风险共担机制以提高金融服务稳定性和可持续性。

3. 信用保障在金融危机中的应用

信用保障在金融危机中能有效提高金融体系抗风险能力，通过提供风险补偿和支持，形式包括政府担保、保险补偿等。在农村金融环境中，需考虑农村经济特殊性和风险特点，如通过政府专项救助资金、保险理赔等方式支持。信用保障既能帮助金融机构稳定业务，又能促进农村经济恢复发展，提高农村金融体系韧性和稳定性。

四、信用融资对农村经济的影响

（一）信用融资的模式与发展

1. 信用贷款在农村经济中的应用

信用贷款是推动农村经济发展的重要金融工具。通过信用贷款，金融机构能够向农村居民和企业提供资金支持，促进农业生产、农村基础设施建设以及小微企业的发展。信用贷款的核心在于根据借款人的信用状况和还款能力，提供无担保或低担保的贷款，从而减少农村经济体的融资障碍。信用贷款的实施不仅改善了农村地区的资金流动性，还促进了农村经济的多元化发展。推动农村信用贷款业务纵深发展，农户贷款不能再局限于抵押或担保方式，要因地制宜发展不同的信用贷款模式，提高信用贷款贡献度。[②] 通过对信用贷款的有效管理，金融机构可以帮助农民和农村企业获得必要的资金支持，从而提高其生产能力和市场竞争力。信用贷款还能够推动农村金融市场的创新和发展，提升金融服务的覆盖面和普惠性。银保监会的数据显示，截至 2021 年 12 月末，涉农贷款余额 43.21 万亿

---

① 王伟．社会信用体系建设中的理解分歧及其辨析［J］．人民论坛，2021：90—92.

② 周明栋．农户信用贷款治理机制与履约特征研究——基于信用村建设案例分析［J］．征信，2018，36：27—32.

元，较年初增长11.83%，普惠型涉农贷款余额8.88万亿元，较年初增长17.48%，超过各项贷款平均增速6.19个百分点。农业农村部创新建立“主体直报需求、农担公司提供担保、银行信贷支持”的“直通车”服务模式。通过收集全国家庭农场、农民合作社等主体金融服务需求，对接银行发放贷款。截至2022年3月，农业经营主体“信贷直通车”已完成授信27496笔，授信金额达205.77亿元。[①]

2. 农村信用担保的创新模式

农村信用担保是解决农村金融市场融资难题的重要手段。传统的信用担保模式主要依赖于政府或担保机构对贷款的担保，但这种模式在融资额度、担保成本等方面存在一定的局限性。健全信用担保体系是乡村振兴中金融服务的重点。[②]。在机制层面上，金融机构可创新担保机制，为能够提供抵押物和质押物的主体提供同等额度的金融贷款；同时创新担保合作机制，积极提高循环抵押贷款的最高额度，建立小额贷款保险机制。这不仅能减轻“三农”群体的负担，同时也能降低金融贷款交易的风险，以推动金融帮扶工作优质高效落地。[③] 这些创新模式扩大了信用担保覆盖范围，降低担保成本，提高服务效率。引入市场化担保机构可提升灵活性和适应性。创新模式有助于提高农村金融服务可获得性，推动农村经济持续发展。

3. P2P与众筹等新型融资方式的兴起

P2P借贷和众筹等新型融资方式近年来在农村经济领域逐渐兴起，为原本相对传统的农村金融市场带来了崭新的机遇。这些创新的融资方式借助互联网平台，巧妙地连接起借款人和投资者，成功打破了传统金融模式中的诸多壁垒，极大地提高了资金的流动性和使用效率。P2P借贷平台能够将来自众多投资者的资金输送给农村地区的居民和企业，有效降低了他们的融资成本。而众筹平台则通过集体筹集资金的方式，为农村的各类项目以及创业者提供了宝贵的资金支持，进一步拓展了农村地区的融资渠道。

（二）信用融资对农村企业的支持

1. 信用融资对中小企业的影响

信用融资对农村中小企业支持意义重大。中小企业在农村经济中重要但融资难，信用融资以无担保贷款、信用担保等形式提供资金支持，解决难题。建立科学信用评估体系，金融机构能为分析信用状况提供方案。信用融资支持改善资金状况，促进业务发展和市场竞争力，如助其购买原材料、扩大规模等，支持创新升级，提高优势。通过支持中小企业，信用融资有助于推动农村经济多元化发展，提高活力和韧性。

2. 农业合作社的信用融资模式

农业合作社是农村经济重要组织形式，其信用融资模式对农村经济发展有重要影响。农业合作社由农民共同组建，信用融资能为其提供资金支持，用于生产资料采购、技术改造和市场拓展。金融机构可根据信用状况和业务需求提供融资产品和服务，如信用贷款和

---

① 厦门国信信用大数据创新研究院．信用蓝皮书——社会信用体系建设年度报告（2021—2022）［M］．北京：中国市场出版社，2022：19：223.

② 景欣，陈耿宣，李雨珈．农地融资中信用担保的功能异化与治理［J］．农村经济，2022：28—38.

③ 杨宜周，刘春晖．关于农村金融服务体系构建的思考——基于普惠金融视角的分析［J］．征信，2023，41：80—84.

信用担保等。还可通过发行债券、引入投资等方式融资。农业合作社信用融资模式有助于提升经营能力和市场竞争力，推动农村经济持续发展。

3. 信用融资在农业现代化中的作用

信用融资在农业现代化中作用不容忽视。农业现代化需引入先进技术和管理模式，信用融资提供资金支持，帮助农民和农业企业进行技术升级、设备购置和生产管理，促进农业生产现代化。还能促进农业产业链整合和升级，金融机构提供资金支持可助农业企业整合上下游资源，提高产业链效率和竞争力，支持农业合作社和农民专业合作社发展，推动农业生产规模化和集约化，提高农业综合效益和可持续发展能力。

（三）信用融资对农村经济的长期效应

1. 信用融资对农村产业链的延伸

信用融资对农村产业链的延伸具有显著的促进作用。通过提供资金支持，金融机构能够帮助农村企业和农民进行产业链的上下游整合，推动农村产业的发展和升级。例如，通过信用贷款和信用担保，农民可以将传统的农业生产与加工业、服务业相结合，形成多层次、多元化的产业链结构。这种产业链的延伸不仅提升了农村经济的附加值，还促进了农村经济的整体发展。信用融资还能够推动农业与旅游、文化等其他产业的融合，拓展农村经济的发展空间。例如，农民可以利用信用融资发展农家乐、农村旅游等项目，提高农产品的附加值和市场竞争力。这种产业链的延伸和融合，有助于实现农村经济的多元化和可持续发展，提升农村地区的经济活力和发展潜力。

2. 信用融资在乡村振兴中的应用

长期以来，小微企业信用融资难一直是普惠金融中的突出难题，导致国家的许多惠企政策难以有效落实。[①] 信用融资在乡村振兴战略中的应用具有重要意义。乡村振兴战略旨在提升农村经济的整体发展水平，改善农村居民的生活质量，实现经济、社会和环境的可持续发展。信用融资作为支持乡村振兴的重要金融工具，能够为乡村振兴提供必要的资金支持，促进基础设施建设、产业发展和社会服务的提升。信用融资还能够支持农村社会服务的改善，如医疗、教育和文化服务，提高农村居民的生活质量和幸福感。通过对乡村振兴战略的金融支持，信用融资有助于实现农村经济的全面提升和可持续发展。

3. 信用融资对农村社会结构的影响

信用融资对农村社会结构的影响体现在多个方面。信用融资可以促进农村经济的发展，提高农村居民的收入水平和生活质量，从而改善农村社会的经济基础。信用融资通过支持农村企业和合作社的发展，推动了农村的就业机会和社会服务，改善了农村的社会结构。例如，金融机构通过提供信用贷款和信用担保，帮助农村企业扩大生产规模，增加就业机会，提高居民的收入水平。这种经济增长和收入分配的改善，有助于提升农村社会的稳定性和凝聚力。信用融资还能够推动农村社会服务的发展，如教育、医疗和文化服务的提升，提高农村居民的生活质量和幸福感。这种社会结构的改善，有助于实现农村的和谐发展，促进社会的稳定和进步。

---

① 马骏．破解小微企业信用融资难题［J］．中国金融，2021（18）：92—93.

第三节 信用工具与农村经济的融合

一、信用工具的创新与应用

（一）新型信用工具的发展趋势

1. 农村信用卡的普及与应用

农村信用卡在农村经济中发挥重要作用。其普及便利农民消费支付，提高农村金融服务可及性与便捷性，涵盖多个领域，提供灵活支付方式和短期信用支持，推动农村市场消费增长，改善农民生活质量和消费体验。农村信用卡普及带来资金流动性提升和消费模式转变，方便农民大宗采购和日常消费，推动农村商业环境现代化，促进商业交易透明化和规范化。金融机构通过对农村信用卡用户信用评估和数据分析，能更好地了解农村市场需求和变化，优化金融产品和服务设计，提升针对性和有效性。

2. 互联网信用工具的兴起

互联网信用工具是金融科技发展成果，在农村经济中应用带来显著变化，包括网络贷款、移动支付、在线信用评估等，通过互联网平台提供金融服务，提高覆盖面和效率。农村地区信息化水平低，传统金融服务难以满足需求，互联网信用工具兴起为农村金融市场带来新机遇，优势在于高效、便捷，农民可随时申请贷款、管理账户、进行支付，提高金融服务可及性，促进农村金融市场数字化转型。

3. 数字货币在农村信用体系中的应用

数字货币在农村信用体系中应用尚处探索阶段，但有潜在优势和应用前景。其核心特征为去中心化、透明性和高效性，在农村经济中有独特价值，可实现快速、低成本支付和结算。数字货币在农村信用体系中的应用能提高金融服务效率和透明度，农村居民和企业可用于日常支付、资金转移和交易结算，简化流程，还能促进农村金融市场创新和发展，为农民提供更多金融产品和服务。总之，数字货币是货币本质的延续与颠覆。[①]

（二）信用工具在农村经济中的应用场景

1. 农产品交易中的信用支付

在农产品交易中，信用支付工具提升了便捷性和安全性。传统交易方式烦琐且有风险，信用支付工具提供便捷支付方式和信用支持，减少成本。还能支持信用管理和风险控制，金融机构通过分析信用记录和支付历史评估风险并提供保障，有助于提高安全性和透明度，降低纠纷和违约风险，促进农产品市场稳定和发展。

---

① 孙宁华，戴嘉．数字货币：货币本质的延续与颠覆［J］．兰州大学学报（社会科学版），2022，50：43—52.

2. 农村劳务市场中的信用工具

农村劳务市场是农村经济的重要组成部分，信用工具在其中的应用能改善劳务市场运作效率和支付便捷性。传统劳务市场支付方式有延迟、现金管理困难等问题，信用工具引入可提供灵活高效的支付解决方案。信用工具在农村劳务市场的应用还能促进劳务市场规范化和透明化，通过记录分析劳务支付数据，金融机构可提供信用评分和评价体系，帮助进行信用评估，有助于提高劳务市场信用水平，推动其健康发展。

3. 农村电子商务中的信用支持

随着电子商务在农村普及，信用支持工具在农村电子商务中的作用日益重要。农村电子商务发展为农民提供新的销售渠道和市场机会，但也带来了信用风险和支付挑战。信用支持工具能为其提供金融支持，保障交易顺利进行。在农村电子商务中的应用可提升交易安全性和便利性，如电子支付平台可让农民快速完成商品销售和资金结算，避免传统交易问题，信用担保服务可提供风险保障，降低违约和纠纷风险。信用支持工具的应用有助于促进农村电子商务发展，提高农民市场竞争力和收入水平。

（三）信用工具对农村经济的推动力

1. 信用工具对农村消费市场的刺激

信用工具在农村经济中的应用对农村消费市场有显著刺激作用。能为农民提供灵活消费支付方式，扩大消费能力和范围。农民可通过信用工具使用信用额度，提前享受商品和服务，提升消费意愿和水平。信用工具普及促进农村消费市场繁荣发展，农民可用信用贷款购买大宗商品改善生活，用信用卡进行日常消费。其应用推动农村消费市场增长，促进商业环境现代化和市场竞争激烈化，提高农村经济整体活力。

2. 信用工具在农业生产中的支持作用

信用工具对农业生产的支持作用表现在多方面。金融机构通过提供信用贷款和信用担保，为农业生产提供资金支持，帮助农民购买生产资料、设备和技术，提升生产能力。还能促进农业技术应用和生产现代化，提高效率和效益。例如，农民可通过信用贷款购买先进农业机械，减少成本和周期；利用信用担保或资金支持进行技术改造和品种优化。信用工具应用有助于推动农业生产规模化、集约化和现代化，提高市场竞争力和综合效益。

3. 信用工具对农村产业结构的优化

信用工具对农村产业结构优化有重要意义。通过提供金融支持，能促进农村产业多元化和现代化，提高产业结构优化水平，还能促进农村产业升级和转型。例如，信用贷款和担保可助农村企业技术创新和产品升级，提高产业附加值；信用支持可助农村合作社发展新兴产业，拓展市场空间。信用工具支持有助于实现农村经济转型升级，提高产业结构合理性和竞争力。

二、农村信用合作社与互助基金的角色

（一）农村信用合作社的发展历史与现状

1. 农村信用合作社的起源与演变

农村信用合作社起源于 19 世纪末欧洲，如德国和法国，是农民和农村居民自愿组成

的合作金融组织，满足农村社区成员金融服务需求。中国农村信用合作社起步于 20 世纪 50 年代，为农民提供金融服务促农村经济发展，最初主要靠政府支持引导，功能为小额贷款和储蓄服务。随着经济发展和政策调整，逐渐成为有规模和服务能力的金融机构。改革开放以来，农村信用合作社经历多轮改革发展，从纯粹金融服务功能转向综合金融服务平台，包括贷款、存款、保险等服务，还引入现代金融管理技术和服务理念，改善服务质量和效率。

2. 当前农村信用合作社的运营模式

农村信用合作社系统金融机构作为我国数量最多、覆盖范围最广的金融机构，长期深耕“三农”业务，在全面推进乡村振兴战略的背景下，更需要提升其为农服务能力，尤其是为农户、各类新型农业经营主体和农村集体经济组织提供特色化差异化的金融服务、满足这些需求主体多样化金融需求的能力。[①] 当前农村信用合作社运营模式有显著变化，许多已实现法人独立，成为有独立法律地位的金融机构，具有自主运营权和决策权；业务范围从单一储蓄和贷款拓展到保险、基金管理、财务咨询等多元化金融服务，形成全面金融服务体系；现代化科技手段如互联网银行、智能化管理系统等被广泛应用，提高服务效率和覆盖面。但仍面临经营管理不规范、风险控制能力不足、市场竞争加剧等挑战，需进一步优化内部管理，提升风险控制能力，加强与其他金融机构和社会组织合作，以实现长期可持续发展

3. 农村信用合作社的优势与挑战

农村信用合作社有独特优势，作为地方性金融机构，更了解本地市场，能满足农民和农村企业金融需求；通常有较高社会信任度和社区认同感，有利于建立稳定客户基础；通过成员制能实现风险共担和资源共享，提高金融服务有效性和覆盖面。但也面临挑战，资本不足和融资困难限制业务拓展和服务能力提升；管理水平和风险控制能力不足可能导致金融风险积累，影响稳定性和可持续发展；市场竞争加剧和金融产品同质化带来较大压力。为应对挑战，需加强内部管理、优化资本结构、提升服务创新能力，才能在激烈市场竞争中立于不败之地。

（二）互助基金在农村信用体系中的功能

1. 互助基金的组织模式与运营机制

互助基金是源于组织内部的一种合作投资方式，在医疗、扶贫、慈善等多个领域得到了广泛运用，然而其始终存在资金规模小、缺乏杠杆、发展空间有限等弊端。[②] 互助基金是社会性金融组织，由社区成员或相关利益方共同出资设立，目的是提供金融支持和风险保障，组织模式有会员制和基金会两种。会员制下成员按规则比例出资共享收益和风险；基金会模式由专业管理机构负责确保运作规范透明。互助基金运营机制包括募集、管理、分配等环节。资金募集通过会员缴纳、捐赠、投资等方式；资金管理需制定科学投资策略和风险控制措施确保安全增值；资金分配根据成员需求和运营状况进行，以实现对成员的

① 冯兴元，李铖，燕翔．乡村振兴视角下全面推进农信机构为农服务能力研究［J］．财经问题研究，2024：90—104.

② 郑卫华，闫凌州．科技型小微企业互助基金运作模式研究［J］．科技进步与对策，2014，31：109—113.

支持和保障。

2. 互助基金对农村金融的支持作用

互助基金在农村金融体系中发挥重要支持作用。可为农村居民和企业提供资金支持，尤其是紧急情况或经济困难时。通过提供小额贷款、风险保障等金融服务，帮助农村社区成员应对金融风险、缓解资金压力，还能促进农村金融市场创新和发展。其支持作用还体现在社会性和公益性方面，与传统金融机构相比更关注社会效益和社区发展，通过提供金融支持和服务，促进农村社会和谐稳定。互助基金还能够发挥社会资本的作用，鼓励社区成员参与金融服务，增强社会责任感和合作精神。①

3. 互助基金的风险与管理

互助基金在运营中面临资金、管理和市场等风险。资金风险有基金募集不够、投资亏损等，影响运营和服务能力；管理风险涉及管理运营不规范，可能导致资金滥用和风险积累；市场风险包括经济环境变化和市场需求波动，影响收益和稳定性。为有效管理风险，互助基金需建立健全风险管理机制，包括制定科学投资策略、加强资金管理监督、提高管理人员专业素养等。还需与相关监管机构和金融机构合作，确保运营符合法规政策要求，提高风险防控能力和透明度。

（三）信用合作社与互助基金的协同作用

1. 信用合作社与互助基金的资源共享

信用合作社与互助基金之间的协同作用主要体现在资源共享和优势互补上。信用合作社可以利用互助基金提供的资金支持，扩大其服务范围和业务能力；而互助基金也可以借助信用合作社的网络和资源，增强其服务覆盖面和影响力。信用合作社与互助基金可以在风险管理和金融创新方面进行合作，推动金融服务的多样化和创新化。例如，信用合作社可以将互助基金作为一种风险分担机制，提升其风险管理能力；而互助基金可以通过与信用合作社合作，开展新的金融产品和服务，满足农村市场的需求。

2. 二者对农村经济发展的联合支持

信用合作社和互助基金的协同作用对农村经济的发展具有重要意义。二者可以共同支持农村企业和农民的融资需求，推动农村经济的增长和发展。例如，通过信用合作社提供的贷款和互助基金的风险保障，农民和农村企业可以获得更多的资金支持和风险保障，提升生产和经营能力；二者的合作还可以促进农村产业的结构优化和升级。例如，通过互助基金支持农业创新和信用合作社推动农村产业发展，可以实现农村产业链的延伸和优化，推动农村经济的转型升级。

3. 信用合作社与互助基金的可持续发展路径

为了实现可持续发展，信用合作社和互助基金需要制定科学的发展战略和规划。信用合作社和互助基金应加强内部管理，优化资源配置，提高运营效率和服务质量；两者应建立完善的风险管理机制，提升风险防控能力，确保资金的安全和稳定；信用合作社和互助基金应加强与其他金融机构和社会组织的合作，拓展服务领域和业务范围，推动金融服务

---

① 巢洋，范凯业，王悦．乡村振兴战略——重构新农业［M］．北京：中国经济出版社，2019：168—171.

的创新和发展。通过这些措施，信用合作社和互助基金可以实现长期可持续发展，为农村经济和社会发展提供更加有力的支持。

三、信用担保与信用贷款的发展

（一）信用担保制度在农村经济中的应用

1. 信用担保的基本模式与原理

信用担保制度是一种金融保障机制，通过第三方机构对贷款或信用交易的履行提供担保，以减轻贷款方或信用方的风险。其基本模式包括：担保公司提供担保、担保基金设立担保池，以及银行或金融机构接受担保。担保公司通常负责对贷款申请者的信用状况进行评估，并在贷款出现违约时承担相应的偿还责任。担保基金则通过汇集社会资金设立担保池，为小微企业或个体户提供风险保障。银行或金融机构在收到担保后，可以降低对借款人信用风险的担忧，从而更愿意提供贷款。

2. 信用担保在农村企业融资中的作用

信用担保是借贷市场运行的基础。中国传统的信用担保制度历经两千余年，曾在农村借贷中起着重要作用，留下了丰富的历史智慧。[①] 信用担保在农村企业融资中扮演关键角色。可显著降低贷款风险，使金融机构愿向风险较大的农村企业提供融资支持，担保机构评估和监控借款人降低违约可能性，提升金融机构对农村企业贷款接受度；能有效扩展融资渠道，为农村企业提供更多融资选择，通过担保机制，农村企业可从传统银行及其他金融工具获得资金支持；还能促进农村企业信用记录建设，增强其在金融市场中的信誉，提升融资能力。

3. 信用担保机构的发展与挑战

信用担保机构作为信用担保制度的重要组成部分，其发展和运作直接影响担保制度的效果。目前，信用担保机构在农村经济中逐渐得到了发展，但仍面临许多挑战。许多信用担保机构在规模、资金、专业化水平等方面存在不足，这限制了其担保能力和服务范围；担保机构在风险管理和控制方面也面临挑战，如不良贷款的处理、担保资金的管理等问题；担保机构的运营模式和管理机制还需要进一步完善，以适应农村经济的发展需求。为应对这些挑战，信用担保机构需要提升自身的管理能力和风险控制水平，优化担保服务的模式和流程，加强与金融机构和政府部门的合作，推动担保制度的创新和发展；政府应加强对担保机构的支持和监管，建立健全的担保体系，提高其服务效率和效果。

（二）信用贷款在农村经济中的推广

1. 信用贷款的普及与推广策略

信用贷款作为一种无抵押的贷款形式，通过借款人的信用状况和还款能力进行审批，

---

① 赵学军．农村信用担保制度变迁［J］．中国金融，2016（5）：98—99.

具有较强的灵活性和便利性。[①] 在农村经济中，信用贷款的普及和推广对促进农业生产、支持农村企业、改善农民生活具有重要意义。中小企业融资难是世界性难题，主要原因在于企业信用信息的不完全和不对称，导致金融机构难以识别、判断和管控贷前、贷中、贷后存在的信用风险。[②] 为推广信用贷款，需采取一系列策略。金融机构应根据农村经济特点设计适合的信用贷款产品，如农民农业贷款、小微企业经营贷款等；应加强宣传推广，提高农民和农村企业对信用贷款的认知和接受度，可通过举办金融知识讲座、发放宣传资料等方式增强他们的金融意识和贷款能力；应简化贷款流程，降低门槛，提高审批效率，让更多农民和农村企业获得贷款支持。

2. 信用贷款对农户经济的支持

信用贷款对农户经济的支持体现在多个方面。信用贷款能够提供流动资金支持，帮助农民解决生产和经营中的资金短缺问题。例如，农民可以通过信用贷款购买农业生产资料、投资生产设施、支付劳动力成本等，从而提高生产效益和收入水平；信用贷款还能够支持农民进行生产经营的转型升级。通过获得贷款，农民可以尝试新的农业技术、引进先进的生产设备、扩大生产规模等，提高农业生产的现代化水平和竞争力；信用贷款还能够改善农民的生活条件。通过贷款资金的支持，农民可以进行住房改造、教育投资、医疗支出等，提高生活质量和幸福感。

3. 信用贷款的风险控制与管理

信用贷款在推动农村经济发展的同时面临借款人违约、信用信息不完善和贷款用途不当等风险。因此，金融机构需建立健全风险控制和管理机制，加强对借款人的信用状况评估，利用信用评级、信用报告等工具综合分析还款能力和信用记录；建立有效风险预警机制，监控贷款使用情况和借款人财务状况，及时发现处理潜在风险问题；完善贷款合同和法律保障，明确双方权利义务，确保贷款合法性和合规性。

（三）信用担保与信用贷款的协同效应

1. 信用担保对信用贷款的促进作用

信用担保制度与信用贷款的结合，能够显著提升信用贷款的可行性和有效性。信用担保能够为金融机构提供额外的风险保障，使其在面对借款人信用风险时更加有信心，从而更愿意发放信用贷款。[③] 担保机构介入可降低贷款违约风险，提升金融机构对借款人的信任度；信用担保能促进信用贷款普及和推广，通过设立担保基金、提供担保服务等方式，帮助更多借款人获得贷款支持，推动信用贷款市场化发展；还能提升借款人信用记录和贷款能力，借款人获得担保后可积累良好信用记录，提高未来融资能力。

2. 信用贷款对信用担保的依赖与互动

信用贷款在实际操作中对信用担保依赖性体现在多个方面。金融机构审批信用贷款时需借助担保机构评估和担保作为贷款依据，其评估结果和担保服务为贷款决策提供重要参

---

① 陈勇阳. 个人信用管理：理论、实务及案例［M］. 重庆：重庆大学出版社，2016：180—205.

② 曾光辉. 基于信用大数据的中小企业融资创新研究——以工程建设企业纯信用贷款为例［J］. 征信，2024，42：83—92.

③ 张强，黄卫东. 社会信用体系建设的理论与实践 信用经济与信用体系国际高峰论坛文集［M］. 长沙：湖南大学出版社，2009：294—306.

考，降低审批难度；信用贷款推广和应用需要担保机构支持，可通过提供担保服务、设立担保基金等方式扩展覆盖面，提升可得性和可持续性；信用担保与信用贷款在风险管理和控制方面有互动，担保机构和金融机构需协同工作，共同评估、监控和管理贷款风险，确保贷款安全和稳定。

3. 信用担保与贷款的综合效果评估

信用担保与信用贷款结合能产生显著综合效果。从融资效果看，担保机构介入能提升金融机构对信用贷款的支持力度，增加贷款发放量，推动农村经济发展；从风险管理效果看，担保机构能为贷款提供额外保障，降低违约风险，确保金融机构稳定运营。从社会效益来看，信用担保与信用贷款的结合能够改善农村经济的金融服务环境，提高农民和农村企业的融资能力，推动乡村振兴和经济发展。[①] 通过综合评估这些效果，可以进一步优化担保机制和贷款产品，提升金融服务的效率和效果。

① 赵学军. 中国农户的借贷与信用担保 1930—2010 版 [M]. 北京：社会科学文献出版社，2018：203—243.

第四章
信用与农村社会文化：文明传承与社会凝聚

第一节 信用的社会学与文化学解读

一、信用的社会学概念与理论基础

信用作为一种社会关系和制度安排，广泛存在于各类社会交往和经济活动中。信用的核心是信任，它不仅是社会交往的前提，也是经济活动的基础。在社会学视野下，信用可以被看作是个体和群体在社会交往中表现出的一种预期行为，基于这种行为，社会成员之间能够形成持久的合作关系。按照社会学家皮埃尔·布尔迪厄的理论，信用可以被视为一种象征性资本，这种资本通过累积社会声誉、信任和道德义务等社会资源来维护和扩展社会关系网络。①

在现代社会中，信用不仅表现为个人之间的道德信任，还表现为机构之间的制度性信任。马克斯·韦伯的理论强调，在现代资本主义社会中，信用体系是经济理性和社会制度的结合体，它不仅关乎经济活动的有效性，还关乎社会秩序的稳定性。② 马克斯·韦伯还指出，现代经济活动中，信用不仅是一种经济资源，更是一种社会资本，通过信用，社会成员之间能够建立起长久的合作关系，并形成良性循环的社会资本积累。

在农村社会中，信用与传统社会结构、文化习俗密切相关。农村社会的信用关系往往以血缘关系、地缘关系和乡土情感为基础，通过长期的相互交往和合作形成。这种信用关系具有较强的稳定性和持久性，是维持农村社会秩序的重要手段。随着市场经济的渗透和社会流动性的增强，传统的信用关系逐渐被市场化、货币化的信用关系所取代，农村社会信用体系面临着新的挑战和变革。

---

① 皮埃尔·布尔迪厄．布尔迪厄作品［J］．中国图书评论，2017，2.

② 段文斌．西方企业家理论述评［J］．经济学动态，1997（11）：59—63.

二、信用的文化学视角：信任与社会规范

从文化学的角度来看，信用不仅是一种社会关系，更是一种文化现象。《史记·田敬仲完世家》中提出“以诚为本，以信为基”，在不同的文化背景下，信用的内涵和表现形式各不相同。中国传统文化中，信用主要表现为“诚信”的道德规范。诚信不仅是个人美德，也是社会的基本伦理规范。在传统的儒家文化中，诚信被视为为人处世的根本原则，所谓“人无信不立”，强调个人在社会交往中的言行一致、忠诚守信。①

孔子在《论语·子路》中提出“言必信，行必果”，强调说话做事一定要讲诚信，说到做到，不可食言，行动要有结果，不能半途而废。正如在农村社会中，信用文化往往通过乡规民约、宗族制度等形式得到延续和发展。乡规民约是农村社区成员共同制定的行为规范，通过约束村民的行为，维护社会秩序和公正。这种信用文化通过代际传承，形成了一种具有地方特色的信用体系。传统农村社会中的信用文化，具有高度的地域性和内聚性，是村民之间建立信任和合作关系的重要基础。随着现代化进程的推进，农村社会的信用文化面临着变革的压力。市场经济的深入发展、人口流动的加剧，以及信息化和全球化的影响，使得传统的信用文化在某些方面出现了断裂和流失。在新的社会经济环境下，如何继承和发展传统信用文化，建立起适应现代社会的信用体系，成为一个亟待解决的问题。

三、农村社会信用体系的历史演变

中国农村的信用体系经历了从传统向现代的演变过程。在传统社会，农村信用主要依赖于人际关系和社会网络。农民之间的借贷、合作和交易，往往是基于信任和长期的社会关系。这种信用体系以口头协议、互助合作为基础，具有较强的灵活性和适应性。② 这种信用体系也存在信息不对称、信用风险高等问题，制约了农村经济的发展。

随着新中国成立后的集体化运动，农村信用体系经历了集体化和国家化的过程。人民公社时期，农村经济活动由集体组织和管理，信用关系逐渐由个体间的私人信用转变为集体信用和国家信用。③ 农村信用社、供销合作社等集体经济组织在此期间发挥了重要作用，通过集体信用来保障农民的生产和生活需求。这种集体化的信用体系在一定程度上忽视了个人信用的作用，导致了信用观念的弱化和社会信任的下降。

改革开放后，市场经济体制的逐步确立，农村信用体系发生变革。私人经济的恢复与发展使得个人信用重新成为经济活动的重要基础。农村信用社等金融机构逐渐市场化，农民开始通过信用借贷参与市场经济。④ 由于信用体系的不完善和市场机制的不健全，农村

---

① 杨永刚．人无信不立 国无德不强［J］．会计之友（B），2005，（6）：31.

② 朱兴涛，李一凡．信用如何生成？初探新型农村资金互助社中关系的结构化［J］．社会发展研究，2021，8（2）：124，244.

③ 段程旭．中国式现代化下农村集体经济发展的金融制度保障［J］．青海民族大学学报（社会科学版），2023，49（2）：39—49.

④ 周科．我国农村正规金融服务缺失的制度经济学分析［M］．成都：四川大学出版社，2014：121—134.

信用体系在这一时期面临诸多挑战，如信用信息不对称、贷款难、信用风险高等问题。

近年来，随着国家对农村金融改革和乡村振兴战略的推进，农村信用体系建设逐步提上日程。通过金融机构的创新、信用信息的共享、信用评价体系的建立，农村信用体系逐渐走向规范化、现代化。与此同时，传统信用文化也在新的社会经济环境下得到了传承和发展。农村社会信用体系的现代化进程，不仅推动了农村经济的发展，也为农村社会的治理提供了新的工具和方法。

四、信用文化对农村社会秩序的影响

信用文化的建设是乡村振兴的重要组成部分，也是维持农村社会秩序的关键因素。按照卢照邻的《中和乐九章·总歌第九》中“若有人兮天一方，忠为衣兮信为裳”，强调人若心中有他人，即使天各一方，用诚信也可以架筑彼此的友谊桥梁。信用文化的核心在于通过建立共同的价值观和行为规范，提升社会成员之间的信任感，减少社会矛盾和冲突。在传统的农村社会中，信任关系主要基于家族和血缘纽带，随着社会现代化进程的推进，这种基于熟人社会的信任结构逐渐被陌生人社会的契约性信任所取代。在这一转型过程中，信用文化的建立显得尤为重要。

信用文化能够增强农村社会的契约精神，提升社会成员的行为规范性。朱熹在《仁说》中提出“诚能体而存之，则众善之源，百行之本。”其强调实行并保存真诚的心，这是人生美好的源头，行动美好的根本。通过普及信用文化，村民能够逐渐形成遵守契约、诚实守信的意识，从而减少社会中的不诚信行为。随着农村信用体系的建设，村民在借贷、交易等社会交往活动中更加注重信用记录，形成了“以信取人”的社会氛围。迪尔凯姆（Durkheim，1893）在其著作《社会分工论》中指出，现代社会的秩序主要依赖于社会契约和法律，而信用文化作为一种新的社会契约工具，能够有效规范农村社会成员的行为。[①] 信用文化对农村社会的影响体现在其对社会关系的重塑上。信用文化的推广改变了传统农村社会中依赖人际关系维系的信任机制，推动了陌生人在社会中基于信用的信任机制建立。通过信用文化的教育和推广，村民能够更加理性地看待社会交往关系，减少了因情感因素引发的社会冲突。

五、农村社会信用体系的典型案例分析

在农村社会信用体系的建设过程中，各地涌现出了一批具有代表性的典型案例，这些案例不仅展现了信用体系在农村社会中的多样化实践，也为其他地区提供了可供借鉴的经验。

（一）宁夏同心县：努力深耕农村信用体系建设

宁夏同心县是全国民族团结进步示范县、乡村振兴重点帮扶县。长期以来，各民族相

① 潘建雷，李海荣．深度分工条件下的社会团结如何实现——论涂尔干《社会分工论》的主旨［J］．北京行政学院学报，2013，(3)：103—107.

互交融，共同生活和互相影响，积淀了具有浓郁地方特色的民族文化，居住在这里的回族乡亲普遍有经商的习惯，在经贸交往过程中始终把坚守诚信作为最重要的人生信条，诚信意识久而久之就建立起来了，这种优良传统也得以代代相传。由于经商做买卖普遍有融资借钱的需要，无论过去的民间借贷，还是现代银行借款，贸易交往伴随的货币信用由来已久，一位跟银行打了近20年交道的老客户告诉《金融时报》记者，“跟金融机构借钱，我们始终坚守一个原则，那就是好借好还再借不难。”朴实的话语道出了信用的真谛。一位小微企业主告诉记者：“银行是我们的救命稻草，有困难的时候，我们第一时间想到的是银行，银行总能帮助我们渡过难关，讲信用就是保企业的生命线。”同心县是一个农业大县，共有11.69万户，而农户占到62%。2024年7月末，金融机构各项贷款206.70亿元，住户贷款150.70亿元，占73%。其中，农户贷款7.86万笔，共114.67亿元。贷款对象的点多面广，贷款金额的小而多频，延缓和分散了贷款风险，加之贷款对象和贷款用途普遍处于低风险行业，有利于信贷资产质量保全，成为长期以来保持较低贷款不良率的一个重要原因。截至2024年7月末，同心县金融机构贷款不良率为0.75%。[①]

（二）湖北十堰：“五措并举”推进农村信用体系建设

据悉，中国人民银行十堰市分行近年来积极响应国家政策，坚持“政府主导、部门协同、金融机构推动、社会广泛参与”的工作思路，通过“三信”评定、数智赋能、配套增信、“一站式”服务以及创优金融生态等五大举措，积极探索并打造市县农村四级联动的农村信用体系建设新格局，为乡村振兴注入强劲动力。

在“三信”评定方面，十堰市分行充分利用市县社会信用体系建设领导小组工作机制，联合涉农金融机构，线上线下同步开展信用户、信用村、信用乡镇的评定工作。通过推进信用评分、建立信用档案，并公示评定结果，有效激发了新型农业主体“守信获益”的观念，为农村产业全面振兴提供了有力支持。截至2024年7月底，全市信用户、信用村、信用乡镇的占比已分别达到27.4%、91.8%、99.02%，授信额度高达120亿元。

数智赋能方面，十堰市分行与相关部门紧密合作，共同建设融资信用服务平台。通过运用区块链、云计算、大数据等先进技术，建立了金融主题数据中心和智能风控征信系统，成功打通了政府部门、金融机构、企业和社会中介之间的信用信息壁垒，提供了便捷的征信查询服务。目前，该平台已汇聚了来自税务、市场监管、人社、自然资源、农业农村等33家地方政府部门的229类涉农涉企数据，数据总量达两亿条，其中农户信息57.34万户，新型农业经营主体信息1.89万户。[②]

（三）内蒙古赤峰：“信用灯塔”照亮乡村振兴路

中国人民银行赤峰市分行积极践行“征信为民”服务理念，在调研了解农牧户实际需求的基础上，深耕农村信用体系“责任田”，指导金融机构找准信用助农“发力点”，通过创新信贷产品、优化金融服务等方式破解农村牧区贷款难题，以“信用灯塔”照亮农牧

① 信息来源：信用中国网站，https：//www.creditchina.gov.cn，访问日期：2024年9月28日。
② 信息来源：信用中国网站，https：//www.creditchina.gov.cn，访问日期：2024年9月28日。

民的乡村振兴路。

“信用户真好，仅仅几天时间，我在手机银行申请的50万元贷款就到账了，不仅手续简单，而且放款快、利率低，实实在在地解决了育苗资金不足的问题。”赤峰鸣春食用菌专业合作社负责人王桂春说。

王桂春口中的信用户是在农村信用体系建设中，基于农户诚实守信的经营行为和良好的家庭经济收入状况，获得较高信用等级的农户。近年来，中国人民银行赤峰市分行组织指导涉农金融机构持续深入开展信用户、信用村、信用乡镇评定工作，并对信用户实行贷款优先、利率优惠、额度放宽、手续简便的优惠政策。此外，为切实解决王桂春等菌农的实际困难，中国人民银行赤峰市分行指导工商银行赤峰分行创新推出专属信贷产品“蘑菇贷”，同时辅以“专业合作社＋信用＋银行＋农担公司”业务合作模式，只要农户信用状况良好，10万元以下的贷款无需提供任何抵押和担保，超过10万元的贷款由担保公司为其担保。截至2024年第二季度末，“蘑菇贷”授信金额已达467万元，为赤峰鸣春食用菌专业合作社和38户菌农解决了融资难题，节省利息支出25万元。①

六、信用的社会学与文化学解读的总结

信用作为一种社会关系和文化现象，具有丰富的内涵和多重功能。在农村社会中，信用不仅是经济发展的基础，也是社会治理和文化传承的重要工具。通过对信用的社会学和文化学解读，可以更好地理解信用在农村社会中的作用和意义，为乡村振兴战略下的信用体系建设提供理论支持。在现代化进程中，农村社会的信用体系建设面临着新的挑战和机遇。通过对典型案例的分析，可以发现，信用体系的建设不仅需要制度和技术的支持，更需要文化的传承和创新。只有在充分尊重和继承传统信用文化的基础上，才能建立起符合现代社会需求的信用体系，为农村社会的全面振兴提供有力支撑。

第二节　乡村振兴背景下的信用文化建设：文明传承与社会凝聚

一、信用文化的内涵与历史渊源

（一）信用文化的定义与特征

习近平总书记指出：“要重视发挥道德的教化作用，提高全社会文明程度，为全面依法治国创造良好人文环境。要加强道德建设，弘扬中华民族传统美德，提升全社会思想道

① 信息来源：信用中国网站，https：//www.creditchina.gov.cn，访问日期：2024年9月28日。

德素质。"[①] 信用文化在农村社会中具有独特的内涵与特征，它不仅是经济行为的道德约束，更是一种社会共识，深植于农村居民的日常生活之中。李毓秀《弟子规》中"凡出言，信为先，诈与妄，奚可焉?"深刻地阐述了人际交往中诚信的重要性，日常生活中要时刻保持诚信之心，做到言行一致、表里如一。信用文化的内涵可以从多个层面理解，信用文化是社会成员在长期交往过程中形成的行为规范与价值观念的总和，它决定了人们在经济交往和社会互动中如何履行承诺、维持信任关系。信用文化包括三个层面的内容：信任的产生与维护、承诺的履行以及信用体系的建立与运作。

在农村社会，信用文化的特征表现为集体性、实践性与传承性。集体性是指信用文化在农村社会中往往被集体意识所认同，并通过集体的力量来维护和传承。在农村社会中，个体的行为不仅受到自我道德的约束，还受到集体评价和社会舆论的监督。因此，个体的信用行为不仅关系到自身的社会声誉，还影响到家族、村落的整体形象。

实践性是指信用文化并非抽象的理论概念，而是融入日常生活的具体行为规范。在农村社会，信用行为表现在各种经济交易、社会交往以及合作互助活动中。村民之间的借贷、物资交换、合作生产等活动，都需要以信用为基础。信用文化的实践性还体现在信用关系的长期性和稳定性上，村民之间的信用关系往往是通过长期的相互信任和多次交往建立起来的，这种关系具有较强的稳定性和延续性。

传承性是指信用文化具有历史渊源，并通过代际传承得以保持和延续。在农村社会，信用文化的传承通常依赖于家庭教育、村规民约以及集体仪式等传统方式。[②] 这种传承方式确保了信用文化的稳定性和一致性，使得信用观念能够在农村社会中代代相传。

（二）信用文化的历史渊源与演变

农村信用文化的历史渊源可以追溯到中国传统社会中的伦理道德观念。中国传统文化中，儒家伦理强调"诚信"作为个人修身和社会治理的基本原则。《论语》中孔子提到："人而无信，不知其可也。"[③] 这一观念深入人心，成为农村社会信用文化的重要来源。道家文化中，老子也强调"以信为本"，认为诚信是个人和社会行为的基石。[④] 法家思想则通过法律和制度来强化信用行为的规范性，提出"信则立，失则废"的原则。[⑤] 这些传统文化思想为农村信用文化的形成奠定了思想基础。

随着历史的发展，农村信用文化经历了从传统到现代的演变。传统农村社会的信用文化主要通过宗族组织、村规民约等方式进行维护，这些组织和规则不仅约束个体的行为，还通过社会舆论、道德评价等方式对信用行为进行监督。在传统社会中，个体的信用行为不仅关系到自身的社会声誉，还关系到宗族、村落的整体利益。因此，守信行为被视为一种社会美德，背信行为则会受到集体的谴责和惩罚。

在现代化进程中，农村社会的信用文化面临新的挑战和机遇。随着市场经济的发展和

---

① 习近平．坚持依法治国和以德治国相结合推进国家治理体系和治理能力现代化［N］．人民日报，2016－12－11（01）．

② 王远伟．中国个人家庭教育投资问题研究［M］．武汉：华中师范大学出版社，2014：1—8．

③ 郑也夫．信任：溯源与定义［J］．北京社会科学，1999（4）：118—123．

④ 刘峻杉．老子的信德观及其德育价值［J］．教育科学研究，2014（11）：48—55．

⑤ 刘洪波，卢盛羽．健全和完善我国失信联合惩戒机制［J］．宏观经济管理，2018（12）：55—61．

现代金融体系的引入，传统的信用观念和信用体系逐渐与现代社会的要求相融合，形成了具有农村特色的现代信用文化。例如，现代信用体系中的信用记录、信用评价等机制逐渐被引入农村社会，个体的信用行为不仅受到传统道德规范的约束，还受到现代法律制度和市场规则的影响。这种演变不仅促进了农村经济的发展，也推动了社会结构的转型，使得农村信用文化在新的历史条件下得以延续和发展。

二、信用文化与农村社会文化的互动

（一）信用文化与农村社会文化的交融

信用文化与农村社会文化的交融体现在多个层面，特别是在宗族文化、乡土伦理与信用文化的互动中形成了独特的农村社会文化。在许多农村中，宗族内部的信用关系十分重要，宗族长老的威望和地位往往与其诚信行为密切相关。在黎靖德《朱子语类》中“忠自里面发出，信是就事上说。忠，是要尽自家这个心；信，是要尽自家这个道理。”其中就体现了“忠”与“信”的内在联系。宗族内部的信用关系不仅影响个体之间的互动，还对整个村庄的社会秩序产生重要影响。这种宗族文化中的信用关系通过家族仪式、宗族会议等形式得以强化，成为维系宗族内部团结与稳定的重要纽带。

农村社会中的传统节日、婚丧嫁娶等重要活动也是信用文化传播的重要场合。在这些场合，村民们通过履行承诺、互相帮助等行为，巩固了信用文化的地位。

如在北宋熙宁九年（1076），关学创始人张载的弟子吕大钧制定了中国历史上第一部成文乡约，史称《吕氏乡约》。该《乡约》在蓝田等地推行，关中风俗为之一变，故张载说“秦俗之化，和叔有力”。“乡约”与一般所说“乡规民约”有所区别，它是在一定的地缘关系中通过相应的社会组织实施的，故其不仅仅是一种规约，还是一种“农村自治组织”（梁漱溟语）。具体地说，就是村民在乡贤主导下自愿入约（“来者亦不拒，去者亦不追”）、自觉接受《乡约》约束、自觉履行劝勉义务和接受惩戒的一种社会基层组织形式。

《吕氏乡约》对入约者的要求是以“德业相劝，过失相规，礼俗相交，患难相恤”为其纲要，并通过相关细目加以具体化，其内容涵盖农村日常生活的方方面面，如“德业相劝”，涉及村民德行、事业、交游、教育等方面的内容；“过失相规”，涉及对“犯义”（违犯道义）、“犯约”（违犯乡约）、“不修”（不加约束）等“过失”相互劝勉及必要的惩戒；“礼俗相交”，则是把传统礼仪与乡邻日常生活紧密结合，对乡间诸如婚丧嫁娶、迎来送往等日常生活礼仪加以规范；“患难相恤”，则是强调在灾难、疾病、盗窃、诬枉等事件发生时，邻里之间要尽其所能相互帮助，共渡难关。道德教化、乡民自治是《吕氏乡约》的核心精神，而扬善抑恶、扶正祛邪、和谐邻里、淳化风俗则是《吕氏乡约》的目标所在。[①] 例如，在婚礼和葬礼等重大仪式中，村民们通过共同参与和协作，展现了相互之间的信任与支持。这种信任关系不仅体现在经济行为中，还渗透到社会交往和情感互动中，形成了独特的农村信用文化。

---

① 刘学智.《吕氏乡约》与《蓝田新乡约》[N].《光明日报》，2018-07-14（11）.

信用文化与农村社会文化的交融还体现在社会规范和社会秩序的维系上。信用文化通过影响个体的行为规范，维护了社会的和谐与稳定。在农村社会，个体的守信行为被视为社会美德，而失信行为则会受到集体的谴责和排斥。因此，信用文化通过对个体行为的规范和约束，维护了农村社会的稳定与和谐。这种文化通过代际传承和集体认同得以巩固，并在农村社会的历史演变中发挥了重要作用。

（二）信用文化对农村社会结构的影响

信用文化不仅影响个体行为和社会关系，还对农村社会结构产生深远影响。在传统农村社会，信用关系的建立往往依赖于宗族、地缘关系等社会网络。这种社会网络不仅决定了个体在社会中的地位，还影响了村庄的治理结构。宗族内部的信用关系通过代际传承和集体认同得以巩固，形成了维系宗族内部团结与稳定的重要纽带。

随着农村社会的现代化，信用文化在重塑农村社会结构中发挥了重要作用。现代信用体系的引入，使得信用不再仅仅依赖于个人声誉和传统关系网络，而更多地依赖于制度化的信用记录和评价体系。这种变化不仅促进了农村经济的发展，也推动了社会结构的转型。信用文化对农村社会结构的影响还体现在社会阶层的流动性上。信用关系的变化不仅影响个体在社会中的地位，还影响到社会阶层的流动与重组。在传统农村社会，个体的社会地位往往由其家族背景、经济实力等因素决定。随着现代信用体系的引入，个体的信用行为成为决定其社会地位的重要因素。这种变化不仅促进了社会阶层的流动性，也推动了农村社会的现代化转型。①

（三）信用文化在农村社会结构与乡村振兴中的作用

1. 信用文化对农村社会结构的重塑作用

信用文化对农村社会结构的影响深远，它不仅影响个体行为和社会关系，还深刻地作用于社会结构的变迁。在传统农村社会中，信用关系的建立往往依赖于宗族、地缘关系等社会网络，这些网络决定了个体的社会地位和村庄的治理结构。宗族内部的信用关系通过代际传承和集体认同得以巩固，形成了维系宗族内部团结与稳定的重要纽带。在传统农村社会，个体的社会地位往往由其家族背景、经济实力等因素决定。随着现代信用体系的引入，个体的信用行为成为决定其社会地位的重要因素。这种变化不仅促进了社会阶层的流动性，也推动了农村社会的现代化转型。② 然而，随着现代化的推进，信用文化开始重塑农村社会结构。现代信用体系的引入，使得信用不再仅仅依赖于个人声誉和传统关系网络，而是基于制度化的信用记录和评价体系。这种转变促进了农村经济的发展，推动了社会结构的转型，增强了社会阶层的流动性，从而影响了社会阶层的流动与重组。信用文化的发展，通过增强个体的信用意识，促进了社会规范的形成和遵守，为乡村振兴提供了坚实的社会治理基础。

2. 信用文化在乡村振兴中降低交易成本的作用

在乡村振兴战略下，信用文化发挥着降低交易成本、提升经济效率的作用。农村社会

---

① 李新庚．社会信用体系运行机制研究［M］．北京：中国社会出版社，2017：232—259.
② 李新庚．社会信用体系运行机制研究［M］．北京：中国社会出版社，2017：232—259.

中，信用关系的建立与维系有助于减少交易的不确定性和风险，促进经济活动的顺利进行。例如，在农产品的生产与销售过程中，农户与商户之间的信用关系决定了交易的顺利与否。稳固的信用关系能够降低交易成本，提高合作效率。信用文化的发展，通过建立信任机制，减少了交易双方的信息不对称问题，从而降低了交易成本，提高了农村经济活动的效率。这种效率的提升，不仅促进了农产品的流通，也增强了农村地区的市场竞争力，为农村经济的多元化发展提供了动力。

3. 信用文化促进农村社会和谐与稳定的作用

信用文化对于农村社会的和谐与稳定同样至关重要。信用关系不仅影响个体的经济行为，还影响到整个社会的和谐与稳定。良好的信用关系能够促进村民之间的合作与互助，有效化解社会矛盾与冲突。在农村社会的合作社、信用合作组织等集体经济组织中，信用关系的稳定性直接影响到组织的运行与发展。良好的信用关系可以增强组织内部的凝聚力，提高组织的运行效率，从而促进农村社会的和谐与稳定。信用文化的发展，通过增强个体的信用意识，促进了社会规范的形成和遵守，为乡村振兴提供了坚实的社会治理基础。

4. 信用文化在乡村振兴中社会治理功能的作用

习近平总书记指出，传统文化与乡村振兴要相辅相成，共同发展。① 在乡村振兴战略下，信用文化不仅是农村经济发展的助推器，也是社会治理的重要抓手。信用文化在乡村振兴中还发挥着重要的社会治理功能，主要体现在以下几个方面：信用文化可以降低农村经济活动中的交易成本，提升经济效率，正如《西京杂记》卷五中“至诚则金石为开。”在农村社会中，信用关系的建立与维系有助于减少交易的不确定性和风险，促进经济活动的顺利进行。在农产品的生产与销售过程中，农户与商户之间的信用关系决定了交易的顺利与否，正如冯梦龙《醒世恒言》第 16 卷中“一事真，百事真。”如果双方之间的信用关系稳固，交易的成本就会降低，合作的效率也会提高。

通过信用体系的建设与运作，农村社会可以有效约束个体的行为，维护社会秩序。建立农村信用档案，对村民的信用行为进行记录和评价，可以有效防范不诚信行为的发生。这种信用体系不仅有助于提升社会治理的效率，还可以提升社会的法治化水平，促进农村社会的现代化转型。信用文化的发展，通过增强个体的信用意识，促进了社会规范的形成和遵守，为乡村振兴提供了坚实的社会治理基础。此外，信用体系的建立还能够鼓励村民积极参与村庄治理，提高了村庄治理的民主性和透明度，为构建和谐、稳定的农村社会环境提供了有力支撑。

四、信用文化与农村社会的未来展望

（一）信用文化在农村社会中的持续发展

信用文化在农村社会中的持续发展面临着新的挑战与机遇。随着乡村振兴战略的深入

① 新华社．习近平春节前夕赴贵州看望慰问各族干部群众［N］．人民日报，2021－02－07（01）．

推进，农村社会的经济结构、社会关系等都在发生深刻变化，信用文化也随之面临着重塑与升级的需求。在这一过程中，如何保持信用文化的稳定性与创新性，成为农村社会发展的关键。在未来的发展中，信用文化的持续发展需要依赖于制度化的保障与创新。通过完善农村信用体系、推动信用制度的创新，可以有效提升信用文化的适应性与竞争力。通过建立农村信用信息共享平台，可以提高信用信息的透明度与公正性，增强村民的信用意识与行为规范。通过创新信用评价体系，可以更全面、准确地评估村民的信用行为，提升信用文化的社会认可度与影响力。

（二）信用文化与农村社会现代化的融合

信用文化与农村社会现代化的融合是未来农村社会发展的重要方向。随着乡村振兴战略的推进，农村社会的现代化进程将进一步加快，信用文化也将面临新的发展机遇。在这一过程中，信用文化需要与现代社会的经济、法律、技术等要素进行深度融合，形成具有农村特色的现代信用文化。这种融合不仅体现在信用文化的内容与形式上，还体现在信用文化的传播与教育上。在未来的发展中，信用文化需要通过多种途径进行传播与教育，通过现代传媒、网络平台等方式，增强信用文化的传播效果与社会影响力。通过加强信用教育，提升村民的信用意识与道德水平，可以为信用文化的发展提供坚实的社会基础。

（三）信用文化在乡村振兴中的战略地位

信用文化在乡村振兴中的战略地位将随着农村社会的现代化进程不断提升。在乡村振兴战略中，信用文化不仅是经济发展的重要支撑力量，还是社会治理的重要工具。在未来的发展中，信用文化将通过制度化的保障与创新，进一步提升其在农村社会中的地位与作用。通过推动信用文化的发展与创新，可以有效提升农村社会的经济活力与社会凝聚力，实现农村社会的全面振兴。在这一过程中，信用文化不仅作为一种社会规范存在，还作为一种战略性资源，为乡村振兴战略的实施提供了重要支持与保障。①

第三节　信用法律制度中的文化因素

一、信用文化在法律制度中的体现与推动作用

（一）法律制度中的信用文化内涵

1. 法律文本中信用文化的表达

在乡村振兴背景下，法律文本中对信用文化的表达不仅是对道德规范的固化，更是对

① 徐月萍，张建琴．乡村振兴背景下农村群众文化阵地建设［M］．南昌：江西高校出版社，2019：1—9.

农村信用体系建设的理论支撑和实践指引。① 在农村地区，信用文化根植于传统的农业社会关系中，这种文化的核心在于“诚信为本，守信为要”。② 法律文本通过规范性的语言，将这种信用文化的核心理念融入法律条文，使得法律不仅成为行为约束的工具，更成为文化传承和发展的一部分。

关于《中华人民共和国农民专业合作社法（修订草案）》的说明——2017 年 6 月 22 日在第十二届全国人民代表大会常务委员会第二十八次会议上（草案第四十三条）提出，允许农民专业合作社开展信用合作。2009 年以来，先后有 5 个中央一号文件就引导农民专业合作社规范开展信用合作，健全风险防范化解机制，落实地方政府监管责任提出要求。目前已有 14 个省（区、市）的地方性法规对农民专业合作社开展资金互助或信用合作作了规定。在农村信用合作社法的立法过程中，通过条款设置强化了对农村合作社成员诚信履行义务的要求，这种要求不仅体现在法律责任的明确性上，更体现在法律对农村信用文化的尊重和保护上。通过法律条文的这种表达方式，国家不仅加强了农村社会的信用制度建设，也推动了信用文化在农村的传承与创新，使得法律制度成为乡村振兴战略中不可或缺的文化纽带。

2. 信用文化对法律制度的深远影响

信用文化作为农村社会的重要组成部分，对法律制度的构建和发展产生了深远的影响。在乡村振兴的背景下，信用文化不仅是法律制度的基础性要素，更是法律制度发展的动力源泉。具体而言，信用文化影响着法律的制定、解释和实施。在法律制定过程中，立法者必须考虑农村地区已有的信用文化传统，以确保法律的可操作性和适应性。在农村金融立法中，法律条款往往需要结合当地的信用文化，以确保法律在实际操作中能够有效地被接受和执行。

此外，信用文化对法律制度的影响还表现在法律解释和实施过程中。由于农村信用文化具有地域性和多样性，因此在法律适用中，法官和执法者往往需要结合当地的信用文化背景，对法律条款进行适应性的解释。这种解释不仅能够增强法律的灵活性和适应性，还能使法律更好地服务于农村社会的发展需求，促进农村信用体系的建设。通过这种文化与法律的互动，信用文化不仅推动了法律制度的发展，也通过法律制度的实施进一步巩固了自身在农村社会中的地位。

3. 法律与文化共生下的信用制度构建

法律与信用文化的共生关系是乡村振兴战略中信用制度构建的关键。在农村地区，信用文化不仅是法律制度构建的基础，更是推动法律制度不断完善的重要力量。在这一过程中，法律与信用文化相互影响、相互促进，共同推动农村信用体系的发展。在农村合作社金融立法中，法律通过对信用文化的制度化，使得农村合作社在信用评估、贷款发放等方面更加规范和透明。这种法律与文化的共生关系，不仅使得法律制度更加贴近农村实际，更增强了法律制度在农村社会中的权威性和执行力。

通过法律与信用文化的共生，信用制度得以在法律的框架下不断发展和完善。在这一

① 冉勇．基于乡村振兴战略背景下的农村治理研究［M］．长春：吉林人民出版社，2021：54—75.

② 车耳，王涛．高信用社会：信托与信用制度［M］．北京：人民邮电出版社，2020：3—15.

过程中，法律不仅起到规制和约束的作用，还通过对信用文化的尊重和吸纳，推动信用制度的创新与发展。法律可以通过引入农村信用文化中的互助合作精神，推动农村信用联合体的发展，从而增强农村信用体系的整体性和系统性。在乡村振兴战略中，这种法律与文化的共生模式，不仅为农村信用体系的建设提供了理论支持和实践经验，也为其他地区的信用制度构建提供了有益的借鉴。

（二）信用文化在法律实施中的推动作用

1. 法律实施中信用文化的应用案例

在乡村振兴战略中，法律实施过程中对信用文化的应用案例展现了信用文化如何在法律框架内起到重要的推动作用。以农村金融领域为例，农村信用合作社在落实金融服务时，不仅依赖于法律的硬性规定，更依赖于长期形成的信用文化。[①] 安徽省铜陵市义安区老洲乡是铜陵市重要的蔬菜种植基地。为满足农户扩大规模、发展产业的信贷需求，该乡通过“党建＋合作社＋农户”模式，积极发展特色信贷，带动集体增收、村民致富。该乡光辉村合作社通过特色信贷，发展无公害蔬菜项目，建成铜陵市最大的蔬菜生产基地。

老洲乡“党建＋信用＋金融”工作是铜陵市发展农村普惠金融的一个缩影。近年来，铜陵市以党建引领信用村建设为抓手，激发金融系统创造力，调动基层干部群众内生动力，实施“党建＋信用＋金融”工作模式，深化农村信用体系建设，大力发展农村普惠金融，走出了一条党建“引领”、金融“搭台”、信用“串联”的农村发展之路。[②] 这种法律实施中的文化嵌入，不仅提升了法律的执行效率，也增强了农民对法律的信任感和依从性，从而形成了法律与信用文化相互促进的良性循环。

2. 信用文化推动下的法律创新

信用文化在推动法律创新方面具有重要作用，尤其是在农村信用体系建设过程中，法律创新往往受到当地信用文化的启发和推动。在乡村振兴战略中，信用文化不仅为法律创新提供了丰富的实践经验，也为法律制度的完善提供了方向指引。农村信用文化中所蕴含的诚信、互助、合作等理念，成为法律创新的重要灵感来源，使得法律制度更具针对性和实效性。[③]

农村地区的互助合作信用模式在一定程度上影响了金融法律的创新发展。[④] 为了适应农村社会的信用文化，京津冀地区探索了基于社区互助的信用联合体法律框架，自2015年开始，京津冀三地就开展了信用协同工作，并签署了《京津冀社会信用体系合作共建框架协议》，宣布进入崭新的探索与试点阶段。[⑤] 这种法律创新不仅充分尊重了农村社会的传统信用文化，也通过法律手段强化了这种文化的制度化和规范化。通过对信用文化的法律化、制度化处理，不仅实现了法律制度的创新，也为农村信用体系的持续发展奠定了坚实基础。同时，这种法律创新也为其他地区和领域的信用制度建设提供了宝贵经验，展现

---

① 杨海涛，仇智勇．转型期中国农村信用社发展路径研究［M］．成都：西南财经大学出版社，2015：122—130.

② 信息来源：信用中国网站，https：//www. creditchina. gov. cn，访问日期：2024年9月28日。

③ 蓝寿荣．社会诚信的伦理与法律分析［M］．武汉：华中科技大学出版社，2010：1—82.

④ 陈凤荣．中国农村合作经济发展道路探索［M］．北京：中国农业科技出版社，1999：3—81.

⑤ 信息来源：北京市发展和改革委员会，https：//fgw. beijing. gov. cn，访问日期：2024年10月4日。

了法律与文化互动下的创新潜力。

二、法律制度对信用文化的规范与促进

（一）法律对信用文化行为的规范

1. 法律制裁对不良信用行为的警示作用

国务院办公厅印发《关于加强个人诚信体系建设的指导意见》指出，要以培育和践行社会主义核心价值观为根本，大力弘扬诚信文化，加快个人诚信记录建设，完善个人信息安全、隐私保护与信用修复机制，健全守信激励与失信惩戒机制，使守信者受益、失信者受限，让诚信成为全社会共同的价值追求和行为准则，积极营造“守信光荣、失信可耻”的良好社会氛围。法律制裁作为信用体系中的重要组成部分，对不良信用行为的警示作用尤为突出。在乡村振兴过程中，法律通过对不良信用行为的制裁，不仅维护了信用体系的公正性，也在社会层面强化了信用文化的教育和引导作用。通过严厉的法律制裁措施，社会成员在参与经济活动时更加谨慎，从而逐步形成良好的信用习惯，这对农村社会的整体信用水平提升具有深远影响。

2. 法律教育对社会信用文化的正向引导

法律教育在塑造社会信用文化方面发挥着至关重要的作用，尤其是在农村信用体系建设中，法律教育不仅是法律推广的重要手段，也是信用文化传播和深化的重要途径。通过系统的法律教育，社会成员能够更好地理解和遵守信用法律规定，从而在日常生活中自觉践行诚信行为。这种教育不仅限于传统的法律知识普及，更涉及信用文化的内化和认同，使得法律与文化相互促进，共同推动社会信用体系的完善。

乡村振兴战略中的法律教育，注重与农村信用文化的融合。通过农村信用合作社的法律讲座、社区法律顾问的普法宣传等形式，法律教育深入农村基层。[①] 这种教育不仅提高了农民的法律意识，也使得信用文化在法律的支持下更加深入人心。法律教育的正向引导作用，使得农村社会的信用文化得到了有效提升，从而为农村信用体系的健康发展奠定了坚实的基础。通过持续的法律教育，信用文化逐渐成为农村社会的一部分，使得法律与文化在信用体系中的作用相辅相成，进一步推动了乡村振兴的整体进程。

（二）法律对信用文化的促进措施

1. 法律激励下的信用文化传播

法律不仅通过约束和制裁来规范社会信用行为，还通过激励措施积极推动信用文化的传播和普及。[②] 在乡村振兴背景下，法律激励机制的设计，特别是与信用体系建设相结合，显著增强了信用文化的影响力和渗透力。法律规定对信用记录良好的农户提供税收优惠、信贷利率优惠等措施，这不仅激励了个体的诚信行为，也在社会层面强化了信用文化的

---

① 吴伟．农村金融及其制度创新研究［M］．广州：世界图书出版广东有限公司，2012：332—350．

② 袁晓东．激励技术创新的法律制度研究［M］．武汉：华中科技大学出版社，2007：36—48.

传播。

农村地区的信用评级制度往往与法律激励措施相挂钩，这种做法不仅增加了信用文化的吸引力，也为农村社会信用体系的建设注入了动力。四川省阿坝州九寨沟县创设主办银行制度，推动建立县发改局、县乡村振兴局、县金融工作服务中心“四牵头”、县农村“三级联动”的信用体系建设机制和“考核＋激励”机制，把农村信用体系建设工作纳入县委目标考核，把信用示范村和信用乡（镇）以及村集体、具有带动示范效应的新型农业经营主体和金融支持乡村振兴产业基地纳入县级乡村振兴财金互动奖补贴息范围。[①] 随着法律激励机制的推广，信用文化在农村社会中的地位得到了进一步提升，使得信用行为不仅成为个体的道德选择，也成为获取经济利益的现实途径。

2. 信用文化的法律保障措施

法律对信用文化的促进不仅表现在激励机制上，更在于为信用文化提供了坚实的法律保障。通过法律的支持，信用文化得以制度化和规范化，从而在社会信用体系中发挥更加持久的作用。在乡村振兴战略的实施过程中，法律保障措施的完善，为农村信用体系的建设提供了重要支撑。通过法律对信用信息的保护，确保了信用文化传播的公正性和可信度，使得社会成员在参与信用活动时感到更加安全和受保护。

法律保障措施包括对信用信息的保护、对信用行为的激励，以及对不良信用行为的制裁。这些措施共同构成了信用文化发展的法律基础，使得信用文化在法律框架内得以不断深化。在农村地区，通过立法明确信用信息的保护责任，不仅防止了信用信息的滥用，也增强了社会对信用体系的信任感。这种法律保障措施，确保了信用文化在制度化过程中不被扭曲或滥用，从而为信用体系的长期健康发展提供了有力保障。

3. 法律与信用文化共同发展模式的探讨

随着乡村振兴战略的深入推进，法律与信用文化的共同发展模式逐渐成为学术研究和实践探索的热点。在农村信用体系建设中，如何通过法律与文化的互动，形成既符合现代法治要求又尊重传统信用文化的共同发展模式，是当前需要重点探讨的议题。法律与信用文化的共同发展，不仅要求法律制度对信用文化的包容和吸收，更要求法律在制定和实施过程中尊重并促进信用文化的演进。

通过法律框架的调整，逐步将传统的乡规民约与现代法律制度相融合，使得法律不仅成为规范社会行为的工具，也成为文化传承和创新的载体。这种共同发展模式，不仅提升了法律的执行效果，也促进了信用文化的现代化转型，为农村社会的信用体系建设提供了新的思路和路径。在这一过程中，法律与信用文化的互动不断深化，使得信用体系的构建既有法治的保障，又有文化的支持，最终推动了乡村振兴目标的实现。

三、法律与信用文化的互动关系

在法律变革过程中，信用文化因素的融入不仅提升了法律的适应性，也促进了法律与社会实际需求的对接。在乡村振兴过程中，农村信用体系的构建对法律制度提出了新的要

① 信息来源：信用中国网站，https：//www.creditchina.gov.cn，访问日期：2024 年 9 月 28 日。

求，法律变革往往需要在信用文化的影响下进行调整。随着农村经济的多样化和信用活动的复杂化，传统的法律框架可能难以适应新的信用行为模式。这时，信用文化中的新观念、新做法可以为法律变革提供参考和指导，使得法律制度能够更好地服务于农村社会的实际需求。

信用文化中的诚信观念和信用管理实践，对法律变革中的规范设定、程序设计、执行标准等方面产生了直接影响。例如，在信用信息的公开和共享方面，信用文化的要求促使法律制度在保障个人隐私的同时，增加信息的透明度和共享程度。这种变革不仅符合信用文化的要求，也增强了法律的实际效果，提升了社会对法律制度的认可度。通过将信用文化因素融入法律变革，法律制度能够更好地适应社会的发展变化，并为信用文化的进一步传播和深化提供支持。

信用文化的不断发展和完善，对法律适应性的提升具有重要作用。在乡村振兴战略中，农村社会的信用需求和信用行为日益复杂，这对法律的适应性提出了更高要求。信用文化的深化不仅为法律制度提供了现实依据，也为法律的调整和优化提供了方向。通过将信用文化融入法律制度，法律可以更好地应对社会实际中的信用问题，提高其适应性和有效性。农村信用体系中的信用评级、信用记录管理等新兴领域，对法律制度的适应性提出了挑战。信用文化的深入发展促使法律在这些领域中进行适时的调整，使法律能够更好地回应社会对信用管理的实际需求。同时，信用文化中的创新实践，如社区信用评估、信用行为奖励等，也为法律制度的改革提供了宝贵经验，使得法律在适应社会变化的过程中更加灵活和有效。通过提升法律的适应性，信用文化与法律制度的互动关系得到了进一步深化，共同推动了农村信用体系的健康发展。

四、信用法律的社会认同与接受度

（一）法律制度的社会认同

1. 信用法律的公众认知与接受度调查

在法律制度的实施过程中，社会认同度的提高对于法律的有效执行至关重要，尤其是在涉及信用体系的法律规定时，公众对这些法律的认知和接受度直接影响着法律的实施效果。在乡村振兴背景下，对信用法律的公众认知和接受度调查，不仅能够了解法律在实际操作中的问题，还能够为进一步完善法律制度提供依据。通过对农村地区的信用法律进行调查，可以发现公众对法律条款的理解程度和实际接受情况。这些调查结果可以揭示法律实施中的难点和问题，如农民可能对某些法律条款不够理解或者存在执行困难。通过分析这些问题，可以制定更具针对性的法律推广和教育措施，提高法律的公众认知度和接受度，从而增强法律的实际效果和社会影响力。

2. 法律社会化与信用文化的交融

法律的社会化过程与信用文化的交融，是提升信用法律认同度的重要途径。通过将法律内容与社会实际需求相结合，能够使法律更加贴近民众的生活，从而促进法律与信用文化的深度融合。在乡村振兴过程中，法律的社会化不仅有助于提高法律的认同度，也推动了信用文化的普及和深化。在农村地区，通过社区活动、宣传教育等形式，将信用法律与农村社会的实际情况相结合，使法律内容更加贴近农民的实际需求。这种法律社会化的过程，不仅提升了法律的认知度，还促进了信用文化的传播和接受。法律与信用文化的交融，使得法律不仅成为规范社会行为的工具，也成为推动信用文化发展的重要力量，从而为乡村振兴战略的实施提供了有力支持。

在乡村振兴背景下，通过制定切实可行的提升措施，能够有效提高公众对信用法律的认同度，从而促进法律的顺利实施。这些措施包括加强法律教育、完善法律制度、强化法律执行等方面。通过开展农村信用法律培训、举办法律讲座、制作法律宣传材料等形式，提高农民对信用法律的理解和认同。同时，法律制度的优化和调整，也能够使法律更加符合农村社会的实际需求，从而提升法律的认同度。通过综合运用这些提升措施，能够有效促进信用法律的实施和信用文化的发展，为乡村振兴战略的成功实施提供法律保障。

（二）信用法律的教育与推广

1. 法律教育在信用文化建设中的作用

法律教育在信用文化建设中发挥着重要作用，特别是在乡村振兴背景下，法律教育不仅提高了公众对法律的认知，也促进了信用文化的普及和发展。通过系统的法律教育，能够使社会成员更好地理解和践行信用法律，从而推动信用文化的形成和完善。在农村地区，通过法律教育活动，农民能够学习到信用法律的基本内容和要求，了解诚信行为的重要性。这种教育不仅帮助农民掌握法律知识，还增强了他们对信用文化的认同感。法律教育的广泛开展，使得信用文化的理念深入人心，从而推动了信用法律的有效实施和信用体系的建设。

法律推广活动是提升信用法律认知度和接受度的重要途径，尤其在乡村振兴过程中，法律推广活动的开展能够有效地促进信用体系的建设和发展。① 通过多种形式的法律推广活动，能够使法律知识更加广泛地传播，从而提高公众对信用法律的关注和参与度。通过开展法律知识竞赛、法律宣传周、社区法律服务等活动，能够将信用法律知识传递给更广泛的社会群体。这些推广活动不仅提高了公众对法律的认知，也促进了信用文化的普及和深化。在乡村振兴背景下，法律推广活动的开展，为信用体系的建设提供了有力支持，使得信用法律在社会中的影响力不断增强。

2. 信用法律在社会中的广泛传播

信用法律的广泛传播，是推动信用体系建设和信用文化发展的重要因素。在乡村振兴过程中，通过多渠道、多形式的传播，能够使信用法律更加深入人心，从而提升法律的实际效果和社会影响力。这种传播不仅包括传统的媒体宣传，还涉及新兴的传播手段，如互联网和社交媒体。通过在地方电视台、广播电台、报纸等传统媒体上进行信用法律宣传，同时利用互联网平台，如微信公众号、短视频平台等进行宣传，能够覆盖到更多的社会成员。② 这种多渠道的传播方式，不仅提高了法律的知晓度，也增强了法律的社会认同感，

---

① 刘同君. 新农村法律文化创新的解释框架：转型空间·知识命题·图景样式［M］. 北京：中国政法大学出版社，2012：85—113.

② 李振宇. 法律传播学［M］. 北京：中国检察出版社，2004：302—329.

从而推动了信用体系的建设和信用文化的深化。在乡村振兴战略的实施过程中，信用法律的广泛传播，为信用文化的推广和信用体系的完善提供了坚实基础。

第四节 信用与农村文化的互动关系

一、信用文化在农村社会中的历史演变与现代转型

中国农村社会的信用文化历经了长期的历史演变，从传统的宗族和社区信用，到现代的金融信用体系，这一演变过程深刻反映了农村社会的经济和文化变迁。传统农村社会的信用主要依赖于人际关系、宗族纽带和社区规范。这种信用文化深植于农村居民的日常生活中，表现为乡规民约和道德伦理的内化。随着市场经济的发展和人口的流动，传统的信用体系逐渐暴露出其局限性，无法应对新的经济活动和社会结构的复杂性。

现代信用体系的引入，通过农村信用合作社和银行征信系统等机构化的手段，逐步取代了传统的信用文化。这一转型过程并非一帆风顺。在一些农村地区，现代信用体系与传统文化之间产生了冲突。一些农民因对现代金融体系的不熟悉或不信任，选择继续依赖非正式的信用关系，这导致了现代信用体系在农村的推广面临阻力。因此，如何在现代化的进程中有效融合传统信用文化，成为当前农村信用建设中的重要课题。[①]

二、信用与农村社会文化的双向互动

（一）信用与农村文化的互动模式的理论探讨

信用作为一种社会行为规范，深深植根于农村文化的土壤中。农村社会以其特有的生活方式和社会结构，为信用的形成和发展提供了独特的土壤。从社会学的角度来看，农村社会中的信用不仅是一种经济行为，更是一种文化现象，是社会关系网络中的重要纽带。

在传统的农村社会中，信用的形成与维护主要依靠口碑传播和人际网络。农村社会的亲密性和封闭性使得个人行为的信誉和信任度变得极为重要。社会学家马克斯·韦伯在其《新教伦理与资本主义精神》中提出的“社会资本”理论[②]，可以用来解释这一现象。马克斯·韦伯认为，社会资本的积累与社会规范的遵守密切相关。在农村社会中，信用的积累不仅依赖于个人的经济行为，还与其社会行为的规范性密切相关。农村的传统节庆活动，如婚礼、葬礼等，往往会涉及大量的社会互助行为。这些活动中的互帮互助不仅体现了农村社会的信任机制，也在很大程度上塑造了农村的信用文化。

① 蒋季，胡灵．数据共享下农村信用体系框架研究［J］．征信，2024，42（7）：59—64.

② 廖茂忠，曹淑蓉．资本主义精神的伪道德性审视——以《新教伦理与资本主义精神》为中心的考察［J］．吉首大学学报（社会科学版），2023，44（3）：112—120.

在文化学视角下，农村社会的信用机制体现了深层的文化价值观。农村文化中强调的“诚信”与“礼尚往来”，在信用行为中得到了具体体现。[①] 根据文化人类学家爱德华·霍尔的“高－context”文化理论，农村社会中的信用行为往往依赖于文化背景和社会习俗的支撑。农村居民在日常交往中，通过遵守共同的文化规范和行为准则，建立起了信用的基础。

（二）农村社区中的信用实践的理论基础

农村社区的信用实践主要体现在社区组织的运作与管理中。传统的农村合作社、互助社等组织形式，是信用实践的重要场所。这些组织往往依赖于成员之间的相互信任和合作精神，通过共同的经济活动和社会互动，维持信用关系。

根据经济学家奥斯卡·兰格的“合作经济”理论，农村合作社的成功运作依赖于成员之间的合作与信用。[②] 这种合作不仅包括经济利益的分配，还包括对共同目标的承诺和支持。在农村合作社中，成员之间通过共同的经济活动和管理决策，建立了基于信用的合作关系。这种关系不仅促进了经济发展，还增强了社区的社会资本。现代信用工具的引入，如信用评价系统、信用档案等，为农村信用实践提供了新的支持。这些工具通过对个人和组织信用行为的记录和评估，帮助农村社区更好地管理信用风险，提高信用透明度。在传统信用文化的基础上，现代信用工具的应用可以有效弥补传统信用机制中的不足，提高农村经济和社会治理的效率。

三、信用文化在社会资本中的地位

（一）信用文化对社会资本的塑造

当前，我国正处于推进信用文化建设的重要机遇期，中共十七届六中全会通过的《中共中央关于深化文化体制改革推动社会主义文化大发展大繁荣若干重大问题的决定》对信用文化建设提出了明确要求，《征信业管理条例》的发布实施也为加快推进信用文化建设提供了制度保障。在构建和弘扬信用文化过程中，我们需要进一步明确信用文化的内涵特征、表现形态，并积极采取全方位的政策措施全力推进。同时结合社会资本的理念，其信用文化对社会资本的塑造作用主要体现在提高社会信任、促进合作和规范社会行为。经济学家厉以宁指出在经济学中有物质资本、人力资本和社会资本这三个资本概念，其中社会资本是一种无形资本，而社会资本靠信用来维持。他强调了信用对于社会资本的重要性，认为当今中国出现的一些问题源于对信用的不重视，并提出要让失信者无利益可图，加强法律监管和道德抵制。

信用文化通过鼓励诚信和负责任的行为，增强了社会成员之间的信任，提高了社会资

① 梁建新，龚君．论文化影响力系统结构的构成要素［J］．湘潭大学学报（哲学社会科学版），2022，46（2）：121—126.

② 陈伟光，裴丹，钟列炀．数字经济助推全国统一大市场建设的理论逻辑、治理难题与应对策略［J］．改革，2022，(12)：44—56.

本的质量。良好的信用文化能够塑造积极的社会关系和互动模式，推动社会资本的积累和发展。在农村社会中，信用文化的塑造作用尤为显著。通过建立健全的信用体系和推动诚信文化的传播，可以进一步促进农村社会的合作和互助，提高社会资本的积累和利用。信用文化的塑造不仅有助于提高社会的整体稳定性和发展水平，还能够推动农村经济和社会的进步。

（二）信用文化对社会信任的增强

信用文化对社会信任的增强作用主要体现在建立和维护社会规范和信任机制。良好的信用文化能够通过提供透明的信用评价和记录机制，增强社会成员之间的信任。信用文化的建立和发展，有助于提高社会信任的水平，减少社会中的不确定性和风险，推动社会的稳定和发展。弗朗西斯·福山在其著作《信任：社会美德与创造经济繁荣》中，强调了信任作为文化理念在经济社会塑造中的作用，信任作为一种社会资本对于经济发展和社会稳定的重要性。信用文化有助于建立起普遍的信任关系，降低社会交往和经济交易中的不确定性与风险，从而增强社会信任。[①] 在农村社会中，信用文化对社会信任的增强作用尤为明显。通过建立和完善的信用体系，可以进一步提高农村社区的信任水平，促进社会成员之间的合作和互助。信用文化的推动和社会信任的增强，相互促进，共同推动农村社会的和谐与进步。经济行为是社会生活中至关重要的一环，它由各种习俗、规则、道德义务以及其他各种习惯连缀在一起，塑造着社会。

（三）信用文化对社区合作的影响

信用文化对社区合作的影响主要体现在提高合作的意愿和能力。良好的信用文化能够通过增强社会成员之间的信任和合作，推动社区合作的开展。信用文化的建立和发展，有助于提升社会资本的质量和效益，推动社区的合作和发展。罗伯特·帕特南提出的社会资本理论中，包含了信任、规范和网络等要素。信用文化的发展可以促进社区成员之间形成共同的价值观和行为准则，强化信任关系，进而推动社区合作。当社区居民普遍认同并遵循信用原则时，在合作中就会减少猜忌和冲突，提高合作的效率和质量。[②] 在农村社区中，信用文化的影响尤为显著。通过推动诚信文化的传播和建立健全的信用体系，可以进一步促进农村社区的合作和互助，提高社区的整体活力和稳定性。信用文化的推动和社区合作的增强，相互作用，共同促进农村社会的全面进步。

四、信用文化与农村社会资本的生成与积累

信用与社会资本之间的关系在农村社会中表现得尤为明显。社会资本是指个人或群体在社会网络中积累的资源，包括信任、互助、合作等。而信用作为社会资本的重要组成部分，直接影响社会资本的形成和发展。在农村社会中，信用不仅促进了社会资本的积累，

---

① 弗朗西斯·福山．信任：社会美德与创造经济繁荣［M］．桂林：广西师范大学出版社，2016：5—8.

② 罗伯特·D. 帕特南（Robert D. Putnam）．使民主运转起来——现代意大利的公民传统［M］．北京：中国人民大学出版社，2015：135.

还在一定程度上增强了社区的凝聚力和社会稳定性。根据社会学家皮埃尔·布尔迪厄的社会资本理论①，社会资本的积累依赖于社会网络中的信任和合作。农村社会中的信用机制通过促进社会成员之间的互动和合作，增强了社会资本的积累。在农村社区中，信用不仅影响个人的经济行为，还通过影响社区的社会关系，促进了社会资本的形成。信用与社会资本的互促关系在乡村振兴过程中发挥了重要作用。通过建立健全的信用机制，农村社会能够更好地管理社会资源，提高社会资本的利用效率。信用机制的完善不仅有助于推动经济发展，还能够增强社区的社会凝聚力和稳定性。

农村社会的社会资本生成与积累，与信用文化密切相关。社会资本是指社会成员之间通过互信和合作所形成的无形资产，而农村信用文化在这一过程中扮演了关键角色。② 传统的农村社会中，信用文化主要通过人际信任、互助合作和宗族关系来积累社会资本。这种文化在维系农村社会秩序、促进经济合作和提升社区凝聚力方面发挥了重要作用。随着乡村振兴战略的推进，信用文化的作用越发显著。现代化的信用体系为农村社会资本的生成提供了新的途径。农村金融机构在放贷时，会参考农户的信用记录，这种做法不仅降低了金融风险，也鼓励了农户在社区中的守信行为，进一步促进了社会资本的积累。

五、信用文化的传承与创新

（一）信用文化在农村治理中的应用理论及案例分析

信用文化在农村治理中的应用主要体现在信用机制的建立和信用管理的实施上。农村治理中的信用文化应用包括信用评价体系的建立、信用档案的管理、信用惩戒机制的实施等。这些措施有助于提升农村治理的透明度和公信力，提高治理效率。根据治理理论中的"治理网络"模型，信用机制的建立能够促进多方参与、协同治理。在农村治理中，信用评价体系和信用档案的建立能够提高治理的透明度和公信力，促进政府、企业和社区之间的合作。通过建立健全的信用管理机制，农村社会能够更好地应对治理中的挑战，提高治理效果。

广州市花都区信用文化应用的成功案例。广州市花都区开展"信用+农村金融服务"创新应用：花都区建立农村金融服务机制，搭建信用码管理系统，开展示范点建设宣传。通过信用码应用，定准政府职能监管的指南针，把好游客消费的安全关，架起村民增收的致富桥。花都区创建了"政府主导、多方参与、银行服务、共建共赢"的信用创建模式，并出台了相关制度，明确了各部门的任务分工，为各类主体提供了有序、标准化的操作指导。同时，花都区还建立了广东省首个"涉农主体信用码管理系统"，构建了科学、严谨的信用评价模型，为金融机构提供了风险控制、产品创新、市场开拓等方面的数据支撑，此外花都区还创新应用了"农户信用绿码"，通过"花都区政府"平台，实现了信息数据的自动更新、信用绿码的每日评定以及手机授权的一键查询，极大地提高了金融服务的效

① LeBlanc Robert Jean. Pierre Bourdieu and the religious political economy of schooling [J]. Review of Education, Pedagogy, and Cultural Studies, 2021, 43 (4).

② 叶祝弟．学术中的中国 [M]．上海：上海人民出版社：2021：20—33.

率。这些措施不仅提高了审批效率，还助力了便捷高效的融资服务，为持码个人提供了利率优惠、快速授信、绿色审批等高效、实惠的融资服务。[①]

（二）面向未来的农村社会信用体系建设

在乡村振兴的背景下，信用文化的传承与创新不仅是文化继承的任务，更是社会治理与经济发展的关键环节。传统信用文化中的诚信和互助精神，在现代化的进程中仍然具有重要价值。[②] 这些传统价值观需要与现代信用体系相结合，以应对新时代的挑战。

未来的农村信用体系建设，应在尊重传统文化的基础上，积极引入现代技术和管理手段。利用大数据和人工智能技术，可以建立更加精准和高效的信用评估体系；通过信用信息的公开化和透明化，增强信用文化的社会影响力。农村社会的治理模式也需要进行创新，将信用文化纳入农村治理的制度设计，通过信用评价机制，激励守信行为，惩戒失信行为，推动农村社会的整体进步。

通过对信用与农村文化互动关系的分析，我们可以看出，信用文化的传承与创新在乡村振兴中具有重要意义。信用文化不仅是农村社会的重要资源，也是推动农村社会资本积累、提升社会治理能力的重要力量。未来的农村信用体系建设，应在尊重传统文化的基础上，结合现代科技与管理创新，形成具有中国特色的信用文化体系，从而更好地服务于乡村振兴战略的实施。

第五节　信用文化在乡村振兴中的构建与深化路径

一、乡村振兴的信用文化需求：理论背景与实践紧迫性

（一）理论背景：信用文化在农村社会中的地位与作用

信用文化是农村社会长期以来维系社会秩序和促进经济发展的核心要素。[③] 在传统农村社会中，信用不仅是一种经济工具，更是一种文化价值观，它通过血缘、地缘等关系网络得以传承和强化。这种以信任为基础的社会关系网，在一定程度上维系了农村社会的稳定与和谐。随着市场经济的发展，农村逐渐被纳入更广泛的经济体系，传统的信用文化面临新的挑战与机遇。[④] 学术研究表明，信用文化在现代社会治理中具有不可替代的作用，特别是在农村社会中，信用文化不仅影响着经济合作的质量，还在农村社会资本的积累和再生产过程中发挥重要作用。因此，信用文化的现代化转型是乡村振兴的必然要求，也是

① 信息来源：信用中国（四川）网站，https：//credit. sc. gov. cn，访问日期：2024 年 10 月 4 日。
② 黄勃．现代信用体系建设［M］．北京：中国人民大学出版社，2023：155—169.
③ 李新庚．信用理论与制度建设研究［M］．北京：中国书籍出版社，2018：120—140.
④ 陈正江．浙江民间金融规范与创新发展的法制保障［M］．杭州：浙江工商大学出版社，2013：17—39.

保障农村社会长治久安的重要基础。

信用文化的深化不仅有助于提升农村经济的活力，还在增强农村社会的内聚力和文化认同方面具有重要意义。信用文化的建设能够通过制度化的方式，将传统的信用习惯和现代社会的信用机制有机结合，形成适应新时代要求的信用文化体系。这一体系不仅涵盖了经济信用，还延伸到社会信用、文化信用等多个领域，为农村社会的全面发展提供了坚实的文化基础。因此，深入理解信用文化在农村社会中的地位和作用，有助于我们在乡村振兴的过程中，更加有效地设计和实施信用文化建设的路径和策略。

（二）现实挑战：农村社会中的信用缺失与其影响

尽管信用文化在农村社会中具有重要地位，但现实中，信用缺失问题依然普遍存在，并对农村社会的各个方面产生了深远影响。随着市场经济的深入，传统的农村信用体系面临着现代信用机制的冲击。现代信用机制的标准化和制度化特点，与农村社会中的非正式信用体系存在着一定的冲突，导致了信用体系的断裂和信用文化的弱化。信用缺失现象在农村经济活动中表现得尤为突出，主要体现在农民贷款难、借贷纠纷频发、经济合同履行困难等问题上。[①] 这些问题不仅阻碍了农村经济的发展，还对农村社会的信任基础造成了严重破坏，进一步加剧了社会的不稳定性。

信用缺失还对农村社会的治理产生了负面影响。[②] 信用作为社会资本的重要组成部分，其缺失往往导致社会治理效率的降低。在一些农村地区，由于信用体系不健全，政府难以有效推动公共政策的实施，社区合作项目推进困难，甚至一些社会矛盾和冲突的解决也因此变得更加复杂。这种信用缺失带来的治理困境，严重影响了农村社会的稳定和发展。因此，农村信用文化的重建和信用机制的完善，是摆脱这一困境的重要途径，也是在乡村振兴战略中亟待解决的紧迫问题。

（三）信用文化需求的实践紧迫性

随着乡村振兴战略的全面推进，信用文化建设的紧迫性越发显著。实践表明，信用文化的缺失不仅限制了经济活动的正常运行，还对农村社会的稳定和治理产生了深远的影响。[③] 在经济层面，信用文化的缺乏导致了农村金融服务的滞后，农民难以获得所需的资金支持，经济发展受到严重制约。而在社会层面，信用文化的缺失削弱了农村社会的信任基础，导致了社会关系的疏离和社会资本的流失。这种社会资本的流失，不仅影响了农村社会的凝聚力，也对农村文化的传承和创新构成了威胁。因此，在乡村振兴的背景下，信用文化的建设已经成为一项具有战略意义的紧迫任务。

在实践中，农村信用文化的建设需要多方力量的共同参与。政府、社区、企业和个人都应在这一过程中发挥各自的作用。政府应通过政策引导和制度建设，为信用文化的发展提供良好的环境和有力的支持；社区应通过文化活动和教育项目，提升居民的信用意识，增强社会的信用氛围；企业则应通过信用管理的实践，促进信用文化在商业活动中的落地

① 黄勃．现代信用体系建设［M］．北京：中国人民大学出版社，2023：1—22.
② 陈丽君．中国社会信用监管体系构建研究［M］．杭州：浙江大学出版社，2020：25—73.
③ 刘澄，李锋，王未卿，鲍新中，刘祥东．信用管理［M］．北京：人民邮电出版社，2015：3—12.

生根；个人则应以身作则，践行信用文化，形成人人讲信用的社会风气。只有通过多方力量的协同努力，才能真正实现信用文化在农村社会中的有效建设，从而为乡村振兴注入新的活力和动力。

二、信用文化建设的核心策略：理论创新与实践路径

（一）信用教育与文化推广的基础性工作

信用教育是农村信用文化建设的重要基础，也是提升农村居民信用意识的关键环节。通过系统化的信用教育，农村居民可以更好地理解信用文化的内涵，认识到信用在个人生活和社会活动中的重要性。在实际操作中，信用教育应结合农村的具体情况，采取多样化的教育形式。农村学校可以将信用教育纳入课程体系，通过课堂教学、案例分析和实践活动，让学生在学习过程中逐步建立信用意识。社区组织可以利用村民会议、宣传栏、广播等途径，向广大居民宣传信用知识，普及信用文化理念，形成全社会参与信用文化建设的良好氛围。

文化推广也是信用文化建设的重要组成部分。信用文化的推广应与农村文化建设紧密结合，融入农村日常生活的方方面面。① 通过开展形式多样的文化活动，如信用主题的文艺演出、信用文化知识竞赛、信用文化宣传周等，可以使信用文化深入人心，成为村民生活的一部分。文化推广还应注重传承和创新，将传统的农村文化与现代信用文化有机结合，打造具有地方特色的信用文化品牌。这种将信用文化与地方文化有机结合的方式，既传承了农村文化，又推动了信用文化的普及，是信用文化建设的一条有效路径。

（二）建立健全的信用体系：评价机制与信用记录管理

建立健全的信用体系是农村信用文化建设的核心工作。一个完善的信用体系应包括科学的信用评价机制和有效的信用记录管理，以确保信用文化在社会经济活动中的广泛应用。② 在信用评价机制方面，农村社会应引入透明、公正的信用评价标准，确保每个村民和经济主体的信用行为都能得到公平的评价。信用评价机制的设计应结合农村的实际情况，既要考虑到传统的信用习惯，又要融入现代信用管理的理念。可以通过村民投票、社区评议等方式，评定村民的信用等级，并将其与日常生活中的经济活动、社会活动相结合，使信用评价不仅具有公信力，还具有实际的应用价值。

信用记录管理也是信用体系建设中的重要一环。通过建立统一的信用记录平台，将村民的信用行为进行系统记录，并在社区内进行共享，可以有效提升社会的信任度和信用管理的效率。信用记录的管理应注重数据的准确性和透明度，确保每一条信用记录的真实性和完整性。

四川省采取积极措施，推动农村信用体系建设，通过信用赋能来促进县域经济的繁荣

---

① 钟祥虎．乡村振兴战略下的农村文化建设研究［M］．北京：新华出版社，2022：7—20.
② 徐月萍，张建琴．乡村振兴背景下农村群众文化阵地建设［M］．南昌：江西高校出版社，2019：1—9.

发展。该省创新性地推出了多种农业贷款产品，不仅满足当地农户的融资需求，还通过将信用体系建设纳入县级政府的目标考核，进一步提升了耕地质量，增加了农业收益，从而有效激发了农民的粮食生产积极性。① 这种做法不仅促进了农业的发展，也为农村地区的经济增长注入了新动力。同样，威海市农业农村局也在积极推进信用“进农村”的工作，将信用体系建设与乡村振兴战略紧密结合，催生了一系列创新的农村治理模式，如“信用+环境整治”和“信用+志愿服务”。② 这些模式通过信用激励机制，有效地提高了群众参与农村自治的积极性，增强了农村社区的凝聚力和自我管理能力。通过这样的信用体系建设，威海市不仅提升了农村治理水平，也为实现乡村振兴目标奠定了坚实的基础。

（三）信用惩戒机制与社会监督的有效结合

为了确保信用文化的建设能够长期稳定地发展，必须建立严格的信用惩戒机制，并与社会监督相结合。③ 信用惩戒机制是规范村民信用行为的重要手段，其作用在于通过对失信行为的惩罚，形成社会震慑力，促使村民自觉遵守信用规范。在实践中，信用惩戒机制可以包括对失信行为的公开曝光、限制失信者参与社区活动、降低失信者的社会待遇等措施。通过这些手段，失信者的行为将受到社会的监督和惩罚，失信行为的成本将大大增加，从而有效减少失信行为的发生。

社会监督是信用文化建设的保障。农村社区应建立群众广泛参与的监督机制，通过村民的互相监督，促进信用文化的健康发展。实践中，社会监督机制可以通过村民大会、社区委员会等形式进行，村民可以对社区内的信用行为进行监督和评议，并将监督结果纳入社区的信用管理体系。社会监督还应注重公开透明，确保每一位村民都能了解信用评价和信用惩戒的过程，增强社会的公信力。福建省通过公开村民的信用积分榜，让全体村民了解社区成员的信用状况，从而形成社会压力，促使村民自觉维护信用文化。这种社会监督与信用惩戒相结合的方式，不仅提升了信用文化的实际效力，还增强了农村社会的凝聚力和治理能力。④

三、实践案例分析：信用文化在农村社区的成功应用

（一）常熟里睦村的信用文化建设实践

常熟里睦村的信用文化建设实践为我们提供了一个成功的典范。该村在信用文化建设过程中，采取了一系列系统化的措施，包括信用教育、信用评价和信用记录管理等，逐步建立起了具有地方特色的信用文化体系。该村通过定期举办信用文化讲座，邀请专家学者为村民讲解信用文化的内涵和重要性，增强了村民的信用意识。村委会还组织发放了《常熟市民信用生活手册》，将信用知识与村民的日常生活相结合，让村民在实际生活中感受

---

① 信息来源：信用中国（四川）网站，https：//credit. sc. gov. cn，访问日期：2024 年 10 月 4 日。

② 信息来源：威海市农业农村局，https：//nyj. weihai. gov. cn，访问日期：2024 年 10 月 4 日。

③ 熊伟，蔡红波，龚瑜，李志勇．第三方信用服务机构服务信用监管路径研究［J］．征信，2024，42（3）：42—49.

④ 福建省人民政府关于印发福建省社会信用体系建设规划（2015—2020）的通知．闽政〔2015〕11 号．

到信用文化的重要性。[①]

在信用评价和信用记录管理方面，该村建立了村民信用档案系统，将每个村民的信用行为纳入档案管理。[②] 村民的信用行为不仅影响到其在村内的声誉，还与其享受的社区服务和社会福利挂钩。村民的信用等级会影响到其在申请扶贫资金、参与社区活动等方面的资格。通过这种方式，村民的信用行为得到了有效的规范和激励，信用文化逐渐深入人心。该村的实践表明，通过科学合理的信用文化建设，可以有效提升农村社会的治理水平和村民的生活质量，为其他农村的信用文化建设提供了有益的经验和借鉴。

（二）山西省汾阳市供销合作社的信用管理机制

山西省汾阳市供销合作社在信用文化建设中的探索，展现了信用文化在农村经济合作中的独特价值。该合作社通过引入信用担保机制，将成员的信用行为与合作社的资源配置相结合，形成了以信用为基础的管理模式。合作社建立了信用评价体系，对每个成员的信用行为进行定期评估，并将评估结果用于资源分配、贷款申请等经济活动中。信用评级高的成员可以获得更多的资源支持和经济利益，而信用评级低的成员则会面临资源分配的限制。[③] 这种基于信用的管理机制，有效提升了合作社的运行效率和经济效益。

该合作社还建立了严格的信用惩戒机制，对于失信行为，合作社会采取一系列惩戒措施，包括降低信用评级、限制经济活动等。这种惩戒机制使得成员在经济活动中更加注重诚信，合作社的整体信用水平得到了显著提升。通过信用文化的建设，该合作社不仅增强了成员之间的信任和合作，还在一定程度上提升了农村社会的经济活力和社会凝聚力。[④]要建立健全跨部门协同监管和联合惩戒机制，明确限制项目内容，加强信息公开与共享，提高执行查控能力建设，完善失信被执行人名单制度，完善行政机关支持人民法院执行工作制度，构建“一处失信、处处受限”的信用惩戒大格局，让失信者寸步难行。[⑤] 这一成功实践为信用文化在农村经济活动中的应用提供了宝贵经验，值得在更大范围内推广和借鉴。

四、信用文化在农村治理中的应用

信用文化在农村治理中的成功应用，展示了其在提高社会治理效率和增强社会凝聚力方面的巨大潜力。天津市宁河区人民政府通过引入信用积分制度，对居民的社会行为进行系统评价，并将其纳入社会治理的体系中。建立了居民信用积分制，根据村民的日常行为，如遵守法律法规、参与社区活动、履行家庭责任等，给予不同的信用积分。[⑥]

这种信用积分制度不仅规范了村民的行为，还增强了村民的社会责任感和社区归属

---

① 信息来源：信用中国（江苏）网站，https：//credit. suzhou. gov. cn，访问日期：2024 年 10 月 4 日。

② 刘秀荣．新农村建设中的档案工作新视角［J］．兰台世界，2006，(22)：23—24.

③ 张科．基于集成学习的互联网消费金融信用评价研究［M］．南京：南京大学出版社，2021：54—97.

④ 赵凯．农民专业合作社融资机理研究［M］．咸阳：西北农林科技大学出版社，2014：19—70.

⑤ 习近平在中央全面深化改革领导小组第二十五次会议上的重要讲话，https：//www. gov. cn，访问日期：2024 年 10 月 4 日。

⑥ 宁河区关于在农村治理中推广运用积分制的实施方案（试行），https：//www. tjnh. gov. cn，访问日期：2024 年 10 月 4 日。

感。村民为了获得更高的信用积分，自觉参与社区活动，遵守社会规范，信用文化逐渐成为村民生活中的一种行为准则。[①] 信用积分制度还加强了政府与居民之间的互动，促进了社会治理的透明化和公正化。通过这种方式，农村社会的治理效率得到了显著提升，社会矛盾和冲突得到了有效化解，信用文化在农村治理中的重要作用得到了充分体现。这一实践为农村信用文化的建设和推广提供了有力的支持，也为农村社会的长远发展奠定了坚实基础。

五、信用文化的未来发展方向：创新与可持续性

（一）科技创新与信用文化建设的结合

在现代科技的推动下，信用文化的建设迎来了新的发展机遇。科技创新，特别是大数据、人工智能和区块链技术的应用，为信用文化建设提供了强有力的技术支撑。通过大数据分析，政府和社区可以对村民的信用行为进行更为精准的评估，提升信用评价的科学性和公正性。区块链技术的引入，也为信用文化建设带来了革命性的变化。区块链技术以其去中心化和不可篡改的特性，可以有效解决信用记录管理中的数据安全和公信力问题。一些地方已经尝试将区块链技术应用于农村信用体系建设，通过分布式账本技术，将村民的信用记录保存在区块链上，确保记录的真实性和完整性。[②] 通过这种技术手段，信用记录的管理变得更加透明，信用文化的建设得到了进一步的保障。科技创新与信用文化建设的结合，不仅提升了信用体系的运行效率，还为未来信用文化的发展开辟了新的路径。[③]

（二）可持续发展与信用文化的长期影响

信用文化建设的可持续性是实现乡村振兴长期目标的重要保证。要实现信用文化的可持续发展，需要建立一个稳定的信用文化传播和实践机制。政府、企业、社区组织和村民的共同参与，是确保信用文化长期发展的关键。政府可以通过制定长期规划和政策支持，为信用文化的发展提供制度保障；企业可以通过信用管理实践，推动信用文化在商业活动中的应用；社区组织则可以通过开展丰富多样的文化活动，将信用文化融入村民的日常生活；而村民则通过自我教育和社会互动，逐步内化信用文化，形成信用自觉。

信用文化的可持续性还依赖于社会的广泛认同和支持。信用文化的建设不仅是政府和企业的任务，更需要全社会的共同参与。在这一过程中，媒体和教育机构应发挥积极作用，通过宣传和教育，提升全社会对信用文化的认知和理解，形成良好的社会舆论环境。信用文化的传播也需要注重其文化内涵和价值观的传承，确保其在长期发展中不被市场化和形式化所侵蚀。通过多方力量的共同努力，信用文化的可持续发展不仅有助于实现乡村振兴的目标，还将在更广泛的社会层面产生积极影响。

---

① 卞辉．现代乡规民约与农村基层社会治理创新［M］．北京：中国民主法制出版社，2020：55—87.

② 高承实．区块链技术本质与应用［M］．北京：人民邮电出版社，2022，50—78.

③ 吕其镁，常江．乡村振兴背景下农村传统信用观的现代性转换：基础与路径［J］．财经理论与实践，2022，43（5）：131—137.

信用文化的传承与创新为农村信用体系的现代化发展提供了重要启示。在现代农村信用体系的构建中，单纯依靠技术手段和制度设计无法完全实现信用建设的目标。信用文化作为一种内在驱动力，能够有效推动农村信用体系的持续优化。信用文化的推广也为信用体系的普及提供了软性支持。与城市信用体系相比，农村信用体系的构建依赖于社区内部的信任与合作。通过加强信用文化的教育与普及，可以有效提升农村居民对现代信用体系的接受度，促进信用机制的运行和发展。信用文化对农村信用体系的现代化发展还有着重要的长远意义。在未来的发展中，信用文化不仅需要继承传统的道德规范，还要与现代治理模式相结合，以应对农村社会结构和经济形式的不断变化。通过构建以信用文化为基础的现代农村信用体系，能够更好地应对农村社会的信用风险，推动农村经济的可持续发展。

第五章
信用政治经济学：权力、制度与农村信用体系

第一节　信用与权力：国家与地方治理的交织

一、国家权力对信用体系的影响

（一）制度设计与政策引导

1. 法律框架与信用体系的规范

国家权力对信用体系的影响首先体现在法律框架的制定与实施上。法律作为社会秩序的基础，其对信用体系的规范作用不容忽视。[①] 国家通过立法确定信用体系的基本原则和操作规程，确保信用活动在法律的约束下有序进行。例如《征信业管理条例》明确规定了征信机构的设立条件、业务范围和监管要求，从而为征信行业的发展提供了法律依据。《征信业管理条例》对保障征信业规范有序发展，保护人民群众征信权益发挥了重要作用。同时，国家通过制定相关法律条文，保护个人和企业的信用信息，防止信息滥用和侵犯隐私，保障了信用体系的公正性和透明性。

在信用体系的构建过程中，法律框架不仅是对信用活动的约束，更是对信用环境的塑造。国家通过法律手段，明确了信用市场的准入条件和退出机制，确保信用活动的公平竞争与市场秩序。如《合同法》规定了合同当事人的权利义务，保护了各方的合法权益，防止信用欺诈的发生。这些法律规定为信用市场的规范化运作奠定了基础，使得信用活动得以在一个透明、公正的环境中进行。

国家通过完善法律框架，规范了信用体系的运作，通过法律的普及和宣传，增强了社会公众的信用意识。法律教育的普及，使得企业和个人更加重视信用记录，遵守信用规

① 马翠军. “权力场域”下的民族国家［J］. 读书，2024（9）：95—104.

则，推动了社会信用体系的建设。法律知识的普及，让公众对合同履行、贷款偿还等信用行为的认识得到了提升，从而减少了违约行为的发生，促进了社会信用环境的优化。

2. 金融监管与政策支持

金融监管是有效防范化解金融风险的重要途径，提升金融监管有效性有助于维护金融市场稳定，推动经济高质量发展。[①] 国家通过设立专门的金融监管机构，如中国人民银行、银保监会等，对金融市场和金融机构的信用活动进行监管。这些机构通过发布政策、开展审查和监督，确保金融机构的信用活动符合国家的法律法规和政策要求。国家通过实施审慎监管，确保银行等金融机构的资本充足率和资产质量，防范系统性金融风险，从而保障信用体系的稳定性和安全性。

政策支持也是国家权力在信用体系建设中的重要手段。信用监管作为数字政府建设下的新型监管机制，凭借信用承诺、信用记录、信用责任等制度优势成为盲盒营销监管的最优方案，裨益良多。[②] 国家通过制定和实施一系列支持性政策，推动信用体系的发展。国家出台了小微企业信贷支持政策，通过财政补贴、税收优惠等措施，鼓励金融机构加大对小微企业的信贷投放。这些政策缓解了小微企业的融资难题，通过促进金融机构的信用扩展，推动了信用市场的发展。此外，国家还通过推动信用信息共享平台的建设，提升了信用信息的透明度和可得性，增强了社会各界对信用体系的信任。

金融监管与政策支持的结合，不仅规范了信用市场的运作，还通过政策引导和市场激励，推动了信用资源的优化配置。国家通过设立信用风险补偿机制、推动绿色信贷发展等政策措施，引导资金流向符合国家战略的领域和行业，促进经济的结构调整和转型升级。这些政策和措施的实施，不仅提升了信用体系的效率和公平性，还通过优化资源配置，推动了经济的高质量发展。

财政支持与国家通过财政资金的投入和政策性金融的支持，直接推动了信用体系的建设与完善。国家设立了各类信用担保基金，通过为中小企业提供信用担保，降低了企业融资的门槛，扩大了信用市场的覆盖面。这种财政支持不仅提升了企业的融资能力，还通过减少信贷风险，增强了金融机构对中小企业的信任，推动了信用市场的健康发展。国家投入资金建设了全国统一的征信平台，实现了信用信息的集中管理和共享。这种集中化管理不仅提高了信用信息的准确性和可靠性，还通过降低信息不对称，增强了金融机构和市场主体对信用信息的信任。国家还通过财政资金的支持，推动了信用教育的普及和信用文化的建设，提升了社会公众的信用意识和道德水平，为信用体系的长远发展奠定了坚实的基础。

财政支持不仅是资金的投入，更是国家战略意图的体现。提出重塑政府与市场关系、拓宽财政支持渠道、优化创新资源配置等建议，以期从政府角度为提升源头创新能力、构筑安全产业链提供更多政策支撑。[③] 通过财政支持，国家可以引导金融资源的流向，推动经济结构的优化。国家通过财政补贴和奖励政策，鼓励金融机构向绿色产业和科技创新领

---

① 巴曙松，关师育，张兢．金融监管的溢出效应——基于企业创新视角［J］．财经问题研究，2024（8）：51—63.

② 刘志峰，田欣．数字政府背景下盲盒营销的信用监管［J］．世界经济与政治论坛，2022（4）：153—172.

③ 宋帅官，汤吉军．财政支持、源头创新与产业链安全［J］．技术经济与管理研究，2024（8）：70—75.

域提供信用支持，推动了经济的可持续发展。这种财政支持不仅提高了信用体系的战略适应性，还通过推动经济转型，增强了信用体系的长远发展能力。

（二）行政手段与信用体系的管理

1. 地方政府的信用管理职责

地方政府作为国家权力的延伸，其在信用体系中的角色尤为重要。地方政府通过行政手段，对辖区内的信用活动进行管理和监督，确保信用体系的稳定运行。地方政府设立信用管理办公室，负责辖区内的信用信息收集、整理和发布工作，确保信用信息的准确性和及时性。

地方政府还通过组织信用宣传活动、开展信用知识培训，提高辖区内居民和企业的信用意识和法律意识，地方政府通过与金融机构合作，开展信用教育进社区活动，向居民普及信用知识，提升公众的信用意识和金融素养。金融素养的提升不仅有效促进了家庭对风险金融资产的持有，还促进了家庭持有投资性房产的概率和程度，而且，金融素养也显著促进家庭的财富积累。[①] 这种教育推广不仅增强了社会的信用文化建设，还通过增强居民和企业的信用意识，推动信用市场的健康发展。地方政府还通过行政手段，促进信用体系与地方经济的结合。

2. 基层组织与信用监督

基层组织通过对社区和村镇的信用活动进行监督，确保信用体系的规范运行。村委会和社区居委会通过对村民和社区居民的信用行为进行监督，防止信用欺诈和违约行为的发生。基层组织还通过参与信用信息的收集和整理，确保信用信息的准确性和完整性，提升了信用体系的透明度和公信力。基层组织在信用监督中的作用还体现在对信用文化的推广和教育上。基层组织通过组织信用知识讲座、开展信用文化宣传活动，提升社区和村镇居民的信用意识和道德水平。一些村委会通过设立信用文化墙，宣传诚信为本、守信光荣的理念，增强了村民的信用意识和社会责任感。这种信用文化的推广，不仅促进了社区和村镇的和谐发展，还通过提升居民的信用意识，推动了信用体系的建设与完善。

基层组织还通过对信用活动的监督，维护了信用体系的公正性和透明度。基层组织通过对信用信息的审核和监督，确保信用信息的真实性和准确性，防止信息滥用和欺诈行为的发生。像一些社区居委会通过设立信用举报制度，鼓励居民对信用欺诈行为进行举报，增强了社区的信用监督能力。这种基层组织的监督作用，不仅提升了信用体系的公正性和透明度，还通过加强社区内部的信用管理，推动了信用市场的健康发展。

3. 村干部的选举与信用管理

村干部的选举与信用管理是基层治理的重要环节。把个人信用报告引入干部管理工作中，是全面考察干部综合素质，强化干部廉政意识、提高领导干部公信力的一项重要举措。[②] 村干部作为村级组织的核心，其信用行为直接影响到村民的信任和社会的稳定。因此，村干部的选举过程不仅要考虑其能力和经验，还要重视其信用记录和社会评价。当一些地方在村干部选举时，要求候选人提供信用报告，确保其信用记录良好，避免因信用问

---

① 王亚柯，邵骄阳，杨建海．金融素养、家庭资产配置与财富积累［J］．南开经济研究，2024（6）：167—184.

② 赵永红，王新春，肖同军．在干部管理中引入个人信用报告的思考［J］．征信，2013，31（6）：31—33.

题影响村务管理和村民的信任。这种选举制度的设计，不仅提高了村干部的选拔质量，还通过信用管理，增强了村干部的社会责任感和道德自律性。

村干部的信用管理还体现在其任职期间的行为监督上。村委会和地方政府通过对村干部的信用行为进行监督，确保其遵守法律法规，履行职责，维护村民的合法权益。地方通过设立村干部信用档案，记录其在任职期间的信用行为，作为日后评估和考核的重要依据。这种信用管理制度不仅规范了村干部的行为，还通过提高村干部的诚信度，增强了村民对村级组织的信任。

作为村级组织的领导者，村干部的行为对村民具有重要的影响力。通过对村干部信用行为的管理和监督，可以树立良好的社会榜样，推动村民自觉遵守信用规则，提升社会的整体信用水平。地方通过村干部带头签署信用承诺书，号召村民共同遵守信用规则，营造了良好的信用文化氛围。这种信用管理的示范作用，不仅提升了村级组织的公信力，还通过推动社会信用文化的建设，促进了信用体系的完善和发展。

二、信用在经济发展中的关键作用

（一）信用资源的地方化管理

1. 土地资源与信用体系的地方化

在农村社会中，土地作为一种重要的经济资源，不仅是农民生产生活的基础，也是信用体系中不可或缺的抵押资产。在国家政策的指导下，地方政府在土地资源的管理和分配上具有较大的自主权，这为信用资源的地方化管理提供了制度基础。具体而言，地方政府通过土地使用权的调整与优化，推动土地资源的地方化管理，将其纳入信用体系的核心资源配置。

土地资源的地方化管理体现在地方政府对土地使用权的调控上。在中国的农村地区，土地的使用权与所有权分离，农民通常拥有土地的使用权而非所有权。这种制度设计使得土地在信用交易中的价值具有相对的局限性。然而，地方政府可以通过政策创新和制度调整，赋予土地更多的信用属性。通过完善土地流转机制，允许农民将土地使用权作为抵押物参与信用借贷，从而提升土地在信用体系中的流动性和价值。这不仅提高了土地资源的利用效率，还为农民提供了更多的融资渠道，增强了农村经济的活力。

地方政府还通过实施土地集约化管理，推动土地资源的优化配置，从而促进信用体系的地方化发展。集约化管理的核心在于将分散的土地资源整合为大规模的生产经营单元，使其能够在更大范围内发挥经济效益。通过这一过程，地方政府可以将更多的土地资源集中到信用体系中，形成规模效应，降低信用风险。在一些农业合作社中，政府对土地利用宏观管理包括对土地利用供给总量和总需求的调控，以及对土地用途和土地集约化的调控。① 这种土地资源的集约化管理，不仅优化了信用资源的配置，还增强了农村信用体系的稳定性和可持续性。

---

① 林增杰．跨世纪土地管理三模式构想［J］．中国土地，1996（1）：9—10.

2. 财政支持与信用资源的整合

财政支持在地方治理与信用资源整合中扮演着至关重要的角色。地方政府在财政资源的配置上具有较大的自主权，可以根据地方经济发展的需要，灵活调整财政资金的使用方向，从而支持信用体系的建设与发展。在农村信用体系建设中，地方政府通过财政支持，推动了信用资源的整合与优化，为信用体系的运作提供了有力的资金保障。

地方政府通过财政补贴和财政担保，直接支持信用体系中的农民和合作社。财政补贴是一种常见的政府支持方式，旨在通过资金投入，降低农民和合作社的融资成本，鼓励其参与信用交易。如在一些贫困地区，地方政府通过财政补贴，降低了农民获取信用资源的门槛，使其能够更加便捷地参与信用借贷。这种财政支持不仅改善了农民的经济状况，还促进了地方信用体系的稳健发展。

财政担保则是另一种重要的支持方式。如何把握地方融资平台转型与优化地方政策金融运行机制的关系，是需要研究和理清的重要现实问题。[①] 地方政府通过设立财政担保基金，为信用交易提供风险保障，增强了金融机构对信用交易的信心。财政担保的核心在于分担信用风险，降低金融机构的信贷风险，从而推动更多的资金流入农村信用体系。例如，在一些经济欠发达地区，地方政府通过设立财政担保基金，为信用评级较低的农户和合作社提供担保，降低了金融机构的风险暴露。这种财政担保不仅促进了信用资源的整合，还提高了信用交易的安全性和可操作性。

信用信息的管理和信用文化的建设是信用体系的重要组成部分，需要充足的财政资源支持。地方政府可以通过财政投入，推动信用信息共享平台的建设，完善信用评价机制，增强信用信息的透明度和公信力。此外，地方政府还可以通过财政支持，开展信用文化的宣传教育活动，提升农民的信用意识和信用行为规范，从而促进信用体系的可持续发展。

3. 地方信用政策的创新与适应性

在地方治理中，地方信用政策的创新与适应性是推动信用体系地方化发展的关键因素。地方政府在信用政策的制定和实施上，具有较大的灵活性，可以根据地方经济发展的实际情况，制定具有地方特色的信用政策，从而推动信用体系的建设与发展。地方信用政策的创新，主要体现在信用产品的设计、信用信息的管理、信用风险的控制等方面。地方政府在推动农村信用体系建设中，开发了符合地方实际需求的信用产品，如土地抵押贷款、信用互助基金等。这些信用产品不仅满足了农民的融资需求，还推动了信用资源的优化配置，增强了地方信用体系的适应性和可持续性。

地方政府在信用政策的适应性上，展现了高度的灵活性和应变能力。地方信用政策的适应性，主要体现在政策的实施与调整过程中。地方政府可以根据地方经济发展的变化情况，灵活调整信用政策的实施方向，从而确保信用政策的有效性和可持续性。在经济形势发生变化时，地方政府可以及时调整信用政策，优化信用资源的配置，降低信用风险，确保信用体系的稳定运行。

地方信用政策的创新与适应性，还体现在政策的执行过程中。地方政府在政策执行过

① 贾康，陈通．财政信用、政策性金融与地方融资平台转型——聚焦融资平台“去财政信用化”［J］．地方财政研究，2019（4）：4—6＋19.

程中，能够根据地方经济发展的实际情况，灵活调整政策执行的方式和方法，从而确保信用政策的有效实施。在信用信息的管理上，地方政府可以根据地方经济发展的需要，优化信用信息的采集、整理和共享机制，确保信用信息的准确性和及时性，从而为信用体系的有效运行提供可靠的信息支持。通过政策的创新和适应，地方政府能够灵活应对地方经济发展的变化，推动信用资源的优化配置，增强信用体系的适应性和可持续性，为农村经济的发展提供有力的支持。

（二）信用信息的管理与地方治理

1. 地方信用信息共享平台的建设

信用信息的管理是信用体系有效运作的重要基础。在地方治理中，地方信用信息共享平台的建设对于提升信用信息的透明度和公信力，推动信用体系的地方化发展，具有重要意义。地方政府通过构建信用信息共享平台，可以实现信用信息的集中管理与共享，从而为信用体系的运作提供可靠的信息支持。

地方信用信息共享平台的建设，有助于信用信息的集中管理。在传统的信用体系中，信用信息的管理往往存在分散和不完善的情况，导致信用信息的不对称和不透明。这不仅增加了信用交易的风险，还制约了信用体系的有效运行。通过建立地方信用信息共享平台，地方政府可以将分散的信用信息集中到一个平台上进行管理，实现信用信息的统一和规范。这种集中管理不仅提高了信用信息的准确性和及时性，还为信用体系的有效运作提供了可靠的信息支持。

地方信用信息共享平台的建设，有助于信用信息的公开与透明。在信用体系中，信息的公开与透明是信用交易的基础。信用信息的公开与透明，可以降低信用风险，增强信用交易的安全性和可操作性。在一些地方，地方政府通过信用信息共享平台，将农民的信用信息公开给金融机构，使其能够更准确地评估农民的信用状况，从而降低信贷风险。这种信用信息的公开与透明，不仅增强了信用交易的安全性，还促进了信用体系的稳健发展。

在信用体系中，信息的共享与互动是提升信用资源利用效率的重要手段。通过建立地方信用信息共享平台，地方政府可以实现信用信息的共享与互动，推动信用资源的优化配置。通过信用信息共享平台，地方政府可以将信用信息与金融机构共享，使其能够根据信用信息，优化信贷资源的配置，提高信用资源的利用效率。这种信用信息的共享与互动，不仅提升了信用体系的运作效率，还促进了信用资源的优化配置。

2. 地方信用评级与金融机构的互动

在地方治理中，信用评级的作用尤为重要，它不仅影响了信用资源的配置，还决定了地方经济发展的潜力，因此，需构建信用评级双层监管框架，回应金融稳定和保障评级质量的监管需求。① 地方信用评级与金融机构的互动，是实现信用资源优化配置和提升信用体系运行效率的关键环节。地方政府通过完善信用评级体系和加强与金融机构的互动，能够有效促进信用资源的合理流动，推动地方经济的健康发展。信用评级作为一种评估信用风险和信用状况的工具，通过系统化的评级体系，可以为金融机构提供客观的信用评价依

① 陈夏阳．信用评级双层监管框架研究［J］．学术界，2024（4）：198—209.

据。地方政府可以通过建立地方信用评级机构，结合农民的信用记录、贷款历史、还款能力等多方面因素，对信用主体进行综合评级。这种评级不仅帮助金融机构准确评估贷款风险，还提升了信用交易的透明度和公正性。

地方信用评级与金融机构的互动，有助于提升信用资源的利用效率。金融机构在贷款决策中，需要依赖于信用评级提供的风险评估信息。通过与地方信用评级机构的合作，金融机构可以获得更为详尽和准确的信用信息，从而作出更加科学的贷款决策。地方政府与金融机构合作，建立信息共享机制，金融机构可以通过地方信用评级机构获取最新的信用评级信息，并根据这些信息优化贷款审批流程。这种互动不仅提高了信贷资源的配置效率，还增强了信用资源的利用效益。

信用评级的提高，有助于提升地方企业和农民的融资能力，推动地方经济的增长。地方政府通过完善信用评级体系，增强金融机构与信用评级机构的互动，可以有效促进地方经济的健康发展。地方政府通过政策支持，鼓励金融机构向信用评级良好的企业和农民提供更多的贷款资金，从而促进地方经济的增长。同时，地方信用评级的提升，也能够吸引更多的投资者和金融机构进入地方市场，为地方经济注入更多的活力。

地方信用评级与金融机构的互动，是推动地方信用体系发展的重要因素。通过完善信用评级体系，加强与金融机构的互动，地方政府能够提高信用信息的透明度，优化信用资源的配置，促进地方经济的健康发展。我国信用评级行业的主动开放需求与被动开放压力同时存在，在现阶段债券市场违约常态化过程中已不断暴露缺陷的信用评级监管将面临更为复杂的挑战，亟须完善以准入制度为核心的信用评级监管制度。[①] 这一过程不仅提升了地方信用体系的运行效率，也为地方经济的发展提供了有力的支持。

3. 信用信息管理与地方经济发展

信用信息管理的有效性直接影响到地方经济的发展。地方政府通过优化信用信息管理，能够提升信用资源的利用效率，推动地方经济的繁荣。信用信息管理的核心在于建立健全的管理机制，确保信用信息的准确性、及时性和完整性，从而为地方经济的发展提供可靠的数据支持。地方政府通过建立完善的信用信息管理体系，可以提高金融机构对地方经济的信贷支持力度。通过信用信息共享平台，金融机构可以获得关于企业和农民的详尽信用记录，从而作出更为精准的贷款决策。这种信息的共享与透明，降低了贷款风险，提高了地方经济的融资能力，促进了地方经济的发展。

信用信息管理的优化，有助于提升地方经济的风险控制能力。风险控制是金融机构在信贷决策中必须考虑的重要因素。通过建立健全的信用信息管理体系，地方政府可以实现对信用风险的有效监测和控制。地方政府可以通过信用信息管理系统，实时监测信用主体的信用状况，及时发现潜在的信用风险，并采取相应的措施进行风险控制。这种风险控制的优化，不仅提高了金融机构的风险防范能力，还增强了地方经济的稳定性和可持续性。

信用信息管理的优化，还能够推动地方经济的结构调整和转型升级。通过对信用信息的精准管理，地方政府可以更好地了解地方经济的发展状况和结构特征，从而制定更加科学的经济政策。通过分析信用信息，识别出地方经济中的重点行业和关键领域，并将信用

① 阎维博．金融对外开放中信用评级监管挑战与制度因应［J］．中国流通经济，2019，33（12）：115—123.

资源优先配置到这些领域，从而推动地方经济的结构调整和转型升级。这种政策的优化，不仅提升了地方经济的竞争力，还促进了地方经济的高质量发展。通过建立健全的信用信息管理体系，地方政府能够提升融资能力，加强风险控制，推动经济结构调整和转型升级，为地方经济的健康发展提供有力的支持。

三、信用体系的地方适应性

（一）地方治理与制度适应性

1. 地方治理与信用制度的适应

地方治理的有效性在很大程度上依赖于信用制度的适应性。信用制度的地方适应性不仅决定了信用资源的配置效率，还影响了地方经济的发展。以制度经济学原理为依据，加强制度建设，以最低费用实现对我国信用问题的治理是最经济的。[①] 地方治理与信用制度的适应是实现地方经济高质量发展的关键。地方政府需要根据地方经济和社会的实际情况，调整和优化信用制度，从而确保制度的有效性和适应性。

地方治理与信用制度的适应要求地方政府根据地方经济的特点和发展需求，制定适合的信用政策和措施。在经济欠发达地区，地方政府可以通过降低贷款利率、提供财政补贴等方式，促进信用资源的流动，从而支持地方经济的发展。而在经济发达地区，地方政府可以通过完善信用信息系统、加强信用风险管理等措施，提升信用体系的运行效率。这种因地制宜的政策调整，能够确保信用制度在不同地区的有效性，推动地方经济的均衡发展。

地方治理与信用制度的适应还要求地方政府不断进行制度创新。随着经济的发展和社会的变迁，地方政府需要及时更新和调整信用制度，以适应新的发展要求。地方政府可以通过引入大数据技术、人工智能等先进手段，提升信用信息的采集和分析能力，从而更好地服务于地方经济的发展。这种制度创新不仅能够提升信用制度的适应性，还能够增强地方经济的竞争力和发展潜力。

2. 地方政策的灵活性与适应性

地方政策的灵活性与适应性是地方治理的重要特征，对于信用体系的建设和运行具有深远的影响。地方政策的灵活性能够帮助地方政府根据实际情况进行及时调整，从而提升信用体系的适应性和有效性。地方政策的灵活性要求地方政府能够根据经济形势的变化，及时调整政策措施。在经济下行周期，可以通过提供财政补贴、降低税负等措施，支持企业和个人的信用需求，从而缓解经济压力。相反，在经济上行周期，地方政府则可以通过加强信用管理、提高贷款门槛等方式，防范信用风险。这种灵活的政策调整，有助于确保信用体系在不同经济环境下的稳定运行，推动地方经济的健康发展。

地方政策的适应性要求地方政府能够根据地方经济和社会的特点，制定针对性的政策措施。在经济结构调整过程中，地方政府可以通过推动信用资源向新兴产业和战略性新兴产业倾斜，支持经济结构的优化升级。在社会治理中，地方政府可以通过加强信用信息的

---

① 刘菊芹．信用治理的制度经济学思考［J］．特区经济，2006（3）：350—351.

公开和透明，提升社会成员的信用意识。这种适应性的政策措施，有助于提升信用体系的运行效果，促进地方经济的持续发展。

地方政策的灵活性与适应性还体现在地方政府能够根据政策实施效果进行调整和优化。地方政府可以通过建立政策评估机制，定期对政策实施效果进行评估，并根据评估结果对政策进行调整。这种动态调整的机制，有助于确保政策措施的有效性和适应性，推动信用体系的不断完善和发展。

3. 制度适应性与信用体系的稳定性

制度适应性是信用体系稳定运行的关键因素。信用体系的稳定性不仅依赖于制度的科学性和合理性，还依赖于制度的适应性。地方政府通过提高制度的适应性，能够有效保障信用体系的稳定运行，在经济环境和市场条件发生变化时，具有较高适应性的信用制度能够及时进行调整和优化，从而应对潜在的风险。在金融危机时期，地方政府可以通过调整信贷政策、加强信用风险管理等措施，防范信用风险的扩散。这种适应性的制度调整，有助于增强信用体系的抗风险能力，确保地方经济的稳定运行。

信用体系的运行效率直接影响到信用资源的配置和利用，而制度的适应性则决定了制度调整的及时性和有效性。地方政府可以通过简化信用审批流程、优化信用信息管理等方式，提升信用体系的运行效率。这种适应性的制度优化，有助于提高信用资源的配置效率，推动地方经济的发展。

制度适应性能够促进信用体系的持续发展。随着经济的发展和社会的变化，信用体系需要不断进行调整和优化，以适应新的发展需求。地方政府可以通过引入新的信用管理工具、完善信用信息系统等方式，提升信用体系的适应性。这种持续的制度创新和优化，有助于确保信用体系的长期稳定运行，推动地方经济的持续发展。

（二）地方制度创新与信用体系

1. 制度创新在地方信用体系中的应用

地方制度创新在信用体系的建设中扮演着重要角色。通过制度创新，地方政府能够有效提升信用体系的运行效率和适应性，推动地方经济的发展。制度创新不仅有助于完善信用体系，还能够促进地方经济的结构调整和转型升级。地方政府通过引入新的信用管理工具和技术，提升信用体系的运行效率。地方政府引入大数据分析技术和人工智能工具，对信用信息进行全面的分析和评估，从而提高信用管理的精准度和效率。这种技术创新，不仅提升了信用信息的处理能力，还增强了信用风险的预测和控制能力，为地方经济的发展提供了有力支持。

地方政府通过优化信用管理流程和制度，提高信用体系的适应性。地方政府可以通过简化信用审批流程、完善信用信息公开机制等方式，提升信用体系的运行效率。这种流程和制度的优化，有助于降低信用交易的成本，提高信用资源的配置效率，从而促进地方经济的健康发展。

2. 地方信用制度的创新实践

地方信用制度的创新实践是推动信用体系发展的重要途径。通过创新实践，地方政府能够探索适合本地区的信用管理模式，提高信用体系的运行效率和适应性。地方信用制度的创新实践不仅有助于完善信用体系，还能够推动地方经济的转型和升级。

地方政府可以通过建立信用信息共享平台，推动信用信息的开放和透明。一些地方政府通过建设信用信息共享平台，实现了各类信用信息的集中管理和共享。这种信息共享平台，不仅提高了信用信息的透明度，还提高了信用信息的利用效率，为金融机构提供了准确的信用评价依据，从而推动了地方经济的发展。

地方政府可以通过推动信用制度的创新，提升信用管理的科学性和有效性。地方政府可以引入新的信用评价指标和方法，对信用主体进行综合评估。这种创新的信用评价方式，不仅提高了信用管理的精准度，还增强了信用风险的预测能力，为地方经济的发展提供了有力支持。

3. 制度创新对信用体系的影响

制度创新对信用体系的影响深远。通过制度创新，地方政府能够有效提升信用体系的运行效率和适应性，推动地方经济的发展。制度创新不仅有助于完善信用体系，还能够促进经济的转型和升级。通过引入新的管理工具和技术，地方政府可以提高信用信息的处理能力和信用风险的控制能力。通过大数据分析和人工智能技术的应用，地方政府能够更加精准地评估信用风险，从而优化信用资源的配置。这种技术创新，不仅提高了信用体系的运行效率，还增强了信用管理的科学性和有效性。

制度创新能够提升信用体系的适应性。随着经济的发展和社会的变化，信用体系需要不断进行调整和优化，以适应新的发展需求。地方政府可以通过调整信用政策、优化信用管理流程等方式，提高信用体系的适应性。这种制度创新，有助于确保信用体系在不同经济环境下的稳定运行，推动地方经济的健康发展。通过推动信用制度的创新，地方政府能够鼓励企业和金融机构进行创新实践，探索新的发展模式。这种创新实践，不仅推动了信用体系的发展，还促进了地方经济的转型和升级，提高了经济的竞争力和可持续发展能力。

（三）信用体系的地方化与国家政策的结合

1. 国家政策与地方信用体系的协调

国家政策与地方信用体系的协调是确保信用体系有效运作的重要因素。通过协调国家政策和地方信用体系，能够实现资源的优化配置，推动地方经济的持续发展。国家政府通过制定宏观经济政策和信用政策，为地方信用体系的发展提供方向和框架。国家政府可以通过出台支持地方经济发展的政策，鼓励地方政府加强信用体系建设。这种政策指导，不仅有助于规范地方信用管理，还能够提升地方信用体系的运行效果。地方政府需要根据国家政策的要求，调整和优化地方信用政策和措施。地方政府可以根据国家政府的宏观经济政策，调整地方信贷政策，支持经济结构调整和产业升级。

国家政策与地方信用体系的协调还体现在政策实施和监督的机制上。国家政府可以通过建立监督和评估机制，对地方信用政策的实施情况进行跟踪和评估，从而确保政策的有效性和适应性。这种协调机制，有助于提高政策的实施效果，推动地方经济的可持续发展。

2. 信用体系地方化的挑战与机遇

信用体系在地方化的过程中，既面临着挑战，也带来了机遇。新形势下，应全面加强组织领导，加快法规制度建设，优化涉农信息平台，健全评价指标体系，创新信用应用场景，营造良好诚信氛围，以建立健全农村信用体系建设。[①] 地方政府需要充分认识到这些挑战和机遇，从而采取有效措施，推动信用体系的地方化进程。信用体系地方化面临的挑战包括地方经济发展的差异性和信用资源的不平衡。不同地区的经济发展水平和信用需求存在较大差异，这要求地方政府推进信用体系建设。

信用体系地方化的成功实施，还依赖于国家政策的支持和引导。国家政府可以通过出台相关政策，支持地方信用体系的建设和发展。国家政府可以提供财政支持、政策指导等，帮助地方政府解决信用体系地方化过程中遇到的问题。这种政策支持，有助于推动信用体系的地方化进程，实现地方经济的可持续发展。

3. 国家政策对地方信用体系的支持

国家政策对地方信用体系的支持是确保地方信用体系有效运作的关键。通过国家政策的支持，地方政府能够获得必要的资源和指导，从而推动地方信用体系的发展。国家政策通过提供财政支持和资源配置，为地方信用体系的建设提供资金保障。国家政府可以通过设立专项基金、提供财政补贴等方式，支持地方政府开展信用体系建设。这种财政支持，不仅有助于提高地方信用体系的建设水平，还能够促进地方经济的发展。

国家政策通过制定指导性文件和实施细则，为地方信用体系的发展提供方向和框架。国家政府可以通过发布相关政策文件，明确地方信用体系建设的目标和任务。这种政策指导，有助于规范地方信用管理，提高信用体系的运行效率。

国家政策通过推动制度创新和技术进步，为地方信用体系的发展提供支持。例如，国家政府可以通过支持科技创新、推动信用管理工具的应用等方式，提升地方信用体系的运行效率。在社会信用体系建设的总体布局下，国家对出台综合性的《社会信用法》寄予厚望。[②] 这种政策支持，不仅有助于推动信用体系的发展，还能够促进地方经济的转型和升级。

国家政策对地方信用体系的支持，对于确保地方信用体系的有效运作和推动地方经济的发展具有重要意义。通过财政支持、政策指导和技术创新等措施，国家政府能够为地方信用体系的建设提供有力保障，促进地方经济的可持续发展。

第二节　制度经济学视角下的农村信用体系建设

一、农村信用体系与制度经济学的基本理论

（一）信用体系的制度环境

1. 法律制度与信用交易的保障

法律制度在信用交易中的保障作用是制度经济学的核心关注点之一。农村信用体系的

① 周雨．农村信用体系建设的历史演进与路径选择［J］．宏观经济管理，2024（4）：53—62.

② 秦前红，陈芳瑾．地方信用立法的探索模式研究［J］．法治社会，2021（4）：81—90.

稳定和有效运作离不开健全的法律制度，它不仅为信用交易提供了明确的规则和保障，还能够有效预防和解决信用风险。法律制度对信用交易的保障主要体现在几个方面：法律框架的完备性、法律执行的有效性以及法律环境的稳定性。

法律框架的完备性是确保信用交易顺利进行的基础。一个完整的法律框架需要涵盖《合同法》（已随《民法典》的施行而废止）、《破产法》等多个方面，以规范信用交易的各个环节。《合同法》为信用交易的双方提供了法律上的约束力，确保交易条款的执行；《担保法》则为信用交易提供了保障机制，通过担保合同的设立，降低了信用风险，这种法律框架的完备性，有助于提高信用交易的安全性和可靠性。法律的有效执行依赖于完善的司法体系和高效的法律程序。如果法律执行不力，信用交易中的纠纷和风险将难以得到有效解决。因此，建立和完善司法体系、加大法律执行力度，对于维护信用交易的稳定性至关重要。只有法律得到严格执行，信用交易的保障才能得以实现，信用体系的稳定性也才能得到保障。

在一个法律环境不稳定的情况下，法律规则的频繁变动和不确定性将导致信用交易的风险增加。相反，稳定的法律环境能够为信用交易提供长期的保障，使交易各方对法律规则有清晰的预期，从而减少交易风险。法律环境的稳定性不仅影响到信用体系的正常运作，还影响到投资者和贷款人的信心，是信用体系健康发展的关键因素。

2. 金融制度与信用资源的配置

金融制度在信用资源的配置中扮演着关键角色，它通过对金融市场的监管和对金融机构的管理，影响到信用资源的分配效率和公平性。农村信用体系的有效建设需要依赖于合理的金融制度，以实现信用资源的合作通过设立金融机构的监管框架、制定贷款利率政策、调整信贷结构等措施，金融制度可以有效引导信用资源流向经济发展需要的领域。在农村经济中，金融制度应当特别关注农业贷款、农村基础设施建设等领域，以支持农村经济的可持续发展。合理的金融制度设计，能够提高信用资源的配置效率，促进农村经济的繁荣。

金融制度的公平性也是信用资源配置的重要方面。公平的金融制度要求金融机构在贷款审批和资源配置过程中，遵循公正、透明的原则，避免对某些地区或群体的歧视。金融机构应当根据申请人的信用记录、还款能力等客观标准进行贷款审批，而不是受制于地域、社会关系等因素。这种公平的金融制度，能够保证信用资源的合理分配，促进农村经济的均衡发展。

金融制度的灵活性对于信用资源的配置也是至关重要的。在面对经济形势变化和市场需求变化时，金融制度需要具备一定的灵活性，以适应新的发展需求。如在经济增长缓慢的时期，金融制度可以通过降低贷款利率、放宽贷款条件等方式，刺激信贷需求；而在经济过热的时期，则可以通过提高贷款利率、限制信贷额度等措施，防范金融风险。金融制度的灵活性，能够帮助信用资源更好地适应市场需求变化，提高资源配置的效率和效果。

3. 土地制度与信用体系的运行

中国的土地财政是中国信用生成的重要组成部分。它对信用体系的运行和发展具有直接的影响。[①] 土地作为农村经济的重要资源，其制度安排和管理方式，决定了土地资源在信用体系中的作用和效果。土地制度的明确性和规范性是信用体系顺利运行的基础。明确

① 秦前红，陈芳瑾．地方信用立法的探索模式研究［J］．法治社会，2021（4）：81—90.

的土地权属和使用权安排，能够为土地抵押和担保提供法律依据，从而增强信用交易的安全性。例如，农村信用体系中，土地可以作为抵押物进行贷款，土地制度的规范性能够保证贷款双方的合法权益，减少信用风险。土地制度的明确性还能够为土地交易和流转提供稳定的法律环境，促进土地资源的有效利用。

土地制度的管理和执行力度也是信用体系运行的重要保障。有效的土地管理和执行，能够确保土地权属的清晰和使用的合法，从而维护信用体系的稳定性。地方政府需要加强对土地使用和管理的监督，确保土地权属的登记和变更符合相关法律法规。此外，土地管理的规范性和执行力度，还能够减少土地纠纷和风险，为信用交易提供稳定的基础。

（二）制度创新与信用体系的发展

1. 信用产品的设计与创新

信用产品的设计与创新是推动信用体系发展的关键因素。为了更好地推进信用行业的发展，构建全面的信用体系，健全社会信用奖惩联动机制，营造诚实、自律、守信、互信的社会信用环境，要积极创新信用产品。[①] 在农村经济中，信用产品的设计和创新尤为重要，它能够为农村经济的发展提供多样化的金融服务。信用产品的设计需要基于农村经济的实际需求。针对农业生产和农村基础设施建设的特点，可以设计农业贷款、农村建设债券等专门的信用产品。这些产品应当根据农村经济的特点和发展需求，提供灵活的贷款额度、还款方式和利率政策，以满足不同群体的金融需求。通过创新信用产品的设计，能够提高金融服务的覆盖面和普惠性，促进农村经济的可持续发展。

信用产品的创新应当结合现代金融科技的发展。借助大数据分析和人工智能技术，可以开发出更加精准的信用评估工具和风险管理方案。这些技术手段能够提高信用产品的精准度和风险控制能力，例如通过分析借款人的信用记录和还款能力，提供个性化的贷款产品和服务。金融科技的应用还能够简化信用产品的申请和审批流程，提高金融服务的效率和便利性。

信用产品的创新还应当关注金融市场的变化和竞争。随着市场竞争的加剧，金融机构需要不断推出创新的信用产品，以满足客户的多样化需求。可以设计针对特定行业和区域的定制化金融产品，通过差异化的产品设计，提升竞争力和市场占有率。通过不断创新信用产品，推动信用体系的发展，提高金融服务的质量和水平。

2. 信用信息管理制度的创新

信用信息管理制度的创新是提高信用体系效率和稳定性的关键。通过改进和优化信用信息管理制度，能够增强信用信息的透明度和准确性，提高信用评估的科学性和公正性。信用信息管理制度的创新需要关注信息采集和处理的方式。借助现代信息技术，可以建立综合的信用信息平台，整合来自不同来源的信用数据。这种平台能够实现对信用信息的实时更新和动态管理，提高信息的准确性和完整性。此外，通过信息共享和互通，可以减少信用信息的不对称，提高信用评估的全面性和客观性。

信用信息管理制度的创新还应当关注信息的保护和隐私问题。在信用信息的采集和使

---

① 肖振宇，耿逸文，胡东，等．信用产品与服务创新推动企业高质量发展——以南京市江宁区为例［J］．征信，2022，40（5）：30—36.

用过程中，需要保障个人和企业的隐私权和数据安全。建立完善的数据保护机制，确保信用信息的安全存储和使用，同时，制定相关的法律法规，规范信息的采集和使用，防止信息滥用和泄露。这种信息保护和隐私保障，有助于提高信用信息管理的可信度和合法性。信用信息管理制度的创新需要注重与信用评估和风险管理的结合，通过引入先进的信用评估模型和风险预测工具，对信用信息进行科学分析和评估。这种创新的管理方式，不仅能够提高信用评估的准确性，还能够加强对信用风险的控制和预警。

3. 信用风险控制的制度创新

信用风险控制的制度创新是信用体系建设中的重要内容。通过制度创新，能够提高信用风险的防范和管理能力，确保信用体系的稳定运行。信用风险控制的制度创新需要加强风险识别和评估。通过建立完善的风险评估体系，对不同类型的信用风险进行识别和分类。这种体系可以借助大数据分析和人工智能技术，对信用风险进行动态监测和预测，及时发现潜在的风险因素。此外，通过制定风险管理策略和应对措施，能够有效降低信用风险的发生概率和影响。

信用风险控制的制度创新还应当关注风险分散和转移。通过引入风险分散机制和风险转移工具，如信用保险、信用衍生品等，能够将信用风险分散到不同的市场主体和金融机构。这种风险分散和转移措施，有助于降低单一主体的风险负担，提高整体信用体系的稳定性。通过建立风险预警和应急机制，能够及时应对突发的信用风险事件，保障金融市场的平稳运行。

信用风险控制的制度创新需要关注风险管理的规范性和透明度。制定详细的风险管理规定和操作流程，确保信用风险管理的规范化和标准化。同时，通过建立信息披露和透明机制，使市场主体能够及时获取风险管理信息，提高对信用风险的认知和防范能力。这种规范性和透明度的提升，有助于提高信用风险控制的效果和信用体系的可信度。

（三）制度经济学的基本理论与信用体系的内在机制

1. 制度经济学的基本理论

从方法论上讲，制度经济学的最初起源可追溯到19世纪40年代，以F. 李斯特为先驱的德国历史学派。历史学派反对英国古典学派运用的抽象、演绎的自然主义方法，而主张运用具体的实证的历史主义方法，强调从历史实际情况出发，强调经济生活中的国民性和历史发展阶段的特征。19世纪末20世纪初，在美国以T. 凡勃伦、J·R. 康芒斯、W·C. 米切尔等为代表，形成了制度经济学派别。在他们看来，制度经济学所研究的是活生生的、不确定的人，因而无法以一个确定的、总量的标准，对整个经济活动作出安排。

如威廉姆森（Williamson）所说：研究视角的改变推动了诸如产业组织、劳动经济学、经济史、产权分析和比较体制等领域中实证和理论研究的结合，这种结合是有用的，并带来了制度主义的复兴。所有的制度经济学流派都无法揭示和解释世界不同国家、不同阶段经济制度的演变和选择，尤其是中国过去和现在的制度选择及其绩效。因此，应运用马克思主义的基本方法论发展制度经济学，着力构建中国版的制度经济学体系，既拓展制度经济学的解释面，又增强其对中国经济体制演变和选择的解释力。[①] 马克思主义经济学所采

① 黄少安. 中国版制度经济学体系的基本框架 [J]. 江海学刊，2023 (1)：95—102 + 255.

用的基本方法是制度分析方法，马克思主义经济理论本质上是制度经济学理论。

2. 制度经济学对信用体系运行逻辑的解释

制度经济学认为，信用体系的运行不仅受制于市场机制，还受到制度安排的深刻影响。制度安排通过规范和引导经济行为，影响信用体系的运作方式和效果。信用体系的运作需要依赖于一系列制度安排，包括法律框架、金融监管、信息披露等。这些制度安排通过规范信用交易的规则和程序，提高信用交易的安全性和透明度。通过建立健全的法律体系，规范合同履行和违约责任，能够有效保障信用交易的稳定性；通过实施严格的金融监管，确保金融机构的信用活动符合规定，从而降低信用风险。这种制度安排的完善，有助于提升信用体系的运行效率和效果。

经济行为的变化也会影响信用体系的运行逻辑。随着市场经济的发展和金融创新的推进，信用体系的运行逻辑可能会发生变化。互联网金融的发展带来了新的信用产品和服务，改变了传统的信用交易模式，消费者行为的变化，也对信用评估和管理提出了新的要求。这种经济行为的变化，要求信用体系不断适应新的市场环境和需求，进行相应的调整和优化。如果制度安排存在不稳定性或不适应性，可能导致信用体系的运行效果不佳，影响金融市场的稳定。因此，制度经济学强调制度安排的长期性和适应性，以确保信用体系在不同经济环境下的稳定运行。

3. 信用体系与经济主体行为的互动

信用体系与经济主体行为的互动，是理解信用体系运作机制的关键。信用体系构建是信用经济时代经济协调发展的重要前提，也是维系虚拟经济合理发展的关键举措①，经济主体的行为和决策，直接影响到信用体系的运行效果和信用风险的管理。经济主体的信用行为对信用体系的运行产生直接影响。借款人的还款能力和意愿，会直接影响贷款的风险和信用体系的稳定性。完善的信用信息管理和透明的信用评估机制，可以增强经济主体的信用意识，促使其更好地履行信用义务。信用激励和惩戒机制的设置，也能够引导经济主体的行为，促使其遵守信用规则，降低信用风险。

4. 制度环境对信用体系的长期影响

制度环境对信用体系的长期影响，涉及制度的稳定性、适应性和执行力等方面。制度环境的长期稳定和有效，是确保信用体系健康发展的基础。稳定的制度环境能够为信用交易提供长期的法律和政策保障，使市场主体对制度规则有明确的预期。完善的司法体系和有效的监管机制，能够保证法律法规的严格执行，提高信用体系的运行效果。通过加强制度执行力，可以推进信用体系的公信力和稳定性，推动金融市场的健康发展。

二、制度经济学视角下的信用风险与控制

（一）信用信息不对称与风险管理

1. 信息不对称对信用风险的影响

在信用交易中，信息不对称问题是导致信用风险的重要原因之一。信息不对称指的是

① 王维平，靳永茂．基于虚拟经济与实体经济协调发展的四维度信用体系构建［J］．理论探索，2018（6）：82—88.

交易各方对信用相关信息的掌握不平等，这种不对称性使得一方掌握的信息远超过另一方，导致信用风险的增加。在农村信用体系中，这种情况尤为明显，主要表现为金融机构与借款人之间的信息不对称。信息不对称还导致逆向选择和道德风险。逆向选择指的是由于信息不对称，金融机构可能更倾向于向信用风险较高的借款人提供贷款，因为他们无法准确评估借款人的真实风险。而道德风险则指的是借款人在获得贷款后，可能采取不负责任的行为，增加违约的概率。信息不对称使得金融机构在面对这些风险时，难以采取有效的防范措施，从而影响了信用市场的健康发展。

解决信息不对称问题，需要通过建立健全的信用信息系统和提升信息透明度。可以通过信用机制评价个人信誉的好坏，对个人守信行为实施奖励以及对个人失信行为予以惩罚时，都必须参照相应的信用信息。[①] 加强对借款人信用记录的跟踪和管理，也有助于降低信息不对称的影响，提高信用风险控制的效果。

2. 信用信息共享平台的建设

信用信息共享平台的建设是解决信息不对称问题的重要手段。通过建立和完善信用信息共享平台，可以实现对信用信息的集中管理和共享，从而提高信息的透明度和可靠性，改善信用风险管理。信用信息共享平台的建设可以整合来自不同来源的信用数据，形成全面的信用档案。这种整合有助于提高信用信息的准确性和完整性，减少信息的不对称。信用信息共享平台可以汇集金融机构、税务部门、社会保险机构等多个来源的数据，形成统一的信用记录，从而提供更全面的信用信息。这种信息整合能够帮助金融机构对借款人的信用状况进行全面评估，降低风险。

信用信息共享平台能够提升信息的实时性和动态管理能力。传统的信用信息管理往往存在信息滞后的问题，而现代信息技术可以实现对信用信息的实时更新和动态管理。例如，信用信息共享平台可以通过大数据分析，对借款人的信用状况进行实时监测和评估，从而及时发现潜在的信用风险。这种实时性和动态管理有助于金融机构及时调整风险控制策略，提高风险管理的效果。信用信息共享平台的建设还需要关注数据隐私和安全问题。信用信息的共享和使用涉及个人和企业的隐私权，必须建立完善的数据保护机制。

3. 信用信息透明化的制度设计

信用信息透明化的制度设计对于提升信用体系的效率和公正性具有重要作用。通过制度设计，能够推动信用信息的公开和透明，从而解决信息不对称问题，提高信用风险管理的效果。信用信息透明化的制度设计需要明确信息披露的范围和标准。制度应当规定哪些信用信息需要公开，如何进行信息的披露，以及信息披露的频率和方式。如金融机构需要定期公开贷款的审批标准和信贷政策，借款人的信用记录和还款情况也应当向公众披露。这种信息披露有助于提高市场主体对信用信息的认知，减少信息不对称带来的风险。

制度设计还应当关注信息透明化的实施机制和监管措施。可以建立专门的信用信息监管机构，对信息披露的过程进行监督和检查，确保信息的真实性和完整性。此外，制定信息披露的法律法规，明确违规行为的处罚措施，保障信息披露的有效性和公正性。通过这些监管措施，可以提高信用信息透明化的实施效果，促进信用体系的健康发展。信用信息

---

① 张晓冉．构建个人信用机制的理论研究——基于信息经济学的视角［J］．征信，2020，38（5）：37—43.

透明化的制度设计需要考虑信息使用的合法性和合规性。信息的公开和透明，不应当侵犯个人和企业的隐私权。因此，制度设计应当规范信息的采集、使用和保护，防止信息泄露和滥用。建立信息纠错机制，允许信息主体对错误信息进行申诉和纠正，保障信息使用的公平性和合法性。这些措施有助于提升信用信息透明化的效果，增强信用体系的公信力和稳定性。

（二）合同执行与法律保障

1. 合同执行困难的原因分析

合同执行困难是影响信用体系稳定性和效率的重要因素之一。合同作为约束各方权利和义务的法律文书，其执行的有效性直接关系到信用体系的正常运作。然而，在实际操作中，合同执行中的困难问题经常出现，影响了信用交易的安全性和可靠性。合同执行困难的一个主要原因是合同条款的不明确或不完整，如果合同条款在签署时没有明确规定，可能导致合同各方对权利和义务的理解存在差异，从而在履行过程中产生争议。有时合同可能未明确约定违约责任、履行期限、付款方式等关键条款，导致合同履行的困难。为了避免这种情况，需要在合同签署时，充分考虑合同条款的明确性和完整性，确保各方对合同内容有清晰的理解。

合同执行困难还可能来源于合同履行中的实际问题。如借款人在还款过程中可能面临财务困境，导致无法按时履行合同义务，金融机构在催收过程中，可能面临借款人逃避责任的情况。这些实际问题使得合同履行变得复杂和困难，影响了信用交易的顺利进行。解决这些问题，需要建立有效的合同履行监督和管理机制，确保合同的顺利执行。如果法律体系不完善，或法律执行力度不足，可能导致合同纠纷的解决效率低下，影响合同履行的效果。例如，司法机构对合同纠纷的处理可能存在拖延现象，导致合同各方无法及时获得法律救济。这种情况需要通过完善法律体系、提高司法效率等措施，增强合同执行的保障力度。

2. 法律制度的完善与执行力度的提升

法律制度的完善与执行力度的提升是解决合同执行困难问题的关键。通过完善法律制度和增强法律执行的力度，可以提高合同履行的效果，保障信用交易的安全性和稳定性。法律制度的完善需要关注合同法和相关法律法规的修订和补充。针对合同执行中的实际问题，如合同纠纷的处理、违约赔偿等，可以通过修订法律条款、增加相关法律规定来加以解决。建立健全合同履行的监管机制，确保法律规定得到有效执行，提高合同履行的保障力度。

执行力度的提升需要加强对法律实施的监督和管理，可以建立专门的执法机构，对合同履行过程进行监督，确保法律规定得到有效落实。提高司法效率和案件处理速度，也是提升法律执行力度的重要措施。通过优化司法流程、增加法官和司法人员的配备，能够加快合同纠纷的处理速度，提高法律救济的效率。通过这些措施，可以提高法律制度的执行力度，保障合同的顺利履行。

法律制度的完善与执行力度的提升还需要关注法律服务的普及和公众法律意识的提高。通过开展法律培训和宣传活动，提高社会公众对法律的认识和理解，使其能够更好地运用法律手段维护自身权益。提供便捷的法律服务，如法律咨询、调解服务等，能够帮助合同各方解决合同纠纷，提升合同履行的效果。

3. 合同执行与信用风险的控制

合同执行与信用风险的控制密切相关，良好的合同执行可以有效降低信用风险，提高信用体系的稳定性。合同执行的有效性直接影响信用交易的安全性和金融市场的稳定性，因此，在信用体系中，合同执行和信用风险的控制需要协同进行。合同执行的规范化有助于减少信用风险。在合同签署阶段，明确合同条款和履行条件，能够减少履行过程中的争议和纠纷。通过制定详细的合同条款，包括违约责任、履行期限、付款方式等，可以提高合同的执行效力，降低信用风险。此外，通过对合同履行过程的监督和管理，及时发现和解决问题，能够进一步降低信用风险的发生概率。

三、制度环境与信用体系的完善

（一）法律制度的完善与信用体系的健全

1. 完善法律制度的必要性

法律制度的完善对于信用体系的健全至关重要。法律制度作为信用交易的基础，规范了信用交易的规则和程序，为市场主体提供了法律保障。完善的法律制度能够提高信用交易的安全性和稳定性，从而促进信用体系的健康发展。法律制度的完善有助于规范信用交易行为。通过制定详细的合同法和金融法律法规，明确信用交易的规则和程序，可以减少合同履行中的争议和纠纷，提高信用交易的效率。此外，通过规范违约责任、赔偿机制等，可以保障合同各方的合法权益，增强信用体系的公信力。

完善法律制度还能够提升信用信息的透明度和可追溯性。通过制定相关的信息披露规定，要求金融机构和借款人公开信用信息，能够提高信息的透明度，减少信息不对称带来的风险。此外，建立完善的信用记录和管理机制，能够对信用信息进行有效的跟踪和管理，提高信用信息的可靠性。法律制度的完善有助于加强信用风险的控制和管理。通过建立信用风险预警机制和应急管理措施，能够及时识别和应对潜在的信用风险。完善的法律救济和争议解决机制，能够为合同各方提供有效的保护和救济，维护信用体系的稳定性。

2. 法律制度对信用体系的保障

法律制度对信用体系的保障体现在多个方面。法律制度不仅为信用交易提供了规范和指导，还为信用体系的稳定和发展提供了法律支持和保护。通过法律制度的保障，能够提高信用交易的安全性和信用体系的稳定性。通过制定和实施相关的法律法规，规范信用交易的规则和程序，能够提高信用交易的合法性和公正性。合同法（已随民法典施行而废止）等法律法规，明确了信用交易中的权利和义务，规范了违约责任和赔偿机制，从而保障了合同各方的合法权益。这些法律支持，有助于维护信用体系的健康发展和金融市场的稳定。通过制定和实施相关的法律法规，鼓励信用体系的创新和发展。推动金融科技创新的法律法规，支持新型信用产品和服务的推出；促进信用体系的改革和优化，提升信用体系的服务能力和效率。这些法律保护，有助于推动信用体系的持续发展和进步。

3. 法律环境对信用行为的影响

法律环境对信用行为的影响主要体现在对信用交易的规范、信息的透明和风险的控制等方面。法律环境通过影响市场主体的行为和决策，直接影响信用体系的运行效果和信用风险的管理。完善的法律环境能够为信用交易提供明确的规则和标准，指导市场主体的行为。通过制定和实施《合同法》（已随《民法典》施行而废止）等法律法规，明确了信用交易中的权利和义务，规范了合同履行和违约责任。这种规范作用，有助于提高信用交易的合法性和公正性，降低信用风险。

法律环境通过规定信息披露的要求和标准，提升了信息的透明度和可追溯性。信息披露法律法规要求金融机构和借款人公开信用信息，提高了信用信息的透明度，减少了信息不对称带来的风险。建立信用信息管理制度，保障了信用信息的安全和完整性，提高了信用信息的可靠性。法律规定了信用风险的预警和应急管理机制，建立了违约责任追究和赔偿机制。这些控制措施，有助于降低信用风险的发生概率和影响，提高了信用体系的稳定性。

（二）金融制度的优化与信用体系的稳定

1. 金融制度的改革与创新

通过优化金融制度，可以提高金融市场的效率和透明度，从而促进信用体系的健康发展。金融制度改革的核心在于提升金融资源的配置效率，降低金融风险，增强金融服务的普惠性。金融制度的改革应关注金融市场结构的优化。传统金融市场存在结构性不合理的问题，金融资源主要集中在大型企业和城市地区，而农村和小微企业的融资难题依然突出。改革应着眼于打破市场垄断，推动金融资源向更多的市场主体和区域分布，以实现资源的公平配置。通过引入竞争机制，鼓励更多金融机构和服务提供者进入市场，提升市场的竞争力和服务质量，从而促进信用体系的稳定发展。

金融制度的创新应注重金融产品和服务的多样化。随着科技的发展和金融市场的变化，传统金融产品和服务已难以满足多样化的市场需求。金融创新可以通过引入新型金融产品、推动金融科技应用等方式，满足市场主体的不同需求。利用大数据和人工智能技术开发的信用评估工具，可以提升信用风险管理的精确度；新型的融资模式，如互联网金融和众筹平台，可以提供更多的融资选择和机会。这些创新措施有助于增强金融体系的适应能力，提高信用体系的稳定性。

金融制度改革还应关注风险防范和监管机制的建设。金融市场的稳定性不仅依赖于金融产品和服务的优化，还需要完善的风险防范和监管机制。通过建立健全的金融风险监测和预警系统，加强对金融机构的监管，提升监管的透明度和有效性，可以降低金融风险对信用体系的冲击。制定科学合理的金融法规，明确金融机构的风险管理责任和违规行为的处罚措施，也有助于维护金融市场的稳定性。

2. 优化金融制度对信用体系的影响

我国现行金融立法存在职能配置法律依据有待进一步加强、职能配置内容应进一步明确、职能配置协调合作效果有待增强等问题，需要进行制度优化。① 通过优化金融制度，

---

① 郭金良．论我国金融监管职能配置的法律困境与制度优化［J］．现代法学，2024，46（4）：53—68.

可以改善信用体系的运行效果，提高信用交易的安全性和稳定性。完善的金融制度能够降低市场交易成本，提升金融服务的效率和质量。引入更多的金融机构和竞争机制，推动金融资源的合理配置，从而提高金融市场的运作效率。此外，简化金融服务流程，减少行政审批环节，也能够提升市场的响应速度和服务效率。这些优化措施有助于提升信用体系的整体效能，提高市场的运行效率。

金融制度的优化能够改善信用资源的分配和使用效率，使得更多的信用资源能够流向需要的市场主体。通过改革金融机构的信贷政策，推动小微企业和农村地区的融资支持，提高信用资源的覆盖面和使用效率。建立和完善信用信息共享平台，提升信用信息的透明度和可获取性，也能够促进信用资源的合理流动和有效配置。这些措施有助于改善信用资源的供给和需求平衡，促进信用体系的发展。完善的金融制度能够规范金融市场的运作规则，提升市场信息的透明度和可追溯性。通过制定和实施信息披露规定，要求金融机构和市场主体公开相关信息，从而减少信息不对称问题。

3. 金融环境对信用资源的配置

金融环境对信用资源的配置具有重要影响。一个健康的金融环境能够促进信用资源的有效配置，提高金融市场的效率和稳定性。优化金融环境，是提升信用资源配置效果的重要途径。金融环境的稳定性对信用资源的配置至关重要。一个稳定的金融环境能够提供可靠的金融服务，促进金融市场的健康运作。金融环境的多样性和创新能力也会对信用资源的配置产生影响。一个多样化和创新的金融环境能够提供更多的金融产品和服务，满足市场主体的不同需求。

（三）制度环境对信用文化的塑造

制度环境对信用文化的形成具有重要影响。制度环境包括法律、政策、监管等方面的制度安排，对信用文化的塑造和发展起着基础性作用。良好的制度环境能够为信用文化的形成提供支持和保障，推动信用文化的普及和深化。法律制度对信用文化的形成起着规范和引导作用。通过制定和实施相关的法律法规，明确信用交易的规则和标准，能够为市场主体提供行为规范和指导。合同法、金融法等法律法规，规定了信用交易中的权利和义务，规范了合同履行和违约责任。这些法律规定能够促使市场主体遵守信用规则，形成良好的信用行为，从而推动信用文化的形成和发展。

政府的政策措施可以通过鼓励和引导信用行为，促进信用文化的普及和深化。通过开展信用教育和宣传活动，提高社会公众对信用的认知和理解，增强信用意识。推动信用信息共享和信用评级制度的建设，提升信用信息的透明度和公信力，也能够促进信用文化的形成和发展。这些政策支持有助于营造良好的信用环境，提高市场主体对信用文化的认同和遵守。

监管机制能够对信用市场的运作进行监督和管理，确保市场主体的信用行为符合规定。通过建立健全的信用监管体系，对金融机构和市场主体进行有效的监管，防范和处理信用风险。此外，制定和实施信用风险预警和应急管理措施，保障信用市场的稳定运行。这些监管措施有助于维护市场的公平和公正，推动信用文化的形成和发展。

第三节　信用体系的地方治理与制度适应性

一、地方治理与信用资源的管理

（一）地方信用资源的整合与配置

1. 土地资源在地方信用体系中的作用

土地资源在地方信用体系中扮演着核心角色，其重要性体现在土地作为担保物的使用以及对地方经济发展的推动。土地财政一次性的融资模式，也必须尽快转变为现金流模式。这一转变不是孤立的，它是中国国家信用转变的一部分。① 首先，土地作为一种固定资产，在融资中常被用作抵押物，为贷款提供实质保障。有效的土地资源整合能够提升地方经济的融资能力，并优化金融资源的配置。地方政府通过科学规划和管理土地资源，能够降低贷款风险，提高地方金融市场的稳定性。

土地资源的整合能够促进地方经济的多样化发展。在许多农村地区，土地资源的合理配置不仅能够促进农业生产的现代化，还能够支持农村基础设施建设和产业发展。地方政府可以通过土地整理和流转，推动土地资源的集约利用，形成大规模的农业生产基地或者工业园区。这种土地资源的整合与配置，能够为地方经济注入新的活力，提升地方金融市场的活跃度和资本积累水平。

土地资源的有效管理需要政策支持和法律保障。地方政府应当制定相关法规和政策，规范土地的使用和流转，保护土地资源的合法权益。政府还需要建立土地信息系统，实时监测土地资源的使用情况，确保土地资源的高效利用。通过这些措施，能够提升土地资源在地方信用体系中的作用，为地方经济的发展提供坚实的基础。

2. 地方财政支持与信用资源的优化

地方财政支持在优化信用资源配置方面起着至关重要的作用。财政资金的有效使用和政策的支持可以显著提升地方金融市场的效率，并推动信用资源的合理配置。地方财政支持还可以通过政策激励来优化信用资源配置。地方政府可以制定税收优惠政策，对金融机构在信用扩张和贷款支持方面给予税收减免。政府还可以通过提供贷款利率补贴，降低企业和个人的融资成本。这些政策激励措施能够提高金融机构的积极性，促进金融创新，优化信用资源的配置，从而推动地方经济的发展。

地方政府在制定财政支持政策时，应根据地方经济的实际情况和发展需求，确定财政资金的优先投向。在支持乡村振兴时，政府可以优先考虑农业发展、农村基础设施建设等领域，提高财政资金的使用效益。这种与地方经济发展需求相结合的财政支持，能够更好

---

① 赵燕菁．国家信用与土地财政——面临转型的中国城市化［J］．城市发展研究，2016，23（12）：1—21.

地促进信用资源的优化配置，推动地方经济的可持续发展。

3. 信用资源的地方化管理实践

信用资源的地方化管理是提升地方信用体系适应性和效率的关键实践。地方化管理能够使信用资源的配置和使用更加贴近地方经济的发展需求，提高信用体系的灵活性和响应能力。在农村地区，信用评估应更多地考虑土地资源、农业生产能力等因素，以提高评估的准确性和可靠性。通过制定地方化的信用评估标准，可以有效提高对地方市场主体的信用判断能力，优化信用资源的配置。

地方信用风险管理体系的实施也是地方化管理的重要措施。地方金融机构应根据地方市场的风险特点，制定相应的风险管理策略和措施。通过建立地方信用风险预警系统，监测和分析市场风险因素，及时采取防控措施，减少信用风险。地方政府可以通过制定风险管理法规和政策，规范金融机构的风险管理行为，提升风险管理的有效性。这些措施能够提高地方信用体系的稳定性和可靠性，促进地方经济的健康发展。

地方政府和金融机构可以通过推动金融创新，引入新型金融产品和服务，满足地方市场的多样化需求。开发针对农村市场的金融产品，如农业贷款、农村信用保险等，提供更符合地方需求的金融服务。地方政府还可以支持地方金融机构的创新实践，鼓励其探索新的金融模式和服务方式。这些创新措施有助于推动地方信用体系的发展，提升信用资源的使用效率和效果。

（二）地方信用信息的管理与应用

1. 地方信用信息的收集与管理

地方信用信息的收集与管理是建立高效信用体系的基础。我国通过政府赋能来推动社会信用体系建设，其根本原因在于使社会信用成为新治理工具①，地方政府和金融机构应采取系统化的方法，建立健全的信用信息收集机制。通过使用大数据分析和人工智能技术，对收集到的信用数据进行深入分析和处理。信用信息收集是单用途卡信用监管的基础。上海将信息对接、风险预警、信用治理确立为单用途卡三大核心制度，将宝山确定为单用途预付消费卡管理创新示范区，开展信息采集和利用的探索。

这样可以识别信用风险和机会，提高信息的利用效率。地方信用信息系统还应具备数据安全保护措施，防止信息泄露和滥用。建立完善的数据安全管理体系，确保信用信息的保密性和合法性，是地方信用信息管理的重要方面。政策应明确信用信息的采集范围、使用目的和管理要求，确保信用信息管理的合法性和合规性。通过这些措施，可以提升地方信用信息系统的管理水平，促进信用信息的有效利用，为地方经济的发展提供可靠的数据支持。

2. 信用评级在地方金融中的应用

信用评级在地方金融中的应用具有重要意义，它可以有效反映地方经济主体的信用状况，影响其融资能力和成本。地方金融机构应建立科学的信用评级体系，对企业和个人进

---

① 谢新水，吴芸．新时代社会信用体系建设：从政府赋能走向法的赋能［J］．中国行政管理，2019（7）：31—35.

行信用评估。评级体系应结合地方经济的特点和市场环境，制定适合的评级标准和方法。通过信用评级，可以为地方金融机构提供风险评估依据，帮助其制定贷款决策和定价策略。

地方政府应鼓励和支持地方金融机构发展信用评级业务。通过制定政策激励措施，支持信用评级机构的建设和发展，提高其评级水平和服务质量。政府还可以通过培训和指导，提升地方金融机构的信用评级能力，推动地方金融市场的健康发展。通过这些措施，信用评级可以更好地服务于地方经济的发展，提高信用资源的配置效率和风险管理能力。

3. 信用信息管理对地方经济的推动

信用信息管理对地方经济的推动作用是显著的，它通过优化信用资源的配置，提升经济主体的融资能力，促进地方经济的增长。作为全国首批社会信用体系建设示范城市，厦门市依托不断完善的网络基础设施和畅通的数据共享协调机制，建设了全市统一的公共信用平台，实现跨部门、跨层级的信用信息高效归集共享和融合创新应用。这一平台已成为厦门市社会信用体系建设的重要基础设施和推行以信用为基础的新型监管机制的有效载体，为厦门市全面深化信用信息应用、推动社会信用体系建设高质量发展提供强有力支撑。

通过分析和利用信用信息，政府可以识别经济发展的重点领域和潜在风险，制定相应的政策措施。通过信用信息分析，政府可以发现地方经济中的薄弱环节，推动资金向高增长、高效益的领域集中，促进经济结构的优化升级。通过这些措施，信用信息管理不仅提升了金融市场的效率，也推动了地方经济的健康发展。

（三）地方信用政策的创新与适应性

1. 信用政策的地方化创新

信用政策的地方化创新是适应地方经济发展需求、提高信用体系效率的重要措施。地方政府应根据本地经济特点和发展需求，制定具有地方特色的信用政策。例如，在农业大省，地方政府可以推出专门针对农业企业的贷款支持政策，提供低息贷款和风险补偿。这种地方化创新能够有效满足地方经济主体的融资需求，提高政策的针对性和有效性。地方政府应根据经济形势的变化和市场需求的调整，动态调整信用政策。在经济下行压力增大的情况下，地方政府可以通过增加财政支持和减免贷款利息，刺激地方经济的复苏。灵活的政策调整能够及时应对经济环境的变化，提高信用政策的适应性和有效性。

地方政府可以通过鼓励地方金融机构进行创新，推动信用产品和服务的多样化。推出基于大数据和人工智能技术的信用评估服务，提供更加个性化的金融产品。这种创新能够丰富地方金融市场的产品供给，提高信用资源的利用效率，支持地方经济的多元化发展。

2. 地方信用政策的适应性与挑战

地方信用政策的适应性与挑战是衡量其有效性的关键因素。地方信用政策的适应性体现在其能够灵活应对地方经济和市场变化。地方政府需要根据经济发展的不同阶段和市场环境的变化，及时调整政策措施。在经济发展初期，政府可以通过提供财政补贴和税收优惠，支持地方企业的成长。而在经济转型期，政府则需要通过推动产业升级和结构调整，促进经济的可持续发展。这种政策的适应性能够提升地方经济的韧性和竞争力。

然而，地方信用政策在实际实施过程中也面临着诸多挑战。地方政府在制定和实施信用政策时，需要与国家政策保持一致，同时协调各部门和金融机构的利益。这种协调难度可能导致政策执行不力，影响政策效果。地方政府在政策实施中可能面临资源不足和能力限制的问题，导致政策的覆盖面和实施效果受到制约。地方信用政策的创新和适应需要建立健全的评估机制。地方政府应定期评估政策的实施效果，收集和分析相关数据，及时调整政策措施。通过建立科学的评估机制，可以识别政策实施中的问题，优化政策设计，提高政策的适应性和有效性。

3. 信用政策创新对地方经济的影响

信用政策创新对地方经济的影响是深远的，它不仅能够促进经济的增长，还能够提升经济的质量和效益。通过推出针对性强的信用政策，地方政府可以激励企业和居民的投资和消费，推动经济的增长。信用政策创新还能够提升地方经济的质量和效益。通过推动信用产品和服务的创新，地方金融市场可以提供更加多样化和高效的金融服务，提高资本的配置效率。此外，信用政策的创新还能够促进经济结构的优化升级。信用政策的创新能够增强地方经济的抵御风险能力。通过建立完善的信用风险管理机制和金融支持体系，可以提高地方经济对外部冲击的应对能力。

二、信用体系的地方化与制度适应性

（一）地方治理的制度适应性

1. 制度适应性对信用体系的影响

地方治理的制度适应性对信用体系的影响体现在多个方面。制度适应性指的是地方治理体系能够根据实际情况和变化的环境调整其制度安排的能力。这种适应性对于信用体系的有效运作至关重要，因其能够确保信用体系在地方层面上与地方经济和社会环境的动态变化保持一致。制度适应性影响信用体系的政策实施和监督效果。地方政府在制度适应过程中，会根据地方经济活动的特性和信用风险的变化，调整信用信息的管理策略。制度适应性对信用体系的稳定性也有着深远的影响。当地方治理体系能够有效地适应经济和社会环境的变化时，信用体系的稳定性就会得到增强。这种稳定性表现为信用市场的信任度和信用活动的持续性。

2. 地方治理的制度创新实践

地方治理的制度创新实践为信用体系的有效运作提供了重要支持。制度创新指的是地方政府通过引入新的制度安排或改进现有制度，以适应不断变化的经济和社会环境。地方政府在制度创新过程中，常常会通过建立和完善地方信用信息系统来提高信用管理的效率。地方治理的制度创新实践还体现在对信用产品和服务的创新。地方政府在制度创新实践中，还需要注重制度的可操作性和实施效果。地方政府在推动信用政策的改革时，应当充分考虑地方经济和社会的实际情况，确保政策措施的可行性和有效性。这种实践能够有效提升信用体系的运行效果，增强市场的稳定性和透明度。

3. 制度适应性与信用体系的稳定性

制度适应性与信用体系的稳定性之间存在密切的关系。制度适应性能够增强信用体系的透明度和公信力。当地方政府能够及时回应市场和社会的需求，通过制度创新和调整提升信用体系的运作效率时，市场参与者的信任感也会增强。当地方政府通过改进信用信息公开制度，增加信息的透明度时，市场参与者能够获得更加准确的信用信息，从而提升对信用体系的信任。这种信任感对于信用体系的稳定性至关重要，因为它影响到市场的预期和行为。

制度适应性有助于提升信用体系的长期稳定性。地方政府在面对经济和社会环境的变化时，通过制度创新和调整，能够不断优化信用体系的运行机制。这种持续的优化和调整能够有效应对各种风险和挑战，从而保持信用体系的长期稳定性。地方政府在引入新的信用风险管理措施时，能够及时调整和完善相关制度，以确保信用体系能够持续适应变化的市场环境。

（二）地方信用体系的制度创新

1. 地方信用制度创新的实践案例

地方信用制度创新的实践案例提供了丰富的经验和借鉴。在社会信用体系运行机制方面，信用制度是基础，通过建设公共信用信息交换和共享[①]，政府和金融机构通过引入新制度、优化现有制度等措施，推动了地方信用体系的发展。这些创新实践不仅提升了信用体系的运行效率，也为其他地区提供了宝贵的经验。地方政府在信用信息系统方面的创新是一个典型的实践案例。地方政府运用“信用＋农村治理”助力治理有效与共建共享。在安徽东至“党建引领信用村”工作中，安徽东至依托农村党组织设立乡风议事厅，组织农民参与乡风文明工作。将评价结果纳入信用评价指标体系，引导农民主动维护自身权益。截至 2021 年底，在全县创设 14 个乡风议事厅，1 个信用村入选全国文明村镇。

2. 制度创新对信用体系的推动作用

制度创新对信用体系的推动作用体现在多个方面。制度创新能够提升信用体系的运行效率。通过引入新的制度安排或优化现有制度，信用体系的运作机制可以得到改进。黑龙江通过建立“码上诚信”推广应用制度，以正向激励为导向，注重消费体验，引导信誉好的市场主体自愿申报、自愿注册、自愿展示，坚持依法依规、科学规范原则赋码，保障市场主体信用信息安全和合法权益，推动工作规范、高效开展。在“码上诚信”应用推广中，黑龙江坚持以点带面发挥示范作用，在哈尔滨市和大庆市选取部分信誉良好的商户为试点，举办“码上诚信”赋码启动仪式，与商家签订《企业诚信经营承诺书》，向社会发出诚信倡议书，引导更多的市场主体积极申请赋码亮码，做诚信建设示范表率。下一步，黑龙江省将持续加大“码上诚信”推广应用力度，打造“诚信龙江”特色品牌。在信用监管、审批服务、便民惠民等方面的应用，不断扩大“码上诚信”的应用范围，提高“码上诚信”与市场主体和消费者的黏合度，真正发挥“码上诚信”的效用，推动形成社会信用体系的全社会共建共治共享新格局。[②]

3. 制度创新与地方信用体系的适应性

制度创新与地方信用体系的适应性之间存在密切的关系。制度创新能够提高信用体系

---

① 王馨，张海阳，王世贵．地方社会信用体系建设探讨［J］．中国金融，2015（6）：92—93.
② 推行“码上诚信”冰城创新领跑［J］．中国信用，2021（4）：129.

的适应性，使其能够更好地应对经济和社会环境的变化。制度创新通过引入新的制度和措施，能够提升信用体系的灵活性和响应能力。地方政府通过引入新的信用信息管理制度，提高了信用信息的获取和处理效率，从而增强了信用体系对市场变化的响应能力。

制度创新有助于提升信用体系的调节能力。当地方政府通过优化现有制度或引入新的制度安排，能够更好地调节信用市场的供需关系。地方政府通过引入新的信用产品和服务，满足了不同经济主体的需求，从而促进了信用市场的健康发展。这种调节能力的提升，有助于增强信用体系的适应性和稳定性。制度创新还能够促进信用体系的持续优化。随着经济和社会环境的不断变化，信用体系需要不断调整和优化以适应新情况。通过制度创新，地方政府能够持续改进信用体系的运行机制，提升其适应性和效果。地方政府通过引入新的信用风险管理工具，持续优化信用风险的评估和控制能力，从而保持信用体系的长期稳定性。

（三）国家政策与地方信用体系的协调

1. 国家政策对地方信用体系的影响

国家政策对地方信用体系的影响体现在政策导向、政策实施和政策效果三个方面。首先，国家政策对地方信用体系的导向作用表现为国家政策制定和调整对地方信用体系的指导和影响。国家层面上制定的信用体系建设政策和战略，为地方政府提供了明确的方向和目标。这些政策的导向作用能够帮助地方政府制定和实施符合国家战略的信用政策，从而推动地方信用体系的建设和发展。

国家政策实施对地方信用体系具有重要影响。国家政策的具体措施和实施细则，直接影响地方信用政策的执行情况和效果。国家对金融市场的监管政策和要求，会影响地方金融机构的经营行为和信用产品的开发。通过对国家政策的执行，地方信用体系能够更好地适应国家层面的政策要求，从而提高其运行效果和稳定性。

国家政策的效果评估和调整，也会对地方信用体系产生影响。国家层面的政策评估和反馈机制，能够及时发现和解决政策实施中的问题，从而优化政策措施。国家对地方信用体系运行效果的评估，能够帮助地方政府了解政策实施的实际情况，并根据评估结果进行相应的调整。这种政策效果的反馈和调整，能够提升地方信用体系的运行效率和效果。

2. 地方信用体系与国家政策的结合

地方信用体系与国家政策的结合，能够实现政策的有效落地和地方信用体系的优化。地方信用体系的实际运作情况，也能够为国家政策的制定和调整提供反馈。地方政府在实施信用政策过程中积累的经验和发现的问题，能够为国家政策的改进提供参考。地方政府在信用信息管理和信用风险控制方面的实践经验，能够帮助国家制定更加符合实际的政策措施。这种反馈机制，有助于提高国家政策的针对性和有效性。

地方政府与国家政策的结合，也能够促进地方信用体系的创新和发展。国家政策的支持和鼓励，为地方政府提供了创新的空间和资源。国家对地方信用制度创新的支持政策，能够激励地方政府探索新的信用管理模式和措施。这种支持和鼓励，有助于推动地方信用体系的创新发展，从而提升信用体系的适应性和效果。

3. 国家政策对地方信用体系的支持

国家政策对地方信用体系的支持体现在政策支持、资源配置和制度保障三个方面。国家政策通过政策支持，为地方信用体系的发展提供了明确的方向和保障，通过资源配置，为地方信用体系的建设提供了必要的资源支持。国家对地方信用信息平台建设的财政补贴和技术支持，能够帮助地方政府建立和完善信用信息系统。这种资源配置，不仅提升了地方信用体系的基础设施建设水平，还提高了信用信息的管理和利用效率。国家政策通过制度保障，为地方信用体系的发展提供了制度保障和法律支持，在信用立法和政策制定方面的工作，为地方信用体系的运作提供了法律依据和制度保障。这种制度保障能够确保地方信用政策的实施效果和信用体系的稳定运行，从而推动地方信用体系的持续发展。

第六章
信用主体的角色与行为规范

第一节　农村信用主体的分类与特征

一、农户、企业与社会组织的信用特征

农村信用主体主要包括农户、农村企业和农村社会组织，它们在经济活动中扮演着不同的角色，因而在信用行为上也展现出各自独特的特点。农村信用主体的多样性要求在信用管理过程中，根据不同群体的特点和需求，制定差异化的信用政策和行为规范，以提高信用体系的公正性和有效性。① 这不仅有助于提高信用体系的公正性和有效性，还能促进农村经济的健康发展和社会的和谐稳定。

（一）农户信用特征与行为分析

1. 农户信用行为的季节性与不确定性

农户作为农村社会的基础单元，其信用特征与农业生产周期紧密相关，信用需求集中于种植、养殖等农业生产活动及相关资金周转。不同季节的气候、灾害等因素影响农户的生产活动。比如，播种季节农户需购买种子、化肥等农资，信用需求高；收获季节若遭遇自然灾害或市场价格下跌，收入可能大幅减少，还款能力受到严重影响。农产品市场价格的波动也增加了农户信用行为的不确定性。为应对不确定性，农户可能采取多元化种植、养殖或参与农业保险等策略，但仍不能完全消除信用风险。② 这些特征反映了农户在经济活动中的行为模式，也揭示了农村信用体系建设面临的独特挑战。

2. 农户信用行为的非正式性和依赖性

农村地区金融市场相对欠发达，农户融资渠道有限，这使得他们在借贷行为中更依赖

---

① 谢永红．农村信用治理机制优化的路径选择——基于农地抵押融资的分析框架［J］．征信，2021，39（11）．

② 西爱琴，邹宗森，朱广印．农业保险对农户生产决策的影响：一个文献综述［J］．华中农业大学学报（社会科学版），2015（5）：66—71.

非正规金融渠道，如私人借贷和农村合作社。正规金融机构在农村服务覆盖有限，农户难以获得足够金融支持。私人借贷通常基于亲友关系，借贷双方信任度高，手续简便，但借款金额小且利率可能较高。[①] 农村合作社通过成员互助合作提供资金支持，但其资金规模有限，管理相对不规范。农户对非正规金融渠道的依赖，一方面反映农村金融市场不完善，另一方面增加了信用风险的复杂性。

3. 农村社会的社会性信用特征

农户信用特征还表现出显著的社会性。农村社会紧密的人际关系网络对农户信用行为有深远影响。在农村社区，农户之间借贷行为依赖社会关系和信任，而非仅靠法律合同。农户信用行为易受社区舆论和社会资本影响。在此背景下，农户信用不仅是经济行为，更是社会行为，其信用表现受家庭关系、邻里关系和社区声誉影响。[②] 社会关系网络为农户借贷提供便利，但也带来问题，如农户违约可能面临社会舆论压力，影响社区声誉和人际关系。社会资本在一定程度上可提高农户信用水平，增加借贷机会，但不能替代正规信用评估体系和法律保障。农户信用行为的复杂性和多样性要求农村信用体系在设计时必须充分考虑这些独特的社会经济因素。

（二）农村企业的信用表现与发展模式

1. 农村企业信用表现的行业特性

乡村振兴战略提出了“产业兴旺、生态宜居、乡风文明、治理有效、生活富裕”的总要求，为农村新产业新业态的发展开辟了广阔天地，为农村企业提供了发展机遇。[③] 农村企业作为推动农村经济发展的重要力量，其信用表现对整个农村经济的稳定与发展具有至关重要的作用。农村企业的信用表现受到其经营模式和行业特性的显著影响。与城市企业相比，农村企业通常规模较小，资本积累能力有限，且经营活动高度依赖于当地的资源和市场。这种特性使得农村企业在信用体系中面临更大的挑战，尤其是在获取融资和应对市场风险方面。以辽宁省铁岭市为例，当地中小企业在农村信用体系建设助力脱贫攻坚的过程中，积极探索各种方式提升自身信用，为地区经济发展贡献力量。[④]农村企业的信用记录往往与其市场表现直接相关，特别是在经济下行周期中，市场需求的下降可能会导致企业收入减少，进而影响其偿债能力和信用评级。因此，农村企业的信用表现不仅是企业自身经营状况的反映，也是整个农村经济活力的体现。

2. 农村企业信用与地方政府的互动

农村企业的信用发展模式还涉及与地方政府、金融机构和社区的互动关系。地方政府在支持农村企业发展方面扮演着关键角色，通过政策优惠、财政补贴等措施，帮助企业提升信用水平。然而，农村企业的信用发展也面临制度和政策适应性的挑战。一方面，农村

---

① 周先波，罗连化．中国农户正式和非正式借贷行为：竞争还是互补［J］．中山大学学报（社会科学版），2015，55（4）：198—208.

② 宗一鸣．乡村振兴背景下农户借贷供需及政策启示研究［J］．云南大学学报（社会科学版），2023，22（3）：79—86.

③ 郑风田．乡村振兴战略给农村企业带来哪些新机遇［J］．人民论坛，2018（17）：61—63.

④ 李志光，宋丹，潘春雨．农村信用体系建设助力脱贫攻坚的实践与思考——以辽宁省铁岭市为例［J］．征信，2020，38（11）：60—63.

企业需要在信用管理中不断适应市场变化，另一方面，它们也需要在地方政府的监管下保持良好的信用记录。这种双重压力要求农村企业不仅要具备较强的市场应变能力，还要能够有效地利用外部资源来提升其信用等级。因此，农村企业的信用表现和发展模式在很大程度上取决于其在信用体系中的适应能力和创新能力。

（三）社会组织在农村信用体系中的角色

1. 社会组织的中介与协调功能

社会组织在农村信用体系中扮演关键角色，其信用特质和行为模式对塑造农村信用环境产生重要影响。信用的健全是社会组织实现高质量发展的基础，它不仅增强了社会组织的治理效能，还有助于构建一个积极的信用氛围。[①] 社会组织作为农村信用体系中的桥梁和纽带，发挥着中介和协调的重要作用。社会组织能够通过其独特的社会资本和信任网络，促进信用信息的交流和共享。例如，农村合作社、农民协会等组织可以通过集体行动降低农户和企业的信用风险，提升其在金融市场中的信用评级。此外，社会组织还能够提供信用担保服务，通过集合成员的资源和信用，为个体农户和小企业提供更有利的融资条件。这种中介作用不仅提高了农村信用资源的利用效率，也增强了农村经济的整体韧性。

2. 信用文化的推广与教育功能

社会组织在农村信用体系中的角色还体现在其对信用文化的推广和教育功能上。信用文化的建设是农村信用体系长期稳定发展的基础，而社会组织在这一过程中扮演着重要的推动者角色。例如，农民协会可以通过组织培训和宣传活动，提升农户和企业的信用意识，促进他们遵守信用规范。此外，社会组织还可以通过建立信用评价体系，对成员的信用行为进行监督和评估，从而在农村社区中形成良好的信用风气。这种信用文化的传播不仅有助于改善农村的信用环境，也为农村信用体系的可持续发展奠定了坚实的社会基础。

二、信用主体在农村社会中的角色定位

（一）农户与社区关系中的信用角色

1. 社区关系中的社会依赖性

农户在农村社会中的信用角色不仅是经济行为的体现，更是社会关系网络中的重要组成部分。农户的信用行为在社区中具有高度的社会依赖性和相互影响性，通过挖掘诚信等文化价值，将其融入社区治理，能够营造一个美好和谐的农村信用文化环境。[②] 在传统的农村社会中，农户之间的信用往往依赖于长期的相互信任和社会资本。社区内部的信用关系不仅影响到个体农户的经济活动，也对整个社区的社会稳定和经济发展产生重要影响。例如，当一个农户在社区内获得良好的信用评价时，这种信用不仅提升了其自身的市场地位，也增强了社区内部的信任度，从而促进了更广泛的经济合作与社会交往。这种信用角

① 郭少华．社会组织信用体系建设面临的挑战及应对策略研究［J］．征信，2023，41（8）：55—59.
② 王毓．乡村振兴背景下新型农村社区治理困境及优化路径［J］．农业经济，2024（3）：47—50.

色的社会属性使得农户的信用行为不仅是个体行为，更是一种嵌入在社区关系中的集体行为。

2. 信用资源的分配与再分配

农户在社区中的信用角色还涉及信用资源的分配和再分配过程。由于农村社区的资源有限，信用资源的分配往往表现为一种零和博弈。因此，农户在社区中的信用行为直接影响到其在信用资源分配中的优先权。例如，在集体信用担保或社区互助计划中，那些信用记录良好的农户往往能够获得更多的支持和帮助，而信用记录较差的农户则可能面临被边缘化的风险。这种信用资源的分配机制不仅反映了社区内部的社会结构，也进一步强化了农户的信用行为对其经济和社会地位的影响。

（二）企业在农村经济发展中的信用担当

1. 经济活动中的信用担当

企业在农村经济发展中扮演着重要的信用担当角色，其信用行为不仅关系到企业自身的发展，也直接影响到整个农村经济的健康运行。企业的信用担当表现为对农村经济的带动作用。作为农村经济的主要推动力，企业的信用表现对农村金融市场的稳定具有重要意义。良好的企业信用能够吸引更多的投资和融资，从而促进企业的扩展和发展。例如，当农村企业在市场上树立起良好的信用形象时，它们更容易获得银行贷款和其他融资渠道的支持，这不仅有助于企业自身的成长，也为整个农村经济注入了新的活力。此外，企业的信用担当还体现在其对供应链和合作伙伴的影响上。作为供应链中的核心环节，企业的信用行为对上下游企业的信用评价和合作意愿具有直接影响。这种信用担当不仅增强了企业间的合作关系，也提高了整个供应链的稳定性和效率。

2. 社会责任中的信用担当

企业在农村经济中的信用担当还包括其社会责任感和公共利益的维护。企业作为农村社会的一部分，其信用行为不仅是经济活动的反映，也是对社会责任的承担。例如，企业在经营过程中遵守法律法规，履行合同义务，积极参与社区建设，这些行为都能够提升其在社区中的信用评价。此外，企业通过提供就业机会、支持地方公益事业等方式，也能够增强其社会责任感，从而提升其在农村社会中的信用担当。[①] 这种社会责任感的体现，不仅有助于企业自身的可持续发展，也为农村社会的和谐与稳定提供了重要支持。

（三）社会组织的信用塑造与社会资本

1. 社会组织对成员行为的规范

社会组织在农村社会中通过其独特的信用塑造功能，发挥着关键的社会资本构建作用。社会组织通过其规范化的运作机制，如农村信用社的信用规章制度，能够有效地约束和规范成员的信用行为。[②] 例如，农村合作社通常会制定一系列信用规章制度，要求成员

---

① 郭俊华，卢京宇. 乡村振兴：一个文献述评［J］. 西北大学学报（哲学社会科学版），2020，50（2）：130—138.

② 刘志雄. 企业社会责任、社会资本与信用风险传染研究——基于利益相关者理论的分析［J］. 江苏社会科学，2019（6）：66—72.

遵守，以确保合作社整体的信用水平。这些规范不仅有助于维护合作社内部的秩序，也能够通过规范成员行为，提升整个社区的信用环境。此外，社会组织还能够通过内部监督和外部评估机制，对成员的信用行为进行持续的监督和评价，从而形成一套有效的信用激励机制。这种机制不仅增强了成员的信用意识，也增强了社区的社会资本。

2. 社会资本的积累与信用环境的优化

社会组织在信用塑造过程中，还通过积累社会资本，进一步优化了农村社会的信用环境。① 社会资本作为一种无形资产，具有增强社会信任、促进合作与提高集体行动能力的功能。在农村社区中，社会组织通过其信用塑造功能，能够积累和强化社区内部的社会资本。例如，社会组织通过开展集体活动和提供公共服务，增强了社区成员之间的信任和合作，这种信任和合作进一步强化了社区的社会资本。同时，社会资本的积累也为信用环境的优化提供了重要支持。当社区成员之间的社会资本较为充裕时，信用行为的成本会降低，信用环境也会更加良好。这种良性的循环不仅有助于提升农村社会的信用水平，也为农村信用体系的长期稳定发展提供了坚实的基础。

三、信用主体的行为动因与影响因素

（一）经济激励与信用行为的动因

1. 经济利益的驱动

信用主体的行为动因在很大程度上受经济激励的驱动。无论是农户、企业还是社会组织，其信用行为往往与其追求经济利益的动机密切相关。在市场经济中，信用行为不仅是获取经济利益的工具，也是维持和提升市场地位的关键手段。例如，农户可能会通过保持良好的信用记录，以获取更多的贷款支持和市场机会。同样，企业通过提高信用评级，可以获得更多的融资渠道，从而扩展业务规模和市场份额。这种经济激励的作用，使得信用行为在农村经济活动中具有高度的策略性和目的性。

2. 收益与风险的权衡

经济激励还通过影响信用主体对收益与风险的权衡，从而塑造其信用行为。例如，当信用主体预期通过某种信用行为可以获得较高的收益时，其往往会选择积极参与信用活动，尽管可能面临一定的风险。这种收益与风险的权衡不仅影响信用主体的短期决策，也对其长期信用行为产生深远影响。例如，企业在考虑扩大生产时，可能会评估市场需求、融资成本和信用风险，如果预期收益大于风险，企业则会选择进行扩张，并积极寻求信用支持。这种权衡过程体现了经济激励对信用行为的复杂影响，也揭示了信用行为背后的经济逻辑。

（二）社会文化对信用行为的影响

1. 文化规范与社会价值观

信用行为不仅受到经济因素的驱动，还深受社会文化和价值观的影响。在农村社会

---

① 苗红娜．社会资本研究：分类与测量［J］．重庆大学学报（社会科学版），2015，21（6）：123—131.

中，传统文化和习俗对信用行为的塑造具有重要作用。例如，在某些传统社区中，诚信被视为一种重要的社会美德，其对个人和家庭的社会地位具有直接影响。因此，社区成员往往会自觉遵守信用规范，以维护其社会声誉和家庭荣誉。这种文化规范和社会价值观不仅规范了信用行为的外部表现，也塑造了信用行为的内在动因。例如，农户在借贷行为中，可能不仅考虑到经济利益，还会考虑到其在社区中的声誉和社会资本，这种多重动因的交织，使得信用行为表现出一定的社会文化特征。

2. 宗教信仰与信用行为

在一些宗教影响深远的农村社区，宗教信仰对信用行为的影响也不容忽视。例如，在某些地区，宗教教义强调诚信和契约精神，这种教义对社区成员的信用行为具有潜移默化的影响。在这些社区中，宗教信仰不仅塑造了个人的道德标准，也通过集体仪式和宗教活动，强化了社区内部的信用规范和社会责任感。这种宗教信仰对信用行为的影响，体现了信用行为的深层次社会文化背景，也揭示了信用体系建设中需要考虑的文化多样性和宗教因素。

（三）政策环境与信用主体的行为调整

1. 政策激励与信用行为的调整

政策环境对信用主体的行为调整具有重要影响。政府通过制定和实施各种政策工具，如财政补贴、税收优惠、贷款担保等，直接影响信用主体的行为选择。例如，当政府推出一项针对农村企业的贷款担保政策时，企业可能会因此提高信用行为的积极性，以争取政策支持。这种政策激励不仅直接影响信用主体的短期行为，也可能对其长期信用表现产生深远影响。此外，政府的政策导向还可能引导信用主体在特定领域或行业中的信用行为，从而优化资源配置，促进农村经济的可持续发展。

2. 法律法规对信用行为的规范

信用管理机构应通过立法、行政监管和行业自律等多种方式，推动信用行为规范的实施。[①] 政策环境还通过法律法规的制定和实施，对信用主体的行为进行规范和约束。乡村振兴背景下，农村信用体系建设需要以全面依法治国战略为指导，通过法的赋能来突破农村信用体系建设的瓶颈。[②] 政府通过制定信用评级标准和信用报告制度，对信用主体的行为进行有效监督和管理。这种法律法规的规范作用，使得信用主体在进行经济活动时，不得不考虑其信用行为的法律后果，从而在一定程度上约束了信用行为中的投机和违规现象。此外，法律法规还通过司法体系的执行，为信用行为的规范提供了有力的保障，使得信用主体在信用体系中能够更好地遵守规则和履行义务，从而推动整个信用体系的健康发展。

---

① 吴晶妹. 信用管理概论［M］. 上海：上海财经大学出版社，2011：24.

② 谢新水，吴芸. 新时代社会信用体系建设：从政府赋能走向法的赋能［J］. 中国行政管理，2019（7）：31—35.

四、信用主体的社会关系网络与信用评价

（一）社会网络对信用行为的影响

1. 社会网络中的信任与信用传递

信用主体的行为往往受到其社会关系网络的深刻影响，社会网络对我国农户家庭借贷行为具有显著正向作用。[①] 在农村社会中，社会网络不仅是信息传播的重要渠道，也是信用行为传递的关键平台。例如，农户或企业在进行借贷活动时，往往会通过其社会关系网络获得有关借贷方的信用信息，这些信息的可靠性和全面性直接影响到信用决策的过程。此外，社会网络中的信任关系也是信用行为得以顺利进行的重要前提。当一个信用主体在社会网络中享有较高的信任度时，其信用行为往往更容易获得支持和认可。这种信任关系不仅增强了社会网络的凝聚力，也通过信用行为的传递，进一步巩固了信用主体在社区中的社会资本。

2. 社会网络的层级与信用资源的分配

社会网络的层级结构对信用资源的分配具有显著影响。在农村社区中，社会网络通常表现为一种层级分明的结构，具有较强的内部关系和外部扩展能力。信用资源的分配往往通过这种层级结构进行传递和分配。例如，在一个由家庭、邻里和社区组成的多层级社会网络中，信用资源的获取和分配不仅取决于个体的经济能力，还受到其社会地位和网络位置的影响。那些处于网络核心位置的个体或组织，往往能够优先获得信用资源，而处于边缘位置的个体则可能面临信用资源稀缺的挑战。这种社会网络的层级结构，揭示了信用资源分配中的不平等现象，也为信用体系的优化提供了理论支持。

（二）信用评价体系中的社会关系因素

1. 信用评价中的主观性与社会偏见

信用评价体系在很大程度上依赖于信用主体的社会关系网络，这一现象带来了信用评价中的主观性和社会偏见问题。例如，当信用评价标准不够透明或评价主体受到社会关系的影响时，信用评价结果可能出现偏差和不公正现象。尤其是在农村社区中，社会关系对信用评价的影响更加显著。例如，信用评价人员可能会因为与被评价者存在亲属关系或利益关系，而在评价过程中表现出偏袒或歧视。这种主观性和社会偏见不仅降低了信用评价的公正性和可靠性，也可能破坏社区内的信任关系，从而对农村信用体系的稳定发展产生负面影响。

2. 社会关系对信用评价的正向激励作用

尽管存在主观性和社会偏见的问题，社会关系在信用评价体系中也可能发挥正向激励作用。例如，在一个高度信任和合作的社区中，社会关系网络能够通过口碑和集体监督，

---

① 周晨，余皓洁. 社会网络视角下我国农户家庭借贷行为研究［J］. 湘潭大学学报（哲学社会科学版），2017，41（5）：77—82＋161.

促使信用主体保持良好的信用行为，从而在信用评价中获得更高的评分。此外，社会关系网络还能够通过信息共享和合作机制，帮助信用主体提高信用能力，优化信用管理。例如，一个农户在其社会网络中通过合作社或农村信贷机构的支持，不仅能够获得更多的信用资源，还能够通过集体的信用担保，提升其信用评级。这种正向激励作用，显示了社会关系网络在信用评价中的积极影响，也为信用体系的进一步完善提供了实践参考。

（三）信用评价的社会效应与反馈机制

1. 信用评价对社会行为的引导作用

信用评价作为一种重要的社会机制，对信用主体的行为选择具有重要的引导作用。例如，在一个信用评价体系较为健全的社区中，信用主体往往会通过提升自身信用行为，以获得更高的信用评分和更好的社会认可。这种社会认可不仅表现在经济利益的获取上，也反映在社会地位和声誉的提升上。因此，信用评价体系不仅对信用行为具有直接影响，还通过社会反馈机制，进一步强化了信用行为的规范化和制度化。例如，一个企业通过提高信用评级，不仅能够获得更多的融资渠道，还能够在市场竞争中占据更有利的位置，这种引导作用使得信用评价成为信用主体行为调整的重要参考依据。

2. 反馈机制在信用体系中的作用

信用评价的社会效应还通过反馈机制对信用体系产生持续影响。在信用评价体系中，反馈机制的作用主要体现在两个方面：一方面，通过定期的信用评估和调整，信用主体能够及时了解自身信用状况，并根据评价结果进行行为调整；另一方面，信用评价结果也会通过社会网络的传播，对其他信用主体的行为产生示范效应。例如，当一个信用主体 在评价中获得高分时，其行为可能会成为社区其他成员的榜样，从而带动整体信用行为的提升。这种反馈机制不仅增强了信用体系的动态调整能力，也为信用主体提供了持续改进的动力，从而推动整个信用体系的健康发展。

第二节　信用主体的行为规范与信用管理

一、信用主体的行为规范与法律约束

（一）法律对信用行为的规范作用

1. 法律框架下的信用行为约束

法律在信用行为中的规范作用主要体现在其作为社会行为的强制性约束工具。[①] 法律框架不仅界定了信用行为的合法边界，还通过强制性措施确保信用主体在经济活动中遵守

① 刘菁，杨柳．诚信文化建设略论［J］．首都师范大学学报（社会科学版），2022（3）：61—69.

相应的信用规范。例如，《民法典》中的相关条款明确规定了各类交易行为的信用标准，并通过司法判决的方式约束信用主体的行为，从而在整体上维护市场秩序的稳定性和公正性。《民法典》第五百零九条规定："当事人应当按照约定全面履行自己的义务。当事人应当遵循诚信原则，根据合同的性质、目的和交易习惯履行通知、协助、保密等义务。"第五百七十七条规定："当事人一方不履行合同义务或者履行合同义务不符合约定的，应当承担继续履行、采取补救措施或者赔偿损失等违约责任。"法律作为一种社会规范体系，具有强制性和普遍适用性，这意味着所有的信用主体都必须在法律规定的范围内进行活动，任何超出法律界限的行为都将面临法律的制裁。这样的法律框架有效防止了信用风险的蔓延，也为市场的正常运转提供了基础保障。

法律对信用行为的规范作用不仅体现在防范和制裁上。法律还通过鼓励和引导信用主体的良好行为来促进整个社会的信用体系建设。通过对诚信行为的奖励机制，法律可以有效提升信用主体的守法意识和社会责任感。例如，在一些司法实践中，对于积极履行合同义务、无违约记录的信用主体，法律往往会给予一定的宽容或激励，如减轻处罚或降低诉讼成本。这种激励机制不仅有助于提高信用主体的法治观念，还能够在社会范围内形成良好的信用文化氛围，从而进一步强化法律对信用行为的正面引导作用。

2. 法律的强制性对信用行为的影响

法律的强制性不仅对信用主体的行为具有直接影响，还通过形成社会规范间接影响信用主体的行为选择。[①] 强制性是法律区别于其他社会规范的重要特征，它确保了法律在信用行为管理中的权威性和普遍性。法律的强制性在信用行为中的体现主要包括两个方面：法律通过明确的规定和严格的执行，迫使信用主体遵守信用行为的基本规范，在客观上降低了信用风险。法律的强制性也对信用主体的行为选择产生了深远影响，使其在进行经济决策时更加注重法律风险的规避和信用行为的规范化。例如，在合同履行过程中，信用主体不仅要考虑经济利益，还要权衡法律规定的风险和可能面临的法律责任，在法律框架内进行行为选择。

法律的强制性在信用行为管理中的作用还体现在对信用主体的威慑力上。通过严格的法律执行，信用主体在进行信用决策时会更加慎重，从而在一定程度上减少违约行为的发生。这种威慑力不仅来源于法律的严惩措施，还来源于法律对社会舆论和道德评价的引导作用。法律的强制性使信用主体在面对信用行为选择时，不仅要考虑自身的经济利益，还要考虑可能面临的法律后果和社会评价，以促使其遵守信用规范，形成良好的信用行为模式。法律的强制性不仅在表层约束信用主体的行为，还在更深层次上影响了信用主体的行为选择和社会信用体系的整体建设。

（二）信用主体的法律责任与义务

1. 法律责任的界定与信用行为的规范

信用主体的法律责任是指在法律框架下，信用主体因其行为而需要承担的法律后果。法律责任的界定不仅明确了信用主体在经济活动中的义务，也在很大程度上规范了其行为

① 韩家平．我国社会信用体系建设面临的主要挑战及对策建议［J］．征信，2024，42（2）：1—5.

模式。对于信用行为的规范，法律责任的界定起到了关键作用。在法律的约束下，信用主体必须遵循一定的行为准则，如诚实守信、遵守合同、按期履行义务等，否则将面临相应的法律制裁。法律责任的明确不仅是对信用主体行为的约束，也是对整个社会信用秩序的保障。例如，在金融借贷中，借款人必须按照合同约定的期限和方式还款，否则将承担违约责任，这种责任的界定直接影响了借款人的行为选择，促使其在经济活动中更加注重信用的履行。

法律责任的界定不仅对信用主体的行为有直接影响，还通过对社会信用体系的构建发挥重要作用。在一个成熟的法律体系中，法律责任的明确和落实能够有效减少信用风险，提高信用主体的行为规范性。例如，合同法中对违约责任的明确规定，不仅能够约束合同双方的行为，还能够通过司法实践的实施，逐步形成社会范围内的信用规范和行为标准。法律责任的界定使得信用行为不再仅仅是道德层面的要求，更是法律意义上的义务，这种法律层面的约束力能够有效规范信用主体的行为，从而在整体上提升社会信用体系的稳定性和可靠性。

2. 义务履行对信用行为的影响

信用主体的法律义务不仅体现在其对法律责任的承担上，还在于其在经济活动中对社会和他人的承诺履行。法律义务的履行直接关系到信用主体的信用记录和社会评价，因此对其行为选择有着深远影响。法律义务的履行不仅是一种经济行为，更是一种法律行为，信用主体在履行法律义务时，不仅要考虑经济利益，还要考虑可能面临的法律后果和社会舆论。例如，在贷款合同中，借款人按时还款不仅能够避免法律纠纷，还能够在社会中形成良好的信用记录，从而在未来的经济活动中获得更多的信任和机会。

法律义务的履行对信用行为的影响还体现在其对信用文化的塑造上。在一个法治社会中，信用主体的法律义务履行不仅是对法律的遵守，更是对社会责任的体现。通过法律义务的履行，信用主体不仅能够维护自身的合法权益，还能够在社会范围内形成守法守信的良好风气，从而推动社会信用体系的建设和发展。例如，在农村信用体系中，农户按时履行贷款合同，不仅能够提高自身的信用等级，还能够通过其行为影响邻里和社区，从而在更广泛的范围内传播信用文化，促进整个社区信用水平的提升。因此，法律义务的履行不仅是信用主体的责任，也是推动社会信用文化建设的重要力量。

（三）法律约束下的信用行为改进

1. 法律约束机制的完善

法律约束机制的完善是推动信用行为改进的关键因素。在现代社会，法律作为一种强制性规范，对信用行为的约束作用毋庸置疑。然而，随着社会经济的发展，信用行为的复杂性也在不断增加，这对法律约束机制提出了更高的要求。完善的法律约束机制不仅需要对现有法律进行适时的修订和完善，还需要对信用行为的新变化和新趋势作出及时的反应。在互联网金融领域，随着网络借贷、电子支付等新型信用行为的出现，传统的法律约束机制已经难以适应这些新型信用行为的管理需求，因此需要通过修订相关法律法规，建立健全适应新型信用行为的法律约束机制，从而有效规范这些行为，减少信用风险。

法律约束机制的完善还体现在其对信用主体行为的积极引导作用上。通过完善法律约束机制，可以有效引导信用主体在法律框架内规范行为，从而提升整体社会的信用水平。通过完善信用评级制度，明确信用主体的法律责任和义务，可以促使信用主体在经济活动中更加注重信用的履行，在法律的引导下形成良好的信用行为习惯。法律约束机制的完善还需要依托于法律的普及和宣传，通过法律教育，提高信用主体的法律意识，使其在日常经济活动中自觉遵守法律规范，在整体上推动信用行为的改进和信用体系的建设。

2. 法律对信用行为改进的推动

法律在信用行为改进中的推动作用主要体现在其通过法律规范的制定和实施，引导信用主体在经济活动中不断改进自身的信用行为。法律作为一种外部强制力，通过对信用行为的规范和引导，以有效提升信用主体的信用意识，使其在经济活动中更加注重信用的履行和管理。法律的强制性规定让信用主体在合同履行过程中必须遵守合同约定，否则将面临法律制裁，这种法律的外部约束力促使信用主体在经济活动中不断改进自身的信用行为，在整体上提升社会信用水平。

法律对信用行为改进的推动作用还体现在其对社会信用体系的建设和完善上。通过法律的制定和实施，可以在全社会范围内形成统一的信用行为标准，从而有效规范信用主体的行为。制定和实施信用评级法律，可以对信用主体的信用行为进行客观公正的评估，以促使信用主体在法律的引导下不断改进自身的信用行为。法律对违约行为的处罚机制激励信用主体在经济活动中遵守信用规范，从而在整体上推动社会信用体系的建设。法律在信用行为改进中的推动作用不仅体现在对信用主体行为的规范上，还体现在对社会信用体系的建设和完善上，通过法律的引导和规范，可以在全社会范围内形成良好的信用文化氛围，在整体上提升社会的信用水平。

二、信用记录与信用评估的机制设计

（一）信用记录的透明化与公正性

1. 信用记录透明度的提升

信用记录的透明化是现代信用管理中不可或缺的要素，它不仅提高了信息的可得性，也增强了信用主体之间的信任感。在传统的信用体系中，信用记录往往处于一种不透明的状态，信息的掌握更多由少数金融机构和政府部门垄断，这种信息不对称导致了市场参与者在信用交易中的不平等地位，也加剧了信用风险。因此，提升信用记录的透明度成为现代信用体系改革的核心任务之一。通过建立公开、透明的信用信息平台，信用主体可以随时获取自己的信用记录，并对信用评估结果提出异议或进行修正。① 这种透明化不仅有助于减少信用信息的误用和滥用，还可以通过市场机制的作用，促使信用主体更加重视自身信用记录的维护和改善。

提升信用记录透明度的另一个重要方面在于信息的及时更新和公正传播。在现代信息社会中，信息的快速传播和实时更新成为可能，信用记录的透明化要求信息提供者能够及

① 肖卫兵．中国信息公开改革新解：从信息流通角度［M］．上海：上海社会科学院出版社，2013：122—123.

时更新信用数据，并通过多种渠道进行公正传播。这种信息透明化的过程，不仅提高了信用记录的可靠性和公信力，也使得信用主体能够更好地掌握自身信用状况，并及时采取措施进行改善。信用记录透明度的提升还可以有效降低信用欺诈和信息滥用的风险，为信用市场的健康发展提供保障。通过透明化机制，信用主体的行为可以更加公开化，市场参与者可以基于更加全面的信息进行决策，从而在整体上提升社会的信用水平。

2. 公正性在信用记录中的体现

公正性是信用记录透明化的重要保障，也是确保信用体系公平性的重要原则。在信用记录的生成和使用过程中，公正性体现在多个方面。信用记录的生成应当基于客观事实，不得夹杂主观偏见或歧视性因素。这意味着信用信息的采集和整理应当遵循严格的标准化程序，确保信息的真实性和准确性。例如，在金融借贷中，借款人的信用记录应当全面反映其还款能力和还款历史，而不应因为社会地位、种族、性别等因素而受到影响。信用记录的评估和使用应当公正对待每一个信用主体，避免出现由于信息不对称或评估标准不统一导致的信用偏见。这就要求信用评估机构在进行信用评估时，应当采用统一的评估标准和程序，确保每一个信用主体都能够得到公平的对待。

公正性在信用记录中的另一个重要体现是信用主体的申诉权和信息修正权。在信用记录透明化的过程中，信用主体应当有权对自己的信用记录进行查询，并对其中可能存在的错误或不准确信息提出申诉。《民法典》第一千零三十七条规定："自然人可以依法向信息处理者查阅或者复制其个人信息；发现信息有错误的，有权提出异议并请求及时采取更正等必要措施。"通过建立有效的申诉机制，信用主体可以在发现信用记录中的问题时，及时进行修正，从而确保信用记录的准确性和公正性。信用记录的公正性还体现在信息的公正使用上，即信用记录的使用者应当在合法范围内合理使用信用信息，避免滥用或歧视性使用信用记录。通过保障信用记录的公正性，可以有效提升信用体系的公平性和公信力，推动社会信用环境的健康发展。

（二）信用评估机制的设计与实施

1. 信用评估机制的理论基础

信用评估机制的设计离不开对信用行为和信用风险的深入理解和理论支持。信用评估作为一种系统性的评价活动，其理论基础涵盖了经济学、金融学、社会学等多个领域的知识。信用评估理论建立在信息经济学的基础之上，信息不对称是信用评估存在的核心原因。在一个不完全信息的市场中，信用主体的信息往往无法完全披露，这就需要通过信用评估机制来弥补信息不对称所带来的市场失灵现象。信用评估理论还涉及风险管理的基本原理，信用评估的核心目标之一就是通过对信用主体信用风险的评估，来判断其未来履约能力和意愿，从而帮助金融机构或其他经济主体作出更为合理的决策。信用评估理论还包括行为经济学的相关研究，信用主体的行为动机和选择模式直接影响其信用状况，因此在设计信用评估机制时，需要充分考虑信用主体的行为特征和经济环境。

在实际操作中，信用评估机制的设计需要综合考虑多个因素，包括信用主体的财务状况、还款历史、资产负债情况、行业前景以及宏观经济环境等。这些因素的组合决定了信用主体的信用评分，影响其在经济活动中的信用等级和市场地位。信用评估机制还需要在数据处理和模型应用中保证科学性和公正性，使用科学的评估模型和算法，可以有效提高信用评估的准确性和公信力。信用评估机制的设计还应考虑到技术手段的发展，如大数据、人工智能等技术的应用，能够在信用评估过程中提供更为全面和精准的分析支持，以提升信用评估的效率和效果。

2. 信用评估机制的实际应用

信用评估机制的实际应用不仅体现在金融借贷领域，还广泛应用于各类经济活动中，包括供应链金融、商业信用、政府信用管理等。在金融借贷中，信用评估结果直接影响借款人的借贷条件，如利率、还款期限和担保要求等。信用评估通过对借款人的信用风险进行量化评估，帮助贷款机构判断其贷款偿还能力，从而制定出相应的贷款政策。在供应链金融中，信用评估机制帮助供应链中的各参与方评估彼此的信用状况，从而确保交易的顺利进行和供应链的稳定运行。例如，在供应链融资中，供应商的信用评估结果将直接影响其能否获得融资以及融资成本的高低。

信用评估机制在商业信用中的应用也非常广泛。在商业交易中，买卖双方往往会基于信用评估结果决定是否进行交易以及交易条件的设置。[①] 信用评估不仅为企业提供了评估合作伙伴信用状况的工具，还能够帮助企业制定更为合理的信用管理政策，如赊销额度的设置、付款期限的确定等。信用评估机制在政府信用管理中也发挥着重要作用，通过对政府信用的评估，能够为地方政府的债务管理和公共财政政策提供科学依据，以确保公共资金的有效使用和财政的可持续发展。

信用评估机制的实际应用不仅促进了各类经济活动的健康发展，也在整体上推动了社会信用体系的建设和完善。[②] 通过信用评估，市场参与者能够更加透明和公正地进行交易决策，在整体上提升市场的信用水平和交易效率。信用评估结果还可以通过反馈机制对信用主体的行为产生正向激励作用，促使其在未来的经济活动中更加注重信用的履行和管理，从而在整体上提升社会信用环境的健康发展。

（三）信用评估结果对行为的反馈影响

1. 反馈机制对信用行为的影响

信用评估结果不仅对信用主体的信用等级产生直接影响，还通过反馈机制对其未来的信用行为产生深远的影响。在一个完善的信用体系中，信用评估结果会通过多种方式反馈给信用主体，如信用评分报告、信用评级通知等。这种反馈机制可以帮助信用主体更好地理解其信用状况，并促使其在未来的经济活动中采取更加积极的信用行为。例如，当信用主体意识到自身的信用评分较低时，可能会更加注重按时履约、及时还款，从而在未来的信用评估中获得更高的评分。通过这种正向反馈机制，信用评估不仅在表层上评估了信用风险，还通过行为激励的方式推动了信用主体的行为改进，从而在整体上提升社会的信用水平。

反馈机制对信用行为的影响还体现在其对信用文化的塑造上。通过信用评估结果的反

① 宋华，韩思齐，刘文诣．数字化金融科技平台赋能的供应链金融模式——基于信息处理视角的双案例研究［J］．管理评论，2024，36（1）：264—275.

② 林毅夫．商务环境建设与宏观经济发展［J］．中国流通经济，2006（3）：4—7.

馈，信用主体可以更加清晰地了解社会对信用行为的评价标准，从而在日常生活和经济活动中更加注重诚信和契约精神。例如，在消费信贷中，消费者通过信用评估结果的反馈，了解到按时还款的重要性，从而在未来的消费决策中更加慎重，避免过度借贷和信用违约。通过这种反馈机制，信用评估不仅规范了信用主体的行为，还在更广泛的社会范围内传播了信用文化和道德价值观，从而推动社会信用体系的健康发展。

2. 信用评估结果的应用与反思

信用评估结果在实际应用中不仅为信用主体提供了行为改进的依据，还为市场参与者提供了决策参考。然而，信用评估结果的应用也需要谨慎对待，不当地使用信用评估结果可能会引发误解、歧视甚至法律风险。故而，必须确保评估结果的客观性、公正性和合法性，同时在决策时综合考虑多方面因素，以避免对信用主体造成不公平的影响。此外，还应该建立健全的信用评估机构复核和争议解决机制，保障信用主体的合法权益。

三、信用主体的自律与他律

（一）自律机制在信用行为中的应用

1. 自律在信用管理中的作用

自律机制在信用管理中扮演着重要角色，尤其在信用主体的行为规范和信用管理中，具有不可替代的作用。自律机制的核心在于鼓励信用主体自我约束，主动遵守信用规范，以实现长期的信用行为改进。自律机制不仅帮助信用主体树立良好的信用形象，还通过自我约束减少对外部监管的依赖，从而降低整体信用管理的成本和复杂性。在实际应用中，自律机制通常通过设立内部信用管理制度、制定行为规范和标准来实现。信用主体在自律机制的引导下，会主动进行信用记录的维护，确保信息的准确性和完整性。自律机制还通过引导信用主体自我评估和自我纠错，促使其在信用管理中更加注重细节，防止不良信用行为的发生。

自律机制的有效实施能够增强信用主体的信用意识和行为规范，进而推动社会信用环境的整体提升。信用主体在自律机制的推动下，会自觉履行信用义务，遵循诚信原则，从而增强市场对其信用的认可度。自律机制还能够通过建立激励机制，奖励守信的行为，进一步鼓励信用主体保持良好的信用记录。[①] 这种正向激励不仅促进了信用主体的自我管理，也在市场中形成了良好的信用文化，推动社会信用体系的健康发展。通过自律机制的应用，可以有效减少外部监管的压力，提高信用主体的自我管理能力，从而在整体上提升信用管理的效果和效率。

2. 自律机制的实施策略

自律机制的实施策略包括多方面的措施，如内部制度建设、信用行为评估、激励与惩戒机制等。在内部制度建设方面，信用主体应当制定详细的信用管理制度，明确信用行为的标准和要求。这些制度应当涵盖信用记录的维护、还款的管理、信用信息的公开等方

① 周雨．农村信用体系建设的历史演进与路径选择［J］．宏观经济管理，2024（4）：53—62.

面，以确保信用主体在各类经济活动中都能够遵循信用规范。信用主体还应当建立健全的信用评估体系，对自身的信用状况进行定期评估，并根据评估结果进行相应的调整和改进。这种内部评估机制不仅帮助信用主体识别潜在的信用风险，还能够及时采取措施进行改进，以保持良好的信用记录。

激励与惩戒机制是自律机制中重要的实施策略。[①] 通过设立奖励机制，信用主体可以获得一定的奖励和认可，以鼓励其保持良好的信用行为。例如，信用主体可以通过获得信用评级的提升、获得优惠的贷款条件等方式获得激励。惩戒机制也是自律机制中不可或缺的部分，对不良信用行为进行适当的惩戒，可以有效遏制信用违约的发生。例如，信用主体可以通过降低信用评级、限制融资渠道等方式对违约行为进行惩戒。通过激励与惩戒机制的结合，自律机制能够有效促使信用主体在经济活动中保持良好的信用行为，从而在整体上提高社会信用水平。

（二）他律机制的强化与信用保障

1. 他律机制的设计与强化

他律机制，即外部的法律和制度对信用行为的约束和管理，在信用体系中发挥着重要作用。强化他律机制涉及法律法规的完善、监管机构的职能强化以及社会监督机制的建立等方面。法律法规的完善是他律机制强化的基础。通过制定和修订相关的法律法规，明确信用主体的法律责任和义务，确保信用行为的规范和公正。例如，制定详细的信用报告管理条例、信用评级标准等法律法规，有助于提升信用信息的透明度和准确性，以有效遏制信用欺诈和不良信用行为的发生。法律法规的完善还需要建立健全的法律执行和司法保障机制，确保法律法规的有效实施和执行。

监管机构的职能强化是他律机制的关键。监管机构通过设立专门的信用监管部门，负责对信用主体的行为进行监督和管理。例如，金融监管机构可以通过对金融机构和借款人的信用状况进行定期检查，确保其遵循相关的信用管理规定。监管机构还可以通过建立信用信息共享平台，促进信用信息的公开和透明，从而提高信用管理的效率和效果。[②] 监管机构的职能强化不仅能够有效减少信用风险，还能够提升信用市场的稳定性和可信度。

2. 他律对信用行为的约束作用

他律机制通过法律法规和监管机构的强制性约束，对信用主体的行为产生直接的影响。法律法规的约束能够有效规范信用主体的信用行为，通过设立明确的法律责任和处罚措施，促使信用主体遵守信用规范。法律规定的逾期还款罚金、违约责任等，能够有效防止信用违约行为的发生。通过法律的强制性约束，信用主体在进行经济活动时，能够更加自觉地履行信用义务，从而减少不良信用行为的发生。他律机制的约束作用还体现在对信用市场的监管和管理上。通过建立有效的监管体系，监管机构可以对信用市场中的各类信用行为进行实时监控，及时发现和处理信用风险。例如，监管机构可以通过对信用报告的审查，发现并纠正信用信息中的错误或不实之处，以提高信用信息的准确性和公信力。监

---

① 谢勇，李五志．便利与约束：守信激励与失信惩戒机制的功能定位［J］．首都师范大学学报（社会科学版），2023（1）：160—169.

② 石宝峰．推进农村信用体系建设的方向与策略［J］．人民论坛，2024（11）：84—87.

管机构还可以通过对信用主体的信用记录进行跟踪和分析，及时采取措施应对潜在的信用风险。通过他律机制的有效实施，可以在整体上提高信用市场的规范性和稳定性，确保社会信用环境的健康发展。

（三）自律与他律相结合的信用管理策略

1. 自律与他律的整合应用

自律与他律的相结合是现代信用管理中一种重要的策略，通过将自律机制与他律机制相结合，能够实现信用管理的全面提升。自律机制主要依赖于信用主体的自我约束和内部管理，而他律机制则通过法律法规和监管机构的外部约束来规范信用行为。通过自律与他律的结合，可以在信用管理中实现内外兼修，从而提高信用管理的效果和效率。在实际应用中，自律与他律的结合可以通过多种方式实现。例如，信用主体在制定内部信用管理制度时，可以将法律法规的要求纳入其中，确保内部制度与外部法规的一致性。这种结合不仅能够提升信用主体的自我管理能力，还能够确保其在外部监管下遵循相关的法律规范。监管机构在进行信用管理时，也可以通过激励机制和惩戒措施，鼓励信用主体主动进行自我约束和信用改进，从而实现自律与他律的有效结合。①

2. 结合机制在信用管理中的效果

自律与他律相结合的信用管理策略在实际应用中具有显著的效果。这种结合能够在信用管理中实现更为全面的覆盖。通过自律机制，信用主体能够在内部管理和行为规范上做到自我约束，而通过他律机制，监管机构能够对信用市场进行有效的监督和管理，从而在整体上提高信用管理的效果。自律与他律的结合还能够促进信用文化的形成和发展。通过自律机制的引导，信用主体能够在日常经济活动中树立良好的信用习惯，而通过他律机制的约束，信用主体能够在外部环境中遵循信用规范，从而形成良好的信用文化和道德观念。自律与他律相结合的信用管理策略还能够提升社会信用体系的稳定性和可信度。通过自律机制的应用，可以促使信用主体主动维护良好的信用记录，从而减少信用风险。而通过他律机制的实施，可以确保信用市场的规范性和稳定性，防止信用违约行为的发生。通过这种结合，可以在整体上提高信用市场的透明度和公信力，从而促进社会信用环境的健康发展。

四、信用主体行为管理中的文化因素

（一）文化背景对信用行为的影响

1. 文化差异在信用行为中的体现

文化背景对信用行为的影响深远而复杂。不同文化背景下，人们的信用观念和行为规范存在显著差异。例如，在某些文化中，信用被视为一种社会责任和道德义务，个人在经

① 中国人民银行宁德市中心支行课题组，詹东新，孙江华，等．普惠金融视角下农村信用体系建设的实践与思考［J］．征信，2019，37（11）：64—67.

济活动中会自觉遵守信用规范，以维护社会关系的稳定。而在另一些文化中，信用行为可能受到家庭、社交圈等非正式因素的影响，从而导致信用行为的多样化和不确定性。这些文化差异不仅影响个人的信用行为，还对信用管理和信用评估的实施产生深远影响。文化差异在信用行为中的体现主要体现在信用观念的不同。例如，在儒家文化影响下的社会中，信用被视为一种重要的道德规范，个人在经济活动中会更加注重诚信和责任。而在某些西方文化中，信用则更多地被视为一种经济工具，个人的信用行为主要受到经济利益的驱动。这种文化差异在信用行为中的体现，要求信用管理和信用评估的策略必须考虑到不同文化背景下的信用观念和行为模式，从而实现更加精准和有效的信用管理。

2. 文化背景对信用规范的塑造

文化背景对信用规范的塑造具有重要作用。文化背景不仅影响个人的信用观念，还对社会信用规范的制定和实施产生深远影响。在不同文化背景下，社会对信用的定义和要求存在显著差异，从而影响信用规范的制定和执行。例如，在某些文化中，信用规范可能更加注重个人的道德和社会责任，而在另一些文化中，信用规范则可能更多地关注经济利益和契约精神。这种文化差异对信用规范的塑造，要求在制定和实施信用规范时，必须考虑到文化背景的多样性，从而实现更加全面和适应性的信用管理。

（二）农村文化与信用行为规范的融合

1. 农村文化对信用行为的引导

农村文化对信用行为的引导具有重要作用。农村文化通常以传统的道德观念和社会规范为基础，对个人的信用行为产生直接影响。在农村社会中，信用行为往往受到家庭、邻里关系和传统习惯的影响，从而形成独特的信用观念和行为模式。例如，在农村社会中，诚信和互助精神被视为重要的社会价值，个人在经济活动中会更加注重履行信用承诺和维护社会关系。这种农村文化对信用行为的引导，有助于提升农村社会的信用水平和信用意识。农村文化对信用行为的引导还体现在信用规范的实施上。在农村社会中，信用规范往往通过传统习惯和社会压力来实现，例如，通过农村集市的口碑评价、邻里之间的相互监督等方式，促进信用行为的规范化。这种文化引导的方式具有较强的地方特色和社会适应性，能够有效调动农村社区的积极性，从而推动信用规范的实施和信用水平的提升。

2. 农村文化与现代信用规范的融合

农村文化与现代信用规范的融合是实现农村信用体系建设的重要任务。在农村社会中，传统的信用观念和现代的信用规范之间存在一定的差距，需要通过有效的融合策略实现两者的协调。融合的过程需要充分考虑农村文化的特点，尊重传统的信用观念，同时引入现代的信用管理理念和工具。例如，在农村信用体系建设中，可以通过加强对传统信用文化的宣传和教育，提升农村居民的信用意识，并结合现代的信用记录和信用评估机制，实现传统信用观念与现代信用规范的有机结合。农村文化与现代信用规范的融合还可以通过建立多层次的信用管理体系来实现。例如，可以在农村信用体系中引入社区信用评价、社会监督等机制，结合现代的信用信息管理平台和信用评估工具，从而实现农村文化与现代信用规范的有效对接。这种融合不仅能够提升农村信用体系的建设水平，还能够促进农村经济的发展和社会的稳定。

（三）文化在信用管理中的引导作用

1. 文化因素在信用管理中的重要性

文化因素在信用管理中的重要性不可忽视。文化背景不仅影响个人和组织的信用行为，还对信用管理的策略和方法产生深远影响。[①] 文化因素通过影响个人的信用观念和行为模式，决定了信用管理的效果和方向。例如，某些文化背景下的社会可能更加注重诚信和社会责任，从而促使信用管理策略更加注重道德规范和社会价值。而在另一些文化背景下，信用管理则可能更多地关注经济效益和契约精神，从而采取更加务实和市场化的管理措施。文化因素在信用管理中的引导作用主要体现在对信用行为的规范和管理上。通过文化因素的引导，可以在信用管理中实现更加人性化和适应性的管理策略。例如，通过文化教育和宣传，可以提高社会对信用规范的认知和接受度，从而促使个人和组织自觉遵守信用规范。此外，通过文化引导，可以在信用管理中形成良好的信用氛围和道德环境，从而提高信用管理的整体效果。

2. 文化引导下的信用行为调整

文化引导下的信用行为调整是实现信用管理目标的重要途径。在文化因素的引导下，信用主体能够更加自觉地调整自身的信用行为，以符合社会和文化的要求。例如，通过文化引导，可以促使信用主体在经济活动中更加注重诚信和道德，从而减少不良信用行为的发生。文化引导还可以通过增强信用意识和信用责任感，促使信用主体在信用管理中主动进行自我约束和改进。文化引导下的信用行为调整还体现在对信用管理策略的优化上。通过文化因素的引导，可以根据不同文化背景下的信用观念和行为模式，制定更加适应性的信用管理策略。例如，在农村社会中，可以通过结合传统信用文化和现代信用规范，制定符合地方特点的信用管理措施，从而实现文化引导与信用管理的有效结合。这种文化引导下的信用行为调整，不仅能够提高信用管理的效果，还能够促进社会信用环境的健康发展。

第三节　信用主体守信激励与失信惩戒

一、守信激励机制的设计与实践

（一）信用激励政策与其效果

1. 信用激励政策的种类与特征

信用激励政策在现代信用体系的构建中扮演着关键角色，旨在通过多样化的激励手段

---

① 武晓芬，梁安琪，李飞，等．制度信用环境、融资约束和企业创新［J］．经济问题探索，2018（12）：70—80.

促进守信行为。常见的信用激励政策包括财政奖励、税收减免、信贷优惠等。财政奖励主要以直接补贴的形式出现，旨在激励企业和个人保持良好的信用行为，这种激励手段的直接性和即时性使其在短期内能够有效推动守信行为的形成。税收减免则通过减少税负的方式激励企业和个人，这不仅降低了信用主体的经济负担，还增强了其在市场中的竞争力。信贷优惠通过降低贷款利率或提高信用额度等措施，降低了守信主体的融资成本，为其提供了更大的经济活动空间。这些政策种类多样，涵盖了不同层次的信用主体，其共同目标是通过经济利益的激励，促使守信行为成为一种常态。

然而，不同政策的实施效果并不完全相同，取决于其设计和实施的具体环境。如财政奖励在中小企业中的效果尤为显著，因为这些企业往往面临资金短缺的问题，直接的财政支持能够显著缓解其资金压力。相比之下，税收减免对大型企业的吸引力更大，因为这些企业的税负往往较重，减税能够显著改善其财务状况。信贷优惠则对于农户和小微企业具有重要意义，这类主体通常在信贷市场中处于弱势地位，通过信贷优惠政策可以有效降低其融资成本，增强其信用行为的持续性。

2. 信用激励政策的实施效果评估

信用激励政策的有效性评估是确保其能持续发挥作用的关键环节。评估过程通常包括对信用主体在接受激励政策后行为变化的分析，以及对政策实施后整体信用环境的变化进行测量。通过观察在财政奖励政策实施后，中小企业的信用表现是否有所改善，能够直接衡量政策的效果。同样，分析信贷优惠政策是否提升了农户的信用意识，也是评估政策有效性的一个重要方面。政策实施效果的评估不仅有助于识别最有效的激励措施，还能为政策调整提供数据支持，以确保激励政策的持续改进。如连维良在其文章《充分发挥守信激励在促进社会信用体系高质量发展中的重要作用》中提到，守信激励机制的建立完善是社会信用体系建设的重要内容。实施守信激励能够激励社会成员更加重视自身信用状况，是引导社会成员自觉守信践诺、提升社会诚信水平、构建诚信建设长效机制、加快实现信用数据要素化和资产化、推动治理体系和治理能力现代化的重要举措。[①]

评估过程还需考虑政策实施的广泛性与针对性。例如，尽管财政奖励政策能够广泛应用于中小企业，但其覆盖面和实施力度是否足够，也是衡量政策有效性的重要指标。[②] 若某些地区或特定类型的企业未能享受此类激励，可能导致信用激励的效果受到限制。因此，信贷优惠政策的效果评估也应考虑到其在不同地区、不同类型的信用主体中的应用情况，以确保政策的全面性和公平性。通过这些多维度的评估，信用激励政策的实际效果得以全面展现，为进一步优化和完善信用激励机制提供了有力支撑。

（二）守信行为的社会奖励与认可

1. 守信行为的社会奖励形式

在信用体系的构建中，社会奖励作为激励守信行为的重要手段，其作用不仅体现在物质激励上，更体现在精神层面的认可与尊重。社会奖励的形式多种多样，包括荣誉称号、

---

① 信息来源：信用中国网站，https：//credit. sc. gov. cn/xysc/c，访问日期：2024 年 10 月 7 日。

② 董碧娟．财政奖补中小企不“撒胡椒面”［N］．经济日报，2023 - 06 - 07（007）.

社会公示、媒体宣传等。这些形式通过不同渠道强化守信主体的社会地位，提升其在社区或行业中的影响力。政府可以设立“诚信企业”或“模范公民”的荣誉称号，通过定期评选和表彰，鼓励企业和个人保持高水平的信用行为。此类称号不仅是对守信主体的认可，也是对社会其他成员的激励，形成良好的信用示范效应。

社会公示和媒体宣传在提升守信主体的公众形象方面起到了关键作用。通过在公共场合或媒体平台上宣传守信主体的优秀事迹，可以增强其在社会中的声誉，同时也能够向社会传递守信的重要性。这种公开表扬的方式，能够有效引导公众将守信行为内化为社会规范，进而推动整个社会的信用水平提升。特别是在互联网和社交媒体高度发达的今天，守信行为的社会奖励不仅局限于传统媒体，社交网络的广泛传播更能使守信主体获得广泛的社会认可，从而进一步激励其保持良好的信用记录。

2. 守信行为的社会认可机制

除了物质和荣誉奖励外，社会认可机制在激励守信行为中同样不可或缺。这种机制包括公众评价、专家评审、专业机构认证等，旨在通过多元化的评价渠道，全面提升守信主体的社会影响力。公众评价通常通过互联网平台进行，允许社会成员对守信主体进行公开评价。这种透明化的评价方式，不仅增加了评价过程的公信力，还能激发其他主体的守信意识。如守信企业或个人在公众评价平台上获得的高分和好评，可以直接转化为其在市场中的竞争优势。

专家评审和专业机构认证则通过更加专业化的手段，对守信行为进行权威认定。专家评审通常由相关领域的专家组成，通过专业的评审标准，对守信主体的行为进行深入分析和评价。专业机构认证则包括第三方信用评级机构或行业协会的认证，这些认证在市场中具有较高的权威性和公信力，对守信主体的市场行为具有重要的指导意义。这些社会认可机制不仅增强了守信行为的激励效果，也为社会信用体系的完善提供了重要支撑。

二、失信惩戒机制的实施与监督

（一）失信惩戒的法律与制度保障

1. 失信惩戒法律框架的建立与完善

失信惩戒机制的有效实施离不开法律框架的支持，法律是规范失信行为、实施惩戒措施的根本保障。通过建立明确的法律法规，可以为失信行为的认定和惩戒提供法律依据，确保惩戒措施的公平公正。明确规定合同违约、欺诈等失信行为的法律责任，使得相关主体在法律框架内承担相应后果。这不仅有助于维护市场秩序，还能提高社会对法律的信任度，进而增强信用体系的稳定性。北京大学法学院教授沈岿在《社会信用体系建设的法治之道》一文中指出，社会信用体系的建设虽然在增强社会诚信意识和加强法律实施方面发挥了积极作用，但也存在合法性的问题，特别是在失信惩戒机制的实施上。① 他提出失信惩戒制度需要在法定权限范围内设定，并且社会信用规范的制定应当符合合法的一般原则。

① 沈岿．社会信用体系建设的法治之道［J］．中国法学，2019（5）：25—46.

他还强调了社会信用规范制定或实施的审查与救济的可得性，以确保个体的合法权益得到保护。

法律框架的完善不仅是制定法律条文，还包括法律实施的全过程。设立专门的司法机构处理失信案件，可以提高处理效率，确保法律的公平实施。此外，完善的法律框架还应涵盖对失信行为的多层次惩戒，包括行政处罚、刑事责任等，从而形成一个全方位的法律惩戒体系。通过这些措施，可以确保失信惩戒机制在法治轨道上运行，实现公正、透明和有效的信用治理。这种多层次的法律保障，能够有效震慑潜在的失信行为，为信用体系的健康发展提供坚实的法律基础。

2. 失信惩戒制度的设计与实施

在具体的制度设计方面，失信惩戒机制需要涵盖从失信行为的发现、认定到惩戒措施的执行等全过程。制度的设计应强调透明度和公正性，以增强公众对惩戒机制的信任。可以通过建立专门的信用黑名单制度，将失信主体的行为公之于众，并通过多部门协作，确保惩戒措施的有效执行。这种透明化的措施，可以有效提高失信行为的社会可见度，形成对其他主体的威慑。

惩戒制度的实施还需要考虑到各个环节的协调性和连贯性。例如，从失信行为的认定到惩戒措施的执行，需要确保信息的流通和措施的无缝衔接，避免因环节脱节导致的惩戒效果削弱。制度设计中还应包括对惩戒效果的监督和评估机制，以确保惩戒措施的实际效果。通过定期评估失信惩戒机制的执行效果，可以及时发现问题，调整措施，确保制度的持续有效性。

（二）社会对失信行为的惩罚措施

1. 社会惩罚措施的种类与实施方式

在法律惩戒之外，社会对失信行为的惩罚同样重要，甚至在某些情况下，社会惩罚比法律制裁更为有效。社会惩罚包括社会公开谴责、市场准入限制、社交网络曝光等。这些措施利用公众的广泛参与和舆论监督，对失信行为形成强大的社会压力。社会公开谴责通过公示失信主体的行为，让其在社会和市场中处于不利地位，直接影响其商业和社交活动。市场准入限制通过剥夺失信主体参与市场交易的机会，从经济上打击其失信行为。社交网络曝光则利用现代信息技术的便捷性，将失信行为快速传播至社会各个角落，形成广泛的社会监督。特别是在信息化社会中，社交网络曝光不仅速度快，覆盖面广，而且能迅速激起公众的集体反应，形成强大的社会舆论压力。这些社会惩罚措施的实施，不仅能够及时纠正失信行为，还能在全社会范围内形成对失信行为的高压态势，遏制失信行为的蔓延。

2. 社会惩罚的效果与局限性

尽管社会惩罚在失信行为的矫正中具有重要作用，但其效果和局限性也需要全面分析。社会惩罚的效果往往在短期内非常显著，尤其是当惩罚措施涉及广泛的公众参与时，失信主体会感受到强烈的社会压力，从而迫使其改正行为。然而，社会惩罚的效果也可能因时间的推移而减弱，特别是在没有持续舆论关注的情况下，失信主体可能会采取隐瞒或淡化行为的方式来逃避社会惩罚。

社会惩罚的局限性体现在其实施过程中的不确定性。由于社会惩罚更多依赖公众的自发行为，可能会出现惩罚措施过度或不足的情况。例如，在社交网络曝光中，公众情绪的波动可能导致惩罚的力度不一，甚至可能出现对失信主体的过度攻击，导致不必要的社会矛盾。这些局限性提示我们，在设计和实施社会惩罚措施时，应充分考虑其潜在的副作用，并通过合理的引导和规范，确保社会惩罚措施的公平和有效。

三、信用惩戒的再教育与社会复归

（一）信用惩戒后再教育的必要性

1. 再教育对失信主体的意义

信用惩戒后的再教育是帮助失信主体重新融入社会的关键环节。在信用惩戒措施实施后，失信主体往往需要通过一系列的再教育措施来纠正其不良行为，重建其社会信任。再教育的内容通常包括道德教育、法律教育和信用管理培训等。这些教育内容不仅旨在纠正失信行为，更重要的是帮助失信主体理解信用的重要性，从而在未来的社会活动中保持良好的信用记录。例如，通过道德教育，可以增强失信主体的社会责任感，使其在行为决策中更多地考虑社会后果；通过法律教育，失信主体可以进一步了解失信行为的法律后果，避免再次触犯法律。

再教育对失信主体的意义不仅在于行为的矫正，更在于重塑其社会形象。在许多情况下，失信行为往往会导致失信主体在社会中的声誉受损，影响其未来的社会交往和经济活动。通过再教育，失信主体有机会重新建立起其在社会中的信誉，这不仅有助于其个人的发展，也有利于整个社会信用体系的稳定和健康发展。再教育对于失信主体来说，不仅是对失信行为的矫正，更是对其社会形象的重塑。失信行为往往会对个体或企业的社会声誉造成负面影响，进而影响其未来的社会交往和经济活动。通过再教育，失信主体不仅能够提升自身的信用意识和法律意识，还能够通过实际行动改善自身的信用记录，这对于其重建社会信誉、恢复正常的经济和社会活动具有重要意义。

2. 再教育的实施策略

再教育的实施策略应根据失信主体的具体情况量身定制，以确保教育内容的针对性和有效性。中华人民共和国国家发展和改革委员会令第 58 号《失信行为纠正后的信用信息修复管理办法（试行）》中提到了信用信息修复的概念，这涉及失信主体在纠正失信行为后，向相关单位提出申请，由该单位按照规定移除或终止公示失信信息的活动。这表明，对于失信行为的纠正和信用记录的恢复，国家已经制定了相应的管理办法。再教育应注重教育方式的多样性，以确保教育效果的最大化。例如，可以通过线上教育平台提供相关的学习资源，使失信主体能够随时随地接受教育；同时，也可以通过面对面的辅导和咨询，提供更为个性化的教育支持。在教育的过程中应注重与社会的互动，通过鼓励失信主体参与社区活动和公益项目，增强其社会责任感，逐步恢复其在社会中的信用地位。

（二）信用惩戒后的社会复归

1. 社会复归机制的设计

社会复归机制是帮助失信主体在信用惩戒后重新融入社会的重要保障。该机制的设计应包括一系列的支持措施，帮助失信主体克服信用惩戒带来的负面影响，重新获得社会的信任。常见的社会复归措施包括信用修复计划、社区支持项目、就业扶持政策等。信用修复计划通常由专业的信用管理机构实施，通过提供信用咨询和培训，帮助失信主体逐步恢复其信用记录。社区支持项目则通过社区的力量，帮助失信主体重新融入社会，增强其社会认同感。就业扶持政策可以为失信主体提供就业机会，帮助其通过合法的经济活动恢复其社会地位。

社会复归机制的设计还应注重公平性和包容性，确保所有失信主体都有机会通过努力重新融入社会。例如，在设计信用修复计划时，应考虑到不同失信行为的严重程度，制定相应的修复标准，以确保修复过程的公平性。对于失信行为较轻的主体，可以通过短期的信用管理培训和法律教育来帮助其迅速纠正错误，恢复信用记录。而对于失信行为较为严重的主体，则可能需要更长时间的道德和法律教育，甚至包括参与社会服务等方式，以弥补其失信行为对社会造成的损害。社会复归机制还应关注失信主体的心理状态，通过心理辅导和支持，帮助其克服因失信行为带来的心理压力，增强其社会适应能力。

2. 社会复归的效果与评价

社会复归的效果评价是确保机制实施有效性的关键。评价过程通常包括对失信主体在复归过程中的行为变化、信用记录恢复情况、社会参与度等方面的分析。例如，通过对参与信用修复计划的失信主体的跟踪调查，可以了解其信用记录的恢复情况，以及其在社会中的行为变化。同样，社区支持项目的效果也可以通过失信主体的社会参与度和社区反馈来评估。

社会复归效果的评价不仅有助于识别成功案例，还能为机制的改进提供参考。例如，通过分析成功复归案例，可以总结出有效的支持措施，为其他失信主体提供借鉴；同时，通过分析复归失败的案例，可以发现机制中存在的问题，进而进行调整和改进。此外，社会复归的效果评价还应注重长期效果的跟踪，确保失信主体在复归后的长期信用行为保持良好，从而为社会信用体系的稳定发展提供有力支持。

四、守信与失信文化的双重塑造

（一）文化对守信行为的激励作用

1. 传统文化中的守信观念

在中国传统文化中，守信观念占据着核心地位，是儒家思想的重要组成部分。孔子提倡的“信”作为五常之一，被视为个人立身处世的重要准则。他在《论语·学而》：“吾日三省吾身，为人谋而不忠乎？与朋友交而不信乎？传不习乎？”[①] 守信不仅被认为是个

① （春秋）孔子弟子编著；梁大伟．论语［M］．哈尔滨：北方文艺出版社，2019：3.

人品德的体现，更是维持社会和谐的基础。在传统社会中，守信行为被广泛尊崇，个人的诚信直接影响其社会声望和人际关系。古代商人之间的交易多以信用为基础，商誉被视为比财富更为重要的资产。这种文化传统对现代社会仍然具有深远影响，特别是在农村地区，守信观念往往与家庭声望和社区声誉紧密相关，形成了独特的信用文化氛围。

现代信用体系的构建，离不开对传统文化中守信观念的继承与发扬。通过弘扬传统守信文化，可以在全社会范围内树立信用意识，激励更多主体自觉践行守信行为。例如，政府可以通过宣传和教育活动，将传统文化中的守信观念与现代信用管理相结合，增强公众的信用意识。同时，文化活动和社区建设也可以成为弘扬守信文化的重要载体，如通过组织信用主题的文化节、讲座和社区活动，进一步增强人们对守信行为的认同感和归属感。

2. 现代社会中的文化激励机制

在现代社会，文化对守信行为的激励作用更加多元化，表现为对诚信的社会认可和对守信行为的文化塑造。如通过大众传媒和社交媒体的广泛传播，守信行为可以被放大并得到广泛宣传，从而形成一种社会共识，激励更多人遵守信用。尤其在信息化和全球化背景下，文化激励机制的影响范围已超越了传统的地域和文化界限，使守信成为一种普遍的社会价值观。

现代文化激励机制的另一重要表现是通过文化产品和文艺作品对守信行为的宣传和塑造。例如，电影、电视剧、文学作品等通过塑造守信人物形象，展现其在面对困境时坚守信用的品德，从而激励观众自觉模仿和学习这些守信行为。与此同时，社交媒体平台也发挥了重要作用，个人的守信事迹通过网络迅速传播，并获得社会的广泛关注和赞誉。这种现代化的文化传播方式，使得守信行为的文化激励作用得到了极大的增强，进一步推动了全社会守信氛围的形成。

（二）文化对失信行为的制约与引导

1. 文化对失信行为的负面评价

文化对失信行为的制约首先体现在社会对失信行为的负面评价和谴责中。在中国传统文化中，失信行为被视为极其严重的道德失范，往往会遭到社会的强烈谴责。失信者不仅会失去他人的信任，还可能被排斥出其所在的社群，甚至在某些情况下，其家庭成员也会受到连累。这种强烈的文化制约力，促使个人和组织在日常行为中更加谨慎，避免因失信行为而陷入道德和社会困境。而在现代社会中，文化对失信行为的负面评价依然存在，并且随着媒体和社交网络的发展，这种评价的力度和影响范围进一步扩大。例如，失信行为一旦被曝光，往往会在社交媒体上迅速传播，导致失信主体在公众眼中形象受损，甚至可能因此失去工作机会或商业合作。媒体的监督和公众的舆论压力，成为制约失信行为的重要文化力量，推动社会成员自觉维护自己的信用记录。

其次，文化对失信行为的负面评价还体现在社会的法律和道德体系中。例如，在法律上，失信行为往往会导致法律制裁，而在道德层面，失信者可能会被视为不可信任的人，这种文化评价机制对失信行为的制约作用是多方面的，既有社会层面的惩罚，也包括个人道德上的内疚感和羞耻感。这些文化因素的共同作用，形成了一种对失信行为的强大制约力量，促使社会成员自觉遵守信用。

2. 文化引导下的失信行为修复

文化在制约失信行为的同时，也为失信主体提供了修复和重新融入社会的路径。中国传统文化强调悔过自新，认为“浪子回头金不换”，失信者如果能够真诚悔改，仍然有机会重新获得社会的接纳。这种文化观念为失信主体提供了心理和社会上的支持，使其能够通过积极的努力恢复信用，重新融入社会。

在现代社会中，文化引导下的失信行为修复机制同样扮演着重要角色。一些地区和企业通过设立“信用修复”项目，帮助失信主体通过参加信用教育、公益活动等方式，逐步恢复其信用记录。这些修复机制不仅体现了法律和制度的包容性，也反映了文化层面上对失信主体的宽容和再教育。通过这种文化引导，失信主体不仅能够修复自己的信用，还能够通过积极的社会参与，重新建立与社会的联系，实现个人和社会的双重回归。文化引导下的失信行为修复还注重社会认同的重建。通过社区支持和集体活动，失信主体能够逐步恢复其在社区中的地位，增强其对社会的归属感。这种认同的重建，不仅有助于失信主体的信用修复，还能够通过文化的力量，进一步强化社会成员的守信意识，推动全社会信用体系的持续发展和完善。

五、守信与失信行为的社会互动与平衡

（一）守信行为的社会反馈与传播效应

1. 守信行为的正向社会反馈

在社会信用体系中，守信行为不仅对个体和组织的自身发展有积极影响，还会产生广泛的社会反馈效应。守信行为往往会带来信任的积累和社会资本的增加，形成正向的社会反馈。例如，个人或企业在持续守信的过程中，会逐渐赢得合作伙伴和公众的信任，从而在市场中获得更多机会。这种信任的积累，不仅能够帮助守信主体在竞争中脱颖而出，还能通过口碑效应，吸引更多的资源和支持。

正向社会反馈还体现在守信行为的示范效应上。一个守信主体的行为，往往会在其所处的社会网络中产生影响，激励他人模仿和学习。这种示范效应通过社会互动传播，能够在更广泛的范围内促进守信行为的普及和巩固。例如，当企业通过良好的信用记录获得市场认可后，其他企业也会效仿其信用管理实践，从而在行业内形成守信行为的风气。这种正向反馈机制，通过不断增强社会成员的守信意识，进一步推动了社会信用体系的完善。

2. 守信行为的社会传播效应

守信行为的传播效应是其在社会互动中产生的广泛影响力。在信息化社会中，守信行为往往通过各种渠道迅速传播，形成强大的社会影响。通过社交媒体、新闻报道等，守信行为能够在短时间内得到广泛传播，引起社会各界的关注和讨论。这种传播效应不仅使守信主体的声誉得以提升，还能通过信息的扩散，推动更多主体参与守信行为。守信行为的社会传播效应还表现在文化传播和教育中。通过教育系统和文化产品，守信观念可以传递给下一代，使其从小树立起信用意识。学校教育中的诚信教育、社会宣传中的信用故事，都是守信行为传播效应的具体体现。通过这些传播途径，守信行为不仅得到了广泛的社会

认可，还通过代际传递，使守信成为社会成员的普遍价值观，进一步增强了社会的信用基础。

（二）失信行为的社会连锁反应与防范措施

1. 失信行为的负面连锁反应

失信行为往往不仅影响个体或组织自身，还可能引发一系列的社会连锁反应，给整个社会信用体系带来负面影响。当一个企业发生失信行为时，不仅会导致其在市场中的声誉受损，还可能影响到其合作伙伴、客户乃至整个行业的信用水平。这种连锁反应可能导致信用危机的蔓延，进一步削弱社会对信用体系的信任。负面连锁反应还表现在社会信任的减弱和经济活动的低效化。当失信行为频发时，社会成员之间的信任感会大幅下降，导致交易成本增加和合作难度加大。这种信任的丧失，不仅会影响经济效率，还可能导致社会关系的紧张和不稳定，进而影响社会的整体发展和稳定。因此，防范失信行为的负面连锁反应，是维持社会信用体系健康发展的重要任务。

2. 预防失信行为的社会机制设计

为了防范失信行为的负面连锁反应，社会需要建立有效的预防机制。这些机制的设计应包括法律、制度、文化等多个层面，通过多方面的共同作用，形成对失信行为的全面防范。[①] 在法律层面，可以通过加强信用法律法规的制定和实施，提高失信行为的违法成本，从而有效遏制失信行为的发生。在制度层面，可以通过建立完善的信用记录和信用评估体系，将失信行为纳入信用管理的范畴，通过科学的信用评估和风险控制措施，降低失信行为对社会的危害。在文化层面，预防机制则主要体现在信用教育和文化引导上。通过加强社会成员的信用教育，增强其信用意识，可以从源头上减少失信行为的发生。例如，通过学校教育、社区活动、媒体宣传等多种形式，普及信用知识，弘扬守信文化。同时，通过社会舆论的引导，可以在全社会范围内形成对失信行为的强大约束力，推动社会成员自觉遵守信用规则。

这些社会机制的设计和实施，不仅有助于防范失信行为的负面连锁反应，还能通过促进守信行为的传播和强化，进一步巩固社会信用体系的基础，推动社会的可持续发展。

（三）守信与失信行为的社会平衡机制

1. 社会平衡机制的作用

守信与失信行为的社会平衡机制，是指通过社会的法律、制度、文化等多种手段，保持守信行为的主导地位，防止失信行为对社会信用体系的破坏。这种平衡机制的核心在于，通过奖惩并重的措施，鼓励守信行为，惩戒失信行为，从而形成良性循环。例如，通过法律手段惩罚失信行为，同时通过激励机制奖励守信行为，可以有效平衡守信与失信行为的力量对比，确保社会信用体系的稳定。

社会平衡机制的作用还体现在信用风险的控制和管理上。通过建立信用风险评估体

---

① 信息来源：中国政府网，https：//www. gov. cn/zhengce/content/2016 – 06/12/content_ 5081222. htm，访问日期：2024 年 10 月 7 日。

系，可以及时发现和识别失信行为的风险，并通过风险预警和干预措施，将失信行为的影响控制在最低范围内。这种信用风险管理机制，可以在保持社会信用体系稳定的同时，防止失信行为引发更广泛的社会问题。如《关于推进企业信用风险分类管理进一步提升监管效能的意见》中提到，推进企业信用风险分类管理是构建以信用为基础的新型监管机制的重要内容，它有助于提升监管效能，优化监管资源配置。通过企业信用风险分类管理，可以根据企业的信用风险状况实施差异化的监管措施，实现对违法失信者“无处不在”的严格监管，同时对诚信守法者“无事不扰”，以此促进公平竞争和市场秩序的优化。[①]

2. 守信与失信行为的动态调整

守信与失信行为的社会平衡机制并不是静态的，而是需要根据社会发展和信用环境的变化进行动态调整。随着信息技术的发展和全球化的深入，社会信用体系面临的新挑战和新风险也在不断涌现。这就要求社会在设计和实施信用管理机制时，必须保持灵活性和前瞻性，及时调整和更新相关政策和措施，以适应新的社会环境。动态调整还体现在对守信与失信行为的评估和反馈中，可以通过定期对社会信用体系的运行情况进行评估，分析守信与失信行为的表现和趋势，并根据评估结果调整相关的激励和惩戒措施。也可以通过引入新的技术手段，如大数据分析、人工智能等，可以更加精准地识别和管理守信与失信行为，从而进一步提升社会信用体系的效率和稳定性。

守信与失信行为的社会平衡机制，是保障社会信用体系健康发展的重要手段。通过法律、制度、文化等多方面的共同作用，可以有效激励守信行为，惩戒失信行为，确保社会信用体系的稳定和可持续发展。在未来的社会信用管理中，需要进一步完善和优化这一平衡机制，应对不断变化的社会信用环境，推动社会信用体系的不断进步。国家发展改革委办公厅在《关于加强和规范守信联合激励和失信联合惩戒对象名单管理工作的指导意见》贯彻落实工作的通知中，也强调了加强和规范守信联合激励和失信联合惩戒机制的重要性，并提出了具体的工作要求。这些政策文件体现了通过社会信用体系的建设，旨在促进市场主体依法诚信经营，维护市场正常秩序，营造诚信社会环境。同时，也强调了信用体系的法治化、标准化和诚信教育的重要性，以确保社会信用体系的健康发展和长期进步。

第四节　信用主体的责任与信用修复

一、信用责任的法律与道德维度

（一）信用责任的法律框架与约束

1. 信用法律责任的基本原则

信用法律责任的基本原则是保护信用体系的核心，确保市场秩序的稳定和社会公正。

---

① 林丽鹏．推进企业信用风险分类管理［N］．人民日报，2022－02－16.

法律对信用责任的基本原则涵盖了诚实信用原则、公平原则和合法性原则。这些原则要求信用主体在履行债务时，必须遵循诚实守信的行为规范，公平对待所有市场参与者，并确保其行为符合法律规定。例如，《合同法》明确规定了合同双方应当诚实守信，履行合同义务，不得擅自改变或终止合同。这些法律原则为信用责任提供了基本的法律框架和规范，确保信用行为的规范化和法律化。

信用法律责任还包括对失信行为的法律约束机制。这些机制主要包括法律责任的认定和追究、法律救济措施以及对失信行为的处罚等。法律对失信行为的追究包括民事责任、行政责任和刑事责任三个层面。例如，失信主体可能会面临合同违约赔偿、行政罚款和刑事制裁等法律后果。此外，法律还规定了失信行为的救济措施，如撤销合同、赔偿损失和申请法院强制执行等，以保障受害方的权益。通过这些法律机制，可以有效地约束失信行为，维护信用体系的稳定性和公平性。

2. 法律对失信行为的约束机制

法律对失信行为的约束机制主要包括信用信息的记录和公开、失信行为的惩戒措施以及失信行为的修复程序。信用信息的记录和公开是法律约束失信行为的重要手段，通过建立信用信息系统，将失信行为的信息记录并公开，促使失信主体承担相应的法律责任。失信行为的修复程序包括申请信用修复、履行改正措施和更新信用记录等，通过这些程序，失信主体可以纠正其失信行为，恢复信用记录。

3. 信用法律责任的执行与监督

信用法律责任的执行与监督是确保法律规范得到有效落实的关键。[①] 执行环节包括法院对失信行为的判决和执行措施，如强制执行失信主体的财产和履行债务。监督环节包括对法律执行过程的监管和审查，如对法院判决的执行情况进行监督，确保判决结果的实施。此外，信用信息机构和监管部门还可以对信用记录的更新和维护进行监督，确保信用信息的准确性和公正性。通过执行与监督机制，可以提高法律的威慑力和执行力，维护社会信用体系的正常运作。

（二）道德对信用责任的补充作用

1. 道德在信用体系中的地位

道德在信用体系中的地位是信用责任的重要补充。道德规范作为一种非正式的社会规范，对信用行为的约束作用具有重要意义。道德规范强调个人和组织在履行信用责任时，应遵循诚实、公正和责任等道德标准。例如，商业道德要求企业在市场交易中遵循诚信原则，不进行虚假宣传或不公平竞争。道德规范能够弥补法律规范的不足，通过引导和教育，促使信用主体自觉履行信用责任。道德在信用体系中的地位不仅体现在对信用行为的约束，还体现在对信用文化的塑造和传承。

2. 道德责任的社会影响力

道德责任的社会影响力体现在对社会信任和公共利益的保护。道德责任强调信用主体在履行义务时，应考虑社会利益和公共价值。例如，企业在追求利润的同时，应关注社会

---

① 闫丽萍. 企业信用法律风险管理操作指引［M］. 北京：中国政法大学出版社，2015：23—26.

责任和环境保护，通过道德责任的履行，增强其社会形象和公众认可。道德责任对社会影响力的体现还包括对信用文化的促进和引导，如通过道德教育和社会倡导，提升公众的信用意识和道德水平。道德责任的社会影响力能够促进社会的和谐与稳定，提升信用体系的整体效能。

（三）信用责任在社会中的实现路径

1. 社会对信用责任的认知与落实

社会对信用责任的认知与落实是实现信用责任的重要基础。社会认知包括对信用责任的定义、重要性和影响的理解，如对诚信的重要性和失信的后果有清晰的认识。社会对信用责任的落实体现在具体行动和实践中，如企业和个人在日常生活和工作中遵循信用原则和道德规范。实现信用责任的路径还包括通过教育和宣传，提升社会对信用责任的认识和重视。①

2. 公民与企业的信用责任实践

公民与企业的信用责任实践是实现信用责任的关键环节。公民的信用责任实践包括在个人生活中遵守诚信原则，如按时还款、履行合同等。企业的信用责任实践包括在商业活动中遵循信用规范，如诚信经营、维护客户权益等。公民和企业的信用责任实践不仅涉及自身的信用记录，还影响社会的信用环境和市场秩序。通过制定和实施信用管理制度，如内部控制和信用评估，可以促进公民和企业履行信用责任。此外，公民和企业还应积极参与社会信用活动，如信用评级和信用修复，推动信用体系的建设和完善。

二、信用失信行为的社会后果

（一）信用失信对经济关系的影响

1. 信用失信对市场交易的干扰

信用失信对市场交易的干扰主要体现在对交易的信任和稳定性的破坏。失信行为可能导致市场交易的不确定性和风险增加，例如，企业在履行合同时未能按约定提供货物或服务，可能引发交易对方的不满和纠纷。失信行为还可能导致市场竞争的不公平，如某些企业通过虚假宣传或欺诈手段获得市场份额，损害了其他企业的合法权益。此外，失信行为还可能影响市场的流动性和效率，如失信主体的违约行为可能导致资金流动受阻，影响市场的正常运转。通过加强信用管理和监管，可以减少信用失信对市场交易的干扰，维护市场秩序和交易稳定。

2. 失信行为对商业伙伴关系的冲击

失信行为对商业伙伴关系的冲击主要体现在对合作信任和合作意愿的影响。失信主体的行为可能导致商业伙伴对其失去信任，影响合作关系的稳定性。失信行为还可能导致商业伙伴的经济损失，如由于违约导致的赔偿和损失。商业伙伴关系的冲击不仅涉及个体企

---

① 胡波．契约式教育：培养守信用、负责任、能合作的未来人［M］．北京：机械工业出版社，2018：12—16.

业，还可能影响到整个行业和市场的信用环境。通过建立健全的信用评价和信用修复机制，可以减少失信行为对商业伙伴关系的冲击，促进合作关系的恢复和发展。

3. 经济衰退中的信用危机效应

经济衰退中的信用危机效应主要体现在对经济稳定和复苏的影响。经济衰退可能导致信用风险的增加，如企业由于经营困难和资金短缺，出现违约和失信行为。信用危机的效应包括市场信任度的下降、投资意愿的减少和经济活动的萎缩。信用危机还可能加剧经济衰退的程度，如企业的失信行为可能导致市场需求的下降和经济增长的放缓。通过加强信用管理和风险控制，可以减缓经济衰退中的信用危机效应，促进经济的稳定和复苏。

（二）社会对失信行为的集体回应

1. 社会舆论对失信行为的监督

社会舆论对失信行为的监督具有重要意义，可以通过舆论监督的方式，促使失信主体承担责任。[①] 社会舆论可以通过媒体报道和公众讨论，对失信行为进行曝光和批评，提高社会对失信行为的关注度。例如，媒体可以报道失信行为的案例和影响，公众可以通过讨论和评论，表达对失信行为的不满。

2. 社会组织在失信惩戒中的作用

社会组织在失信惩戒中发挥了重要作用，可以通过各种形式的惩戒措施，促使失信主体纠正行为。集体行动的效果体现在对失信行为的综合治理和信用体系的改进，如通过多方合作，推动信用记录的修复和社会的诚信建设。通过集体行动，可以提高失信行为的矫正效果，促进社会的信用环境和市场秩序的改善。

（三）失信行为的长期社会影响

1. 失信行为对社会信任度的破坏

失信行为对社会信任度的破坏主要体现在对社会整体信任环境的影响。[②] 失信行为可能导致社会对信用体系的信任下降，如企业和个人的不诚信行为可能影响公众对整个信用体系的信任。例如，企业的虚假宣传和欺诈行为可能导致消费者对市场的信任减少，影响社会的信用氛围。失信行为的破坏作用还体现在对社会互动和合作的影响，如失信主体的行为可能导致社会成员之间的信任关系受损，影响社会的稳定和谐。通过加强信用管理和监督，可以维护社会信任度，促进社会的诚信和稳定。

2. 长期失信对个人与群体的边缘化

长期失信对个人与群体的边缘化主要体现在对社会参与和机会的限制。长期失信的个人和群体可能面临社会边缘化的问题，如在就业、贷款和社会交往等方面受到限制。例如，长期失信的个人可能难以获得良好的就业机会和信用支持，影响其社会地位和生活质量。长期失信还可能导致社会群体的边缘化，如某些社区或组织由于长期失信行为，面临社会接纳度的降低和资源的减少。通过加强信用修复和社会支持，可以减少长期失信带来

---

① 王梅芳．舆论监督与社会正义［M］．武汉：武汉大学出版社，2005：46—48.

② 全国整顿和规范市场经济秩序领导小组办公室．社会信用体系建设［M］．北京：中国方正出版社，2004：25—27.

的边缘化问题，促进个人和群体的社会融入和发展。

三、信用修复机制与再融入的路径

（一）信用修复的法律与制度保障

1. 信用修复的法律依据与程序

信用修复不限于狭义的修补受损信用，而是泛指所有改善信用记录、提升信用评分的做法，而以营利为目的提供这类服务的机构都要受《信用修复机构法》的监管。① 信用修复的法律依据和程序是实现信用修复的重要保障。法律依据包括有关信用修复的法律法规和政策文件，如《合同法》《公司法》和《信用管理条例》等。这些法律法规规定了信用修复的基本原则、程序和要求，为信用修复提供了法律支持。例如，《合同法》规定了失信行为的赔偿和纠正措施，为信用修复提供了法律依据。② 信用修复的程序包括申请修复、提交材料、审核和处理等步骤，通过这些程序，失信主体可以申请信用修复，纠正其失信行为。通过完善的法律依据和程序，可以确保信用修复的规范性和有效性。

2. 信用修复中的司法介入

信用修复中的司法介入主要体现在对信用修复程序的监督和执行。司法介入包括对信用修复申请的审查和处理，如法院对信用修复案件的审理和判决。司法介入还包括对信用修复结果的执行，如强制执行信用修复措施和判决。此外，司法介入还包括对信用修复程序的监督和保障，如对修复程序的合法性和公正性进行审查。通过司法介入，可以提高信用修复的公正性和执行力，维护法律的权威和信用体系的稳定性。③

（二）社会支持在信用修复中的作用

1. 社会救助与信用修复的联动

社会救助与信用修复的联动主要体现在通过社会支持和救助，促进信用修复的实施。④ 社会救助包括对失信主体的经济援助和社会支持，如提供贷款、补贴和救助资金等。这些社会救助措施能够缓解失信主体的经济压力，提高其修复信用的能力。社会救助还包括提供心理咨询和职业培训等服务，帮助失信主体改善行为和恢复信用。社会救助与信用修复的联动能够通过提供多方面的支持和帮助，促进信用修复的效果和可持续性。社区支持在信用修复中的实践主要体现在通过社区服务和资源，支持失信主体的信用修复。社区支持包括提供信用教育和咨询服务，如开展信用修复培训和宣传活动。此外，社区还可以通过组织志愿者和社会组织，提供实际的帮助和支持，如就业推荐和社会融入服务。社区支持的实践还包括建立社区信用修复平台，促进社区成员的互助和合作。通过社区支持，可以为失信主体提供更为贴近实际的帮助和支持，促进其信用修复和社会融入。

---

① 杨渊，宋春春，美国信用修复市场发展和监管争议［J］. 中国征信，2015（9）.

② 朱晓娟. 合同法［M］. 北京：中国政法大学出版社，2021：26—27.

③ 姚小林. 司法社会学引论［M］. 厦门：厦门大学出版社，2014：12—15.

④ 龚钰淋. 和谐社会视域下失独家庭社会救助体系研究——以北京市为例［M］. 北京：中国政法大学出版社，2021：1—3.

2. 公共资源在信用再生中的利用

公共资源在信用再生中的利用包括通过公共资金和服务，支持信用修复和再生工作。[①] 公共资源包括政府资金、社会服务和公共设施等，可以通过设立信用修复基金、提供贷款优惠和组织信用教育等方式，支持失信主体的信用修复。此外，公共资源的利用还包括建立信用再生平台，如信用重建基金和社会救助网络，提供多方面的支持和帮助。通过公共资源的有效利用，可以提高信用修复的覆盖面和效果，推动社会信用体系的建设和完善。

（三）再融入的策略与路径设计

1. 社会再融入的关键要素

社会再融入的关键要素包括社会支持、个人努力和制度保障。[②] 社会支持包括来自家庭、社区和社会组织的帮助和支持，如提供经济援助、心理咨询和社会服务。个人努力包括失信主体自身的行为改善和信用修复，如参加信用修复培训和努力履行法律责任。制度保障包括政府和社会各界的政策支持和法律保障，如制定信用修复政策和实施信用再生措施。通过整合这些关键要素，可以有效支持失信主体的社会再融入，促进其恢复信用和社会地位。

2. 再融入策略的理论基础

再融入策略的理论基础包括社会资本理论、行为经济学理论和制度理论。社会资本理论强调社会支持和网络对个体和群体的影响，如社会支持网络可以促进失信主体的社会融入和信用重建。行为经济学理论关注个体的行为动机和决策过程，如通过激励机制和行为干预，改善失信主体的信用行为。制度理论强调制度环境对个体行为的影响，如通过完善制度设计和政策支持，推动信用修复和社会再融入。通过结合这些理论基础，可以设计和实施有效的再融入策略，促进失信主体的信用修复和社会融入。

四、信用修复中的社会支持与制度保障

（一）社会支持在信用修复中的意义

1. 信用修复中的心理与情感支持

信用修复中的心理与情感支持具有重要意义，可以帮助失信主体缓解压力和焦虑，增强其信用修复的积极性。心理支持包括提供心理咨询和辅导，帮助失信主体处理情感问题和心理困扰。例如，通过心理咨询，失信主体可以获得专业的帮助，改善其心理状态和行为方式。情感支持包括来自家庭、朋友和社区的关怀和鼓励，如提供精神上的支持和认可。通过心理与情感支持，可以提高失信主体的自信心和恢复能力，促进其信用修复和社会融入。

2. 社会支持网络对信用重建的作用

社会支持网络对信用重建的作用主要体现在通过社会关系和资源，提供实际的帮助和

---

① 霍军．农村体育公共资源均衡配置及实践路径研究［M］．北京：北京体育大学出版社，2018：12—15.
② 杨彩云．规训与调适：社区服刑人员的社会融入研究［M］．上海：华东理工大学出版社，2018：1—2.

支持。[①] 社会支持网络包括家庭、朋友、社区和社会组织等，可以通过提供经济援助、职业推荐和社会服务等方式，支持失信主体的信用修复。例如，家庭和朋友可以提供经济上的帮助和情感上的支持，社区和社会组织可以提供服务和资源。通过社会支持网络，可以增强失信主体的社会融入和信用恢复能力，提高信用修复的效果和可持续性。

3. 社会融合与信用再生的互动关系

社会融合与信用再生的互动关系主要体现在通过社会融合，促进信用再生的实施。[②] 社会融合包括通过社会支持和服务，帮助失信主体融入社会，提高其社会参与度和社会资本。例如，通过提供社会服务和支持，失信主体可以获得更多的社会资源和机会，改善其社会地位和生活质量。信用再生则包括通过信用修复和重建，恢复失信主体的信用记录和社会信誉。通过社会融合与信用再生的互动，可以提高信用修复的效果和社会融入的水平，促进社会的诚信和稳定。

（二）制度保障对信用修复的促进

1. 制度对信用修复的支撑机制

制度对信用修复的支撑机制包括通过制度设计和实施，提供信用修复的保障和支持。支撑机制包括建立信用修复机构和平台，如信用修复委员会和信用信息管理中心，负责处理和实施信用修复工作。此外，还包括制定相关的政策措施，如信用修复基金和贷款优惠，以支持和激励失信主体的修复行为。制度的支撑机制还包括完善的法律法规，如《信用管理条例》和《合同法》，为信用修复提供法律依据和程序。通过制度的支撑机制，可以提高信用修复的规范性和有效性，推动社会信用体系的建设和发展。

2. 制度保障下的信用重塑路径

制度保障下的信用重塑路径包括通过制度设计和实施，推动信用重塑和恢复工作。信用重塑路径包括制定详细的信用重塑计划和措施，如信用记录的修复、信用评估的调整和信用修复的评估。此外，还包括建立专门的信用重塑机构和平台，如信用重塑委员会和信用信息中心，负责处理和实施信用重塑工作。制度保障下的信用重塑路径还包括加强对信用重塑的监督和评估，如通过司法介入和社会监督，确保信用重塑的合法性和公正性。通过制度保障下的信用重塑路径，可以提高信用重塑的效果和可持续性，推动社会信用体系的建设和完善。

（三）社会与制度共同作用下的信用再生

1. 社会与制度合力下的信用重构

社会与制度合力下的信用重构主要体现在通过社会支持和制度保障，推动信用重构和恢复。社会与制度合力包括政府、社会组织、企业和公众等多方的合作与参与，共同制定和实施信用修复措施。例如，政府可以通过政策支持和法律保障，社会组织可以提供服务和支持，企业可以参与信用修复和社会责任，公众可以进行监督和倡导。社会与制度合力

---

① 贺寨平．城市贫困人口的社会支持网研究［M］．北京：中国社会出版社，2011：1—3.

② 王玉君．中国流动人口的社会融合［M］．北京：光明日报出版社，2017：1—3.

下的信用重构还包括建立多方合作的信用修复机制，如信用修复联盟和信用重建基金，推动信用修复工作的开展。通过社会与制度的合力，可以提高信用重构的效果和覆盖面，促进社会的诚信和稳定。

2. 公私合作在信用再生中的实践

公私合作在信用再生中的实践主要体现在通过政府和企业的合作，推动信用再生和恢复。[①] 公私合作包括政府和企业的资源整合和合作，如通过设立信用修复基金、提供贷款优惠和开展信用教育等。此外，还包括政府和企业的联合行动，如共同开展信用修复项目、组织信用培训和提供社会服务。公私合作的实践还包括建立公私合作机制，如信用修复合作平台和信用重建联盟，推动信用修复工作的开展。通过公私合作，可以提高信用再生的效果和效率，促进社会的信用体系和经济发展。

五、信用修复中的社会支持与制度保障

（一）社会支持在信用修复中的意义

1. 信用修复中的心理与情感支持

信用修复中的心理与情感支持不仅是对失信主体心理健康的关注，更是促进其积极修复信用的关键因素。失信行为常常带来心理压力和社会污名，这些负面情绪可能进一步阻碍信用修复过程。例如，失信主体可能会感到沮丧、焦虑或羞愧，从而影响其主动参与修复行动的意愿。因此，提供专业的心理咨询服务可以帮助失信主体应对这些心理挑战，通过专业的心理辅导，失信主体可以获得情感上的支持和鼓励，帮助其重建信心和积极参与修复活动。

此外，情感支持也在信用修复中发挥着重要作用。家庭、朋友和社会网络的情感支持不仅能够提供精神上的慰藉，还能帮助失信主体感受到社会的包容与支持。

2. 社会支持网络对信用重建的作用

社会支持网络在信用重建中的作用主要体现在提供实际的帮助和资源方面。社会支持网络包括家庭、社区、社会组织和企业等，可以通过多种形式的支持，帮助失信主体改善信用记录和社会融入。例如，家庭成员可以提供经济援助和职业建议，社区组织可以开展信用教育和培训，企业可以提供就业机会和职业发展支持。社会支持网络的多方面支持可以增强失信主体的信用恢复能力和社会融入水平。

3. 社会融合与信用再生的互动关系

社会融合与信用再生的互动关系主要体现在通过社会融入，促进信用再生的实现。社会融合包括失信主体融入社会的过程，如参与社会活动、建立社会关系和获得社会支持。这一过程不仅有助于失信主体重建社会信任，还能够改善其信用记录。例如，通过参与社区活动和社会服务，失信主体可以展示其修复信用的意愿和行动，从而获得社会的认可和支持。

---

① 陈军．变化与回应：公私合作的行政法研究［M］．北京：中国政法大学出版社，2014：1—3.

信用再生则包括通过信用修复和重建，恢复失信主体的信用记录和社会信誉。这一过程通常涉及失信主体的行为改善和信用记录的修复，如履行法律责任、纠正失信行为和申请信用修复。社会融合与信用再生的互动关系表现在，通过社会支持和服务，促进信用修复的实施和效果。通过社会融合和信用再生的互动，可以提高失信主体的社会融入和信用恢复水平，促进社会的诚信和稳定。

（二）制度保障对信用修复的促进

1. 制度对信用修复的支撑机制

制度对信用修复的支撑机制包括通过制度设计和实施，提供系统化的支持和保障。这一机制包括建立信用修复机构和平台，如信用修复委员会和信用信息管理中心，负责处理和实施信用修复工作。这些机构可以制定详细的信用修复规则和标准，如修复申请的条件、处理流程和评估标准，确保信用修复工作的规范性和有效性。

此外，制度支撑机制还包括制定和实施相关的政策措施，如设立信用修复基金、提供贷款优惠和制定信用修复政策。这些措施可以提供经济支持和激励，帮助失信主体改善信用记录和社会地位。例如，信用修复基金可以为失信主体提供经济援助和修复资金，贷款优惠可以降低失信主体的融资成本。通过完善的制度支撑机制，可以提高信用修复的效果和效率，推动社会信用体系的建设和发展。

2. 政策支持与信用修复的整合

政策支持与信用修复的整合主要体现在通过政策措施，推动信用修复的实施和效果。政策支持包括制定和实施具体的信用修复政策，如提供贷款优惠、税收减免和信用修复基金。这些政策措施可以为失信主体提供实际的帮助和支持，降低其修复信用的成本和难度。例如，贷款优惠可以减少失信主体的融资负担，税收减免可以降低其经营成本。

政策支持的整合还包括与社会组织和企业的合作，如通过公私合作，推动信用修复工作的开展。例如，政府可以与社会组织合作，共同开展信用修复项目，提供培训和咨询服务。企业可以参与信用修复，履行社会责任，如提供就业机会和职业培训。通过政策支持与信用修复的整合，可以提高信用修复的覆盖面和效果，促进社会的信用体系和经济发展。

（三）社会与制度共同作用下的信用再生

1. 社会与制度合力下的信用重构

社会与制度合力下的信用重构主要体现在通过政府、社会组织、企业和公众等多方的合作与参与，推动信用重构和恢复。[①] 这一合力包括政府提供政策支持和法律保障，社会组织提供服务和资源，企业参与信用修复和社会责任，公众进行监督和倡导。例如，政府可以制定信用修复政策，社会组织可以提供信用修复服务，企业可以提供就业机会和职业培训，公众可以通过监督和倡导促进信用修复。

---

① 赵明昕．中国信用保险法律制度的反思与重构——以债权人的信用利益保障为中心［M］．北京：法律出版社，2010：23—25.

社会与制度合力下的信用重构还包括建立多方合作的信用修复机制，如信用修复联盟和信用重建基金，推动信用修复工作的开展。这些机制可以整合各方资源和力量，提供全面的支持和服务，提高信用修复的效果和覆盖面。例如，信用修复联盟可以汇聚政府、社会组织和企业的力量，共同推动信用修复项目的实施。通过社会与制度的合力，可以提高信用重构的效果和可持续性，促进社会的诚信和稳定。

2. 公私合作在信用再生中的实践

公私合作在信用再生中的实践主要体现在通过政府和企业的合作，推动信用再生和恢复。这一合作包括政府和企业的资源整合和合作，如通过设立信用修复基金、提供贷款优惠和开展信用教育等。例如，政府可以与企业合作，共同设立信用修复基金，提供资金支持和贷款优惠。企业可以参与信用修复，履行社会责任，如提供就业机会和职业培训。

公私合作的实践还包括建立公私合作机制，如信用修复合作平台和信用重建联盟，推动信用修复工作的开展。[①] 这些机制可以促进政府和企业的合作，提高信用修复的效果和效率。

3. 多方协作下的信用修复模式

多方协作下的信用修复模式主要体现在通过政府、社会组织、企业和公众的合作，推动信用修复和再生。这一模式包括各方的资源整合和合作，如政府提供政策支持、社会组织提供服务、企业参与信用修复、公众进行监督等。例如，政府可以提供政策支持和资金支持，社会组织可以提供信用修复服务和资源，企业可以参与信用修复和社会责任，公众可以进行监督和倡导。

多方协作的模式还包括制定具体的信用修复计划和措施，如信用记录的修复、信用评估的调整和信用修复的评估。这些计划和措施可以确保信用修复的规范性和有效性，提高信用修复的效果和覆盖面。例如，信用修复计划可以包括明确的修复目标、措施和评估标准。通过多方协作，可以提高信用修复的效果和可持续性，促进社会的诚信和稳定。

---

① 林钧跃．企业信用管理［M］．北京：企业管理出版社，2001：1—3.

第七章
农村信用信息体系的建设与管理

第一节　信用信息的收集与管理机制

一、农村信用信息的特性与内容

（一）农村信用信息的基本特性

1. 信用信息的时效性与准确性

农村信用信息的时效性与准确性是信用体系有效运作的基石。在农村经济体中，信用信息的及时性尤为重要，农民的经济活动往往受季节性、市场波动等因素影响较大，信用信息的滞后可能导致不准确的信用评估，从而影响金融机构的信贷决策。因而信用信息的实时更新和准确记录对农村信用体系的建设至关重要。农村信用信息的准确性也是信用体系得以信任的关键。信用信息的不准确可能源于信息收集过程中的人为错误、数据录入错误或信息传递过程中的信息失真。为了提高信用信息的准确性，需要引入更加严谨的信息收集和验证机制，如采用多渠道信息交叉验证、强化信息收集的技术支持以及增强信息透明度等手段。这不仅有助于提升信用信息的可信度，也能增强农村居民对信用体系的信任度，从而促进信用体系的良性循环。

2. 信用信息的多样性与复杂性

农村信用信息的多样性和复杂性体现在其信息来源广泛、内容涵盖面广和信息交互的复杂性上。农村信用信息不仅包括传统的财务数据，如收入、资产、负债等，还包括农户的生产经营行为、社会关系网络、土地使用情况以及参与的合作社和社会组织的相关信息。这些信息共同构成了农户的信用画像，为金融机构提供了全面的信用评估依据。然而，由于农村经济活动的多样性和农户经济活动的非标准化特征，这些信息往往呈现出高度的异质性，增加了信用信息处理的难度。[①] 信用信息的复杂性不仅体现在数据量的庞大上，还体现在数据之间的关联性和互动性上。农户的收入与其农产品的销售情况密切相关，而农产品的销售又受到市场行情、季节性因素等多重影响。在信用信息管理中，需要利用大数据技术和人工智能手段来处理和分析这些复杂信息，以提炼出有效的信用评估指标。[②] 这种信息处理的复杂性要求信用体系具备较强的技术支撑和创新能力，以应对信息管理中的挑战。

（二）农村信用信息的主要内容

1. 信用信息的基本构成

这些信息是信用体系进行信用评估和决策的重要依据。农村信用信息的基本构成包括农户的个人信息，如身份识别信息、家庭背景、教育程度、职业等。这些基础信息有助于建立信用主体的基本画像，是信用评估的起点。[③] 这些信息直接反映了农户的经济能力和还款能力，是信用评估中不可或缺的部分。除上述核心信息外，农村信用信息的基本构成还包括社会资本信息，如农户与村集体、合作社、农产品流通商等的社会关系网络。这些社会关系网络在农村社会中发挥着重要的信用支持作用。一个在村集体中拥有良好声誉的农户，往往能够获得更高的信用评价。

2. 农户信用信息的分类

农户信用信息的分类是为了更有针对性地评估农户的信用状况，提升信用体系的评估效率和精准度。农户信用信息可以根据信息的性质、来源和用途进行多维度的分类。根据信息的性质，农户信用信息可以分为财务类信息和非财务类信息。财务类信息包括收入、支出、负债等与农户经济能力直接相关的信息；非财务类信息则涵盖了农户的社会关系、生产经营状况、教育水平等。根据信息来源，农户信用信息可以分为第一手信息和第二手信息。第一手信息是通过直接调查或农户自主申报获得的信息，如土地使用情况、家庭收入等；第二手信息则是通过第三方机构或社会组织获取的信息，如农产品市场价格、合作社运营情况等。农户信用信息还可以根据其用途进行分类，主要分为信用评估信息和风险管理信息。信用评估信息主要用于评估农户的信用能力，如收入、资产等；风险管理信息则侧重于识别农户可能面临的信用风险，如农作物病害风险、市场波动风险等。

二、信用信息的收集途径与管理制度

（一）信用信息的收集渠道与方法

1. 农户信用信息的收集途径

农户信用信息的收集途径是建立农村信用体系的重要环节，决定了信用信息的广度和深度。农户信用信息的主要收集途径包括政府部门的数据采集、金融机构的信贷记录、合

---

① 郑志明，吕金虎，王亮，等．社会大数据跨尺度系统学习理论与方法［J］．中国科学：信息科学，2014，1—15.

② 吴婷．国内信用研究的可视化分析：体系、脉络与前沿［J］．征信，2024，42（8）：1—12.

③ 王博阳．信用联合奖惩的制度演化与法理逻辑［J］．法商研究，2024，41（3）：137—151.

作社及社会组织的运营数据以及农户自愿申报的信息。政府部门在进行社会保障、土地管理和税收征管时积累了大量的基础数据，这些数据是农户信用信息的重要来源。金融机构通过贷款申请、信用卡使用等信贷活动获得的农户财务信息，也是信用信息的重要组成部分。这些信息经过专业处理和整理，可以为金融机构提供可靠的信用评估依据。

合作社和社会组织也在农户信用信息的收集中扮演着不可忽视的角色。作为农户与市场之间的桥梁，合作社在日常运营中掌握了大量与农户生产经营相关的信息，如农产品销售记录、生产资料采购信息等。[①] 社会组织则通过提供技术支持、培训服务等活动，积累了农户在技术应用、组织参与度等方面的信用信息。农户自愿申报的信息也是信用信息的重要来源，尤其是一些私人数据，如家庭收入结构、家庭债务情况等，这些信息需要通过自愿披露的方式收集。为了确保信息的真实性和完整性，信用信息收集过程中需要加强农户参与和信息透明度，建立起可信赖的信息共享机制。

2. 企业信用信息的收集途径

农村企业信用信息的收集途径主要依赖于企业的财务报表、税务记录、银行交易记录以及供应链合作伙伴的信息反馈。农村企业的财务报表和税务记录是评估企业信用状况的核心资料，这些信息通常由企业向政府税务部门和金融机构定期提交。银行交易记录则反映了企业的资金流动情况，通过分析这些记录，信用体系可以判断企业的偿债能力和资金使用效率。农村企业在与供应链上下游企业合作过程中产生的大量交易信息也是信用信息的重要来源。这些信息不仅包括企业的付款记录、订单履约情况，还包括合作伙伴对企业信誉的评价。

为了提高农村企业信用信息的收集效率，信用体系需要建立与税务部门、银行、供应链合作伙伴之间的信息共享机制。通过税务系统的互联互通，信用体系可以实时获取企业的税务数据；通过与银行的合作，可以获得企业的贷款记录、账户余额等金融信息；通过与供应链合作伙伴的沟通，可以收集企业的市场表现和合作信誉。这种多渠道的信息收集方式，有助于全面掌握企业的信用状况，提高信用评估的准确性。为了确保信息的完整性和真实性，信用体系还应当建立严格的信息验证机制，通过多方核查、数据交叉验证等方式，防止信息的失真和造假行为。

（二）信用信息的管理机制与流程

1. 信息收集的规范化流程

信用信息的规范化收集流程是确保信息质量和可靠性的重要手段。为了实现农村信用信息的高效收集，信用体系需要制定统一的收集标准和操作流程。[②] 法学界对信用信息的采集提出了一些基本原则，如个人明确同意原则、目的明确原则、数量最少原则、合理使用原则等。[③] 这些信息的收集应当遵循统一的格式和标准，确保信息在收集、整理、传输过程中保持一致性。信息的收集应当采用科学合理的采集方法以保证信息的全面性和准确

① 刘西川，江如梦．小农户抵押担保融合贷款模式创新：机理与条件——基于3个反担保贷款案例［J］．中国农村经济，2023（6）：114—138.

② 孙葆春．乡村振兴视阈下农村社会信用体系建设研究［M］．长春：吉林人民出版社，2020：194—196.

③ 库勒．欧洲数据保护法：公司遵守与管制（第二版）［M］．旷野，杨会永，等，译．北京：法律出版社，2018：80—82.

性。在信息采集前，信用体系应当进行充分的前期准备工作，如编制信息采集表格、培训信息采集人员、确定信息采集的具体对象和时间安排。在信息采集过程中，采集人员应当按照既定的操作规程以确保信息的完整性和真实性。在信息采集完成后，需对采集到的信息进行审核和整理，排除错误和遗漏的信息，并按照规定的格式进行存档和备份。这种规范化的流程管理，不仅提高了信息收集的效率和质量，也为后续的信息分析和应用提供了可靠的基础。

2. 信息审核与筛选机制

在信用信息的管理中，信息审核与筛选机制是保证信息准确性和可靠性的关键环节。[①] 由于农村信用信息的来源广泛且信息内容复杂，容易在信息收集中出现重复、错误或失真的情况。信用体系需要建立严格的信息审核与筛选机制，对收集到的信息进行全面的审查和处理。信息审核的首要任务是确认信息的真实性，即通过多方验证、交叉检查等方式，排除虚假信息和不完整信息。信息的真实性审核通常涉及信息源的确认、信息内容的验证和信息的时效性检查等。

在信息审核的基础上，信用体系还需进行信息的筛选与分类处理，将有效信息与无效信息分离开来，并对不同类别的信息进行分级处理。对于农户的财务信息，可以根据其重要性进行分级处理，将核心信息（如收入、负债）作为重点审核对象，进行详细核查；而对于辅助信息（如社会关系网络、技术应用情况）则可以采用简化的审核程序。信息筛选机制还应当关注信息的相关性，将与信用评估无关的信息进行剔除，以简化信息管理的流程，提升信息处理的效率。通过信息审核与筛选机制的有效运作，信用体系可以确保信息的准确性、完整性和相关性，为信用评估提供可靠的数据支持。

（三）信用信息收集过程中的挑战与对策

1. 信息收集过程中的法律问题

在农村信用信息的收集过程中，法律问题是一个不容忽视的挑战。[②] 信用信息的收集涉及个人隐私和数据保护问题。根据《个人信息保护法》第十三条规定，处理个人信息应当取得个人同意，并在信息收集和使用过程中严格保护信息主体的隐私权。然而，在实际操作中，由于农民法律意识较弱，信息收集者往往忽视了这一法律要求，导致信息收集的合法性受到质疑。为了避免法律风险，信用体系在信息收集前应当充分告知信息主体其权益，并取得其明确同意，确保信息收集的合法性和合规性。在收集企业信用信息时，信息收集者可能会接触到企业的商业秘密，如果未能妥善保护这些信息，将面临法律诉讼的风险。信用体系需要制定严格的信息保密政策，对收集到的敏感信息进行加密存储，确保信息不被非法使用或泄露。信用体系应当加强与法律顾问的合作，在信息收集的各个环节进行法律风险评估，确保信息收集工作的合法性和合规性。

2. 信息收集过程中的技术挑战

信息收集过程中的技术挑战主要体现在信息的采集、传输、存储和处理等环节。在农

---

① 冯湘君．个人信用信息时效性保障策略探析［J］．情报理论与实践，2010，33（10）：41—45．

② 高云峰．中国西部地区农村信用体系建设与创新研究［M］．北京：中国农业出版社，2013：153—155．

村地区，由于基础设施相对落后，信息收集的技术手段往往比较有限，传统的纸质记录方式仍占据较大比例。这种方式不仅效率低下，且容易出现信息丢失、传递错误等问题。信用体系应当推广数字化信息采集方式，如利用移动设备进行现场数据采集，通过互联网进行数据传输，以减少人为错误，提高信息采集的效率。在信息传输和存储方面，技术挑战主要来自数据的安全性和稳定性。农村地区网络基础设施相对薄弱，数据传输过程中容易受到干扰，导致信息传递不完整或出现数据丢失。数据存储过程中，信用体系需要采用先进的加密技术和数据备份措施，确保信息在传输和存储过程中的安全性。还应当建立数据冗余系统，确保信息在出现故障或灾害时能够快速恢复，避免信息的永久性丢失。

三、信用信息的共享与隐私保护

（一）信用信息共享中的隐私保护

1. 隐私保护的必要性与挑战

信用信息共享虽然有助于提高社会治理的效率，但也带来了隐私保护的挑战。信用信息通常涉及个人或企业的敏感数据，如财务状况、交易记录、社会关系等，如果这些信息在共享过程中得不到有效保护，可能会导致信息泄露、身份盗窃、商业秘密泄露等严重后果。隐私保护的挑战主要来自以下几个方面：信用信息的复杂性和多样性增加了保护的难度。信息共享平台的安全性也是隐私保护的一大挑战。随着网络攻击手段的不断升级，信息共享平台容易成为攻击目标，如何确保平台的安全性，防止信息被非法访问和篡改，是隐私保护需要解决的重要问题。信息共享过程中的权限管理也是一个难点，如何确保只有经过授权的人员才能访问特定信息，并在不同的共享场景下灵活调整访问权限，是隐私保护的关键。

2. 隐私保护的技术措施与法律保障

为了有效保护信用信息共享中的隐私，需要采用多层次的技术措施和法律保障。在技术措施方面，首先可以采用数据加密技术，在信息传输和存储过程中对敏感数据进行加密处理，防止信息被非法窃取。① 其次，可以通过权限管理系统，控制不同用户对信用信息的访问权限，确保只有经过授权的人员才能访问特定信息。最后，信用信息共享平台还可以采用区块链技术，通过去中心化和不可篡改的特点，增强信息的安全性和透明度。在法律保障方面，政府应当出台相关法律法规，对信用信息共享中的隐私保护进行明确规定。还应当对违规行为制定相应的惩罚措施，以震慑潜在的违法行为。为了确保法律的有效执行，可以设立专门的监管机构，负责监督信用信息共享中的隐私保护情况，及时发现和处理违规行为。通过技术措施与法律保障的结合，信用信息共享中的隐私保护将能够得到有效加强。

（二）信用信息共享与隐私保护的平衡

1. 信息共享与隐私保护的利益冲突与协调

在信用信息共享与隐私保护之间，存在着天然的利益冲突。信息共享旨在提高社会治

---

① 沈爱民．大数据时代隐私保护的挑战与思考［M］．北京：中国科学技术出版社，2015：85—95.

理的效率和透明度，然而过度的信息共享可能侵犯个人隐私，导致信息泄露和滥用。在实际操作中，如何平衡信息共享与隐私保护之间的利益冲突，成为信用体系建设中的一个核心问题。信用信息共享是推动农村信用体系建设的重要手段，只有通过广泛的信息共享，才能实现信用信息的有效整合和利用，进而提高信用评估的准确性和社会治理的效能。隐私保护是信息主体的基本权利，在信息共享的过程中，必须充分尊重和保护信息主体的隐私，避免因信息泄露而给信息主体带来不必要的损害。

为了协调信息共享与隐私保护之间的利益冲突，信用体系需要采取一系列措施。信用信息共享应当坚持最小必要原则，即仅在必要的范围内共享信息，避免过度共享。在进行信用评估时，可以只共享与信用相关的核心信息，而对其他敏感信息进行适当的屏蔽或脱敏处理。在信息共享过程中，应当充分考虑信息主体的知情权和选择权，信息主体应当有权知晓其信息的共享范围和目的，并有权选择是否同意共享。在实际操作中，信用体系应当定期进行隐私影响评估，评估信息共享对隐私保护的影响，并根据评估结果适时调整信息共享的策略，以实现信息共享与隐私保护的动态平衡。

2. 信息共享与隐私保护经验借鉴

在平衡信息共享与隐私保护方面，国内外已有许多成功的案例可以借鉴。欧盟的《通用数据保护条例》（GDPR）为信息共享与隐私保护提供了一个良好的范例。GDPR 在鼓励数据共享中强调了数据主体的隐私保护，规定了严格的数据保护义务和违规处罚措施，为信息共享与隐私保护的平衡提供了法律依据。① 在实际操作中，GDPR 要求数据控制者在进行数据共享时，必须明确数据共享的法律基础，确保数据处理的透明性和合法性。GDPR 还要求数据控制者在共享数据前，必须进行数据保护影响评估，以确保数据共享不会对数据主体的隐私造成不利影响。信息共享与隐私保护之间的平衡并非无法实现，只要信用体系能够在法律框架下，合理设计信息共享机制，并通过技术手段和管理措施加强隐私保护，信息共享与隐私保护之间的利益冲突是可以得到有效协调的。

在国内，2020 年国家市场监督管理总局国家标准化管理委员会颁布《信息安全技术 个人信息安全规范》、2021 年先后实施《民法典》与《个人信息保护法》，对个人征信信息放在个人敏感信息、隐私的框架下进行保护。越来越多的企业和机构开始重视信息共享中的隐私保护。某金融机构在进行信用信息共享时，采取了数据脱敏和权限管理相结合的措施，有效地保护了客户的隐私。在数据脱敏方面，该机构对共享的信用信息进行必要的处理，如删除姓名、身份证号等敏感信息，仅保留与信用评估相关的必要数据。在权限管理方面，该机构设置了多层次的权限控制机制，不同级别的用户只能访问与其职能相关的信用信息，从而降低了信息泄露的风险。这些实践经验表明，通过合理的技术手段和管理措施，可以在实现信息共享中保障了信息主体的隐私权益。这不仅有助于推动农村信用信息体系的建设，也为实现社会公平正义、保障信息主体的合法权益提供了有力支持。

① 赵景欣，岳星辉，冯崇朋，等. 基于通用数据保护条例的数据隐私安全综述［J］. 计算机研究与发展，2022，59（10）：2130—2163.

第二节　信用信息平台的构建与运行

一、信用信息平台的设计与架构

（一）信用信息平台的总体设计思路

1. 平台功能的需求分析

在构建信用信息平台时，首先要明确其核心功能需求，这是平台设计的基石。农村信用信息平台需要满足多层次的需求，包括信息的采集、处理、分析和共享。具体而言，平台必须具备高度的灵活性，以适应不同用户群体的需求，如政府部门、金融机构、企业和个人农户等。平台需要支持多种数据类型的整合和处理，以确保信用信息的完整性和准确性。这些功能的需求分析不仅有助于指导平台的技术架构设计，还能确保平台能够有效地支持信用体系的建设与管理。从理论上看，需求分析不仅是技术实现的前提，更是平台价值实现的基础。需求分析的准确性直接影响到平台的用户接受度和长期可持续性。基于此，设计团队应采用系统化的需求分析方法，包括用户访谈、问卷调查、焦点小组讨论等，确保所有潜在需求都得到充分理解和适当考虑。通过这种系统化的需求分析，可以最大限度地减少功能设计中的盲点和偏差，从而提高平台的应用效果和用户满意度。

2. 平台架构的技术选择

由于农村地区的信息基础设施相对薄弱，平台的技术架构需要具备较强的适应性和扩展性。应采用云计算架构，以保证数据处理和存储的弹性和可靠性。平台应支持多源数据接口，以便与不同的数据源进行无缝对接。平台还需具备高效的数据处理能力，能够对海量数据进行实时分析和处理，以支持信用评估和决策。平台还需具备高效的数据处理能力，能够对海量数据进行实时分析和处理，以支持信用评估和决策。理论上，技术架构的选择不仅是一个技术问题，更涉及平台的长期发展战略。一个合理的技术架构应当能够支持平台的持续扩展和功能升级，同时保证系统的稳定性和安全性。在架构设计阶段，团队应充分考虑未来的技术趋势，如区块链、大数据和人工智能等技术的应用潜力，以便为平台的未来发展预留足够的技术空间。这种前瞻性的技术选择可以确保平台在技术变革中保持竞争力，并为农村信用体系的建设提供强有力的技术支撑。

（二）信用信息平台的架构层次与模块

1. 数据层与信息处理模块

数据层是信用信息平台的基础，负责数据的存储、管理和处理。在设计数据层时，必须考虑到数据的多样性、复杂性和时效性。信息处理模块则是平台的数据处理核心，负责对采集到的信用信息进行清洗、分类、分析和整合。该模块需要高度的智能化，以支持实时数据处理和多维度信用分析。信息处理模块还需具备较强的扩展性，以应对日益增长的数据量和复杂的数据结构。从理论上分析，数据层与信息处理模块的设计直接影响到平台的运行效率和数据质量。一个高效的数据层应当具备快速的数据存取能力，同时保证数据的完整性和安全性。信息处理模块则需要结合先进的数据处理技术，如大数据分析、机器学习和自然语言处理等，以提高信用信息的分析精度和时效性。这种结合了理论与技术的设计思路，有助于提升平台的整体性能，为农村信用体系的建设提供有力的数据支持。

2. 应用层与用户交互模块

应用层是信用信息平台的核心功能实现层，负责提供各种用户所需的应用服务。用户交互模块则是连接用户与平台的桥梁，其设计的好坏直接影响到用户的操作体验。应用层需具备高度的灵活性和扩展性，以满足不同用户群体的需求。用户交互模块则应注重易用性和用户体验，确保用户能够顺畅地完成各项操作，如信用查询、信用评估和数据分析等。在理论层面，应用层与用户交互模块的设计需要综合考虑用户需求、操作流程和用户体验等因素。一个优秀的应用层设计应当能够快速响应用户需求，同时提供丰富的功能支持。用户交互模块的设计则应遵循以用户为中心的原则，通过简单直观的界面设计和友好的用户引导，提升用户的操作体验和满意度。通过理论与实践的结合，可以构建一个功能强大、操作便捷的信用信息平台，为农村信用体系的建设提供高效的技术支持。

二、农村信用信息平台的功能实现

（一）信用信息平台的核心功能设计

1. 信息收集与整理功能

信息收集与整理功能是农村信用信息平台的核心，直接影响平台的整体性能和信用信息的质量。平台必须具备多元化的信息收集渠道，以确保数据的广泛性和代表性。这些渠道可以包括农户信用信息、企业信用信息和社会组织信用信息等多种来源。平台应采用先进的信用信息数据整理技术，以提高数据的准确性和时效性。这些功能的实现不仅依赖于技术的支持，还需要结合农村信用体系的实际需求，以确保平台能够满足各种复杂场景的应用需求。从学术角度看，信息收集与整理功能的设计不仅是平台建设的技术基础，更是信用信息管理的核心环节。通过对数据收集与整理过程的深入研究，可以揭示出信用信息在农村社会中的流动机制和传递路径，从而为信用体系的优化提供理论支持。基于此，平台设计应强调数据收集的全面性和数据整理的精细化，以最大限度地提升信用信息的质量和应用价值。

2. 信用评估与分析功能

信用评估与分析功能是农村信用信息平台的重要组成部分，直接影响信用信息的应用效果。通过对收集到的信用信息进行系统化的评估和分析，平台可以为用户提供精准的信用报告和决策支持。这一功能的实现需要依赖于先进的数据分析技术，如大数据分析、机器学习和人工智能等，以确保评估结果的准确性和时效性。信用评估与分析功能还应具备高度的可定制性，以满足不同用户群体的特定需求。理论上，信用评估与分析功能的设计不仅是一个技术问题，更涉及信用管理的核心理念和方法论。[①] 一个科学的信用评估模型应当能够综合考虑多个维度的信用信息，如信用历史、经济状况和社会关系等，以提供全面的信用画像。这种基于理论与实践相结合的设计思路，可以提高信用评估的精度和可靠性，从而为农村信用体系的建设提供坚实的理论基础和技术支持。

（二）农村信用信息平台的用户界面与体验

1. 用户界面设计的原则

用户界面设计是信用信息平台用户体验的核心。一个好的用户界面应当符合简洁、直观和易用的原则，以提高用户的操作效率和满意度。在设计用户界面时，首先需要明确用户的需求和行为习惯，从而提供符合用户期望的界面布局和操作流程。用户界面设计还应注重视觉上的美感和平衡，避免过度复杂的设计元素，以免干扰用户的操作体验。从学术角度看，用户界面设计不仅是一个美学问题，更是用户行为和心理研究的应用体现。通过对用户行为的深入分析，可以优化界面的布局和操作流程，从而提升用户的使用体验。这种结合了理论与实践的设计方法，可以有效提高平台的用户黏性和满意度，为信用信息平台的推广和应用提供强有力的支持。

2. 用户交互流程优化

用户交互流程优化是提升用户体验的重要手段。一个优化良好的交互流程应当具备清晰的操作逻辑和简洁的操作步骤，以减少用户的学习成本和操作负担。交互流程的设计应遵循“少即是多”的原则，通过减少不必要的操作步骤和界面元素，提升用户的操作效率和体验。用户交互流程优化还应考虑到不同用户群体的需求差异，提供个性化的操作选项和辅助功能，以满足用户的多样化需求。在理论上，用户交互流程优化的设计应当以用户为中心，通过用户行为数据的分析和用户反馈的采集，不断迭代优化交互流程。这种基于数据驱动的优化方法可以帮助平台在实际应用中不断提升用户体验，从而为农村信用信息平台的广泛应用和推广奠定坚实的基础。

3. 用户体验的持续改进

在快速变化的数字化环境中，用户体验（User Experience，UX）的持续改进是保证信用信息平台长期成功的关键。持续改进不仅意味着在平台上线后不断优化界面设计，还包括通过用户反馈、行为分析和技术更新来不断提升平台的整体操作体验。用户体验的持续改进应以用户反馈为基础，定期收集用户的意见和建议，以便识别和解决界面设计中的痛点。通过大数据分析用户的行为模式，可以识别出用户在使用过程中的瓶颈和挑战，从而有针对性地优化交互流程和界面设计。从理论角度看，用户体验的持续改进不仅是一个技术问题，更是一个系统性的管理问题。持续改进的核心在于建立一个以用户为中心的反馈和优化机制，通过持续的数据采集和分析来驱动设计的迭代更新。这种基于数据驱动和用户反馈的改进策略，可以确保平台在不断变化的用户需求和技术环境中保持竞争力，并在用户中建立起高度的信任和忠诚度。才能最大化地提高用户的满意度和平台的使用效率，从而为农村信用信息平台的长期发展奠定坚实的基础。

---

① 顾敏康．社会信用法概论［M］．北京：中国计划出版社，2021：168—170.

（三）信用信息平台的功能优化与升级

1. 功能优化的需求分析

功能优化是信用信息平台保持技术领先性和用户吸引力的关键。要实现有效的功能优化，必须先进行深入的需求分析。需求分析不仅需要理解用户当前的使用模式和痛点，还需要预测未来可能的需求变化。这一过程应包括用户反馈收集、使用数据分析和市场趋势研究等多个方面。通过这些方式，可以识别出平台中哪些功能需要改进，哪些功能可以通过优化提升用户体验和平台性能。理论上，功能优化的需求分析不仅是对现有功能的修正，更是一种面向未来的战略性思考。通过系统化的需求分析，可以确保优化过程不仅解决当前的问题，还为未来的扩展和升级预留空间。功能优化的成功与否，直接关系到平台的用户黏性和市场竞争力。设计团队在进行需求分析时，应结合定性和定量的分析方法，确保优化策略的科学性和可行性。

2. 升级路径与技术支持

在确定了功能优化的需求之后，下一步就是制定合理的升级路径和技术支持策略。升级路径的设计需要考虑到平台的现有技术架构、用户需求的紧迫性以及技术实现的可行性。平台的升级应分阶段进行，以便逐步引入新功能和改进现有功能，减少对用户使用的影响。升级路径应考虑到平台的可扩展性和兼容性，确保新功能可以无缝集成到现有系统中。技术支持团队应提前做好准备，确保在升级过程中能够及时解决可能出现的问题，从而保证升级的顺利进行。理论上，合理的升级路径设计可以有效降低升级的风险和成本，同时提高升级的成功率。技术支持的充分准备则是保证升级顺利实施的关键。在升级过程中，设计团队应保持与用户的密切沟通，及时反馈升级进展和功能变化，以确保用户能够快速适应新系统，并继续使用平台。这种理论与实践相结合的升级路径设计，可以确保平台在不断发展的技术环境中保持竞争力，并为用户提供持续的优质体验。

3. 功能升级中的用户反馈整合

功能升级不仅是一个技术实现过程，更是一个与用户互动的过程。用户反馈整合在功能升级中起着至关重要的作用。通过在升级前、升级中和升级后的不同阶段收集和分析用户反馈，设计团队可以识别出用户对新功能的接受度和使用中的问题，从而及时调整和优化升级方案。在升级后的维护阶段，通过持续收集用户反馈，可以发现并修复潜在的问题，并为下一轮的功能优化提供依据。从理论上看，用户反馈整合是实现平台持续改进的关键机制。通过系统化的用户反馈收集和分析，可以形成一个闭环的反馈系统，在功能升级中不断积累经验和改进策略。这种基于用户反馈的迭代优化方法，不仅可以提高功能升级的质量和用户满意度，还可以帮助平台建立起以用户为中心的设计文化，从而在激烈的市场竞争中脱颖而出。通过这种理论与实践相结合的反馈整合策略，农村信用信息平台可以在不断变化的用户需求和技术环境中保持持续的创新和进步。

三、信用信息平台的运营管理

（一）信用信息平台的日常运营模式

1. 运营管理团队的建设

在信用信息平台的日常运营中，运营管理团队的建设是至关重要的。运营管理团队的核心职能是确保平台的高效运作和用户满意度。团队成员的选拔应基于专业背景和经验，技术支持人员需具备信息技术相关的资质和经验，而数据分析师则需熟悉大数据技术和数据挖掘工具。团队建设还应包括定期的培训与技能提升，以应对不断变化的技术环境和用户需求。运营管理团队的建设不仅涉及人员配置，还包括明确的职责划分和高效的沟通机制。为了提高运营效率，团队成员之间的沟通必须畅通无阻，信息流动应及时和透明。定期的会议和报告可以帮助团队了解运营状态、解决问题并制定改进策略。团队应具备灵活应对突发事件的能力，能够快速调整运营策略以应对市场变化和用户需求的变化。通过系统的人员培训和高效的团队协作，信用信息平台可以实现稳定运行并不断提升服务质量。

2. 平台运营的管理流程

平台运营的管理流程是保证平台正常运行的关键。通常，这些流程包括平台监控、问题处理、用户反馈管理和定期维护。平台监控是基础，涉及对平台性能的实时监控，包括系统负载、响应时间和错误日志等。通过建立监控系统，可以及时发现潜在问题，防止系统故障对用户造成影响。问题处理流程应包括问题的记录、分类、分析和解决。运营团队需建立完善的问题跟踪系统，对每个问题进行详细记录，并根据问题的严重程度进行优先级排序，以确保关键问题得到优先处理。用户反馈管理也是平台运营中的重要环节。用户反馈可以通过多种渠道收集，如在线调查、用户评论和客服记录等。定期维护也是平台运营的一部分，包括系统更新、功能升级和安全检查等。这些维护活动旨在确保平台的稳定性和安全性，并根据技术发展和用户需求进行功能优化。通过规范化的管理流程，信用信息平台可以实现高效的运营管理，提供优质的服务。

3. 平台运营中的常见问题与解决方案

在信用信息平台的运营中，常见问题包括系统性能瓶颈、用户投诉和数据准确性问题。系统性能瓶颈通常表现为平台响应慢或系统崩溃，这可能由于用户量激增或技术故障引起。解决方案包括优化系统架构、增加服务器容量和提升系统的负载均衡能力。通过采用分布式架构和云计算技术，可以有效地提升平台的处理能力，减少性能瓶颈。用户投诉是另一个常见问题，通常涉及功能使用问题、数据不准确或服务质量不满意等。针对这些投诉，运营团队应建立完善的投诉处理机制，包括问题的快速响应、解决方案的提供和投诉反馈的跟踪。数据准确性问题也需引起重视，可以通过建立严格的数据审核和验证流程来减少错误。定期的系统检查和更新可以帮助及时发现并修复潜在的数据问题。通过实施有效的问题解决方案，信用信息平台可以不断提升用户体验和服务质量。

（二）信用信息平台的管理制度与监督机制

1. 管理制度的制定与执行

信用信息平台的管理制度是规范平台运营的重要依据。管理制度应涵盖平台运营的各个方面，包括数据管理、用户隐私保护、系统维护和安全管理等。制度的制定应基于行业标准和法律法规，结合平台的实际情况进行调整。在数据管理方面，制度应明确数据的收集、存储、处理和使用规范，以确保数据的安全性和合规性。管理制度的执行需要有明确的责任分工和监督机制。运营团队和管理层应定期对制度的执行情况进行检查和评估，发现问题及时进行调整和改进。管理制度的制定与执行还需结合平台的实际运营情况进行动态调整。随着数据隐私保护法规的加强，平台应及时调整数据处理和保护措施，确保符合最新的法律要求。制度的执行效果可以通过建立绩效评估和反馈机制来评估，根据评估结果进行相应的制度修订和优化，从而提高平台的管理水平和运营效率。

2. 监督机制的建立与落实

监督机制的建立是保障平台管理制度有效执行的关键。[①] 监督机制应包括内部监督和外部监督两个方面。内部监督由平台内部管理层和审计部门负责，主要涉及对平台运营和管理的内部检查和审计。外部监督则包括监管机构和第三方审计机构的监督，确保平台的运营符合行业标准和法律法规。通过定期的审计和检查，可以发现平台运营中的潜在问题，并提出改进建议。监督机制的落实还需建立明确的反馈和整改机制。[②] 监督结果应及时反馈给相关部门和管理层，并根据反馈制定整改措施。整改措施的实施需要有明确的时间节点和责任人，并定期跟踪整改进展情况。监督机制的透明性也是关键，平台应向公众公开相关的监督结果和整改措施，以增加平台的公信力和透明度。通过有效的监督机制，信用信息平台可以实现规范化运营，提高管理水平和服务质量。

3. 管理与监督的协调运行

管理与监督的协调运行是保障平台健康运营的重要保障。管理与监督应在制度和流程上实现无缝对接。管理制度的制定和执行应充分考虑监督机制的要求，确保制度的实施能够满足监督的标准。在数据管理方面，管理制度应明确数据的收集、存储和使用规范，以便于监督部门进行检查和评估。管理层应定期向监督部门汇报运营情况，并提供相关的数据和资料，以便于监督部门进行审查。管理与监督的协调运行还需建立有效的反馈机制。监督部门在发现问题时，应及时向管理层反馈，并提出改进建议。管理层应根据反馈结果制定整改措施，并将整改进展情况反馈给监督部门。管理层和监督部门应共同参与制度的修订和优化，以确保管理和监督的有效性。通过有效的协调运行，管理和监督可以相互配合，共同提升平台的运营水平和服务质量。

四、信用信息平台的持续发展与创新

（一）信用信息平台的持续发展路径

1. 平台功能的扩展与深化

信用信息平台的持续发展需要不断扩展和深化其功能。功能的扩展包括新增模块和服务，如引入智能分析工具和用户互动功能等，以满足不断变化的用户需求。可以引入大数据分析和人工智能技术，为用户提供更加精准的信用评估和风险预测。功能的深化则涉及对现有功能的优化和完善，如提升信用数据的分析精度和系统的响应速度。通过不断扩展和深化功能，平台可以提供更加全面和个性化的服务，提高用户的满意度和忠诚度。平台功能的扩展和深化还需结合市场趋势和技术发展进行调整。随着移动互联网的发展，同

① 陈丽君．中国社会信用监管体系构建研究［M］．杭州：浙江大学出版社，2020：21—33.
② 高云峰．中国西部地区农村信用体系建设与创新研究［M］．北京：中国农业出版社，2013：37—38.

时，可以开发移动端应用，以便用户随时随地访问信用信息和进行操作。平台还可以根据用户的反馈和需求进行功能优化，如增加自定义报告和分析工具，以满足不同用户的特定需求。通过不断拓展和优化功能，信用信息平台可以在竞争激烈的市场中保持优势，并实现可持续发展。

2. 新技术在平台发展中的应用

新技术在信用信息平台的发展中发挥着重要作用。大数据分析技术可以帮助平台处理和分析海量的信用数据，从中挖掘出有价值的信息和趋势。通过数据挖掘技术，可以识别用户的信用行为模式和风险因素，从而提供更精准的信用评估和风险预测。人工智能技术的应用可以提升平台的智能化水平。通过机器学习算法，可以自动化地处理用户请求和进行信用分析，提高工作效率和服务质量。区块链技术在信息安全中的应用也是平台发展的一个重要方向。区块链技术具有去中心化、不可篡改的特点，可以为平台提供更加安全和透明的数据管理方式。[①] 使用区块链技术可以确保信用数据的真实性和完整性，防止数据被篡改或伪造。通过积极应用新技术，信用信息平台可以不断提升自身的技术水平和服务能力，实现长期的可持续发展。

（二）信用信息平台的未来发展趋势

1. 数字化转型与平台升级

数字化转型是信用信息平台未来发展的重要趋势。随着技术的发展和市场需求的变化，平台需要不断进行数字化转型，以适应新的业务环境和用户需求。数字化转型包括系统的升级和功能的扩展，如引入云计算、大数据和人工智能等技术，提高平台的技术水平和服务能力。平台的升级还需结合市场趋势和用户反馈进行调整，如增加新功能、优化用户体验等，以满足用户的需求。数字化转型还需关注数据管理和信息安全。随着数据量的增加和数据类型的多样化，平台需要建立完善的数据管理机制，包括数据的收集、存储、处理和使用规范。平台还需加强信息安全保障，如采用加密技术和安全防护措施，防止数据泄露和网络攻击。通过数字化转型和平台升级，信用信息平台可以提升自身的技术水平和服务能力，从而实现业务的可持续发展。

2. 平台的国际化与本地化策略

平台的国际化与本地化策略是未来发展的另一个重要趋势。随着全球化进程的推进，信用信息平台可以拓展国际市场，实现业务的全球化。然而，国际化需要考虑不同国家和地区的法律法规、市场环境和用户需求。平台需要制定针对性的国际化策略，如调整产品和服务以适应不同市场的需求，建立国际化的合作伙伴关系等。本地化策略则关注平台在本地市场的适应性和竞争力。平台需要根据本地市场的特点和用户需求进行调整，如提供本地化的服务和支持，符合本地的法律法规等。平台还需要关注本地市场的竞争情况和用户反馈，不断优化和改进产品和服务。通过有效的国际化和本地化策略，信用信息平台可以实现全球业务的扩展和本地市场的深入发展。

3. 平台未来发展的挑战与机遇

平台未来发展的挑战与机遇并存。技术发展带来的挑战包括技术更新换代的速度和技

① 李彩容．基于主动防御的个人信息安全保护研究［M］．武汉：湖北人民出版社，2020：160—163.

术风险的增加。新技术的快速发展可能导致平台的技术过时，需要不断进行技术升级和创新。技术风险如网络安全问题也需要重视，如数据泄露和网络攻击等。机遇方面，技术的进步为平台提供了新的发展机会。大数据、人工智能和区块链等新技术的应用可以提升平台的技术水平和服务能力，创造新的业务模式和市场机会。市场的全球化和数字化转型也为平台提供了广阔的发展空间。通过积极应对挑战和把握机遇，信用信息平台可以实现长期的可持续发展，并在竞争激烈的市场中取得成功。

第三节　信用信息在信用体系中的作用

一、信用信息在信用评价中的应用

（一）信用信息对评价结果的影响

1. 信用信息在评分模型中的应用

信用信息在评分模型中的应用是信用评价的核心内容之一。[①] 信用评分模型通过对收集到的各类信用信息进行量化，生成一个反映信用风险的评分。这些评分模型通常采用统计学和数据挖掘技术，将历史信用记录、财务数据、还款习惯等信息转化为一个易于解读的信用分数。这些模型的构建涉及多个方面，如数据的选择和处理、模型的算法设计、评分标准的确定等。在评分模型中，信用信息的应用可以体现在多个方面。通过对借款人的还款历史进行分析，可以预测其未来的还款能力；通过对企业的财务数据进行分析，可以评估其经营风险。模型的准确性依赖于对信息的全面性和代表性的分析，因而需要不断更新和优化，以适应变化的信用环境和需求。有效的评分模型能够为金融机构提供决策支持，帮助其识别潜在的风险，并制定相应的风险管理策略。

2. 信息完整性对评价结果的影响

信息的完整性对信用评价结果有着直接的影响。完整的信息能够全面反映个人或企业的信用状况，从而提供准确的信用评估。缺乏关键的信用信息，如逾期记录、债务余额等，可能导致信用评分的偏差，使得评价结果无法真实地反映信用风险。信息的缺失或不完整可能使得信用评价结果过于乐观或悲观，从而影响信用决策的准确性。为了提高信息的完整性，信用评价体系需要建立完善的数据收集和验证机制。这包括对信息来源的严格审核、信息的定期更新，以及对信息完整性的定期评估。通过这些措施，可以最大限度地减少信息缺失的风险，确保评价结果的准确性。信用评价体系应建立完善的信息补充机制，以便在发现信息不完整时，能够及时补充缺失的信息，从而提高评价结果的准确性和

---

① 李晓楠．大数据技术下个人公平征信监管的数据治理维度［J］．大连理工大学学报（社会科学版），2023，44（2）．

可靠性。

3. 信息不对称与评价偏差的矫正

信息不对称是影响信用评价结果准确性的一个重要因素。在信用评价中，信息不对称通常表现为评估方和被评估方之间的信息不对等，这可能导致评价结果的偏差。借款人可能隐藏其真实的财务状况，导致信用评分不准确。为了解决信息不对称问题，信用评价体系需要采取一系列措施，如增强信息透明度、建立信息共享机制，以及进行信息交叉验证等。矫正信息不对称的一个有效方法是使用多元信息来源进行交叉验证。通过对来自不同来源的信息进行对比，可以识别出信息中的异常或不一致，从而提高评价的准确性。利用先进的数据分析技术，如机器学习和数据挖掘，可以帮助发现潜在的信息不对称问题，并进行相应的调整。建立完善的信息披露和反馈机制，也可以提高信息的透明度，减少信息不对称对信用评价的影响。

（二）信用信息在评价中的权重与整合

1. 不同类型信用信息的权重分配

在信用评价体系中，不同类型的信用信息具有不同的权重和影响力。权重分配是指在综合信用评分过程中，根据信息的种类和重要性，对其进行加权处理。这一过程不仅需要依赖于信用信息的性质，还需考虑其对信用风险的实际影响。[①] 个人信用记录中的支付历史往往被赋予较高的权重，因为支付历史直接反映了借款者的还款能力和意愿。财务报表和收入状况的信用信息也应获得适当的权重，以体现借款者的经济状况和偿债能力。对不同类型信用信息的权重分配需要基于数据分析和风险评估模型，确保评估结果的准确性和可靠性。

在权重分配的实践中，通常采用数据驱动的方法来确定各类信息的权重。通过回归分析和机器学习算法，可以识别出影响信用风险的关键因素，并为这些因素分配相应的权重。权重的分配还需考虑行业的特性和评价目的，以确保评估体系的适用性和有效性。针对小微企业的信用评价，财务数据可能会占据更大的权重，因为这些企业的信用风险主要体现在财务表现上，而个人信用记录在这种情境下的权重则相对较小。不同类型信用信息的权重分配是一个动态调整的过程，需要不断根据实际情况和数据反馈进行优化和调整。

2. 信息整合在信用评分中的实现

信息整合是信用评分系统中一个至关重要的环节。它涉及将来自不同来源和形式的信用信息进行系统化处理，以形成一个全面的信用评估结果。信息整合的过程首先要求对各类信息进行标准化和规范化处理，以确保信息的一致性和可比性。接着，整合过程需采用先进的数据处理技术，将不同类型的信用信息有效地结合在一起，以生成全面的信用评分。这一过程通常包括数据清洗、特征提取和数据融合等步骤。数据清洗的目的是去除冗余和错误信息，确保数据的准确性；特征提取则是从原始数据中提取出对信用评估有意义的特征；数据融合则将这些特征整合到一个统一的信用评分模型中。

---

① 蔡昌，曹晓敏，王爱清．大数据技术驱动税收信用管理创新：逻辑、架构与实现路径［J］．税务研究，2023（12）．

在信息整合的实现过程中，还需要考虑数据源的多样性和信息的时效性。来自银行的信用历史记录、社交媒体的行为数据以及财务报表等信息，都可能对信用评分产生不同的影响。信息整合不仅需要考虑数据的来源和质量，还需对不同数据类型进行加权处理，以实现对信用评分的全面覆盖。信息整合的技术实现也需要借助现代数据处理工具和算法，如数据挖掘、机器学习和人工智能技术，以提高信息整合的效率和准确性。这些技术可以帮助分析复杂的数据模式，识别潜在的信用风险，从而提高信用评分的精确度和可靠性。

3. 多元信息源的综合利用

多元信息源的综合利用是提升信用评价体系有效性的关键。随着信息技术的发展，信用信息的来源已经从传统的银行记录扩展到包括社交媒体数据、电子商务交易记录、公共数据和个人生活数据等多种信息源。这种综合利用不仅提高了信用信息的丰富性和准确性，也增加了信用评价的可靠性。社交媒体上的行为和互动记录提供了个人信用行为的新视角，电子商务平台上的交易记录反映了消费者的购买习惯和支付行为，这些都为信用评估提供了更多维度的数据支持。然而，这一过程也面临挑战，如信息的隐私保护和数据的整合难度。在利用多元信息源时，需要确保遵守相关的数据保护法律法规，保护用户的隐私权益。

在实践中，广西那坡县通过“互联网＋”和大数据思维，升级了农户信用信息系统，实现了信息采集端口的多元化，包括专职采集员、农户、企业、三农金融服务室、金融机构和政府等六类信息提供者。这种分散化、动态化和交叉验证的信息采集机制，提高了信用信息的质量和可用性。截至2019年6月末，新系统已采集那坡县41164户农户信息，覆盖面达89.5%，有效支持了农村金融服务的普及和精准。

黑龙江省克山县采取了“政府主导、央行推动、多方参与、互利共赢”的原则，深化了农村信用体系建设。通过构建“信息采集＋信用评价＋信贷投放＋社会应用”的四位一体新型农村金融服务模式，克山县推动了“信用户、信用村、信用乡”的评定，引导金融机构创新金融产品与服务，将农村信用体系建设成果与精准扶贫相结合，有效支撑了乡村振兴战略的实施。

山东省寿光市崔岭西村作为文明信用试点村，实施了“建档、宣传、评议、入户、授信、签约、验收”的七个步骤，为村民建立信用档案并开展整村授信。通过评定不同级别的文明信用户，并给予相应的利率优惠，寿光市文明信用工程激发了农户的信用意识。截至2019年6月末，已完成732个村庄整村授信，涉农贷款余额163亿元，带动贫困户420人脱贫致富，推动了农村文明建设，优化了农村信用环境。①

这些案例表明了信用信息在农村治理和可持续发展中的多维度贡献。信用信息的应用不仅促进了农村经济的持续增长，还增强了农村社区的凝聚力，推动了农村环境的可持续改善和生态系统的健康发展。随着信息技术的不断进步和信用体系的进一步完善，信用信息有望在农村治理的各个领域发挥更加深远的影响，助力乡村振兴战略的全面实施和农村社会的全面进步。

---

① 温源，李慧．诚信建设万里行［N］．光明日报，2018－7－25（10）．

二、信用信息对信用决策的影响

（一）信用信息在决策中的作用机制

1. 信息对决策质量的提升作用

信用信息在决策过程中起着至关重要的作用，其核心价值在于通过准确、全面的信息流通提高决策的质量。在现代社会的各个层面，特别是经济和金融领域，决策的准确性往往依赖于信息的充分性和真实性。信用信息的作用在于通过提供历史信用记录、财务状况、经营情况等多维度的数据，为决策者提供可靠的参考依据。[①] 这些信息不仅帮助决策者更好地评估风险，还能有效预测潜在的市场变化，从而制定更为科学的战略。在银行贷款审批过程中，完整的信用信息能够帮助银行准确评估借款人的还款能力和违约风险，从而作出更为合理的贷款决策。随着时间的推移，信用信息会不断更新，这种动态更新的特性使得决策不仅依赖于过去的记录，还要考虑当前的经济环境和未来的趋势。不仅表现在宏观经济决策中，更在微观企业管理、市场预测等方面发挥着重要作用。

2. 信用信息在风险管理中的应用

风险管理是信用决策中不可或缺的环节，而信用信息在其中扮演了核心角色。风险管理的核心在于预测和控制不确定性，而信用信息提供了重要的数据支持。通过分析企业或个人的信用历史，风险管理者能够识别潜在的风险因素，并采取相应的应对措施。[②] 在企业的财务管理中，信用信息可以帮助企业评估供应商或客户的信用状况，避免因对方的违约行为而导致的财务损失。在金融机构中，信用信息可以帮助机构识别高风险客户，从而调整贷款条件或采取其他风险控制措施。信用信息在风险管理中的应用不仅限于防范风险，还能为企业和金融机构提供更为精确的风险定价机制。通过对大量信用数据的分析，机构可以更准确地评估客户的风险水平，从而制定更加合理的定价策略。基于信用信息的风险定价不仅有助于企业提升收益率，还能促进金融市场的健康发展，减少因信息不对称导致的市场失灵现象。

3. 信用信息在市场预测中的价值

信用信息不仅在个体决策中具有重要作用，在市场预测中也展现出其独特的价值。通过对大量信用信息的分析，市场参与者可以更好地预测市场走势，把握经济周期的变化。通过分析不同行业的信用数据，投资者可以判断行业的整体健康状况，从而作出更为精准的投资决策。在宏观经济管理中，政府部门也可以利用信用信息来监测经济运行的稳定性，预测经济衰退或通货膨胀的风险，从而及时调整宏观经济政策。信用信息还在促进市场透明度方面发挥着不可替代的作用。信用信息的公开与共享，使得市场参与者能够获得更多的信息，这有助于减少信息不对称，提升市场效率。[③] 在资本市场中，投资者通过获取上市公司的信用信息，可以更为全面地评估公司的财务状况和经营能力，从而作出更为

① 李东卫．银行业如何推动市场诚信体系建设［J］．征信，2009，27（4）：60—61.

② 吴婷．国内信用研究的可视化分析：体系、脉络与前沿［J］．征信，2024，42（8）.

③ 汪育明．社会信用管理：中国社会信用体系建设理论与实践［M］．北京：中国市场出版社，2020：155.

理性的投资选择。这种基于信用信息的市场预测，不仅增强了市场的稳定性，还为市场参与者提供了更为丰富的决策依据，从而推动了市场的持续健康发展。

（二）信用信息对农村信用决策的影响力

1. 信用信息在农村经济决策中的应用

在农村经济中，信用信息的应用尤为关键。由于农村经济环境的特殊性，信息的不对称现象尤为突出，传统的经济决策往往面临信息匮乏的困境。信用信息的引入，极大地改善了这一状况，为农村经济决策提供了重要的数据支持。通过信用信息，农村金融机构可以更好地了解农户的生产经营状况，从而作出更为合理的信贷决策。农业银行在评估农户的贷款申请时，可以通过信用信息了解农户的还款历史、收入水平以及土地使用情况，从而判断其还款能力，降低贷款的违约风险。[①] 信用信息在农村经济决策中的应用，不仅限于金融领域，还涉及农业政策的制定和农村资源的优化配置。政府部门可以通过信用信息，了解不同地区农户的信用状况，从而制定更加有针对性的扶持政策。基于信用信息的农村经济决策，有助于提高政策的执行效果，推动农村经济的可持续发展。

2. 信用信息对农户决策的引导作用

信用信息不仅影响金融机构和政府部门的决策，还对农户自身的决策产生重要影响。通过了解自身的信用信息，农户可以更好地规划生产经营活动，避免因盲目决策而导致的经济损失。农户在申请贷款时，可以通过信用信息了解自己在金融机构中的信用评分，从而选择适合自己的贷款产品。农户还可以利用信用信息，分析市场需求和价格波动，从而调整生产计划，提升经济收益。信用信息对农户决策的引导作用，还体现在其对农户信用意识的提升上。随着信用信息在农村经济中的广泛应用，农户逐渐意识到信用记录的重要性，开始主动改善自己的信用行为。农户会更加注重按时还款，避免因逾期还款而影响信用评分。农户还会更加谨慎地选择合作伙伴，避免与信用记录不佳的企业或个人进行合作。这种信用意识的提升，不仅有助于农户自身经济利益的保护，还为农村经济的健康发展奠定了良好的基础。

3. 信用信息在农村信贷中的作用

信用信息在农村信贷中的作用，不仅表现在信贷审批和风险控制上，还体现在信贷产品的创新和推广中。通过信用信息，金融机构可以开发更加符合农村经济特点的信贷产品，例如针对信用记录良好的农户，推出利率较低的贷款产品，或者根据农户的还款能力，设计更加灵活的还款方式。[②] 这种基于信用信息的信贷产品创新，有助于满足农村经济的多样化需求，提升农户的生产积极性，促进农村经济的可持续发展。[③] 信用信息在农村信贷中的作用，还体现在其对信贷市场的规范和引导上。通过信用信息的公开和共享，金融机构可以更好地识别和防范信贷风险，避免因信息不对称而导致的市场失灵现象。[④] 金融机构可以通过共享信用信息，识别高风险客户，从而在信贷审批中采取更加严格的风

① 张一帆．探索农牧地区信用体系建设［J］．中国金融，2024（8）．
② 杨喜明等．农村信用社发展研究［M］．武汉：湖北科学技术出版社，2013：89—93．
③ 胡敬新．农村信用社深化改革与金融制度管理创新［M］．北京：经济日报出版社，2014：804．
④ 谢永红．农村信用治理机制优化的路径选择——基于农地抵押融资的分析框架［J］．征信，2021，39（11）．

控措施，减少不良贷款的发生。这种基于信用信息的信贷市场规范，不仅提升了农村金融体系的稳定性，还为农村经济的健康发展提供了有力保障。

三、信用信息在社会治理中的角色

（一）信用信息在农村社会治理中的定位

1. 信用信息在治理中的重要性

信用信息在农村社会治理中具有至关重要的作用，尤其是在推进农村社会稳定与发展的过程中，信用信息已逐渐成为政府和社会各界关注的焦点。信用信息的应用可以有效提升社会治理的精准度与效率。通过全面、准确的信用数据，政府能够更加科学地制定政策和措施，减少决策的盲目性与随意性，确保政策的执行能够真正满足农村社会的实际需求。[①] 信用信息还能够为农村社会提供一个透明、公平的环境，有助于减少腐败和不公现象的发生。农户和企业的信用记录能够反映其在经济和社会活动中的行为规范性，这种信息公开和透明化的过程有助于形成良好的社会风气，促进农村社会的和谐与稳定。

信用信息在农村治理中的重要性还体现在其对社会资源的优化配置上。信用信息能够为金融机构、政府部门和社会组织提供科学依据，帮助他们更有效地识别和评估农村地区的信用风险，并据此作出更合理的资源配置决策。政府在社会救助、农业补贴等资源分配过程中，可以通过信用信息筛选出更为合适的受益对象，确保资源的合理分配。信用信息还能够推动农村地区形成以信用为核心的社会关系网络，促进农户之间、农户与企业之间以及农户与政府之间的信任与合作，从而提升社会治理的整体效果。[②]

2. 社会治理中信用信息的应用模式

信用信息在社会治理中的应用模式主要体现在信息的采集、整合、分析与应用四个环节。信息的采集涉及政府、金融机构、社会组织等多方力量的合作，通过多渠道、多层次的信息获取手段，构建起一个涵盖农村社会各个层面的信用信息网络。这一网络不仅包括经济活动中的信用信息，还包括社会行为中的信用信息，以这种全面的信息采集，为社会治理提供多维度的数据支持。在信息整合方面，信用信息需要经过分类整理与筛选，以确保信息的真实性、准确性和时效性。经过整合的信用信息会被用于社会治理的各个环节。在基层治理中，信用信息可以作为农户或企业在参与社会活动、申请政府资源时的重要参考依据。通过对信用信息的深入分析，帮助政府和社会组织预测农村社会的发展趋势，提前防范潜在的社会问题，如信用风险、社会矛盾等，从而在社会治理中发挥更加积极的作用。

（二）信用信息助力农村社会治理的实践

1. 基于信用信息的农村治理

在农村治理的实际操作中，信用信息的应用已经展现出了显著的效果。在某些地区，

---

① 周雨，陈海盛．农村信用体系建设的政策梳理、实践经验与发展趋势［J］．征信，2024（9）．

② 孙贵珍．中国农民信息不对称问题对策研究——基于信息需求侧和供给侧［M］．北京：人民出版社，2019：176.

政府通过建立农户信用档案，将信用信息与农村社会的各类福利政策挂钩，实现了资源分配的精准化。这种方式不仅增强了农户的信用意识，还有效防止了资源分配过程中的腐败和浪费现象。信用信息还被用于农村社会矛盾的调解与解决中。在一些村庄，村委会或调解组织会参考农户的信用信息来判断其在纠纷中的诚信度，从而更为公正地进行调解。信用信息的广泛应用为农村社会治理提供了新的实践模式。一些地方政府开始探索将信用信息系统与农村合作社、农民专业合作组织等相结合，通过信用信息的共享与互通，增强合作社成员之间的信任度和合作意愿。这不仅提高了合作社的内部管理效率，也增强了农村社区的整体凝聚力和发展潜力。信用信息还被应用于农村的环境治理中，通过对农户的环境行为进行信用评估，政府能够更有效地推动环境保护政策的落实，提升农村环境的整体质量。

2. 信用信息对治理效能的提升

信用信息在提升农村社会治理效能方面的作用不可忽视。信用信息能够提高政府决策的科学性和针对性。通过对农户、企业和社会组织的信用信息进行分析，政府可以更为精准地识别社会治理中的关键问题，并据此制定有针对性的政策和措施。信用信息能够提高政府与社会的互动效率。通过信用信息的公开与共享，政府可以更好地了解农户的需求和反馈，从而提升公共服务的响应速度和质量。信用信息在提升农村社会治理效能方面的另一个重要作用体现在风险预警和危机管理上。通过对信用信息的实时监控和分析，政府能够提前识别出潜在的社会风险，如信用风险、金融风险、社会矛盾等，并采取预防性措施加以应对。这种前瞻性的风险管理方式，不仅有助于维护社会的稳定与安全，也为农村社会的可持续发展奠定了坚实的基础。

（三）信用信息在社会治理中的长远影响

1. 信用信息在社会整合中的作用

信用信息在农村社会治理中的长远影响主要体现在其对社会整合的推动作用上。信用信息的广泛应用，不仅促进了农村社会内部的整合，还加强了农村与外部社会的联系。在农村内部，信用信息帮助建立了一套以诚信为核心的社会规范，推动了农户之间、农户与企业之间的信任关系的形成。这种信任关系不仅有助于减少社会摩擦，提升社会凝聚力，还为农村经济的良性发展提供了保障。在农村与外部社会的互动中，信用信息的透明化和标准化也增强了农村社会的对外吸引力。信用记录良好的农户和企业在参与市场交易、获取外部资源时往往能够获得更多的信任与支持，从而更好地融入外部市场，推动农村经济的全面发展。

信用信息在社会整合中的作用还体现在对社会治理资源的优化配置上。通过信用信息的共享与互通，政府和社会组织可以更加精准地识别和配置社会资源，确保资源的有效利用。在社会救助、公共服务等领域，信用信息可以帮助政府筛选出更为合适的受益对象，避免资源浪费和不公平现象的发生。这种资源配置的优化，不仅提升了社会治理的效率，还增强了社会治理的公平性与公正性，为农村社会的长远发展提供了有力的支持。

2. 信息公开对社会信任度的影响

信息公开是现代社会治理的重要原则之一，而信用信息的公开化在提升社会信任度方面具有独特的价值。在农村社会治理中，信用信息的公开不仅有助于增强政府与农户之间的互信，还能够提升农户之间的相互信任。通过公开信用信息，政府能够让社会各界对其决策过程和执行结果有更为全面的了解，从而提升政府的公信力和透明度。这种公开化的做法，不仅能够减少信息不对称带来的社会矛盾，还能够增强农户对政府政策和措施的理解与支持，从而提升社会治理的整体效果。信用信息的公开化还能够促进社会信任度的提升。在农村社会中，信用信息的公开不仅是政府管理的需求，也是社会成员之间建立信任的基础。通过公开信用信息，社会成员能够更好地了解彼此的信用状况，从而增强合作意愿，减少社会摩擦。这种基于信用信息的社会信任机制，不仅有助于提升社会治理的效率，还能够为农村社会的可持续发展提供长期的动力支持。

3. 信用信息在农村治理可持续发展中的贡献

信用信息系统在农村治理中的多维度贡献，可以通过荣成市的实践案例得到生动的体现。以荣成市为例，社会信用体系的建设已经深入市民生活、企业运营和政府服务的方方面面，成为城市治理的一张名片。荣成市作为全国首批社会信用体系建设示范城市，实现了信用系统的全行业覆盖，建立了市社会信用管理系统，包括党政机关、社会法人、自然人、村居组织四个数据库，并与所有部门单位和镇街联网共享。荣成市编制了《社会信用信息征集目录》，征集了违法违规行为以及不文明、不道德行为的信息，涉及600多项经济社会活动，目前已征集到1900万条基础信息、130万条守信和失信信息。荣成市创新推出了“政务信用评级”，实行千分制考核，社会信用管理办公室共出具信用报告2.2万多份，提供公务查询12.5万人次。荣成市还制定了《关于企业个体工商户在经济活动中使用信用产品的意见》，鼓励社会成员查询和使用信用信息，控制和防范信用风险。金融机构在贷款授信中实行“双查”制度，既查中国人民银行征信中心的信用信息，也查荣成市的公共信用信息。荣成市积极探索信用结果的社会化应用，推出了“信用贷”“信用医”等86个守信激励产品。例如，荣成农商行推出的“信用贷”对诚信个人放宽授信额度和还款期限，并给予30%的利率优惠，已发放贷款1.8亿元；医院系统推出的“信用医”为信用等级高的个人提供了免费体检、免收住院押金等优惠。这些措施不仅提升了社会信任度，还增强了农村社区的凝聚力和社会治理的现代化水平，促进了农村环境的可持续改善和生态系统的健康发展。①

荣成市的实践表明，信用信息在农村治理中发挥了重要作用。通过信用报告的广泛应用，荣成市在贷款授信、企业合作、投资决策等方面实现了信用风险的有效控制。经济层面的信用信息应用，通过优化金融资源配置和提升金融服务效率，促进了农村经济的持续增长和产业结构的优化升级。社会层面的信用信息应用，通过提升社会信任度和规范经济行为，增强了农村社区的凝聚力和社会治理的现代化水平。环境层面的信用信息应用，通过激励环保行为和支持科学治理，推动了农村环境的可持续改善和生态系统的健康发展。这些贡献不仅体现在理论层面，更在实际操作中展现出显著的成效，进一步验证了信用信息在农村治理中的重要作用和广阔前景。未来，随着信息技术的不断进步和信用体系的进一步完善，信用信息将在农村治理的各个领域发挥更加深远的影响，助力乡村振兴战略的

① 赵秋丽，李志臣，何俊宁. 诚信建设万里行［N］. 光明日报，2018-9-27（04）.

全面实施和农村社会的全面进步。

四、数字化与区块链技术在信用信息管理中的作用

（一）数字化技术对信用信息管理的革新

1. 数字化技术在信息采集中的应用

数字化技术在信用信息管理中的应用，首先体现在信息采集环节的革新。随着数字化技术的发展，尤其是大数据技术的普及，信息采集逐渐向自动化、智能化方向转变。通过大数据技术和物联网设备，信用信息采集可以从传统的线下收集扩展到线上实时数据获取。金融机构、信用服务机构等可以通过整合多种数据来源，如社交媒体数据、电子商务交易记录、线上行为数据等，实现更加全面、精准的信息采集。

在信用体系中，数据的准确性至关重要，数据偏差或缺失可能直接影响信用评估结果。通过数字化技术构建的信息采集系统，不仅能够减少人工干预带来的误差，还能通过智能算法对数据进行初步筛选和验证，确保采集到的信用信息真实、有效。数字化采集技术还具备高扩展性，可以随时根据需要增加新的数据来源，灵活应对信用信息管理中不断变化的需求。数字化技术的广泛应用还推动了信用信息采集方式的多样化。传统信用信息采集方式主要依赖于客户提供的财务报告和历史信用记录，而通过数字化手段，可以从更多非传统渠道获取信用相关信息。这不仅拓宽了信用信息的来源，也使得信用评估能够更全面地反映个体或企业的信用状况。极大地提高了信用信息的获取效率、准确性和全面性，为后续的信用评估和管理奠定了坚实基础。

2. 数字化技术在信息处理中的优势

数字化技术在信用信息管理中的另一大革新体现在信息处理环节。传统的信息处理方式多依赖人工操作，处理速度慢且容易出错，而数字化技术的引入极大地改善了这一状况。随着云计算、大数据分析、人工智能等技术的逐步成熟，信用信息处理从以往的线性处理模式转向并行化、智能化和实时化处理模式。这种变革不仅提高了信息处理的速度和效率，还显著增强了数据处理的准确性和决策支持能力。

云计算技术在信用信息处理中的应用大大提高了数据的处理效率和存储能力。通过云计算平台，信用信息可以实现跨地域、跨机构的集中管理和处理，这不仅解决了信息孤岛问题，还能够通过集成各种数据资源，提升数据处理的深度和广度。大型信用评估公司可以通过云平台实时接收和处理来自不同地区的信用信息，进行跨域数据分析和信用评分，确保信用评估的时效性和准确性。云计算的弹性扩展能力使信用信息处理系统可以根据业务需求动态调整计算资源，确保系统的高效运行。

人工智能技术的应用为信用信息处理带来了前所未有的智能化水平。通过机器学习和自然语言处理等技术，系统可以自动化处理大量非结构化数据，如文本、图像、语音等，进一步提升了信用信息处理的自动化程度。通过人工智能技术，系统可以自动分析企业的财务报表、新闻报道、社交媒体评论等非结构化数据，提取出与信用相关的关键信息，为信用评估提供更加全面和深入的数据支持。人工智能技术还可以通过模式识别和预测分

析，识别潜在的信用风险和信用欺诈行为，从而在早期阶段进行预警和防范，减少信用风险的发生。

大数据分析技术为信用信息处理提供了更加精准和高效的分析工具。通过对海量信用数据进行深度挖掘和分析，系统可以发现隐藏在数据背后的复杂关联和规律，从而为信用决策提供科学依据。通过对个人或企业的历史信用记录、消费行为、社交网络等多维度数据进行关联分析，可以预测其未来的信用表现，帮助金融机构制定更合理的信贷政策。数字化技术在信息处理中的优势显著提升了信用信息管理的效率、智能化程度和精准度，为信用体系的稳定运行提供了强有力的技术支持。

3. 数字化技术在信用信息管理中的趋势

随着数字化技术的不断发展，信用信息管理领域也在不断迎来新的变革和趋势。数据驱动的信用信息管理模式正在逐渐取代传统的经验驱动模式。在传统的信用管理中，信用评估往往依赖于评估人员的经验和主观判断，而在数字化技术的支持下，信用评估更多地依赖于数据分析和模型计算。通过构建复杂的信用评分模型，系统可以自动化地对大量信用数据进行分析和评估，减少了人为主观因素的影响，提高了信用评估的客观性和科学性。实时化和智能化将成为未来信用信息管理的重要趋势。随着互联网和物联网技术的普及，信用信息的采集和处理将更加实时化，信用评估系统将能够实时更新信用数据，动态调整信用评分。

隐私保护和数据安全问题将成为未来数字化信用信息管理中的重要议题。随着数字化技术的广泛应用，信用信息的收集、存储和处理量大幅增加，这也带来了信息泄露和滥用的风险。在未来的发展中，如何在提升信用信息管理效率上确保用户隐私的保护和数据的安全性，将成为信用管理系统设计的重要考量。区块链技术和加密算法的引入将为信用信息管理提供更高层次的安全保障。数字化技术正在深刻改变信用信息管理的方式，从信息采集、处理到管理全流程的各个环节都在不断革新和优化。在这一过程中，数据驱动的实时化、智能化管理模式正在成为主流，而如何保持高效、智能地确保数据的安全和隐私保护，将是未来信用信息管理发展的关键方向。

（二）区块链技术在信用信息管理中的应用场景

1. 区块链技术的基本原理与信用管理

区块链技术作为一种创新的数据管理和记录方法，其核心在于去中心化和不可篡改的特性。这项技术通过分布式网络中的多个节点共同维护一个一致的数据库，这种数据库以链式结构存储数据块。每个数据块都包含了一系列的交易记录，并通过加密算法确保数据的安全性和完整性。区块链技术的基本原理使其在信用信息管理中具有独特的优势。它的去中心化特性可以消除对中央权威的依赖，降低数据管理的成本，并增强系统的抗风险能力。区块链的不可篡改性确保了信息的真实性和透明性，这对于信用信息的准确记录和管理至关重要。① 通过区块链技术，信用信息可以在多个参与方之间进行透明、即时地共享和验证，减少了信息传递过程中的误差和欺诈风险。在信用管理的具体应用中，区块链技

① 姜景锋，李军．区块链技术的应用实践［M］．北京：北京邮电大学出版社，2020：184—185.

术能够确保信用信息从采集、存储到使用的每一个环节都能保持数据的完整性和安全性。信用记录、交易历史和行为数据等信息可以通过区块链技术以数字化形式保存，这种保存方式不仅防止了数据的篡改，还允许所有授权的参与者随时访问和验证这些数据。这种透明性和可靠性对于信用评分、风险评估以及决策支持系统的构建都提供了有力的支持，从而提高了信用体系的公信力和效率。

2. 区块链技术在信用信息存储中的应用

在信用信息的存储领域，区块链技术的应用能够极大地提高数据的安全性和管理效率。传统的信用信息存储通常依赖于中心化的数据库，这些数据库不仅容易受到单点故障的影响，还面临数据篡改和丢失的风险。相比之下，每个区块都包含前一个区块的哈希值，这种链接方式形成了一条不可篡改的数据链，即使单个节点的数据库遭到破坏，也不会影响整个网络数据的一致性和完整性。区块链技术在存储中的另一个重要优势是其增强了数据的追溯能力。每笔信用信息的变动都记录在区块链上，并且这些记录是不可更改的。通过区块链技术，信用信息的存储不仅变得更加安全，而且还提供了详细的历史记录，便于对信用信息进行准确的审查和验证。

3. 区块链在信息透明与安全中的作用

区块链技术在信息透明与安全方面的作用体现在其独特的加密机制和共识机制。区块链通过使用密码学算法对数据进行加密处理，确保信息在存储和传输过程中的保密性和完整性。① 每个区块中的数据在被写入之前都需要经过网络中多个节点的验证，这种验证过程确保了数据的真实性，并防止了恶意篡改。在信息传输过程中，区块链技术的加密措施保证了数据的机密性，即使数据被拦截，也难以被解密和篡改。信息透明性方面，区块链技术通过分布式账本的方式使所有参与者都能够访问到相同的数据视图。这种透明性使得所有的交易记录和信用信息的变更都能被实时监控，增强了系统的公信力。特别是在信用信息管理中，这种透明性有助于减少信息不对称，增加信息的公开度，从而提升信用体系的可信度和用户的信任度。通过区块链技术，信用信息的透明化和安全化得到了前所未有的增强，为信用体系的健康运作提供了坚实的技术基础。

---

① 张勖，王东滨，邵苏杰，等．区块链技术及可信交易应用［M］．北京：北京邮电大学出版社，2022：58.

第八章 农村信用体系中的法律与制度保障

第一节 信用体系的法律框架设计

一、信用法律制度的基本构成

（一）信用法律制度的立法基础与要素

1. 法律体系的基本原则与范围

在乡村振兴背景下，农村信用体系的法律基础不仅是整个国家信用体系的重要组成部分，也是推动农村经济可持续发展的关键保障。① 法律体系的基本原则应当围绕公平、公正与透明性展开，以确保法律在农村地区的执行不受地域、经济条件和文化差异的影响。② 中共中央 2020 年 12 月 7 日印发《法治社会建设实施纲要（2020—2025 年）》，指出要加快推进社会信用体系建设，推动出台信用方面的法律。2021 年 3 月 11 日，十三届全国人大四次会议通过了“十四五规划”，从信用法律法规和标准体系建设等方面勾勒了社会信用体系建设高质量发展的蓝图。中共中央办公厅、国务院办公厅 2022 年 3 月 29 日印发《关于推进社会信用体系建设高质量发展促进形成新发展格信用建设中存在局的意见》指出要立足经济社会发展全局，推动的支撑，进一步将社会信用体系建设全面纳入法制轨道。国家发展改革委《2024—2025 年社会信用体系建设行动计划》（发改办财金〔2024〕451 号）提出，进一步推动社会信用体系建设高质量发展。农村信用体系法律框架的核心在于构建一种既能保护个体权益，又能促进社会信用的法律环境。在此过程中，法律体系的范围应覆盖从信用信息的采集、处理、使用到纠纷解决的各个环节。这种全面的法律框架对于乡村振兴目标的实现至关重要，因为它确保了农村居民的信用信息能够在一个受法

---

① 孙葆青．乡村振兴视阈下农村社会信用体系建设研究［M］．长春：吉林人民出版社，2020：177—205.

② 祁述裕．文化建设前沿问题研究［M］．北京：社会科学文献出版社，2020：234—236.

律保护的环境中流通，进而推动农村经济的现代化和可持续发展。“十四五”时期，社会信用建设要进一步加强立法、执法、司法、守法等方面的工作，构建完善的信用法治体系，推进诚信建设长效机制的构建。一是进一步加强社会信用立法。社会信用立法需要根据信用建设的实践探索和现实需求进行法律制度的设计，走中国道路，提出中国方案，形成科学有效的“良法”，为最终实现信用建设领域的“良法善治”夯实立法基础。二是进一步加强信用监管的法治化水平。信用监管必须遵循相应领域的法律制度，严格依据相关领域的执法权限、执法程序进行，同时，也必须遵循其所涉的社会信用规范的规定。针对过去在社会信用体系建设过程的“泛信用化”等问题，要在公共信用信息的纳入、信用监管、失信惩戒、信用修复等方面严格法治，构建法治化的信用监管机制。①

农村信用体系的法律基础应当以农村经济的实际需求为出发点，同时借鉴国际先进经验，结合我国农村地区的社会经济特点进行本土化调整。② 法律体系的范围不仅要涵盖传统的信用信息保护与使用，还应当扩展到涉及数字化金融工具和创新信用产品的法律规范。这种扩展不仅能够适应现代农村经济发展的需要，还能在信用体系的基础上推动农村经济的多元化发展。《黑龙江省社会信用条例》第十三条规定，各级人民政府应当加强诚信乡风和农村信用体系制度建设，将新型农业经营主体等农村信用信息列入公共信用信息目录并纳入各级公共信用信息平台或者其他管理系统。各级人民政府和有关部门应当加强数据赋能，创新优化融资模式，引导金融机构加强对中小微企业、个体工商户、农民专业合作社、农村集体经济组织等信用主体的信用金融服务和信贷产品供给，降低融资成本。探索对信用状况良好的农民提供农业生产经营相关的信用金融产品，提高信用贷款的可得性和便利性。因此，在农村信用体系中，数字金融平台的普及将会加速信用信息的传播和使用，法律框架必须确保这些信息的合法性和透明性，从而保障农村居民的信用权益。

2. 立法过程中各方利益的平衡

在立法过程中，能否处理好各种利益关系，不仅考量立法者的政治智慧和立法水平，同时，也决定一部法律的质量高低。立法学中有一句名言，叫“法行中庸谓之良”。这句话的意思是，只有在各种不同利益都能充分参与博弈的基础上制定出来的法，才能最大限度地达至中庸，最大限度地实现各种利益之间的平衡，也就是一部好法。平衡各种利益关系，不仅是一种工作方法，更需要衔接细密的制度设计和扎实有效的机制运作。为此，《中共中央关于构建社会主义和谐社会若干重大问题的决定》指出：“适应我国社会结构和利益格局的发展变化，形成科学有效的利益协调机制、诉求表达机制、矛盾调处机制、权益保障机制。坚持把改善人民生活作为正确处理改革发展稳定关系的结合点，正确把握最广大人民的根本利益、现阶段群众的共同利益和不同群体的特殊利益关系，统筹兼顾各方面群众的关注。”因此，在制定农村信用体系的法律框架时，各方利益的平衡是一个不可忽视的重要因素。农村地区的利益相关者包括农民、金融机构、地方政府以及各类中介服务机构。这些不同主体在信用体系中的角色各异，利益诉求也有所不同，因此，在立法过程中，如何协调这些不同利益成为法律制定的关键。法律制度必须既能保护农民作为信

---

① 信息来源：信用中国网站，http://www.creditchina.gov.cn，访问日期：2022 年 4 月 13 日。

② 李振邦，岳宗园，李卫红．农村信用体系建设与乡村振兴的耦合探析［J］．征信，2022，40（6）.

息主体的权益，又能确保金融机构在信息使用中的合法性和合理性，还需要考虑地方政府在推动乡村振兴过程中的监管责任。这种利益的平衡不仅能确保法律的公平性和可操作性，也为法律的实施和执行提供了稳定的社会基础。

在立法过程中，必须充分考虑到农村居民的信用信息权益与隐私保护需求，确保法律条文能够有效防范信息滥用和侵权行为。对于金融机构而言，法律框架应当提供明确的操作指南和责任界定，以确保信用信息的采集、处理和使用能够合法合规进行。而地方政府作为农村信用体系的监管者，其利益则体现在如何通过有效的法律手段推动信用体系的建立和完善。通过综合考虑这些不同主体的利益，法律制度不仅能获得更广泛的社会支持，还能在实施过程中更加顺畅，从而为乡村振兴目标的实现提供坚实的法律保障。

3. 信用法律体系中的核心法律文本

在农村信用体系建设中，核心法律文本是整个法律框架的基础与支柱。核心法律文本不仅包括国家层面的信用法律法规，还涵盖地方性法规和规章制度，这些法律文件共同构成了农村信用体系的基本法律框架。在乡村振兴背景下，核心法律文本的制定应当充分考虑农村经济社会的特殊性，确保法律条款既有全国统一的适用性，又能够灵活应对地方实际情况的变化。核心法律文本的完善将为农村信用体系提供明确的法律依据，从而有效防范信用风险，保障农村金融市场的健康发展。通过完善核心法律文本，农村信用体系将更好地适应乡村振兴的要求，促进农村经济社会的全面发展。关于信用信息保护的基本法规，应明确规定信用信息的采集、存储、处理和使用的基本原则，特别是针对农村地区的特殊情况，规定更加细化的法律条款。信用评级和评估的法律规范是确保信用信息有效利用的重要法律依据，这些规范应涵盖信用评级的标准、程序以及结果的公开和共享等内容。核心法律文本还应包括信用纠纷解决机制的法律规定，这不仅为农村信用体系提供了法律救济的渠道，也为信用法律体系的不断完善提供了实践依据。

（二）信用法律制度中的关键要素

1. 信用信息保护与隐私权的法律保障

在构建农村信用体系的过程中，信用信息的保护与隐私权的法律保障至关重要。农村地区的经济基础较为薄弱，信息化水平较低，这使得农民的信用信息更容易被滥用或泄露。为此，法律制度必须加强对信用信息的保护，确保农村居民在参与信用体系时的隐私权得到充分保障。① 这不仅有助于提高农民对信用体系的信任度，还能推动信用体系的健康发展。在具体的法律条款设计上，必须明确信用信息的采集、存储和使用的合法性，并规定严厉的处罚措施以应对信息滥用和泄露问题。还应建立健全的法律救济渠道，确保在发生信息侵权时，受害者能够及时获得法律保护和赔偿。②

在信用信息保护的法律框架中，必须充分考虑到农村居民对信息保护的特殊需求。与城市居民相比，农村居民的法律意识相对薄弱，对信息保护的关注度较低，这使得他们更容易成为信息滥用的受害者。因此，法律制度必须加强对农民的法律宣传和教育，提高他

---

① 朱沛智，贾振宇．征信体系建设下个人信息保护的进路研究［J］．征信，2024，42（5）．

② 汪育明．社会信用管理：中国社会信用体系建设理论与实践［M］．北京：中国市场出版社，2020：372—378.

们对信息保护的认知。[①] 法律制度还应鼓励农村信用体系中的信息透明化，通过增加信息的公开性和透明度，减少信息不对称，从而降低信用风险。通过严格的法律保障措施和信息透明化制度，农村信用体系将能够在保护隐私权的同时，有效推动农村信用文化的建设，为乡村振兴战略的实施提供有力支持。

2. 信用评估与评级的法律规范

信用评估与评级是以一套相关指标体系为考量基础，标示出个人或企业偿付其债务能力和意愿的过程。信用评估与评级是农村信用体系中的核心环节，它直接关系到农民的信用状况及其在金融市场中的地位。良好的信用评级方案是农村信用体系构建的基础，信用评级方案要以全面性、科学性、合法性、公正性四个原则为基本遵循。农村信用体系建设属于公共信用，必须在法律允许的范围内以维护社会公正为导向。为提升其全面性和科学性，在信用评估指标的选取上，可邀请从事金融工作和征信工作以及对广大农村社会有深入研究的学者、专家和工作人员进行反复论证，提升指标选取的合理性，设计科学的评价方案、规范的评价流程，必要时也可借鉴国际上信用体系构建的先进经验。由于农村经济的特殊性和复杂性，信用评估在农村地区面临诸多挑战，例如信息不对称、数据不足等。因此，法律制度必须为信用评估与评级提供明确的法律规范，确保评估过程的公平性和透明度。法律条款应规定信用评级机构的准入条件、评估标准和评级程序，并要求评估结果的公开性，以便农民能够清楚地了解自己的信用状况。法律还应明确规定信用评级机构的责任，确保其在评估过程中能够遵循客观、公正的原则，避免评级结果因主观偏见或利益冲突而产生偏差。

在农村信用体系中，法律对信用评估与评级的规范不仅有助于提高信用信息的质量，还能增强农民参与信用市场的积极性。[②] 在此基础上，法律制度应进一步完善信用评级结果的使用规范，确保评级结果能够在金融市场中得到合理的应用。法律可以规定金融机构在贷款审批、利率设定等环节中必须充分考虑信用评级结果，从而避免因信息不对称导致的信用风险。法律还应鼓励农村地区的信用评级机构与城市评级机构进行合作，通过信息共享和技术支持，提高农村信用评级的准确性和科学性。通过完善的法律规范，农村信用评估与评级体系将能够更好地服务于乡村振兴战略，为农村经济的可持续发展提供信用保障。

3. 信用信息公开与共享的法律框架

中共中央、国务院印发《扩大内需战略规划纲要（2022—2035 年）》（国务院公报 2023 年第一号）指出，要推进信用法治建设，健全社会信用法律法规和政策体系。依法依规加强信用信息归集、共享、公开、应用，建立公共信用信息同金融信息共享整合机制。信用信息的公开与共享是信用体系建设的关键环节，尤其是在农村信用体系中，信息的公开与共享可以有效缓解信息不对称问题，促进信用信息的充分利用。[③] 农村地区的信用信息公开与共享面临诸多挑战，如信息基础设施薄弱、信息化水平较低以及信息采集与

① 王劲松．新农村建设政策与法规［M］．银川：宁夏人民出版社，2011：146—161.

② 崔学敏，马丽玉，季曦．对建立全国统一模式农户信用风险评估体系的思考［J］．征信，2012，30（6）．

③ 王维薇，李平，郑炎成．基于福利理论探讨农户信用信息共享的实现条件——来自湖北的情况［J］．征信，2009，27（5）．

管理能力不足等。因此，法律制度必须为信用信息的公开与共享提供明确的法律框架，确保信息能够在合法、透明的环境中进行流通。法律应规定信息公开的范围、程序和责任主体，并要求信息共享过程中必须遵循公平、公正、公开的原则。法律还应明确规定信息共享的对象和方式，确保信息在不同主体之间的传递过程中不被滥用或泄露。

在法律框架下，信用信息的公开与共享不仅能提高农村信用体系的透明度，还能促进信用信息在不同金融机构和市场主体之间的流通，进而推动农村金融市场的发展。法律可以规定农村信用信息数据库的建立与管理，通过信息共享平台实现信用信息在银行、农村合作社、保险公司等机构之间的共享，从而提高农村居民的信用利用率。法律还应鼓励社会公众参与信用信息的监督，增强信息公开的透明度和公信力。通过完善的法律框架，农村信用信息的公开与共享将能够在促进信息流通的同时，防范信息风险，为农村信用体系的健康发展奠定坚实的法律基础。

二、信用法律制度的立法原则

（一）信用法律的公正性与透明度原则

1. 立法过程中的透明度维护

在乡村振兴和农村信用体系建设的背景下，信用法律制度的制定必须坚持公正性与透明度原则。[①] 这一原则不仅是信用法律制度的核心价值，也是农村信用体系得以有效运行的重要保障。在立法过程中，透明度的维护是确保法律公平性和公正性的关键。法律制度的透明度体现在立法过程的公开性和公众参与上，尤其是在涉及农村信用体系的法律制定过程中，更应注重农民和农村社区的参与。[②] 通过法律草案的公开征求意见、立法听证会以及社区参与机制，能够确保立法过程的透明性，使农村居民的声音能够被充分听取，从而提高法律的公信力和适用性。《法治市场监管建设实施纲要（2021—2025 年）》（国市监法发〔2021〕80 号）指出，要严格按照法定权限和程序立法，保证法律草案、行政法规草案、规章的质量。聚焦立法需求，加强立法调研，注重解决基层执法实践中遇到的问题，提高立法精准化水平。完善立法论证评估制度，认真论证评估立法项目的必要性、可行性。建立健全立法风险防范机制，将风险评估贯穿立法全过程。完善立法征求意见机制，积极运用新媒体新技术拓宽公众参与立法渠道，落实立法征求公众意见采纳反馈制度。健全企业、行业协会、商会等参与涉企法律法规规章及政策制定机制，充分听取相关机构和专家的意见建议。认真把好立法工作中的法制审查关，确保权限合法、程序合法、内容合法。统筹协调相关联、相配套法律法规规章的立改废释工作，增强法律规范整体功效。

立法过程透明度的提升是现代法治社会的基本要求。只有增强立法的透明度，才能有效确保立法决策的公正性和合理性，增强公众对立法的信任度。这对于推进民主法治建

---

① 李明明．信用评级业的功能、缺陷与市场结构研究［M］．北京：经济科学出版社，2021：16—27.

② 韩杰．农村金融创新与乡村振兴融合发展研究［M］．西安：西北工业大学出版社，2021：128—146.

设、保障公众知情权、参与权和监督权具有重要意义。同时，这种透明度也有助于提升社会公众的法治文化水平，推动社会主义法治体系的完善。在具体操作中，立法机关应当加强与农村基层组织的合作，深入了解农村信用体系的实际需求和问题，通过调研和实地考察，确保法律条文的制定能够切实反映农村居民的利益诉求。法律制度应明确规定立法过程中的信息公开要求，包括立法进程、关键决策以及相关立法资料的公开。这不仅能够增强农村居民对法律制度的信任感，还能为法律制度的有效实施打下坚实的基础。通过立法过程中的透明度维护，信用法律制度将能够更好地适应农村信用体系的需求，推动乡村振兴战略的深入实施。

2. 法律执行中的公平性要求

法律执行中的公平性是信用法律制度公正性原则的具体体现。对于农村信用体系而言，法律的公平执行尤为重要，因为它直接关系到农村居民的信用权益保护以及金融市场的健康运行。在法律执行的过程中，公平性要求必须贯穿始终，确保不同区域、不同经济状况和不同社会背景下的农村居民都能够平等地享受信用法律的保护。这一要求不仅体现在法律条文的设计上，还体现在法律执行的具体操作中。法律执行机构应当建立健全的监督和问责机制，确保法律的公平执行，防止因权力滥用或利益冲突导致的法律不公现象。农业农村部关于全面推进农业农村法治建设的意见强调，要健全立法工作机制。落实年度立法计划制度，科学安排农业农村年度立法项目，加强前瞻性研究和项目储备，充分发挥立法计划的统筹引领作用。完善立项、起草、论证、协调、审查工作机制，增强专家、立法拟调整主体和社会公众参与立法的实效性，注重运用新媒体新技术拓宽公众参与立法渠道，广泛听取各方面意见建议，切实提高立法质量。坚持立改废释并举，着力解决部分涉农法律规定该硬不硬、该严不严、该重不重等问题。指导支持各地加强立法交流与协作，突出地方特色，体现农业农村地方性立法的实施性、补充性、探索性，避免越权立法、重复立法。对不适应形势发展和改革要求的法律法规规章，及时修改、废止或提出相关建议。

在实践中，法律执行的公平性还应体现在对农村信用信息的采集和处理过程中。由于农村地区的社会经济发展水平不一，信息采集的渠道和手段也存在差异，法律制度必须确保信息采集和处理的标准统一，以防止因信息不对称导致的信用不公现象。法律可以规定信用信息采集的统一标准和程序，确保所有农村居民的信用信息都能在同一标准下进行评估和使用。法律还应明确规定法律执行过程中对弱势群体的特殊保护措施，确保农村贫困家庭、老年人和其他弱势群体在信用体系中的合法权益得到保障。通过法律执行中的公平性要求，信用法律制度将能够更好地服务于农村信用体系的建设，推动农村社会的公平和谐发展。

3. 公正性在信用信息处理中的应用

在农村信用体系的建设过程中，信用信息的处理过程直接影响到农民的信用评估结果以及后续金融服务的获取。因此，确保信用信息处理的公正性至关重要。公正性原则要求信用信息的采集、存储、处理和使用必须在法律框架内进行，且必须遵循公平、透明的原则。2020 年 5 月 1 日实施的《河南省社会信用条例》第五十九条规定，县（市、区）、乡镇人民政府应当加强城市社区、农村等基层信用体系建设，建立社会信用信息记录、采集、归集、报送、查询等制度。这不仅是对农民个人隐私权的保护，也是确保信用体系健康运行的基础。在法律制度设计中，必须明确规定信用信息处理的各个环节的标准和程序，确保信息的处理过程不受主观因素干扰，避免因信息处理不当导致的信用评估偏差。

法律制度还应强调信息处理过程中各方的权利和义务。信息采集者必须遵循合法性、必要性和最小化原则，即采集的信息必须与信用评估目的相关，并且只能采集必要的信息，避免信息的过度采集。信息处理者在处理过程中必须确保信息的准确性和完整性，防止信息的误用或滥用。对于信息使用者来说，法律应明确其在使用信用信息时的合规要求，确保信用信息仅用于合法的用途，不得因个人或机构的利益而随意更改或滥用。法律还应规定信息主体的知情权和申诉权，允许农民在发现信息处理不公时能够及时进行申诉，并获得公正的处理结果。

在信用信息处理的具体操作中，法律还应鼓励使用先进的技术手段如区块链技术，确保信息处理过程的透明性和可追溯性。区块链技术的分布式账本特性能够确保信用信息的处理过程记录在案，不可篡改，从而提高信息处理的公正性和可信度。法律制度应鼓励信息处理机构加强内部的审核和风险控制机制，通过定期审计和内部监督，确保信息处理过程的合规性。通过多层次的法律保障措施，信用信息处理的公正性将能够得到有效维护，从而为农村信用体系的健康发展提供有力支撑。

（二）信用法律中的权利与义务平衡

1. 信用信息主体的权利保护

在农村信用体系中，信用信息主体的权利保护是法律制度设计的重要内容之一。随着信息化的发展，农村居民的信用信息在金融交易中扮演着越来越重要的角色。[①] 信用信息的广泛应用也伴随着信息滥用和侵权的风险，伴随着个人隐私泄露、信息滥用、信用评估不公、社会信任危机、经济风险和法律风险等多重风险。因此，在推进信用信息体系建设的过程中，需要高度重视信息安全和隐私保护问题，建立健全相关法律法规和监管机制，法律必须明确规定信用信息主体的权利，包括信息知情权、信息更正权和信息删除权等，确保农村居民在信用信息的收集、处理和使用过程中，能够充分掌握和控制自身信息。[②]

法律制度应当规定信息主体在信息采集和处理过程中拥有知情权，即信息主体有权了解哪些信息被采集、信息被用于何种目的以及信息处理的具体方式。[③]《中华人民共和国乡村振兴促进法》第四条指出，要坚持农民主体地位，充分尊重农民意愿，保障农民民主权利和其他合法权益，调动农民的积极性、主动性、创造性，维护农民根本利益。同时，法律还应赋予信息主体更正和删除其不准确或不完整信息的权利。在农村信用体系中，信息不对称和信息不准确的问题尤为突出，因此，信息主体必须拥有更正其信用信息的权利，确保信用评估结果的准确性。信息主体还应有权要求删除那些已经失去必要性或不再合法存储的信用信息，防止信息的长期存储对其信用状况造成不利影响。在国家法律层面上，对个人信息的保护，应当明确一些原则或要求，比如，获取他人个人信息，或公开他

① 张鹏．个人信用信息的收集、利用和保护［M］．北京：中国政法大学出版社，2012：206—278.
② 蒙连图．受控主体权利保护法律问题研究［M］．北京：中国政法大学出版社，2014：76—95.
③ 朱沛智，贾振宇．征信体系建设下个人信息保护的进路研究［J］．征信，2024，42（5）.

人个人信息，必须取得本人同意；平台必须采取足够有效的措施，确保储存其中的信息是安全可靠的；平台必须公开处理个人信息的流程，保护个人信息的措施与方案，供国家与社会监督；平台收集、获取信息应当限定在一定范围；平台对个人信息的收集应当是准确、完整和可以适时更新的等。[①]

在实践中，信息主体的权利保护还应体现在法律的执行和监督机制中。法律应明确规定信息主体在其权利受到侵犯时的申诉途径和救济措施，并确保这些措施的可操作性和有效性。法律可以规定设立专门的信用信息争议解决机构，提供便捷的申诉渠道，确保信息主体在遇到信息侵权时能够及时获得法律保护。法律还应鼓励农村地区的法律援助服务，帮助农村居民在信用信息权利保护方面获得必要的法律支持。通过完善的信息主体权利保护机制，法律制度将能够有效保障农村居民在信用体系中的合法权益，推动农村信用体系的健康发展。

2. 信息提供者的法律义务与责任

信息提供者在农村信用体系中扮演着关键角色，其法律义务和责任直接关系到信用信息的质量和信用体系的公正性。[②] 法律制度必须明确规定信息提供者的义务，包括信息的准确性、合法性和及时性等要求，确保信息提供者在履行其职责时能够遵循法律规定，避免信息失真或滥用。在信息的采集和提供过程中，信息提供者必须保证信息的真实性和完整性，避免因信息失误或遗漏导致的信用评估偏差。法律还应规定信息提供者在提供信息时必须尊重信息主体的隐私权，确保信息的采集和提供过程符合法律要求。

在信息提供者的责任问题上，法律制度应当规定信息提供者在信息失真或滥用情况下的法律责任。法律可以规定信息提供者在故意或过失提供虚假信息时应承担相应的法律责任，包括赔偿信息主体的损失和承担相应的法律制裁。法律还应规定信息提供者在信息泄露事件中的责任，确保在信息泄露发生后，信息提供者能够及时采取措施，减少对信息主体的不利影响。信息提供者还应承担相应的合规义务，确保在信息的采集、存储和传输过程中遵守法律规定，防止信息的非法获取和滥用。

法律制度还应鼓励信息提供者加强内部的风险控制和合规管理，通过内部审核与监督机制，确保信息的提供过程符合法律要求。法律制度为信息提供者设定了明确的行为准则，规范了信息的收集、处理、传输等行为，确保其活动在法律框架内进行，法律可以规定信息提供者定期进行内部审计和风险评估，确保信息的准确性和合法性，并在发现问题时及时采取纠正措施。通过明确信息提供者的法律义务和责任，法律制度将能够有效规范信息提供者的行为，确保农村信用体系的公正性和可信度，从而为农村经济的可持续发展提供有力支持。

3. 信用信息使用者的合规要求

信用信息使用者在农村信用体系中同样具有重要地位，其合规要求直接关系到信用信息的应用效果和农村金融市场的健康发展。法律制度应当明确规定信用信息使用者的合规要求，确保信用信息在使用过程中不被滥用或误用。在农村信用体系中，信用信息的使用者主要包括金融机构、政府部门和其他相关市场主体，这些主体在使用信用信息时，必须

---

① 甘忠培主编．共享经济的法律规制［M］．北京：中国法制出版社，2018：244.

② 明瑶华，赵秀文．我国征信体系建设中信息提供者的法律规制探析［J］．南京社会科学，2018（3）.

严格遵循法律规定，确保信息的合法性和公正性。法律可以规定金融机构在贷款审批过程中必须遵循公平、公正的原则，确保信用信息的使用不受主观偏见或利益冲突的影响。

在具体操作中，法律制度应规定信用信息使用者在使用信息前，必须获得信息主体的授权，并确保信息的使用符合授权范围。法律还应规定信用信息使用者在信息处理和使用过程中的保密义务，防止信息泄露和滥用。法律可以规定信息使用者在处理信用信息时，必须采取必要的技术和管理措施，确保信息的安全性和保密性。法律还应规定信用信息使用者在信息使用过程中的审查义务，确保信息的来源和内容符合法律规定，避免因信息不准确或不完整导致的误用或偏差。

法律制度还应规定信息使用者在信息使用过程中出现违规行为时的法律责任。法律可以规定信息使用者在故意或过失使用虚假信息时应承担相应的法律责任，包括对信息主体的赔偿和对社会公众的解释义务。法律还应规定信息使用者在违反保密义务或超范围使用信息时应承担相应的法律后果，确保信息使用过程的合法性和公正性。通过明确的合规要求，法律制度将能够有效规范信用信息使用者的行为，确保农村信用体系的健康运行和农村金融市场的公平竞争，为农村经济的可持续发展提供有力保障。

三、信用法律的实施与监督机制

（一）法律实施中的监管机制设计

法律实施中的监管机制设计是确保法律有效执行的重要环节，其核心在于构建科学、合理、高效的监督体系。在农村信用体系的法律框架中，法律的实施和监管机制设计至关重要。有效的监管机制不仅是确保法律得以贯彻执行的关键，也是保障信用体系在农村地区健康发展的重要手段。在乡村振兴背景下，随着农村经济的快速发展和金融服务的下沉，信用体系的重要性越发突出。

法律的有效实施依赖于强有力的监管机制，这不仅涉及政府部门的监管职责，还包括地方机构和社会各界的共同参与。[①] 法律制度应明确监管机构的构成与职责，特别是在农村信用体系中，不同层级的监管机构应根据当地实际情况制定具体的监管措施。地方政府部门应与农村信用社、农业银行等金融机构紧密合作，建立完善的信用信息共享机制和联合监管体系。法律还应规定监管机构在执行过程中应保持独立性和公正性，避免受到地方利益或外部压力的干扰。对于信息的采集、处理和使用，监管机构必须制定严格的标准和程序，并对信息的合规性进行定期检查。

法律制度应设计完善的监督与纠错机制，确保在法律实施过程中，任何违法违规行为能够得到及时发现和纠正。监督与纠错机制能够及时发现并纠正法律制度执行过程中的偏差和错误，确保法律得到正确、统一地实施。通过对法律制度的执行情况进行监督，可以防止权力滥用和不公正行为的发生，保障公民、法人和其他组织的合法权益。在农村信用体系中，由于信息的分散性和复杂性，法律的执行往往面临更多挑战，因此必须依靠高效

① 王俊豪，胡飞，冉洁. 中国特色政府监管立法导向与法律制度体系［J］. 浙江社会科学，2021（1）.

的监督机制。可以引入第三方审计机构，对信用信息的处理过程进行独立审查，并根据审查结果进行风险评估和调整。法律还应规定设立专门的申诉和举报渠道，鼓励信息主体和其他相关方对不当行为进行监督和举报，从而形成社会各界共同参与的监督网络。

法律制度应加强跨部门协作与信息共享，推动监管机制的高效运转。在农村信用体系中，不同部门间的信息壁垒往往导致信息的不对称和监管的滞后，因此，法律应规定不同监管部门之间的信息共享和协作机制。金融监管部门可以与税务、公安等部门建立信息共享平台，实现对农村信用信息的全方位监管。法律还应规定跨部门的联合执法机制，确保在发现重大信用风险或违法行为时，能够迅速启动联合调查和处理程序，从而提高法律实施的效率和效果。

通过建立健全的监管机制设计，法律制度将能够有效保障农村信用体系的健康发展，推动乡村振兴战略的顺利实施。① 乡村振兴中的监督机制建设需要从多个方面入手，包括健全监督体系、加强针对性和实效性、推进信息化建设以及强化问责和惩处力度等。这些措施将有助于保障乡村振兴工作的顺利进行，促进农村经济的持续健康发展。在此过程中，法律的实施不仅需要政府部门的主导作用，还应依托农村社会的广泛参与，还可以引入行业协会、媒体等多元主体参与监管，形成监管合力。通过多层次、多维度的监管体系，实现对信用体系的全方位保护和支持。

（二）信用法律的合规检查与法律后果

1. 信用法律的合规性检查机制

在农村信用体系中，信用法律的合规性检查机制是确保法律制度有效运行的关键环节。信用法律的合规性检查机制在保障法律法规的严格遵守、风险防控与企业管理、维护市场秩序与公平竞争、提升企业价值与信誉、促进社会信用体系建设以及提升监管效率与协同等方面发挥着重要作用。随着农村经济的发展和金融活动的日益复杂，信用法律的执行面临着诸多挑战，特别是在信息化和数字化背景下，如何确保信用信息的处理和使用过程符合法律规定，成为法律实施的重点。因此，建立完善的合规性检查机制，对于保障信用体系的公正性和透明度具有重要意义。

法律制度应规定合规性检查的内容和程序，明确各级检查机构的职责和权限。法律可以规定定期和不定期的合规性检查，以确保信用信息的采集、处理、存储和使用过程符合法律规定。法律应规定检查机构在发现合规问题时的处理程序，包括风险评估、整改措施和后续跟踪等。对于检查过程中发现的重大违法行为，法律应规定相应的惩戒措施，以确保违法行为能够得到及时纠正和处置。此外，法律还应规定检查结果的公开和透明，确保信息主体和公众能够了解信用法律的执行情况，从而增强对信用体系的信任。

在农村信用体系的合规检查中，法律应鼓励引入技术手段，提高检查的效率和准确性。例如，利用大数据分析和人工智能技术，可以对信用信息的处理过程进行实时监控和风险预警，从而及时发现潜在的合规问题。② 法律还应规定合规检查的责任追究机制，确

① 蒋远胜，吴平．农村金融改革与乡村振兴：2019 天府金融论坛暨西部农村金融论坛［M］．成都：西南财经大学出版社，2020：17—19.

② 魏斌．法律科技的变革：从计算机化到数字化与智能化［J］．法学家，2024（3）.

保检查机构和人员在执行过程中严格遵守法律规定，不得利用职务之便进行违规操作或徇私舞弊。通过多层次的合规性检查机制，法律制度将能够有效保障信用体系的健康运行，推动农村信用环境的改善和金融服务的下沉。

2. 法律违规的后果与惩戒措施

在农村信用体系中，信用法律的违规行为不仅会破坏信用体系的公正性和透明度，还可能对农村经济的发展和农民的利益造成严重损害。因此，法律制度必须明确规定法律违规的后果和相应的惩戒措施，以确保信用体系的正常运行和法律的严肃性。① 在乡村振兴战略背景下，随着农村经济的快速发展和金融活动的增加，信用法律的违规行为可能更加隐蔽和复杂，因此法律制度必须具有足够的威慑力和可操作性，这样才能够预防违法行为的发生，增强公众的法律意识，从而维护社会秩序的重要保障。

法律制度应明确规定对不同类型的法律违规行为的惩戒措施，包括行政处罚、经济赔偿和刑事责任等。对于信用信息的故意篡改或泄露行为，法律可以规定严厉的行政处罚，如罚款、吊销执照等；对于因信息处理不当而导致的信用评估偏差，法律可以规定信息提供者和使用者的经济赔偿责任，确保信息主体的合法权益得到有效保护。法律还应规定对于情节严重的违法行为，如大规模信息泄露或恶意欺诈行为，可以追究刑事责任，以确保法律的威慑力。这些惩戒措施旨在严厉打击泄露信用信息的行为，保护公民和企业的合法权益，维护社会信用体系的稳定和健康发展。

在实际操作中，法律制度还应规定违法行为的发现和处理程序，确保违法行为能够及时得到纠正和处置。法律可以规定设立专门的违法行为举报和调查机制，鼓励信息主体和公众对违法行为进行监督和举报，并确保举报人的合法权益。法律还应规定违法行为的追溯机制，确保即使在违法行为发生后一定时间内仍能进行追究和处理，从而提高法律执行的效果和公信力。通过明确的惩戒措施和处理程序，法律制度将能够有效规范信用体系中的行为，确保信用体系在农村地区的健康发展，为乡村振兴战略的顺利实施提供有力的法律保障。

第二节　信用体系中的法律纠纷与解决机制

一、信用纠纷的法律救济途径

（一）信用纠纷解决的法律框架

1. 信用纠纷中的诉讼与非诉讼手段

在处理信用纠纷时，诉讼与非诉讼手段是两种主要的法律救济途径。诉讼手段包括法

① 袁林，赵小勇．论违规信息披露法律责任追究中“重大性”的认定标准——以法秩序统一为视角［J］．经济法论坛，2021，27（2）．

院审理、裁决等程序性活动，是处理复杂、重大信用纠纷的主要方式。非诉讼手段则包括调解、仲裁等方法，这些方式通常适用于较为简单或双方自愿解决的信用争议。诉讼程序法定，必须按照法律规定的时间、程序和方式进行；非诉讼程序灵活，可以就近、及时化解纠纷。诉讼成本较高，程序烦琐，耗时较长；非诉讼则成本较低，程序简便，处理时间快。在乡村振兴背景下，非诉讼手段特别是调解和仲裁，由于其程序简便、成本低廉的特点，成为处理农村信用纠纷的有效工具。

农村金融环境中常见的信用纠纷涉及农民与金融机构之间的信贷合同违约问题。① 传统诉讼程序虽然能够提供法律救济，但由于诉讼过程复杂且耗时，可能不适合农村地区的实际情况。因此，农村地区的信用纠纷更倾向于通过非诉讼手段如调解和仲裁来解决，这样不仅能够提高处理效率，还能减轻当事人负担。非诉讼手段在信用纠纷解决中的优势主要体现在其灵活性和便捷性。调解过程通常由地方政府或行业协会组织，能够在相对短的时间内达成解决方案。而仲裁则通过指定的仲裁机构进行，其裁决具有法律效力，并且比传统诉讼程序更为迅速和专业。对于乡村振兴过程中出现的信用问题，这种快速而高效的解决方式显得尤为重要，因为它能够在最短时间内恢复信用秩序，减少对农村经济的负面影响。

2. 信用纠纷中的法律援助与支持

法律援助是指国家为经济困难公民和符合法定条件的其他当事人，无偿提供法律咨询、代理、刑事辩护等法律服务的制度，是公共法律服务体系的组成部分。它在信用纠纷解决中扮演着重要角色，尤其是在经济条件相对较弱的农村地区。② 法律援助旨在为经济困难的当事人提供必要的法律支持和服务，以确保其合法权益得到保护，维护社会公平正义，通过法律援助实现法律面前人人平等。在乡村振兴过程中，法律援助的有效实施不仅能够帮助农民解决信用纠纷，还能够提升农村地区的法律意识和信用体系的稳定性。

许多农村地区的农民在面临信用纠纷时，由于缺乏足够的法律知识和经济资源，往往难以自行维权。法律援助机构可以为这些农民提供免费的法律咨询、诉讼代理及其他法律服务。通过法律援助，农民能够获得专业的法律指导，帮助他们理解自己的权利和义务，并在纠纷中作出合理的决策。法律援助还可以协助农民准备必要的法律文件，代表他们进行诉讼或调解，从而提高纠纷解决的成功率。法律援助过程中，农村居民可以了解到更多法律知识，提升自身的法律意识和维权能力，为未来的生活和工作提供法律保障。

法律援助的实施不仅限于个人层面，也包括对地方政府和社会组织的支持。例如，政府可以通过设立法律援助中心，为农村居民提供法律咨询服务。政府还可以为法律援助提供财政支持，确保法律援助机构有足够的资金开展各项工作，如提供法律咨询、代理诉讼等。社会组织和法律专业人士也可以参与法律援助工作，通过培训和宣传提高农村居民的法律意识。通过开展宣传活动，利用媒体、社交平台等渠道传播法律援助的重要意义，提高社会公众对法律援助工作的认识和支持。这样，法律援助不仅可以解决个别案件，还能够提升整个农村地区的法律素养，促进信用体系的健康发展。

---

① 李笑．农村常见纠纷与处理法律实务［M］．北京：中国法制出版社，2018：58—84.

② 贾午光．法律援助制度改革与发展——2012—2013 年度全国法律援助征文选辑．［M］．北京：中国民主法制出版社，2013：1—6.

3. 信用纠纷解决中的权利救济

在信用纠纷的解决过程中，权利救济的实现至关重要。权利救济是指法律机制通过各种方式保护当事人的合法权益，确保其获得应有的补偿或救济。① 在乡村振兴过程中，权利救济机制可以为农民提供更加坚实的法律保障，激发他们的积极性和创造力，推动农村经济的发展和社会的进步。同时，通过公正的权利救济，还可以增强农民对党和政府的信任和支持，为乡村振兴营造良好的社会环境。信用纠纷中的权利救济不仅涉及纠纷双方的直接利益，也关乎农村金融环境的稳定和发展。

当农民与金融机构之间的信贷合同发生纠纷时，权利救济可以通过判决、裁决或和解的方式实现。法院或仲裁机构在审理案件时，将根据法律规定对纠纷进行裁决，并要求违约方承担相应的赔偿责任。通过权利救济，农民能够获得因违约而受到的损失补偿，从而减少经济损失，恢复信用状况。有效的权利救济机制能够增强农民对信贷合同的信任感和安全感，鼓励他们积极参与信贷活动，促进农村金融市场的发展，其实施也能够维护金融机构的合法权益，保障其运营的稳定性和公平性。权利救济在农民与金融机构之间信贷合同中的应用，有助于推动农村金融法治建设，完善相关法律法规和制度，提高农村金融市场的法治化水平。

权利救济的机制还包括对纠纷解决过程中的各方权益的保障。法律规定应确保各方当事人在纠纷解决过程中享有平等的权利，避免一方当事人受到不公正待遇。通过权利救济，法律能够在纠纷解决过程中发挥公平和公正的作用，为所有涉事方提供合理的解决方案，从而促进农村信用体系的稳定和发展。保障个体或群体的合法权益，确保其在受到侵害时能够得到恢复或补偿。从而纠正违法行为，维护法律秩序，确保法律的公正实施。预防和解决纠纷，减少社会冲突，维护社会稳定。

（二）信用纠纷的司法救济方式

1. 法院在信用纠纷中的介入

法院在信用纠纷中的介入主要体现在司法审理和裁决方面。法院作为国家的司法机关，负责对信用纠纷案件进行审理，并根据法律规定作出裁决。特别是在乡村振兴的背景下，法院的介入能够为复杂的信用纠纷提供公正、权威的法律解决方案，有助于维护农村金融环境的稳定。法院处理农村信贷纠纷时，通常需要对案件的事实进行全面调查和证据收集，确保裁决的公正性。在审理过程中，法院将根据《合同法》《民事诉讼法》等相关法律法规，对纠纷进行审查，并作出相应的裁判。法院的裁决不仅对当事人具有法律约束力，还能够对社会公众形成法律规范的示范效应，从而提升信用体系的公信力和稳定性。法院在信用纠纷中的介入还有助于提高法律的权威性和公正性。通过严格的司法程序和公平的裁决，法院能够有效解决农村金融领域的信用问题，减少纠纷的争议和冲突。法院的介入还能够为当事人提供明确的法律救济途径，保障其合法权益，并为信用体系的规范运作提供法律支持。

2. 信用纠纷的司法判例分析

司法判例在信用纠纷的解决中具有重要意义。通过对典型信用纠纷案件的司法判例进

① 李长健．中国农村社区治理与法治化前沿［M］．武汉：湖北人民出版社，2016：139—171.

行分析，可以总结出法律适用中的经验和教训，为类似案件的处理提供参考。[①] 在乡村振兴的过程中，对司法判例的分析不仅能够为法律的实施提供指导，还能够促进信用法律的完善和改进。司法判例通过维护农村社会稳定、提供公共治理制度保障以及推动农村法治建设等方面的努力，为乡村振兴提供了坚实的法治基础和支持。通过对农村信贷纠纷的判例进行分析，可以了解法院在处理类似案件时所采纳的法律原则和裁决标准。这些判例能够揭示出法律适用中的问题和挑战，并为后续的案件处理提供借鉴。判例分析还可以帮助法律界和政策制定者识别法律中的不足之处，提出改进建议，从而推动信用法律的发展和完善。司法判例的分析还能够为农村信用体系的建设提供实践经验。通过研究典型案例，能够了解在处理农村信用纠纷时的具体操作和处理方法，从而提高法律适用的准确性和有效性。判例的总结和分析也有助于提升社会对信用法律的认知和信任，推动信用体系的稳定和发展。

3. 法律救济对信用体系稳定性的保障

法律救济在信用纠纷的解决中，对于维护信用体系的稳定性发挥了关键作用。通过法律救济，可以有效地解决信用纠纷，恢复社会信用秩序，从而促进信用体系的稳定和发展。法律救济的实施有助于维护社会公正，确保信息纠纷的解决过程公平、公正，增强公众对法律制度的信任。法律救济既解决当前的纠纷，也对潜在的违法行为起到预防和震慑作用。乡村振兴背景下，法律救济的实施不仅涉及个别案件的处理，还关乎整个农村金融环境的健康和稳定。

法律救济可以通过公正的裁决和赔偿，解决农村信贷纠纷中的经济损失问题。通过恢复当事人的合法权益，法律救济能够提高社会对信用法律的信任和认同，减少信用纠纷的发生，为受害者提供法律手段，恢复或补偿其受损的权益。法律救济能够纠正违法行为，通过法律程序，对违法者进行制裁，维护法律秩序。法律救济的实施还能够促进信用体系的规范化运作，维护金融市场的公平和稳定。通过加强法律救济机制，可以提高信用体系的抵御风险能力，推动农村金融环境的持续发展。

二、信用仲裁与司法的适用性

（一）信用仲裁的法律依据与实践

1. 信用仲裁在信用纠纷中的优势分析

信用仲裁作为一种非诉讼解决机制，在处理信用纠纷中具有明显的优势。相较于传统的诉讼程序，仲裁的优势主要体现在程序的灵活性、处理的效率以及裁决的专业性等方面。[②] 在乡村振兴的背景下，信用仲裁能够为农村地区提供高效、公正的纠纷解决方案，从而促进农村金融环境的稳定。信用仲裁通常具有较短的审理周期和较低的费用，相比于诉讼程序，这能够显著减少纠纷解决的时间和成本。特别是在农村地区，仲裁的灵活性和

① 董皞，等．判例解释之变迁与重构：中国判例解释发展与构建之路［M］．北京：中国政法大学出版社，2015：140—188.

② 王继福，刘丹．仲裁原理与案例研习［M］．秦皇岛：燕山大学出版社，2020：1—21.

便捷性能够有效应对复杂多变的信用纠纷。仲裁机构的专业性和中立性能够保证裁决的公正性，提升纠纷解决的效果。信用仲裁的另一个优势在于其对当事人的自主选择权。仲裁程序允许当事人选择仲裁员、确定仲裁规则，从而提高了纠纷解决的灵活性和适应性。这种选择权能够使农村金融纠纷中的各方根据实际情况进行裁决，确保解决方案的合理性和有效性。

2. 信用仲裁的法律框架与运作机制

信用仲裁的法律框架和运作机制对于其有效性和公正性至关重要。在乡村振兴过程中，建立完善的仲裁法律框架和运作机制，能够确保仲裁程序的顺利进行和裁决的公正性。信用仲裁的法律框架和运作机制在乡村振兴中发挥着重要作用，不仅为信用纠纷的解决提供了法律保障和高效途径，还有助于推动农村社会信用体系的完善、增强农民信用意识以及推动农村治理现代化。信用仲裁的法律框架应当包括仲裁法、仲裁规则以及相关司法解释等。仲裁法作为仲裁程序的基础法律，规定了仲裁的基本原则、程序和裁决机制。仲裁规则则为具体的仲裁程序提供了操作细则，包括仲裁申请、证据提交、庭审安排等。通过建立完善的法律框架，可以确保仲裁程序的规范和公正。仲裁的运作机制还包括仲裁机构的设置、仲裁员的选任以及裁决的执行等方面。仲裁机构负责组织仲裁程序，仲裁员则根据法律和仲裁规则对纠纷进行裁决。仲裁裁决的执行则依赖于法院的支持和配合。通过建立高效的仲裁运作机制，可以提高仲裁的效率和公信力，推动信用纠纷的有效解决。

3. 仲裁结果在信用体系中的影响

仲裁结果对信用体系的影响主要体现在纠纷解决的公正性、信用环境的改善以及法律制度的完善等方面。信用仲裁作为信用治理的一部分，有助于推动农村地区信用体系的建设和完善，提升农村治理的现代化水平。在乡村振兴的背景下，信用仲裁有助于缓解金融机构在提供农村金融服务过程中的信息不对称问题，降低农村交易成本，提高农村资源配置效率，从而推动农村经济的良性循环。仲裁结果能够为农村金融纠纷提供权威的解决方案，从而促进信用体系的稳定和发展。

仲裁结果的公正性和权威性能够提高农村金融环境的透明度和公信力。通过公正的仲裁裁决，各方当事人能够获得合理的救济，从而增强对信用法律的信任。仲裁结果的实施也能够促使违约方履行合同义务，维护金融市场的公平和稳定。仲裁结果的传播和影响还能够推动法律制度的完善。通过总结和分析仲裁案件的经验，可以揭示出现行法律框架中的不足之处，为法律改革和完善提供依据。仲裁的实践经验和案例分析还能够为法律界和政策制定者提供参考，从而促进信用法律制度的进一步发展和完善。

（二）信用司法与法律适用的协调

1. 司法程序中的信用法律适用

在信用纠纷的司法程序中，信用法律的适用对于案件的处理具有重要意义。司法程序通过依法审理、裁决案件，能够确保法律的正确适用和公平公正的裁决。在乡村振兴的背景下，信用法律的适用需要与农村金融环境的实际情况相结合，以提高司法处理的效果和公正性。[①] 在审理农村信贷纠纷案件时，法院需根据《合同法》《民事诉讼法》等法律规定，正确适用信用法律条款。司法程序应当根据案件的具体情况，综合考虑法律规定、合同条款以及相关证据，作出公正的裁决。司法程序中的法律适用还需要关注农村地区的特殊情况，确保法律的适用能够符合农村金融环境的实际需求。司法程序中的信用法律适用还需要考虑法律解释和适用中的灵活性。法院在处理类似案件时，可以根据实际情况对法律条款进行合理解释，以确保裁决的公正性和合理性。这种灵活的法律适用方式能够提高司法处理的效果，减少法律适用中的争议和冲突。

2. 司法裁决对信用评价的影响

司法裁判一般是指对具体法律上的纠纷，以当事人起诉为前提，依一定诉讼程序解决纠纷，借由法的适用，宣示以裁判此纠纷的国家作用。司法裁判的目标是多方面的，包括维护宪法体制、保障公民的权益、解决当事人之间的纠纷、安定法律秩序以及统一司法解释等。司法裁决对信用评价具有重要影响，尤其是在农村金融领域。通过对信用纠纷案件的裁决，法院能够对相关方的信用行为进行评价，并将其纳入信用记录中。

这种影响不仅涉及案件当事人的信用状况，还对整体信用体系的运作产生作用。例如，法院在处理农村信贷纠纷案件时，会根据案件的情况对当事人的信用行为进行评价。如果裁决结果显示一方违约或不履行合同义务，则其信用记录可能会受到负面影响。这种负面影响会影响其未来的信用评级和贷款申请，从而推动其履行合同义务，增强信用意识。司法裁决对信用评价的影响还体现在对金融机构的信用行为评价上。例如，法院对金融机构的不当行为进行裁决，并对其信用记录进行调整，从而推动金融机构改进服务质量和管理水平。通过这种方式，司法裁决能够促进农村金融机构的规范运作和信用体系的健康发展。

3. 司法与仲裁机制的互补性

司法和仲裁机制在信用纠纷解决中具有互补性，两者可以通过不同的方式和程序解决信用纠纷，共同推动信用体系的稳定和发展。在乡村振兴过程中，司法和仲裁机制的有效结合，能够提高信用纠纷解决的效率和公正性。司法程序主要处理复杂、重大的信用纠纷，提供权威的裁决和救济。而仲裁机制则适用于较为简单或双方同意的信用纠纷，提供快速、高效的解决方案。在实际操作中，司法和仲裁机制可以根据案件的性质和复杂程度，选择最适合的解决方式，从而提高纠纷解决的效果。

司法和仲裁机制的互补性还体现在对法律制度的推动作用上。司法程序中的裁决和仲裁过程中的实践经验，都能够为法律制度的完善和改进提供依据。通过总结和分析司法和仲裁机制的实践，能够揭示出法律适用中的问题和挑战，为法律的改革和完善提供参考，从而促进信用体系的健康发展。司法和仲裁机制的互补性还体现在功能上，司法是国家公权力的体现，通过诉讼程序解决纠纷，具有强制性和终局性。它侧重于维护社会公正，保障公民权益。仲裁则是一种非诉讼的争议解决方式，基于双方当事人的自愿协议，由第三方仲裁机构对争议进行裁决。它更强调效率、灵活性和专业性，能够满足当事人对快速解决争议的需求。

---

① 谷玲. 司法救济视角下的个人信用修复机制研究 [J]. 征信，2024，42 (6).

三、信用争议的调解与和解机制

（一）信用争议中的调解机制设计

1. 信用调解中的法律规范与实践

调解在我国有着悠久的历史，在古代，调解是解决民事纠纷的主要手段。中国有以和为贵的传统，要求在处理人与人的关系时，做到仁爱，讲礼让，讲义务，讲亲和。在这种以和谐为核心内容的文化背景下，古代中国形成了不同于西方的调解机制。在西方社会，人们往往通过诉讼方式解决纠纷，而在古代中国，诉讼意味着对和谐的破坏和背叛，因为诉讼本身意味着双方当事人的矛盾冲突与对立。于是，无讼状态是古代中国社会的必然要求甚至是理想状态。然而，冲突和纠纷却又是不可避免的，一旦遇到纠纷，人们自然会选择既能解决纠纷又能保持和谐的解纷机制，这种解纷机制就是调解。互谅互让，大事化小，小事化了，从而折中、调和、妥协地平息当事人之间的纠纷。[①] 信用调解作为一种非诉讼纠纷解决机制，在处理信用争议时具有重要意义。在乡村振兴背景下，信用调解能够为农村金融纠纷提供便捷、高效的解决方案，从而促进信用体系的稳定和发展。调解机制的设计需要依托法律规范，以确保调解过程的公正性和有效性。

信用调解机制的法律规范包括《民事调解法》、地方性调解规定等。这些法律规范对调解程序、调解员资格、调解协议的效力等方面进行规定，以确保调解过程的规范和公正。这些法律法规和政策文件也为信用调解机制提供了法律基础和操作指引。在实践中，调解机构应根据法律规范，制定具体的调解规则和操作流程，确保调解工作的顺利进行。调解机制的实践还需要考虑农村地区的实际情况。农村金融纠纷通常涉及农民与金融机构之间的合同问题，调解机制应根据实际情况，结合农村特点进行调整。可以通过设立农村调解委员会、引入地方调解员等方式，提高调解的效率和效果。此外，调解过程中的沟通和协商也是关键因素，需要充分尊重当事人的意愿，确保调解结果的公正性和合理性。

2. 调解在信用争议解决中的优势

调解在信用争议解决中具有多方面的优势，特别是在乡村振兴过程中，调解机制的优势更加突出。调解机制在乡村振兴中发挥着不可或缺的作用，它不仅有助于维护农村社会和谐稳定，促进农村经济持续发展，还能提升农村治理水平以及构建和谐的农村人际关系。调解机制在乡村振兴中发挥着不可或缺的作用，它不仅有助于化解矛盾纠纷、提升农村治理水平，还能推动法治农村建设，为乡村振兴提供有力保障。因此，应进一步完善和优化农村的调解机制，以更好地服务于乡村振兴事业。

调解过程通常较为简便，能够在较短时间内达成解决方案，从而减少纠纷的处理时间。调解费用相对较低，有助于减轻当事人的经济负担，尤其是在农村地区，调解的经济成本较低，能够为当事人提供有效的救济。调解的另一大优势是其灵活性。调解过程允许各方当事人进行自主协商，能够根据实际情况制定具体的解决方案。这种灵活性能够提高

---

① 刘萍．农村民事调解与法律服务研究［M］．长春：吉林人民出版社，2020：11.

调解结果的适应性和合理性，满足当事人的实际需求。调解机制能够促进双方的沟通和理解，减少冲突和对抗，提高纠纷解决的和谐性。调解机制还有助于维护社会和谐。由于调解是通过说服教育的方法解决问题，因而更具亲和力，更容易被双方当事人接受。调解机制可以做到调防结合，重在防范。调解可以依据情、理、法及乡规民约进行调解。[①] 通过调解解决信用争议，能够避免对抗性强的诉讼过程，减少社会矛盾和冲突，促进社会的稳定和谐。这对于乡村振兴中的信用体系建设具有重要意义，能够提高农村金融环境的稳定性和可持续性。

3. 调解机制在信用体系中的推广

调解机制在信用体系中的推广对于提升信用体系的效率和稳定性具有重要意义。在乡村振兴背景下，推广调解机制不仅能够提高纠纷解决的效率，还能够增强农村金融环境的法律保障。还能够增强农村居民的信用意识，提高他们对信用的重视，促使他们更加诚信地履行协议和承诺，从而增强全社会的信用意识。

可以通过设立专门的调解机构或委员会，推动调解机制在农村地区的普及。这些机构可以负责处理农村金融纠纷，提供专业的调解服务，并根据当地的实际情况，制定适应性的调解规则和操作流程。地方政府和社会组织也可以积极参与调解机制的推广，提供支持和培训，提高调解工作的专业性和效果。调解机制的推广还需要加强对调解员的培训和管理。调解员作为调解过程中的关键角色，其素质和能力直接影响调解工作的效果。应当对调解员进行系统的培训，提高其法律知识和调解技巧，并建立健全的管理机制，确保调解工作的公正性和有效性。

（二）信用争议的和解方式与法律保障

1. 和解在信用争议中的适用条件

和解是指诉讼当事人之间为处理和结束诉讼而达成的解决争议问题的妥协或协议；也指当事人在自愿互谅的基础上，就已经发生的争议进行协商并达成协议，自行解决争议的一种方式。和解作为一种有效的纠纷解决方式，在信用争议中具有广泛的适用性。特别是在乡村振兴过程中，和解机制能够为农村信用纠纷提供灵活、高效的解决方案。和解的适用条件主要包括双方自愿、合法合规以及和解协议的合理性等方面。

和解过程必须建立在双方自愿的基础上。和解的核心在于双方当事人通过协商达成一致，因此双方的自愿性是和解成功的前提。在农村金融纠纷中，双方当事人应当在充分沟通和协商的基础上，达成合意的和解方案，从而解决争议。和解过程需要符合合法合规的要求。和解协议应当遵循法律法规的规定，不得违背法律的基本原则和社会的公序良俗。在和解过程中，各方当事人应当确保和解方案的合法性和合理性，避免产生新的法律纠纷或问题。

2. 和解协议的法律效力与执行

和解协议在信用争议中的法律效力和执行是保证和解效果的重要因素。通过和解协议可以更有效地协调各方利益，确保项目的顺利进行，同时维护农村社会的稳定与和谐。和

---

① 刘萍．农村民事调解与法律服务研究［M］．长春：吉林人民出版社，2020：10.

解协议也有助于推动农村地区的可持续发展，因为它可以减少因纷争而导致的资源浪费和时间拖延，从而为农村经济和社会发展创造更有利的环境。在乡村振兴背景下，确保和解协议的法律效力和执行，有助于维护和解结果的稳定性和有效性，促进信用体系的健康发展。

和解协议的法律效力主要体现在其能够作为法院裁决或仲裁裁决的一部分，具有法律约束力。根据《民事诉讼法》第一百条、第二百三十七条、第三百零二条等的相关规定，经过法院确认的和解协议具有法律效力，法院可以根据和解协议的内容进行裁决或执行。和解协议还可以作为履行合同的依据，对双方当事人产生约束力。和解协议的执行则依赖于法院的支持和配合。法院可以对和解协议进行审查和确认，并在必要时采取强制措施，确保协议的履行。对于无法自愿履行和解协议的当事人，法院可以根据协议的内容，采取相应的法律措施，如强制执行、财产查封等，保障和解协议的实施效果。

3. 和解机制对信用体系稳定的贡献

和解机制对信用体系的稳定性具有重要贡献。在乡村振兴过程中，和解机制能够通过提供灵活、高效的纠纷解决方式，促进农村信用环境的稳定和发展。通过和解解决信用争议，可以有效减少纠纷的对抗性和冲突，提升社会的和谐性。通过和解机制解决农村金融纠纷，可以减少诉讼程序中的争议和对抗，提高纠纷解决的效率和效果。和解机制还能够促进各方当事人的沟通和理解，增强双方的合作意愿，从而减少未来的纠纷和冲突。和解机制的推广和应用，可以提高农村金融环境的法律保障，增强社会对信用法律的信任和认同。和解机制对信用体系的稳定性还体现在其能够推动法律制度的完善和改进。通过总结和分析和解机制的实践经验，可以揭示法律适用中的问题和挑战，为法律改革和完善提供参考。和解机制的应用也能够促进法律意识的提升，推动农村金融环境的健康发展。

四、信用法律体系的完善与未来发展

（一）信用法律体系的现状分析与不足

1. 现行信用法律的实施效果分析

在中国，信用法律体系经历了较长时间的建设与完善，其效果在一定程度上体现了法律框架的初步成功。但在现实操作中却存在诸多问题，使得信用法律的实施效果大打折扣。一方面，现行法律法规在处理信用问题时仍显滞后。针对新兴领域如网络金融、数字货币等，现有法律体系未能及时跟进，导致部分新的信用风险未能得到有效规范和管理。尽管《个人信用信息保护法》和《征信业管理条例》等法律法规已对信用信息的收集、使用和保护提出了基本要求，但其实施过程中存在许多实际操作中的障碍，如信息泄露、违规使用等问题，影响了法律规定的实际效果。

法律实施的监督机制和执行力度不足也是现行信用法律面临的重要问题。在许多地方，由于缺乏足够的执法资源和专业人才，法律规定难以得到全面和深入的实施。信用信息的管理和监督存在薄弱环节，导致信息的采集和使用过程中常常出现不规范行为。这种情况不仅影响了法律的公信力，也削弱了公众对信用体系的信任。因此，需要从法律实施效果的角度，对现行法律体系进行深入分析和改进，以提升其实际应用效果。

2. 信用法律体系中的薄弱环节

信用法律体系中存在的薄弱环节主要集中在以下几个方面。现有法律法规的适应性不足。随着科技的迅速发展和经济结构的变化，许多新型信用问题和风险不断涌现，如数字金融、区块链技术等，但现行法律法规未能及时进行调整和更新，导致这些新兴领域的信用管理存在法律空白。传统信用法律框架未能有效涵盖互联网金融中的信用风险，无法应对互联网贷款、网络诈骗等新问题。法律实施的力度和资源保障不足也是影响信用法律效果的关键因素。在实际操作中，由于部分地区执法资源短缺、执法力量不够，法律规定的执行往往不到位。这种情况使得一些不良信用行为得不到有效制止，影响了信用法律的整体效能。法律制度的协调性不足也是一个薄弱环节。不同法律法规之间的衔接和协调不够，导致在实际应用中出现法律适用上的矛盾和重复。这不仅影响了法律体系的整体性，也降低了其在信用管理中的实际效用。

3. 信用法律在新兴问题中的适应性

面对新兴问题，现行信用法律体系的适应性显得尤为重要。随着互联网技术、人工智能、大数据等新兴技术的发展，信用法律体系需要不断调整和完善，以应对新的信用风险和挑战。人工智能在信用评估中的应用提高了信用管理的效率，但也带来了算法透明性和公平性的问题。现有法律体系对于这些新兴技术的规范和监管尚不完善，难以应对技术发展带来的挑战。数字货币和区块链技术的广泛应用也对传统的信用法律框架提出了新的要求。

在应对新兴问题时，法律体系需要具备较强的灵活性和适应性。可以通过制定针对新兴技术的专门法规，确保其在信用管理中的合法性和合规性。还需加强对新兴领域信用风险的研究和预测，及时调整法律框架，以保持法律的有效性和前瞻性。这种适应性将有助于提高信用法律体系对新兴问题的应对能力，保障信用体系的健康发展。因此，信用法律需要更加具体、明确和具有可操作性，以便执法人员能够准确理解和执行。还需要加大信用法律的执行力度，确保失信行为得到应有的惩罚和制裁，以维护信用法律的权威性和公信力。

（二）信用法律制度的改革与完善

1. 法律制度改革的方向与重点

在推进信用法律制度改革时，应重点关注以下几个方向：法律法规的更新步伐应与经济社会的发展保持同步。随着科技和经济的不断进步，新的信用风险和挑战不断涌现，这要求法律体系能够及时进行调整和更新。针对数字货币、网络金融等新兴领域，需要制定相应的法律法规，以填补现有法律的空白。还应加强对法律执行的保障，提高执法人员的专业能力和资源配置，以确保法律能够得到有效执行。法律制度的协调性和系统性需要进一步增强。现有法律法规之间的协调不足，往往导致法律适用上的矛盾和重复。这种情况不仅影响了法律体系的整体性，也降低了其在信用管理中的实际效用。因此，改革中应注重提高法律制度的协调性，减少不同法规之间的冲突，增强法律体系的整体性和系统性。法律改革还需关注法律执行的公平性和透明度。确保法律在实际操作中的公平性和透明度，是提高法律效果的重要措施。通过完善法律执行的监督机制，增强执法透明度，确保法律能够在公平、公正的环境中得到实施。这将有助于提升公众对信用法律体系的信任，促进信用体系的健康发展。

2. 新兴技术对信用法律的挑战与应对

新兴技术的发展对信用法律体系提出了新的挑战，也带来了重要的应对机遇。① 人工智能在信用评估中的应用提高了效率，但也引发了算法透明性和公平性的问题。如何在利用人工智能技术的同时，确保其在信用管理中的合规性，是法律改革中必须解决的关键问题。大数据技术的应用虽然提高了信用评估的准确性，但也带来了隐私保护的挑战。法律体系需要制定相应的法规，对数据安全和隐私保护进行规范，以确保新兴技术的合法合规应用。

针对这些挑战，可以通过制定专门的法律法规，对新兴技术的应用进行规范。例如，在人工智能技术应用中，可以引入对算法公平性和透明度的法律要求，确保技术应用过程中的公正性。在大数据应用中，需要加强对数据保护和隐私权的法律规定，确保个人信息的安全性和合规性。新兴技术在信用法律中的应用涉及大量个人和企业数据的收集、存储和分析，如何确保这些数据的安全和隐私保护成了一个重要挑战。需要建立健全的数据安全保护机制，防止数据泄露和滥用。这种针对性法规的制定，将有助于提高法律体系对新兴技术的适应能力，保障信用体系的稳定发展。

（三）信用法律体系的未来发展趋势

1. 信用法律的数字化转型

未来，信用法律体系将面临数字化转型的趋势。在数字经济时代，各行各业、金融及征信机构已经具备克服传统信用数据局限性、挖掘线上信用数据价值的经济和技术条件，构建基于大数据、算法以及人工智能技术的数字信用体系，对促进国民经济循环高效畅通、加快构建新发展格局具有重要意义。② 随着信息技术的飞速发展，信用信息的采集、管理和使用将越来越依赖于数字化手段。这要求法律体系能够适应这种变化，建立起适应数字化环境的法律框架。③ 需要制定有关电子合同、电子签名等方面的法律规定，以保障数字化交易的合法性和有效性。数字化转型还要求法律体系能够处理好数据安全和隐私保护问题，确保在数字化环境下信用信息的安全性和合规性。

数字化转型还意味着法律体系需要适应新型信用管理模式。基于区块链技术的信用管理模式将成为未来的重要发展方向。区块链技术在数据不可篡改、透明公开等方面具有优势，但也带来了新的法律问题，如技术实施的合规性、数据的合法性等。法律体系需要通过制定相应的法规和标准，确保数字化信用管理模式的合法性和合规性。这种转型将有助于提高信用法律体系的现代化水平，适应新时代的发展需求。

2. 信用法律在全球化背景下的调整

在全球化背景下，信用法律体系需要进行相应的调整。随着国际贸易和跨境投资的增

① 吴勇，黎梦兵．新兴信息技术赋能环境治理的风险及其法律规制［J］．湖南师范大学社会科学学报，2022，51（2）．

② 信息来源：信用中国网站，http：//www. creditchina. gov. cn，访问日期：2024 年 5 月 29 日。

③ 孙冲．从法律之治迈向数字化信用之治：产生、实践与法理逻辑［J］．征信，2024，42（2）．

加，各国信用法律的协调和对接显得尤为重要。为了适应全球化的要求，信用法律体系需要加强与国际标准的对接，促进国际信用信息的互认和共享。全球化还带来了跨国信用风险的挑战，需要建立跨国法律合作机制，以共同应对全球范围内的信用问题。在全球化背景下，国际信用法律的协调性和一致性将对我国信用法律体系的发展产生重要影响。可以通过加强与国际组织的合作，参与国际信用法律标准的制定和修订，提升我国信用法律体系的国际化水平。推动国际的法律合作，建立跨国信用风险防范机制，将有助于应对全球化带来的信用风险挑战。这种调整将有助于提高我国信用法律体系的全球竞争力，增强其在国际舞台上的影响力。

3. 未来信用法律的发展路径与展望

展望未来，信用法律体系的发展路径应着重于提高法律的适应性和前瞻性。应进一步加强法律体系的灵活性，以应对不断变化的经济环境和科技进步。这包括加快法律法规的更新步伐，确保法律能够及时应对新兴信用问题和风险。需要推动法律与科技的深度融合，通过技术手段提高法律的实施效率和准确性。可以引入人工智能和大数据技术，提高法律执行的精准度和效率。还需加强国际合作，通过借鉴国际经验和标准，完善国内信用法律体系。这种国际化与本土化的双向互动，将有助于推动我国信用法律体系的完善，提升其在全球化背景下的适应性和竞争力。

未来信用法律体系的发展还需要关注数字化、全球化和科技创新等方面的趋势。这些趋势将对法律体系的设计和实施产生深远影响。通过前瞻性地分析这些趋势，并采取相应的改革措施，可以确保信用法律体系在新时代的发展中保持领先地位，为信用体系的健康稳定发展提供坚实的法律保障。[①] 随着全球数字化转型的加速，信用法律将更加注重跨境数据流动、信用信息共享和跨国信用监管的合作。全球化趋势要求信用法律在保护个人隐私和国家安全的同时，促进信用信息的跨境高效流通。未来信用法律将更加注重平衡信用信息的流通与个人信息权益的保护，制定更加严格的数据安全标准和监管措施。

① 陈丽君．中国社会信用监管体系构建研究［M］．杭州：浙江大学出版社，2020：276—293.

第九章
农村社会信用体系的实施路径

第一节　农村信用体系的政策支持

一、国家政策对农村信用体系的推动

（一）政策制定的理论基础

1. 社会资本理论在农村信用体系中的应用

社会资本理论，作为一种用于理解社会网络及其对经济活动影响的理论框架，为农村信用体系的政策制定提供了重要的视角。① 按照社会资本理论，社会资本包括网络中的信任、互惠关系及规范，这些因素在农村信用体系中起到了基础性作用。在农村信用体系建设中，社会资本的积累不仅能促进信息流通，还能增强社区成员之间的信用互动。研究表明，社会资本的增强有助于降低信用信息的不对称性，提高金融服务的覆盖面与可及性。根据党的十六大提出的全面建成小康社会的奋斗目标和《中共中央 国务院关于进一步加强金融监管，深化金融企业改革，促进金融业健康发展的若干意见》（中发〔2002〕5号）的精神，为进一步深化农村信用社改革，改善农村金融服务，促进农业发展、农民增收、农村全面建成小康社会，制订《深化农村信用社改革试点方案》。因此，在政策制定过程中，融入社会资本理论，有助于构建一个以信任为基础的信用网络，优化信用体系的运作机制。进一步分析，社会资本理论强调了社区成员之间的信任关系及合作的重要性，这对于农村信用体系尤为关键。农村地区因其社会结构的特殊性，社会资本的作用更加显著。政策制定者应当通过强化社会资本的建设，推动农村信用体系的深入发展。通过社区合作社或农村金融合作社的形式，能够有效增强地方网络中的信任机制，促进信用信息的共享

---

① 孙远太．社会资本与贫困地区的发展逻辑——河南信阳地区劳动力转移机制创新的理论阐释［J］．农村经济，2011（6）：110—114.

与传播。[①] 这种机制不仅提升了地方金融机构对农村信用信息的掌握能力，还能够帮助农户更好地融入金融体系。

2. 信用经济学视角下的政策设计

从信用经济学的视角来看，政策设计应充分考虑信用风险的管理与控制。[②] 信用经济学关注信用市场的效率及其对经济活动的影响，强调信用的提供与需求之间的平衡。在农村信用体系的政策制定过程中，信用经济学提供了一个理论框架，用于评估信用风险及其对农村经济的影响。通过信用评分模型的引入，可以有效评估农户的信用状况，制定更为精细化的政策措施。信用经济学还强调了信用风险分担机制的设计。在农村信用体系中，政策制定者需要考虑如何分散信用风险，避免因个别农户违约对整体信用体系造成冲击。通过政策设计，信用担保机制、风险补偿机制等，可以有效地分散风险，提高信用体系的稳定性与可持续性。这些措施不仅能够保护金融机构的利益，还能提高农户的融资可得性，促进农村经济的发展。

3. 制度经济学对政策形成的影响

制度经济学关注制度安排对经济行为的影响，其理论对政策形成具有重要指导作用。在农村信用体系的政策制定中，制度经济学的视角有助于理解制度环境对信用行为的塑造作用。制度经济学强调了制度安排的稳定性与变迁对经济活动的影响，指出良好的制度安排可以减少交易成本，促进经济合作。在农村信用体系中，政策制定者需要考虑如何通过制度安排优化信用环境。建立健全的信用记录管理制度，完善信用信息的收集与共享机制，能够有效提高信用信息的透明度，减少信息不对称带来的风险。[③] 制度经济学还关注制度变迁对政策效果的影响，政策制定者应当不断监测和评估现有制度的效果，并根据实际情况进行调整，确保制度安排的有效性与适应性。

（二）政策实施的路径选择

1. 多层次治理模式的理论分析

多层次治理模式的理论分析为政策实施提供了重要的框架。[④] 在农村信用体系的实施中，多层次治理模式强调了中央与地方、政府与市场、公共与私营部门之间的互动与协调。这种模式通过建立多层次的治理结构，能够有效整合不同层级的资源与力量，推动政策的实施。多层次治理模式通过明确各层级的职能与责任，确保政策目标的实现。中央政府负责制定总体政策框架与战略方向，而地方政府则负责具体的政策实施与调整。市场主体和社会组织在政策实施中扮演了重要的角色，通过其专业化的服务与资源，可以有效补充政府的不足，提升政策的实施效果。多层次治理模式的理论分析有助于理解不同层级间的协调机制及其对政策实施的影响，优化政策实施路径。

2. 政策传导机制与实施效果评估

政策传导机制的理论分析对于理解政策效果至关重要。政策传导机制描述了政策从制

---

① 温铁军，杨帅．中国农村社会结构变化背景下的农村治理与农村发展［J］．理论探讨，2012（6）：76—80.
② 刘艳琨．中小企业信用担保风险控制与管理［J］．中国统计，2013（7）：52—54.
③ 戴国强，王国松．信息不对称和风险资本退出［J］．财经研究，2002（2）：30—35.
④ 王玉珍．多维变动下社会治理模式的创新［J］．南京社会科学，2006（5）：78—82.

定到实施的全过程，包括政策目标的传递、资源的配置以及实施效果的反馈。通过对政策传导机制的分析，可以识别出可能存在的传导障碍与瓶颈。政策信息的传递是否及时准确，资源的配置是否合理，实施过程中是否存在协调困难等，这些因素都会影响政策的实施效果。实施效果的评估应包括定量与定性的分析方法，通过数据的收集与分析，能够客观评估政策的效果，发现问题并及时调整。通过对信用信息使用效果的评估，能够判断政策是否达到了预期目标，并据此进行改进。

3. 动态调整与政策反馈的理论框架

动态调整与政策反馈的理论框架为政策实施的优化提供了理论支持。在政策实施过程中，动态调整机制能够根据实际情况对政策进行调整，以应对变化的环境与需求。政策反馈机制则通过收集实施过程中的反馈信息，及时调整政策，确保政策的适应性与有效性。理论框架的建立应包括动态调整机制的设计与实施路径。建立定期评估机制，及时了解政策实施中的问题与挑战，根据反馈信息进行政策的调整与优化。政策反馈机制的设计应注重信息的准确性与及时性，确保反馈信息的真实有效，为政策的优化提供可靠依据。通过理论框架的指导，能够实现政策的动态调整与持续改进，提高政策的实施效果。

（三）政策效果的持续评估与优化

1. 定量评估方法在政策实施中的应用

定量评估方法为政策效果的评估提供了科学的依据。在农村信用体系的政策实施中，通过应用定量评估方法，可以对政策效果进行系统的分析与评价。定量评估方法包括统计分析、模型建模等，通过数据的收集与分析，能够客观评估政策的实施效果。通过建立信用风险评估模型，可以量化政策对信用风险的影响，评估政策的效果。定量评估方法能够提供具体的数值指标，帮助政策制定者了解政策实施中的实际效果与问题。这些方法能够评估政策的有效性，为政策的优化与调整提供数据支持，提高政策的实施效果。

落实《中共中央 国务院关于全面推进乡村振兴 加快农业农村现代化的意见》精神和《中共海南省委 海南省人民政府关于建立健全城乡融合发展体制机制和政策体系集成创新的实施意见》《海南省国民经济和社会发展第十四个五年规划和二〇三五年远景目标纲要》要求，深入推进海南省农村信用体系建设，着力改善“三农”金融服务，助力全面实施乡村振兴战略。优化服务，进一步健全农村信用激励约束措施。

2. 完善政府激励约束政策

发挥地方财政引领作用，完善涉农政策支持措施，探索与农村信用体系建设相衔接的涉农政策支持措施，落实好中央出台的涉农优惠政策，在资金、技术服务、担保和保险等方面给予农户和农村经营主体支持，建立信贷风险补偿、奖励等考核激励机制，督促政府性融资担保、再担保机构严格以“三农”融资担保业务为主业，不断提高支农担保业务规模和占比。推动农户信用评定结果在社会治理和政务服务中的普及与应用，进一步强化农户信用激励与约束机制。

3. 健全金融支持举措

各涉农金融机构积极开发金融产品支持新型农业经营主体和农村新产业新业态，增加首贷和信用贷。各涉农金融机构应完善农户小额信用信贷管理流程，实施信用分类管理，对信用户、信用村及信用良好的农民专业合作社、农村企业、家庭农场提供信贷绿色通道，并在信贷准入、授信额度及额度内循环、期限、利率等方面给予优惠与倾斜，提升农户融资可获得性，降低融资成本，发挥信用引导信贷资金配置的正向激励作用。进一步深化涉农金融机构和保险公司合作机制，优化中小微企业银保合作业务流程，开展动产质押融资服务。

4. 政策效果的实证分析与模型优化

政策效果的实证分析与模型优化是政策评估的重要组成部分。通过实证分析，可以验证政策在实际应用中的效果，并根据分析结果对政策进行优化。实证分析包括数据的收集与分析，模型的建立与检验，通过对政策实施数据的分析，能够识别政策中的问题与不足。在农村信用体系的政策实施中，实证分析可以帮助了解政策对信用市场的影响，并根据分析结果进行模型优化。通过对信用信息共享机制的实证分析，可以判断其对信用市场的实际影响，并据此优化相关模型，提高政策的有效性。实证分析还能够揭示政策实施中的潜在问题，为政策的改进提供有力支持。

5. 反馈机制与政策调整的学术探讨

反馈机制与政策调整的学术探讨为政策优化提供了理论支持。反馈机制通过收集实施过程中的反馈信息，能够及时发现政策实施中的问题与不足，进行调整与改进。在农村信用体系的政策实施中，建立有效的反馈机制是实现政策优化的关键。反馈机制的设计应包括信息的收集与分析、调整措施的制定与实施。通过对反馈信息的分析，能够识别政策实施中的问题，并制定相应的调整措施。反馈机制还应注重信息的及时性与准确性，确保反馈信息的真实有效，为政策的调整提供可靠依据。学术探讨中还应关注反馈机制的优化路径，研究如何提高反馈机制的效率与效果，实现政策的持续改进。

二、地方政府在信用体系建设中的角色

（一）地方政府的职能与角色定位

1. 地方政府在信用体系中的战略作用

地方政府在农村信用体系建设中的战略作用具有深远的理论和实践意义。[①] 作为政策实施的前沿阵地，地方政府不仅负责执行中央政府的政策，还通过地方化的策略和措施推动信用体系的实际运作。地方政府的战略作用体现在几个方面。地方政府能够根据本地经济和社会的具体情况，调整和优化中央政策的实施方案，实现政策的精准对接。地方政府在信用体系的战略布局中，需要结合本地区的产业特点和社会需求，制定切实可行的地方信用政策，以满足地方经济发展的需求。地方政府在信用体系的建设中扮演着桥梁和纽带的角色，通过协调地方资源、优化信贷环境、提升金融服务质量，推动信用体系的有效运作。地方政府的战略作用还包括推动地方信用信息平台的建设，提升信用信息的透明度和共享程度。这一过程涉及地方政府如何通过有效的政策工具来激励和引导金融机构和市场

① 郭斯华．加快我国农村信用体系建设研究［J］．江西社会科学，2014，34（8）：216—219.

主体参与信用体系的建设，确保信用信息的真实可靠，提高整个信用体系的功能和效率。

2024 年 2 月 3 日，中央一号文件《中共中央 国务院关于学习运用“千村示范、万村整治”工程经验有力有效推进农村全面振兴的意见》（以下简称《意见》）正式发布。推动建立县发改局、县乡村振兴局、县金融工作服务中心“四牵头”、县农村“三级联动”的信用体系建设机制和“考核 + 激励”机制，把农村信用体系建设工作纳入县委目标考核，把信用示范村和信用乡（镇）以及村集体、具有带动示范效应的新型农业经营主体和金融支持乡村振兴产业基地纳入县级乡村振兴财金互动奖补贴息范围。泸州市泸县大力发展“水稻 +”产业模式，引导新型农业经营主体在原有模式上创新推广多元种养模式，并推出纯信用的线上贷款“惠农 e 贷”，养殖户通过办理惠农贷款，将稻虾产业发展壮大。

2. 政府间协作机制的理论探讨

政府间协作机制的理论探讨对于理解地方政府在农村信用体系建设中的作用至关重要。在多层次治理模式下，中央政府和地方政府之间的协作机制需要有效运作，以确保政策的连贯性和一致性。政府间协作机制包括信息共享机制、资源协调机制和政策反馈机制。信息共享机制涉及中央和地方政府之间的信息流动，通过建立信息共享平台，确保政策信息的透明和及时传递。资源协调机制则包括中央和地方政府在资源配置上的合作，确保政策实施所需的资源能够有效配置到位。政策反馈机制则通过收集和分析地方政府在政策实施中的反馈信息，及时调整和优化政策。通过这些机制，能够实现政策的动态调整和优化，提高政策的适应性和有效性。政府间协作机制的理论探讨还包括如何解决不同层级政府之间的利益冲突，确保政策目标的实现。有效的协作机制能够提升政策实施的效率，促进信用体系的建设和发展。

3. 地方政府与市场主体的关系管理

地方政府与市场主体的关系管理是农村信用体系建设中的一个重要方面。地方政府与市场主体之间的关系管理涉及如何平衡政府的监管职能与市场主体的自主权，确保信用体系的健康运作。地方政府在与市场主体的互动中，需要明确自身的监管职责，同时尊重市场主体的自主经营权利。通过建立有效的沟通机制，地方政府可以与市场主体进行深入的合作，促进信用信息的流通和共享。地方政府还需要通过制定合理的政策和规范，规范市场主体的行为，防范和化解信用风险。通过设立信用监管部门，制定信用评估标准，推动市场主体自律，能够有效提升信用体系的规范性和透明度。地方政府在关系管理中还应关注如何激励市场主体积极参与信用体系的建设，通过奖励机制、补贴政策等手段，鼓励市场主体主动提供真实的信用信息，促进信用体系的健康发展。

（二）地方政策创新的理论与实践

1. 创新理论在地方政策中的应用

创新理论在地方政策中的应用为农村信用体系建设提供了新的思路和方法。创新理论强调通过创新机制和方法，解决传统政策实施中的问题，推动政策效果的提升。在地方信用体系的建设中，创新理论的应用主要体现在政策创新和制度创新上。地方政府可以通过引入先进的管理理念和技术手段，优化信用体系的运行机制。通过引入区块链技术，提高信用信息的安全性和透明度，通过大数据分析，提升信用风险的识别和预警能力。地方政策创新还包括探索新的信用评价和信贷服务模式，基于社会信用记录的微贷服务和精准扶贫信贷服务。[①] 这些创新模式能够更好地满足地方经济和社会发展的需求，提高信用体系的有效性和适应性。创新理论为地方政策的制定和实施提供了理论支持，使政策能够不断适应新的挑战和变化，实现持续改进和优化。

2. 制度创新与政策执行的理论框架

制度创新与政策执行的理论框架关注如何通过制度设计和创新，提升政策执行的效果。在农村信用体系建设中，制度创新包括对现有制度的优化和新制度的引入，目的是提高信用体系的运行效率和效果。理论框架的核心在于如何通过制度创新解决政策执行中的问题，信息不对称、信用风险管理不足等。制度创新可以通过优化信用信息披露制度，建立更为完善的信用信息记录和共享机制，提升信用信息的质量和可靠性。政策执行的理论框架还包括如何通过制度设计，激励市场主体的参与和合作，提高政策的执行力。通过建立奖惩机制，规范市场主体的行为，能够有效提升信用体系的运行效果。制度创新与政策执行的理论框架为政策的设计和实施提供了科学的指导，确保政策的有效落地和持续改进。

3. 地方政策试点与推广的路径分析

地方政策试点与推广的路径分析对于评估政策效果和优化政策设计具有重要意义。[②] 政策试点能够为政策的推广提供实践依据，通过在特定区域或领域实施试点政策，能够验证政策的可行性和效果，为政策的推广和扩展提供参考。地方政府在试点过程中，需要建立科学的评估机制，收集试点数据，分析政策实施效果，并根据评估结果进行调整和优化。试点政策的推广路径分析包括如何选择试点区域和领域，如何制定试点方案，如何进行效果评估和优化。试点区域的选择应考虑到区域的代表性和政策的适用性，试点方案的制定则需要明确试点目标和实施措施。政策推广的过程中，还需要关注如何进行经验总结和推广策略的制定，确保试点成果能够有效推广到其他区域或领域，实现政策效果的最大化。地方政策试点与推广的路径分析为政策的实施和优化提供了实证依据，确保政策能够在更大范围内产生积极影响。

（三）地方政策实施中的挑战与解决方案

1. 资源配置问题的理论分析与解决

资源配置问题在地方政策实施中是一个重要的挑战。[③] 资源配置的优化涉及如何在有限的资源条件下，实现政策目标的最大化。地方政府在实施信用体系政策过程中，需要有效配置财政资源、人力资源和信息资源，以确保政策措施的有效执行。资源配置的理论分析包括如何根据政策的优先级和需求，合理分配资源，避免资源浪费和不平衡。解决资源配置问题的策略包括制订科学的资源配置计划，建立资源分配的优先级排序，并通过优化资源配置流程，提高资源使用效率。还应关注如何通过引入社会资本和市场机制，增强资

---

① 李强．地方政策创新的规律和重点［J］．人民论坛，2010（6）：8—10.

② 卢元昕，唐魁玉．自主性权力的基层生成与特征分析——基于H县乡镇政府服务能力建设案例研究［J］．学术交流，2024（4）：136—153.

③ 陆彩兰，胡建生．基于可持续发展的农村资源配置问题与对策［J］．西北农林科技大学学报（社会科学版），2012，12（6）：32—36.

源配置的灵活性和适应性。通过引导社会资本参与信用体系的建设，可以有效提升资源的利用效率，实现资源的优化配置。资源配置问题的理论分析与解决方案为地方政策的实施提供了科学指导，确保政策目标的实现和资源的有效利用。

2. 政策执行中的能力建设与优化

政策执行中的能力建设与优化是确保政策有效实施的重要因素。政策执行能力的提升包括提高政府部门的执行力、优化政策执行流程、增强执行人员的专业能力。能力建设的核心在于通过培训和教育，提高执行人员的技能和知识水平，确保政策措施能够得到有效落实。政策执行中的能力优化还包括建立健全的政策执行机制，明确职责分工，优化工作流程，提升政策执行的效率。通过建立政策执行监督机制，确保政策实施过程中的问题能够及时发现和解决。能力建设与优化的理论探讨还包括如何通过激励机制，提高执行人员的工作积极性和责任感，确保政策的有效执行。政策执行中的能力建设与优化为政策的实施提供了支持，确保政策能够产生预期的效果。

3. 地方治理中的冲突管理与博弈理论应用

地方治理中的冲突管理与博弈理论应用对于解决政策实施中的利益冲突具有重要意义。地方治理中的冲突管理涉及如何通过协调各方利益，减少冲突，提升政策的执行效果。博弈理论提供了分析和解决利益冲突的工具，通过建模和分析各方行为，能够制定出有效的冲突管理策略。在地方政策实施中，冲突管理的关键在于如何平衡不同利益主体的诉求，通过建立协商机制和谈判机制，解决政策实施中的矛盾。通过设立利益协调委员会，推动各方进行协商和谈判，达成一致的政策执行方案。博弈理论的应用还包括如何通过制定合理的政策激励机制，促进各方的合作，减少冲突和博弈带来的负面影响。地方治理中的冲突管理与博弈理论应用为政策的实施提供理论支持，确保政策的顺利推进和执行。

三、政策实施中的问题与解决路径

（一）政策实施中的结构性障碍

1. 制度性障碍与路径依赖的学术探讨

制度性障碍与路径依赖的学术探讨揭示了政策实施中存在的结构性问题。制度性障碍包括制度设计的不完善、执行机制的不健全以及制度变迁的滞后。路径依赖则指在政策实施过程中，由制度和惯性导致的改革阻力。制度性障碍可能导致政策目标的难以实现，而路径依赖则可能使得政策改革难以突破传统的路径。解决制度性障碍的策略包括对现有制度进行优化和改进，建立更加灵活和适应的制度安排。① 通过制定和完善信用信息管理制度，提升制度的适应性和有效性。路径依赖的问题则可以通过引入创新机制，突破传统路径的限制，实现制度的更新和完善。制度性障碍与路径依赖的学术探讨为政策实施中的问题提供了理论分析框架，帮助识别和解决结构性障碍。

---

① 张瑞琰，唐鹰．农村金融政策实施障碍及对策［J］．统计与决策，2005（3）：98—99.

2. 政策执行中的利益博弈与冲突管理

政策执行中的利益博弈与冲突管理是政策实施中的重要问题。利益博弈涉及各方利益主体之间的利益冲突和博弈，冲突管理则包括如何通过协调和谈判解决这些冲突。在政策实施过程中，不同利益主体的诉求可能导致政策的执行困难，需要有效的冲突管理机制来解决这些问题。解决利益博弈和冲突的策略包括建立协调机制，推动各方进行协商和谈判，达成一致的政策执行方案。① 还可以通过制定合理的激励机制和约束机制，减少利益冲突，促进政策的顺利实施。利益博弈与冲突管理的理论探讨为政策实施提供了策略指导，确保政策目标的实现和政策效果的提升。

3. 执行能力不足与操作性挑战

执行能力不足与操作性挑战是政策实施中面临的实际问题。执行能力不足包括政策执行人员的能力不足、资源配置的不合理以及执行机制的不完善。操作性挑战则包括政策措施的可操作性和实际执行中的困难。提高执行能力和解决操作性挑战的策略包括加强培训和能力建设，优化资源配置和执行流程，确保政策措施的有效实施。提高执行能力的措施包括通过培训和教育提升执行人员的技能和知识水平，建立健全的政策执行机制，明确职责分工和工作流程。解决操作性挑战的策略包括优化政策设计，确保政策措施的可操作性，通过制定实施细则和操作规范，提高政策执行的可行性。执行能力不足与操作性挑战的解决方案为政策实施提供了实践指导，确保政策能够顺利执行和产生预期效果。

（二）问题解决的理论与实践路径

1. 制度创新理论在政策改进中的应用

制度创新理论在政策改进中的应用为解决政策实施中的问题提供了新的思路。② 制度创新包括对现有制度的优化和新制度的引入，通过制度设计和创新解决政策实施中的问题。制度创新理论强调通过创新机制和方法，提升政策的有效性和适应性。制度创新理论可以应用于优化信用信息管理制度、改进信用评级机制等方面。通过引入新的制度安排和创新措施，能够提高政策的实施效果。建立信用信息共享平台、引入区块链技术等，可以提升信用信息的透明度和安全性。制度创新理论的应用能够帮助政策不断适应变化的环境和需求，实现政策的持续改进和优化。

2. 多层次治理框架下的协作与合作机制

多层次治理框架下的协作与合作机制为政策实施提供了有效的支持。多层次治理模式强调中央政府、地方政府、市场主体和社会组织等各方之间的协作与合作。通过建立有效的协作机制，能够优化政策的执行效果，提升政策的实施效率。在多层次治理框架下，协作与合作机制包括信息共享、资源协调和政策反馈等方面。通过建立中央与地方政府之间的信息共享平台，确保政策信息的透明和及时传递；通过资源协调机制，优化资源配置，提高政策实施的效率；通过政策反馈机制，收集和分析实施过程中的反馈信息，及时调整和优化政策。多层次治理框架下的协作与合作机制为政策实施提供了理论支持和实践指

---

① 王飞鹏．我国劳资冲突的演化过程与解决条件研究——基于利益博弈的视角［J］．中国劳动关系学院学报，2012，26（2）：21—24.

② 吴晓松．制度创新的理论、机制和应用研究［J］．经济问题探索，2006（4）：97—102.

导，确保政策的有效落地和实施。

3. 基于博弈论的政策冲突解决策略

基于博弈论的政策冲突解决策略为解决政策实施中的冲突和博弈提供了理论支持。博弈论提供了分析和解决利益冲突的工具，通过建模和分析各方行为，制定出有效的冲突解决策略。博弈论可以帮助理解各方在政策实施中的行为和策略，制定合理的政策激励和约束机制，减少冲突和博弈带来的负面影响。基于博弈论的冲突解决策略包括通过制定合理的政策激励机制，促进各方的合作；通过建立利益协调机制，推动各方进行协商和谈判，达成一致的政策执行方案。博弈论的应用能够帮助识别和解决政策实施中的利益冲突，确保政策的顺利推进和执行。

（三）政策调整与持续改进

1. 动态调整机制的理论设计与实证分析

动态调整机制的理论设计与实证分析为政策的持续改进提供了理论支持。动态调整机制包括根据政策实施中的反馈信息，及时调整和优化政策措施。通过建立科学的动态调整机制，能够提高政策的适应性和有效性，确保政策能够应对环境变化和需求变动。在实践中，动态调整机制的设计应包括定期评估、问题识别和调整措施的制定。通过对政策实施效果的定期评估，能够及时发现问题，并制定相应的调整措施。实证分析则通过收集和分析实施数据，验证动态调整机制的有效性，并对调整措施进行优化。动态调整机制的理论设计与实证分析为政策的持续改进提供了科学依据，确保政策能够不断适应变化的环境和需求。

2. 政策效果评估的模型构建与优化

政策效果评估的模型构建与优化是政策调整的重要组成部分。① 政策效果评估模型通过对政策实施数据的分析，评估政策的效果和影响。模型的构建包括确定评估指标、收集数据、分析数据，并根据评估结果对政策进行优化。模型的优化则包括根据评估结果调整模型参数，提高评估的准确性和可靠性。政策效果评估模型可以包括信用风险评估模型、政策影响分析模型等，通过对政策实施效果进行系统的评估，能够为政策的调整和优化提供数据支持。模型构建与优化的过程应注重数据的准确性和评估结果的科学性，确保政策效果的真实评估。政策效果评估的模型构建与优化为政策的调整和改进提供了数据支持和理论指导，确保政策能够不断优化和提升。

3. 政策持续改进的路径与未来展望

政策持续改进的路径与未来展望为政策的长期优化提供了战略指导。政策的持续改进包括对现有政策的优化和新政策的引入，通过不断改进和优化，实现政策效果的提升。未来展望则包括对政策发展趋势的预测和政策创新方向的探索，以适应新的挑战和需求。政策持续改进的路径包括建立科学的政策改进机制，定期评估和优化政策措施，推动政策的持续改进。未来展望包括对政策发展趋势的预测，如何应对新兴的信用风险，如何利用先

① 周翼翔．新创企业创业政策效果模型构建及评估："供一需"匹配和感知价值视角［J］．科研管理，2022，43（2）：18—26.

进技术优化信用体系。政策持续改进的路径与未来展望为政策的优化和创新提供了战略指导，确保政策能够不断适应变化的环境和需求，实现长期的有效性和持续性。

四、政策支持的持续性与可操作性

（一）政策持续性的理论分析

1. 政策稳定性与信任机制的构建

政策稳定性与信任机制的构建是确保政策支持持续性的关键。政策的稳定性包括政策措施的长期有效性和稳定性，而信任机制则涉及如何通过建立和维护信任，提升政策的执行效果。政策稳定性能够增强政策的预见性和一致性，减少政策变动带来的不确定性。通过这些措施，能够提升政策的可信度和稳定性，增强各方对政策的信任，确保政策的持续性和有效性。政策稳定性与信任机制的构建为政策支持的持续性提供了理论支持和实践指导。

2. 持续性保障机制的理论探讨

持续性保障机制的理论探讨包括如何通过机制设计，确保政策支持的长期有效性。持续性保障机制涉及政策实施中的资源保障、组织保障和制度保障。资源保障包括确保政策实施所需的财政资金和人力资源到位；组织保障包括建立专门的政策执行机构，确保政策措施的有效落实；制度保障则包括制定和完善相关制度，确保政策的规范性和有效性。持续性保障机制的设计应包括明确政策的目标和实施路径，建立科学的保障机制，确保政策实施的长期有效性。通过这些措施，能够确保政策的支持持续不断，实现政策目标的长期实现。持续性保障机制的理论探讨为政策支持的持续性提供了科学依据和实践指导，确保政策能够长期发挥作用。

3. 政策延续性的学术评价与实践案例

政策延续性的学术评价与实践案例为政策支持的持续性提供了实证依据。政策延续性包括对政策实施效果的评价和对政策调整的建议。学术评价包括对政策的实施效果、影响因素和改进方向进行系统的分析；实践案例则通过对成功案例的分析，总结经验和教训，提供实践指导。政策延续性的评价应包括对政策实施过程中的问题和挑战进行深入分析，提出改进措施和建议。实践案例的分析则包括对国内外成功的政策实施经验进行总结，探索可借鉴的经验和策略。政策延续性的学术评价与实践案例为政策的优化和持续支持提供了实证依据和实践指导，确保政策的长期有效性和持续改进。

（二）政策可操作性的理论框架

1. 可操作性评估标准的理论与实践

可操作性评估标准的理论与实践为政策的实施提供了科学的指导。可操作性评估标准包括政策措施的可操作性、实施难度和操作性问题的识别。通过制定科学的评估标准，能够对政策的可操作性进行全面评估，确保政策措施的有效实施。可操作性评估标准的制定包括明确评估指标、收集实施数据、分析数据，并根据评估结果提出改进建议。在实践中，评估标准应结合实际情况，考虑政策实施中的难点和问题，制订切实可行的评估方案。通过对政策措施的可操作性进行评估，能够发现问题并进行改进，提高政策实施的效果。可操作性评估标准的理论与实践为政策的实施提供了科学依据和实践指导，确保政策能够顺利执行和产生预期效果。

2. 政策执行中的操作性问题识别

政策执行中的操作性问题识别是确保政策顺利实施的重要环节。操作性问题包括政策措施的设计缺陷、实施难度和执行过程中的问题。通过对操作性问题的识别，能够及时发现政策实施中的困难和挑战，并制定相应的解决方案。操作性问题的识别包括对政策实施过程中的问题进行系统分析，收集实施数据，了解实际情况，并根据问题的性质和影响，提出改进建议。解决操作性问题的策略包括优化政策设计，简化实施流程，提供必要的支持和培训，提高政策措施的可操作性。政策执行中的操作性问题识别为政策实施提供了实践指导，确保政策能够顺利执行和实现预期目标。

3. 提升操作性的策略设计与实施路径

提升操作性的策略设计与实施路径是确保政策有效执行的重要措施。提升操作性包括优化政策设计、简化实施流程、提供支持和培训。通过这些措施，能够提高政策的可操作性和实施效果，实现政策目标。提升操作性的策略设计包括制定科学的政策实施方案，明确实施步骤和流程，简化政策操作环节。实施路径包括提供必要的支持和资源，建立培训机制，提高政策执行人员的能力和素质。通过这些措施，能够提升政策的操作性，确保政策措施能够顺利执行。提升操作性的策略设计与实施路径为政策的有效执行提供了实践指导，确保政策能够实现预期效果。

（三）未来政策方向的理论预测与创新

1. 政策发展趋势的理论预测

政策发展趋势的理论预测为未来政策的设计和实施提供了战略指导。政策发展趋势的预测包括对政策变化的趋势、影响因素和发展方向进行分析。通过对政策发展趋势的预测，能够提前了解政策变化的方向和影响，制定相应的应对策略。政策发展趋势的预测包括对国内外经济、社会和政策环境的变化进行分析，探索可能影响政策发展的因素。[①] 通过对政策发展趋势的预测，能够为政策的设计和实施提供参考，确保政策能够适应变化的环境和需求。政策发展趋势的理论预测为未来政策的优化和改进提供了战略指导，确保政策能够有效应对未来的挑战和变化。

2. 政策创新的方向与理论基础

政策创新的方向与理论基础为未来政策的设计提供了理论支持。政策创新包括对现有政策的优化和新政策的引入，通过创新机制和方法，提升政策的有效性和适应性。政策创新的方向包括探索新的政策工具、机制和方法，以应对新的挑战和需求。政策创新的理论基础包括创新理论、制度创新理论和政策设计理论。[②] 通过引入新的理论基础，能够为政

---

① 赵筱媛，浦墨，王娟娟，等．基于政策文本内容分析的政策发展趋势预测研究［J］．情报学报，2014，33（9）：916—925.

② 李迎生，方舒．中国社会政策改革创新的理论基础［J］．人文杂志，2014（6）：97—105.

策的创新提供科学支持和实践指导。通过引入先进的技术和管理理念，优化政策设计和实施，提高政策的效果和适应性。政策创新的方向与理论基础为未来政策的设计和实施提供了理论支持和实践指导，确保政策能够不断创新和提升。

3. 未来政策设计的实践探索与学术反思

未来政策设计的实践探索与学术反思为政策的优化和创新提供了参考。实践探索包括对未来政策的设计和实施进行实际操作和测试，探索新的政策工具和机制。学术反思则包括对政策设计和实施的理论和实践进行深入分析，总结经验和教训，提出改进建议。未来政策设计的实践探索应注重实践效果的评估和反馈，通过对政策实施的实际操作进行分析，发现问题并进行调整。学术反思则应结合理论研究，分析政策设计和实施中的问题，提出改进建议和方向。未来政策设计的实践探索与学术反思为政策的优化和创新提供了实践依据和理论支持，确保政策能够不断适应变化的环境和需求，实现长期的有效性和持续性。

第二节　信用体系建设的实施策略与挑战

一、信用体系建设的路径设计

（一）路径选择的理论依据

1. 社会资本理论在信用体系路径选择中的应用

社会资本理论作为一种研究社会网络及其对个体和组织行为影响的理论框架，在信用体系的路径选择中具有重要应用价值。社会资本理论认为，社会关系和网络能够提供信息、资源和支持，影响个体和组织的行为和决策。在信用体系建设中，社会资本的积累与运用对路径选择至关重要。《中共中央关于进一步全面深化改革、推进中国式现代化的决定》（以下简称《决定》）中有多处有关信用和诚信方面的表述，其中包括加快建立民营企业信用状况综合评价体系、构建环境信用监管体系等，体现了信用理念、信用制度、信用手段与国民经济体系各方面各环节的深度融合、创新融合的最新要求，为下一步工作明确了方向、指明了路径。通过构建社会资本网络，能够增强信用体系的有效性和可操作性。在信用体系路径选择中，社会资本理论主要体现在以下几个方面：通过建立信用信息共享平台，促进各方的信息交流与合作，增强信用体系的透明度和可信度。借助社会资本的网络效应，推动信用信息的广泛传播和应用，提升信用评估的准确性和全面性。社会资本的积累还能够增强信用体系的社会支持基础，促进政策的实施和推广。社会资本理论的应用为信用体系路径设计提供了理论支持，有助于优化路径选择和实施策略。在信用体系路径选择中，社会资本理论主要体现在以下几个方面：通过建立信用信息共享平台，促进各方的信息交流与合作，增强信用体系的透明度和可信度。借助社会资本的网络效应，推动信用信息的广泛传播和应用，提升信用评估的准确性和全面性。社会资本的积累还能够增强信用体系的社会支持基础，促进政策的实施和推广。社会资本理论的应用为信用体系路径设计提供了理论支持，有助于优化路径选择和实施策略。

2. 国际经验与国内实践的比较分析

国际经验与国内实践的比较分析为信用体系路径设计提供了宝贵的借鉴。不同国家和地区在信用体系建设中积累了丰富的经验和教训，通过对国际经验的分析，可以为国内信用体系的路径选择提供参考。国际经验主要包括发达国家在信用信息管理、信用评级机制、信用体系建设等方面的做法，这些经验对国内信用体系的设计和实施具有启示作用。国内实践则体现了在中国特定社会经济环境下的信用体系建设经验[①]，包括政策制定、实施效果以及面临的挑战。通过对国际经验与国内实践的比较分析，可以发现两者在路径选择上的异同，识别成功的经验和需要改进的方面。比较分析能够帮助制定适合国内实际情况的信用体系路径，避免盲目借鉴，确保路径选择的科学性和有效性。

3. 信用体系路径设计的理论框架构建

信用体系路径设计的理论框架构建是实现信用体系目标的基础。理论框架应包括路径选择的原则、方法和步骤，明确路径设计的目标和要求。构建理论框架时，需要综合考虑社会资本理论、国际经验、国内实践等因素，制定科学的路径设计方案。理论框架的构建过程包括：明确信用体系建设的目标和任务，确定路径设计的核心问题和挑战。指定路径选择的原则，如科学性、可操作性、适应性等，确保路径设计符合实际需求。结合理论研究和实践经验，设计具体的路径方案，提出实施策略和优化措施。理论框架的构建为信用体系路径设计提供了系统性和指导性，确保路径设计的科学性和有效性。《连云港市农村信用体系建设实施方案》："为进一步深化全市农村信用体系建设，更好汇聚各类资源支持农村经济快速健康发展，根据《江苏省社会信用体系建设规划纲要（2015—2020 年）》（苏政发〔2015〕21 号），结合我市实际，制订本实施方案。工作步骤：（一）筹划发动阶段（2016 年 8 月至 10 月）。制订印发农村信用体系建设实施方案，成立领导小组，细化分解工作任务和职责，研究制定农村信用等级评价办法等相关配套文件，广泛开展宣传动员，营造良好工作氛围。开发农户及农村经济组织信用信息系统，建立完善农村信用信息采集模式。（二）全面实施阶段（2016 年 11 月至 2017 年 10 月）。建立覆盖全市的农户及农村经济组织信用信息数据库，推进信用评分结果应用，逐步形成各方共建、利益共享机制。挖掘和增进农村经济主体信用价值，大力开展信用户、村、乡（镇）创建活动，发挥典型示范作用，有效改善金融生态环境，强化'三农'金融服务，促进农民增收、农业增效。（三）总结提升阶段（2017 年 11 月至 12 月）。完善和总结农村信用体系建设推进机制、实施流程和制度措施，建立农村信用体系建设长效机制，形成有特色、可复制、可推广的农村信用体系建设工作模式。"

（二）实施策略的创新设计

1. 实施策略中的创新理论与实践探讨

实施策略中的创新理论与实践探讨旨在提升信用体系建设的效果和效率。创新理论包

① 汪疆平，刘继煌．浅谈国内社会信用体系建设模式［J］．软件和集成电路，2017（4）：12—14.

括制度创新、技术创新和管理创新等方面，强调通过创新手段解决实施过程中的问题，提高策略的有效性和适应性。在实践中，实施策略的创新包括：引入新的技术手段，如大数据分析、区块链技术等，提高信用信息管理的精确度和安全性。优化信用评估和评级机制，引入动态调整和反馈机制，增强信用体系的灵活性和适应性。通过管理创新，建立多层次的信用信息共享平台，促进各方的信息交流与合作，提高策略的实施效果。创新理论与实践探讨为实施策略提供了新的思路和方法，确保策略的科学性和有效性。

2. 路径实施的挑战与应对机制

路径实施中的挑战主要包括技术障碍、资源不足和协调问题等。应对这些挑战需要制定相应的应对机制，确保路径的顺利实施。挑战的识别与应对机制的设计应包括以下几个方面：技术障碍的应对机制包括技术支持和培训，确保技术的有效应用。资源不足的问题可以通过多渠道筹集资金和资源，优化资源配置。协调问题的应对机制包括建立沟通和协调机制，促进各方的合作与协调。通过这些应对机制，能够解决路径实施中的挑战，确保实施策略的顺利推进和有效落地。

3. 创新策略的可操作性与理论基础

创新策略的可操作性与理论基础是确保策略有效实施的关键。可操作性包括策略的实际可行性、实施难度和资源需求等方面。理论基础则包括创新理论、管理理论和技术理论等，为策略的实施提供理论支持。在设计创新策略时，需要考虑策略的实际可行性，确保策略能够在现有条件下有效实施。可操作性评估包括对策略的实施步骤、资源需求和风险管理等方面的分析。理论基础则通过对相关理论的研究，为策略的设计和实施提供科学依据。借鉴创新管理理论，制定科学的创新策略和实施方案。创新策略的可操作性与理论基础为策略的实施提供了支持和保障，确保策略能够顺利执行并实现预期目标。

（三）实施路径效果的评估与反馈

1. 路径实施效果的定量与定性评估

路径实施效果的评估包括定量和定性两个方面。定量评估主要通过数据分析和统计方法，对实施效果进行量化评估。定性评估则通过对实施过程中的经验和问题进行分析，了解策略的实际效果和影响。定量评估包括对实施效果的关键指标进行测量和分析，如信用信息的准确性、系统的运行效率等。定性评估则通过调研和访谈，了解实施过程中的实际情况和问题。定量与定性评估相结合，能够全面了解路径实施的效果，为后续的优化和改进提供依据。

2. 评估模型的构建与应用实践

评估模型的构建与应用实践是评估路径实施效果的重要环节。评估模型应包括评估指标的选择、数据的收集与分析方法、评估结果的解释等方面。构建评估模型时，需要结合理论研究和实际数据，制订科学的评估方案。评估模型的应用实践包括对模型的实际应用和效果验证，分析评估结果，提出优化建议。应用实践应包括对评估过程的监控和调整，确保模型的准确性和有效性。通过构建和应用评估模型，能够科学评估路径实施的效果，为路径优化和改进提供数据支持和理论依据。

3. 基于评估反馈的路径优化策略

基于评估反馈的路径优化策略是提升路径实施效果的重要措施。优化策略包括根据评估结果对实施路径进行调整和改进，解决实施过程中的问题，提高策略的有效性和适应性。路径优化策略的设计应包括：根据评估结果识别实施中的问题和不足，制定改进措施。结合评估反馈，优化实施路径和策略，提高实施效果。建立持续改进机制，定期评估和调整路径，确保路径的持续优化和提升。基于评估反馈的路径优化策略为路径实施提供了实践指导，确保路径能够不断改进和优化，实现预期目标。

二、农村信用体系的试点与推广

（一）试点方案的理论基础

1. 试点与推广的理论模型构建

试点与推广的理论模型构建是确保试点方案有效实施的基础。理论模型应包括试点的目标、设计方案、实施步骤和评估机制，明确试点的核心问题和实施路径。试点与推广的理论模型包括：明确试点的目标和任务，制订试点方案的设计原则和实施步骤。建立试点评估机制，定期评估试点的实施效果和问题，提出改进建议。根据试点经验和评估结果，制订推广方案，推动试点成果的推广和应用。理论模型的构建为试点与推广提供了系统性和指导性，确保试点方案的科学性和有效性。为进一步深化全市农村信用体系建设，更好汇聚各类资源支持农村经济快速健康发展，根据《江苏省社会信用体系建设规划纲要(2015—2020 年)》（苏政发〔2015〕21 号），连云港市制订《农村信用体系建设实施方案》的工作步骤：“（一）筹划发动阶段（2016 年 8 月至 10 月）。制订印发农村信用体系建设实施方案，成立领导小组，细化分解工作任务和职责，研究制定农村信用等级评价办法等相关配套文件，广泛开展宣传动员，营造良好工作氛围。开发农户及农村经济组织信用信息系统，建立完善农村信用信息采集模式。（二）全面实施阶段（2016 年 11 月至 2017 年 10 月）。建立覆盖全市的农户及农村经济组织信用信息数据库，推进信用评分结果应用，逐步形成各方共建、利益共享机制。挖掘和增进农村经济主体信用价值，大力开展信用户、村、乡（镇）创建活动，发挥典型示范作用，有效改善金融生态环境，强化‘三农’金融服务，促进农民增收、农业增效。（三）总结提升阶段（2017 年 11 月至 12 月）。完善和总结农村信用体系建设推进机制、实施流程和制度措施，建立农村信用体系建设长效机制，形成有特色、可复制、可推广的农村信用体系建设工作模式。”

2. 试点选择的标准与理论依据

试点选择的标准与理论依据是确保试点方案适应实际需求的关键。选择标准应包括试点地区的经济发展水平、信用体系建设的现状、试点方案的可行性等方面。理论依据则包括试点理论、政策理论和实践经验等，为试点选择提供科学支持。试点选择的标准包括：选择经济发展水平相对较高的地区，确保试点方案的实施条件和资源支持。考虑信用体系建设的现状，选择具有一定基础和需求的地区。评估试点方案的可行性和潜在影响，确保试点能够实现预期目标。试点选择的标准与理论依据为试点方案的实施提供了科学依据和实践指导，确保试点方案的适应性和有效性。

3. 试点方案的动态调整与理论分析

试点方案的动态调整与理论分析是确保试点实施效果的关键。动态调整包括对试点方案进行实时监控和调整，根据实施过程中的问题和变化，优化方案和策略。理论分析则包括对动态调整的理论依据和方法进行研究，为试点方案的优化提供指导。动态调整的过程包括：建立实时监控机制，收集试点实施中的数据和反馈，及时发现问题。根据监控结果和反馈，对试点方案进行调整和优化，解决实施中的困难和挑战。结合理论分析，制订科学的调整方案，确保试点方案的有效性和适应性。试点方案的动态调整与理论分析为试点实施提供了实践指导和理论支持，确保试点能够顺利推进和优化。

（二）推广过程中的策略选择

1. 基于试点经验的推广策略设计

基于试点经验的推广策略设计是确保推广方案有效实施的关键。推广策略应包括对试点经验的总结和分析，制定适合推广的方案和策略，确保试点成果的广泛应用。推广策略的设计包括：总结试点经验，识别成功的因素和需要改进的方面。根据试点经验，制订推广方案，包括推广目标、实施步骤和资源配置等。建立推广效果的评估机制，及时了解推广过程中的问题和反馈，优化推广策略。基于试点经验的推广策略设计为推广过程提供了实践指导和理论支持，确保试点成果的有效应用。

2. 地方适应性的推广方案调整

地方适应性的推广方案调整是确保推广效果的关键。推广方案应根据地方的实际情况进行调整，考虑地方的经济发展水平、社会文化特点、资源条件等因素，制订适合地方的推广方案。地方适应性的推广方案调整包括：了解地方的实际情况，包括经济、社会、文化等方面的特点。根据地方的实际情况，调整推广方案，包括推广目标、策略和实施步骤等。建立地方协调机制，促进地方与中央的合作与协调，提高推广效果。地方适应性的推广方案调整为推广过程提供了实践指导，确保推广方案的适应性和有效性。

3. 规模化推广中的资源配置与管理机制

规模化推广中的资源配置与管理机制是确保推广效果的重要措施。① 资源配置包括财政资金、技术支持、人力资源等，管理机制包括协调、监督和评估等方面。资源配置的措施包括：合理配置财政资金和资源，确保推广过程中的资金需求和资源支持。提供技术支持和培训，确保推广方案的有效实施。建立管理机制，包括协调机制、监督机制和评估机制，确保推广过程的顺利推进。规模化推广中的资源配置与管理机制为推广过程提供了实践指导，确保推广方案的顺利实施和效果提升。

（三）推广效果的评估与调整

1. 推广效果的多维度评估模型

推广效果的多维度评估模型为评估推广过程提供了系统性的框架。评估模型应包括多个维度，如效果的定量评估、定性评估、实施过程的分析等。

多维度评估模型的构建包括：确定评估指标如推广效果的关键指标和次要指标。选择

---

① 董玮，张雪溪，秦国伟．农业农村优先发展的资源配置逻辑与保障机制［J］．行政管理改革，2020（2）：69—77.

评估方法，如数据分析、问卷调查、访谈等，确保评估的全面性和准确性。分析评估结果，识别推广中的问题和不足，提出改进建议。多维度评估模型为推广效果的评估提供了科学依据和实践指导，确保推广过程的优化和改进。

2. 基于评估结果的推广方案优化

基于评估结果的推广方案优化是提升推广效果的重要措施。优化方案应包括：根据评估结果对推广方案进行调整，解决实施过程中的问题，提升推广效果。优化方案的设计包括：根据评估结果识别推广中的问题和不足，制定改进措施。优化推广方案包括调整推广目标、策略和实施步骤等。建立持续改进机制，定期评估和调整推广方案，确保推广效果的持续提升。基于评估结果的推广方案优化为推广过程提供了实践指导，确保推广效果的不断改进和优化。

3. 推广过程中的挑战与解决路径

推广过程中的挑战主要包括资源不足、地方适应性问题、协调困难等。解决这些挑战需要制定相应的解决路径，确保推广过程的顺利推进。挑战的解决路径包括：针对资源不足的问题，优化资源配置，寻找外部支持。解决地方适应性问题，调整推广方案，考虑地方的实际情况。① 建立协调机制，促进各方合作与沟通，解决协调困难。推广过程中的挑战与解决路径为推广过程提供了实践指导，确保推广方案的有效实施和效果提升。

三、信用体系实施中的难点与挑战

（一）制度障碍与治理挑战

1. 制度创新与政策实施的理论探讨

制度创新与政策实施的理论探讨包括：对制度创新的理论基础、机制和方法进行研究，了解制度创新对政策实施的影响。制度创新理论包括制度变迁理论、制度设计理论等，强调通过创新制度解决实施中的问题，提升政策效果。在政策实施过程中，制度创新可以通过改革传统制度，引入新的制度安排，提升制度的适应性和灵活性。优化制度设计，制订科学的实施方案，确保政策的有效执行。建立制度创新的反馈机制，及时了解实施中的问题，进行调整和改进。制度创新与政策实施的理论探讨为政策的优化和实施提供了理论支持和实践指导。

2. 多层次治理中的协调与合作机制

多层次治理中的协调与合作机制是确保政策有效实施的重要措施。② 多层次治理包括中央与地方、政府与市场、不同部门和利益相关方之间的协调与合作。协调与合作机制包括：建立跨部门协调机制，促进各部门之间的合作与沟通。建立中央与地方的协调机制，确保政策在不同层级地有效实施。建立利益相关方的合作机制，促进各方的协作与支持。多层次治理中的协调与合作机制为政策实施提供了支持和保障，确保政策的顺利推进和效

---

① 崔晶．基层治理中的政策“适应性执行”——基于 Y 区和 H 镇的案例分析［J］．公共管理学报，2022，19（1）：52—62＋168.

② 刘彦喆．区域性股权市场服务乡村振兴的思考［J］．现代农村科技，2024（9）：11—12.

果实现。

3. 政策执行中的利益博弈与冲突管理

政策执行中的利益博弈与冲突管理是确保政策有效实施的关键。利益博弈包括不同利益方之间的利益冲突和博弈，冲突管理则包括对冲突的识别、分析和解决。利益博弈的管理包括：识别利益方之间的利益冲突，分析冲突的根源和影响。[①] 制定冲突管理策略包括协商、调解和妥协，解决利益冲突。建立利益博弈的管理机制，促进各方的合作与协调。政策执行中的利益博弈与冲突管理为政策实施提供了实践指导，确保政策能够顺利推进并实现预期效果。

（二）信用信息管理与隐私保护

1. 信息管理中的法律与伦理问题

信息管理中的法律与伦理问题是信用体系建设中的重要挑战。法律问题包括数据保护法规、信息共享规定等，伦理问题则涉及隐私保护、公正性和透明度等方面。在信息管理中，法律与伦理问题的应对包括遵守相关法律法规，如《数据保护法》《隐私权法》等，确保信息管理的合法性。建立伦理规范，确保信息管理过程的公正性和透明度。制定信息管理的政策和操作规范，确保数据的安全性和隐私保护。信息管理中的法律与伦理问题的解决为信用体系建设提供了法律和伦理支持，确保信息管理的合规性和有效性。

2. 隐私保护的理论框架与实践路径

隐私保护的理论框架与实践路径是确保信用信息管理中隐私安全的重要措施。理论框架包括隐私保护理论、数据保护理论等，实践路径则包括隐私保护措施和策略的设计与实施。[②] 隐私保护的理论框架包括：隐私保护理论如隐私权理论、信息保护理论等，为隐私保护提供理论支持。数据保护理论，包括数据隐私保护、数据加密技术等，为数据的安全性提供保障。实践路径包括：建立隐私保护机制，制定隐私保护政策和操作规范，实施隐私保护技术，如数据加密、访问控制等。隐私保护的理论框架与实践路径为信用信息管理中的隐私保护提供了科学依据和实践指导，确保隐私安全和数据保护。

3. 信用信息共享中的安全机制设计

信用信息共享中的安全机制设计是确保信息共享过程中数据安全和隐私保护的关键。安全机制包括信息加密、访问控制、数据审计等方面。安全机制的设计包括：实施信息加密技术，确保数据在传输和存储过程中的安全性。[③] 建立访问控制机制，限制对敏感信息的访问权限。进行数据审计，监控信息共享过程中的异常活动和安全事件。信用信息共享中的安全机制设计为信息共享过程提供了安全保障，确保数据的保护和隐私安全。

（三）技术支持与创新应用

1. 技术创新在信用体系中的作用

技术创新在信用体系中扮演着重要的角色，主要体现在提高信用信息管理的效率和准

---

① 岳颖初，霍国庆．创新联合体利益主体间的利益冲突及博弈研究［J］．科学学研究，2024，42（5）：1088—1097＋1120.

② 宋超．政府信息公开与个人隐私权保护［J］．理论与改革，2005（3）：123—125.

③ 崔聪聪．个人信息的内生安全机制及其实现［J］．东方法学，2024（1）：96—107.

确性、增强信用评估的可靠性、优化信用体系的运行机制等方面。技术创新包括大数据分析、人工智能、区块链技术等，为信用体系的建设和发展提供了新的手段和工具。技术创新的作用包括：通过大数据分析技术，提高信用信息的处理能力和分析精度，增强信用评估的准确性。借助人工智能技术，实现自动化的信用评估和风险预测，提高信用体系的效率。利用区块链技术，确保信用信息的安全性和不可篡改性，增强信用体系的可信度。技术创新在信用体系中的作用为信用体系的优化和发展提供了技术支持和保障。[①]

2. 大数据与人工智能的应用与挑战

大数据与人工智能在信用体系中的应用为信用评估和管理提供了新的机会和挑战。大数据技术能够处理大量的信用信息，提高数据分析的精度和速度。人工智能技术则能够实现自动化的信用评估和风险预测，提高信用体系的效率和智能化水平。[②] 然而，应用大数据与人工智能也面临挑战，包括数据隐私和安全问题，确保数据的保护和隐私安全。技术的准确性和可靠性问题，确保技术应用的科学性和有效性。技术的伦理问题，如算法偏见和公平性，确保技术应用的公正性。大数据与人工智能的应用与挑战为信用体系的技术创新提供了实践指导，确保技术应用的有效性和可持续性。

3. 技术创新中的风险管理与解决方案

技术创新中的风险管理与解决方案是确保技术应用安全和有效的重要措施。风险管理包括对技术风险的识别、分析和控制，解决方案则包括制定应对策略和措施，确保技术创新的成功实施。技术风险管理包括：识别技术应用中的风险，如数据泄露、系统故障等。分析风险的影响和可能性，制定风险控制措施，如技术检测、系统监控等。实施应对策略，如技术优化、风险防范等，确保技术应用的安全性和有效性。技术创新中的风险管理与解决方案为技术应用提供了保障，确保技术创新的成功实施和应用效果。

第三节　信用体系的推广与农户参与

一、信用体系的宣传与教育

（一）教育与意识培养的路径设计

1. 教育理论在信用意识培养中的应用与教育路径的设计

教育理论在信用意识培养中发挥着重要作用，尤其是“建构主义学习理论”（Constructivist Learning Theory）[③] 和“社会学习理论”（Social Learning Theory）。[④] 建构主义学

---

① 胡金钱．以技术创新推进社会信用体系建设［J］．人民论坛，2018（3）：45.

② 阮一凡．人工智能技术在金融风控中的应用研究［J］．商展经济，2024（7）：89—92.

③ 陈威．建构主义学习理论综述［J］．学术交流，2007（3）：175—177.

④ 李沁雨，岳泉，袁勤俭．社会学习理论及其在信息系统研究领域的应用与展望［J］．现代情报，2022，42（9）：154—160.

习理论强调通过主动参与和实践经验来构建知识。在信用教育中，应用这一理论可以设计互动式教学、案例分析和模拟活动，使学习者在真实情境中理解和应用信用知识。通过设计模拟信用管理场景或案例分析活动，帮助学习者体验实际操作，深化对信用体系的理解和应用能力。社会学习理论则关注个体通过观察和模仿他人的行为来学习。在信用教育中，可以利用成功案例、榜样的作用和社会名人的参与，来激发学习者的信用意识。通过展示那些因良好信用行为获得成功的企业和个人案例，能够激励学习者积极践行良好的信用行为。这种方法不仅提升了学习者的知识水平，还增强了他们对信用体系的认同和信任。教育路径的设计应考虑课程内容的全面性和培训方法的多样性。课程内容应包括信用基础知识、信用管理技能和信用风险防范等，结合实际情况，设计适应不同群体需求的课程。培训方法则应包括讲授、讨论、实地考察等多种形式，以提高学习的参与度和效果。通过这些设计，能够确保教育活动的针对性和有效性，提升信用意识的培养效果。

2. 教育效果的评估与反馈机制

教育效果的评估应综合考虑知识掌握情况、行为改变情况和满意度等方面。评估方法可以包括问卷调查、访谈和行为观察等，通过这些方法可以全面了解教育活动的实际效果。通过问卷调查可以测量学习者对信用知识的掌握程度，通过行为观察可以评估学习者在实际操作中的表现，通过访谈可以了解学习者的满意度和反馈。反馈机制的建立应包括将评估结果及时报告给相关部门和教育机构，并根据反馈信息调整教育策略。定期更新教育内容和方法，确保教育活动的长期有效性和适应性。同时，根据评估结果，探索新的教育路径和方法，不断优化教育效果，提升信用意识的培养效果。这种持续的反馈和优化机制能够确保教育活动的持续改进，提高公众对信用体系的认知和参与度。

（二）宣传策略的理论基础

1. 农户宣传中的传播理论应用与社会动员机制的理论构建

在信用体系的推广中，公共宣传的设计不仅需要依托传播理论，还要结合社会动员机制的理论来构建有效的宣传策略。传播理论，特别是“议程设置理论”（Agenda – Setting Theory），强调了媒体在塑造公众关注议题中的核心作用。① 该理论指出，媒体通过选择和突出特定的新闻主题，影响公众对这些主题的重要性的认识。在信用体系推广中，媒体可以通过广泛报道信用体系的成功案例和实施效果，将这些信息提升到公众讨论的焦点，加深公众对信用体系的理解和接受。结合社会动员机制的理论，尤其是“社会动员理论”（Social Mobilization Theory），可以进一步优化宣传策略。社会动员理论关注如何通过组织和动员社会各界的参与，推动社会变革。在信用体系的宣传中，应用这一理论可以通过构建多层次的动员网络，包括政府部门、企业、社会组织等，形成合力，共同推动宣传活动的开展。通过有效的动员机制，调动各方资源，提高宣传的覆盖面和影响力，加强公众对信用体系的认知和支持。结合集体行动理论（Collective Action Theory），可以优化动员机

① 麦克斯韦尔 – 麦考姆斯，郭镇之，邓理峰．议程设置理论概览：过去，现在与未来［J］．新闻大学，2007（3）：55—67.

制，解决集体行动中的协调和冲突问题。[①] 集体行动理论强调个体如何通过合作实现共同目标。在信用体系推广过程中，通过设计合理的激励机制、建立协调机制和信息共享平台，能够有效提高各方的合作意愿和行动一致性。这种整合性的宣传策略不仅提升了公众的参与度，也增强了宣传活动的整体效果。

2. 宣传效果的评估与优化路径

宣传效果的评估需综合运用“效果评估理论”（Evaluation Theory）和“传播效果理论”（Communication Effects Theory）。效果评估理论提供了系统化的评估方法，包括定量评估和定性评估。这一理论通过设定明确的评估指标，如公众的认知水平、态度变化和行为改进，帮助全面了解宣传活动的实际效果。定量评估可以通过问卷调查和数据统计，定性评估则通过访谈和焦点小组讨论来实现。这样可以全面捕捉宣传活动的成效，并提供改进的依据。传播效果理论则着重于传播活动对受众的影响，包括态度、知识和行为的变化。通过建立有效的评估模型，如“知识—态度—行为模型”（KAB Model），可以深入分析宣传活动对公众的实际影响。评估可以通过测量公众对信用体系的知识掌握程度、态度的变化以及实际行为的改进来进行。根据评估结果，可以针对性地优化宣传策略，调整传播内容和方法，提高宣传的实际效果。优化路径应包括建立科学的评估体系和反馈机制，确保宣传活动的持续改进。通过定期评估宣传效果，并根据反馈结果进行策略调整，可以及时发现宣传中的问题，如信息传递不足或认知差距等。这种持续的改进机制不仅提升了宣传效果，还确保了信用体系推广活动的长期有效性和社会影响力的提升。

二、农村居民对信用体系的认知与接受度

（一）公众参与的促进机制

1. 公众参与的激励机制设计与社会参与的理论基础

激励理论关注如何通过激励手段激发公众的参与动机，包括物质奖励、荣誉激励和参与机会等。在信用体系推广中，设计多种激励措施，如提供奖励、给予认证、设置参与奖等，能够有效提高公众的参与积极性。这些激励措施不仅提升了参与的主动性和持续性，还能增强公众对信用体系的认可和支持。社会资本理论则关注社会网络和关系在社会参与中的作用。通过建立和利用社会网络，可以增强社会各界对信用体系的支持和参与。通过与社区组织、企业和社会名人建立合作关系，能够扩大信用体系推广的覆盖面和影响力。社会资本理论提供了如何通过网络和关系来促进公众参与的理论基础，帮助设计有效的参与机制，推动信用体系的全面推广。

《中国人民银行关于推进农村信用体系建设工作的指导意见》（银发〔2009〕129号）提出：“（一）加大农村地区信用宣传力度。联合地方政府、社团组织、金融机构等各方力量开展适合农村特点、形式多样的信用及相关金融知识的宣传、教育活动，提高农村经

① 杨光华，贺东航，朱春燕．群体规模与农民专业合作社发展——基于集体行动理论［J］．农业经济问题，2014，35（11）：80—86＋111.

济主体对金融产品与服务的认识，增强农村经济主体的信用意识和风险意识，积极营造‘守信光荣、失信可耻’的良好社会氛围，改善农村地区的信用环境。（二）推进农户电子信用档案建设。组织农村地区金融机构，根据当地农村经济特点，因地制宜、科学合理设计涵盖农户基本信息、生产经营、主要收入来源、住房结构等信息的农户信用信息指标，充分考虑农村金融机构的业务需求和现有设施的情况，从信用条件较好的地区、贷款农户或种植养殖大户入手，按照先易后难、稳步推进的原则，依托农村地区金融机构现有的客户管理系统，充分利用财政、农业主管部门等地方政府部门掌握的农户信息，建立农户电子信用档案，推进电子化农户信用档案建设，推动建立农村信用信息共享机制。（三）积极开展农户信用评价工作。以农户信用档案为基础，引导、推动农村金融机构开发农户信用评价模型，建立、完善农户信用评价方法体系，根据农村经济特点和评价结果信息反馈，不断提高农户信用评价的科学性、有效性。推动农户信用评价结果与农户贷款审核、管理相结合，促进农村金融机构建立健全信贷业务及信用风险管理体系，逐步形成‘农户+征信+信贷’的业务模式。在农户信用评价的基础上，继续规范和深入开展‘信用户’‘信用村’‘信用乡（镇）’建设工作。（四）探索建立农民专业合作社等农村新型经济组织的信息采集与信用评价机制。针对农民专业合作社等新型农村经济组织的特点，设计客观、有效的信用信息指标体系，结合农户信用档案信息，建立农民专业合作社等农村新型经济组织的电子信用档案，组织金融机构、信用中介机构等研究建立适合农民专业合作社的信用评价机制，推动信用评定工作，将分散的农户信用整合为有组织的集体信用，推进农户之间的风险共担、利益共享。（五）加快农村中小企业信用体系建设。加强针对农村中小企业信用体系建设的力度，引导农村地区中小企业建立、健全内部信用管理制度和财务制度，建立、完善农村地区中小企业信用档案，鼓励、引导农业产业化龙头企业参与第三方外部信用评级，推动地方政府增加对中小企业的扶持，指导金融机构延伸对中小企业的金融服务，增加对信用好、有市场、有效益的中小企业的信贷支持，建立健全‘守信受益、失信惩戒’的信用约束机制，加快推进农村地区中小企业信用体系建设。（六）提高企业和个人信用信息基础数据库在农村地区的服务水平。在电子化的农户、农民专业合作社、农村中小企业信用档案建设的基础上，加快推进将农村地区金融机构信贷业务信息纳入企业和个人信用信息基础数据库，依托其所提供的征信服务，为农村地区金融机构准确识别借款人身份、判断借款人信用状况、有效防范信贷风险提供科学、便捷、有效的参考依据，提高农村金融机构的信贷资金投放效率，缓解农户和农村中小企业贷款难问题，支持农村经济发展。（七）引导农村地区金融机构改善金融服务。促进征信管理与金融稳定、支付清算，以及支农再贷款等货币信贷政策相结合，以信用为切入点，出台相应的政策措施，鼓励农村地区金融机构增加对‘三农’的信贷支持，引导农村地区金融机构对信用良好的农户、农民专业合作社、农村企业在贷款额度、期限、利率等方面给予优惠，发挥信用引导信贷资金配置的正向激励作用。联合政府部门、金融监管部门、农村地区金融机构针对农村特殊环境开展动产抵押、权利质押、第三方担保等保证创新方式，积极推广小额信用贷款，提高农村金融服务水平。（八）争取地方政策支持，推广信用信息产品使用。积极参与地方政府组织规划的农村发展项目，加强与地方政府的沟通、协调，争取地方政府出台与金融服务、信用体系建设相配套的资金支持与补助、税收减免等优惠政策措施。

推动信用信息产品在社会各个领域的应用，将经济主体信用状况与行政管理、公共服务等有机结合，推动建立健全信用约束机制。（九）健全风险分担机制，提升信用管理水平。积极鼓励担保机构开展农村担保业务，推动建立‘信用协会’‘信用联保’等信用风险分担组织，支持农村地区经济社会协调发展。引入信用评级、信用调查与咨询等信用中介机构，借鉴其专业知识与技能，帮助农村经济主体提高信用管理水平与防范信用风险，培育并规范征信业务，促进征信市场发展。”

2. 社会参与的理论基础与实践应用

社会参与的理论基础还包括“社区参与理论”（Community Participation Theory），该理论关注社区成员在公共事务中的积极参与。社区参与理论强调通过社区内的协作和互动，推动公共事务的实施。在信用体系推广中，可以通过社区活动、公众论坛、意见征集等方式，促进社区成员的参与和支持。这种参与机制不仅提升了信用体系的本地化实施效果，还增强了社区成员的参与感和认同感。实践应用方面，通过设计社区参与活动和建立参与平台，可以有效促进社会各界的参与。通过组织社区讨论会、建立意见反馈机制、提供参与机会和平台等，能够增强社区成员的参与意愿和实际参与度。这些实践应用不仅提升了信用体系的推广效果，也促进了社会对信用体系的广泛支持和认可。

3. 公众参与效果的评估与持续优化

公众参与效果的评估应包括参与的广度和深度、参与的质量和效果等方面。评估方法可以采用定量与定性相结合的方式，通过数据统计、效果观察、反馈调查等，全面了解公众参与的实际效果。通过测量参与活动的参与人数、参与质量和效果反馈，评估参与活动的成功程度，并据此调整和改进活动设计和实施策略。反馈机制的建立应包括将评估结果及时报告给相关部门，并根据反馈信息调整参与策略。定期更新参与活动的内容和方法，确保参与活动的长期有效性和适应性。同时，根据评估结果，探索新的参与路径和方法，不断优化参与效果。这种持续的反馈和优化机制能够确保公众参与活动的有效性和持久性，提高公众对信用体系的认知和支持。

（二）农村居民认知的现状分析

1. 农村居民对信用体系的认知水平调查

农村居民对信用体系的认知水平直接影响了信用体系的推广效果和实施成效。认知水平调查可以通过多种方式进行，包括问卷调查、深度访谈和焦点小组讨论等方法。问卷调查可以量化居民对信用体系的知识掌握程度、对信用行为的理解和对信用体系的总体认同感。深度访谈则能够深入了解居民对信用体系的具体认知，包括他们的理解困惑、信息来源以及对信用体系功能的看法。焦点小组讨论可以收集群体意见，揭示共同的认知问题和态度倾向。通过这些调查，可以发现农村居民在信用体系认知上的普遍问题，如对信用信息的来源和作用了解不足、对信用评分机制的运作缺乏了解等。这些认知上的差距不仅影响了居民对信用体系的接受度，也制约了信用体系的有效推广。通过对调查数据的分析，可以为后续的教育和宣传工作提供数据支持和理论依据。

2. 信用认知的社会心理学分析

当居民的现有认知与信用体系的要求或信息不一致时，可能会产生认知失调，进而影响他们的态度和行为。如果居民习惯于现金交易，而信用体系要求他们接受电子支付，这种认知不匹配可能导致他们对信用体系产生抵触情绪。另外，社会心理学中的“社会认同理论”（Social Identity Theory）也可以帮助理解居民对信用体系的态度。① 社会认同理论强调个体在社会群体中的身份认同对其行为和态度的影响。如果农村居民感觉到信用体系与他们的社会群体或生活方式不匹配，他们可能会对信用体系产生排斥。理解这些社会心理因素可以帮助设计更加符合农村居民心理特点的教育和宣传策略，提高他们对信用体系的接受度。

3. 认知现状对信用体系推广的影响

认知现状对信用体系的推广具有深远的影响。农村居民的认知差距和心理障碍直接影响他们对信用体系的参与度和行为表现。如果认知水平较低，居民可能不愿意采纳信用体系提供的服务，也可能对信用体系的功能和作用产生误解。这种认知障碍不仅降低了信用体系的覆盖范围，还可能导致其实施效果不理想。为了有效推广信用体系，需要针对认知现状进行有针对性的干预。通过设计针对性的宣传材料和教育课程，提高居民对信用体系的了解和认可。还可以利用地方性媒体和社区活动，将信用体系的信息传递到每一个农村家庭，增强他们的认知和参与意识。通过这些措施，可以有效弥补认知差距，提升信用体系在农村地区的接受度和实施效果。

农村居民对信用体系的认知水平直接关系到信用体系的有效推广和实施。然而，现有的研究表明，农村居民在信用体系认知方面存在明显的不足。这一问题可以从社会心理学的角度进行深入探讨。根据社会认知理论，个体的认知形成受到长期社会环境和个人经验的共同影响。在农村地区，传统的社会结构和经济模式使得居民对信用体系的认知局限于信贷活动和基本的经济往来。由于历史上缺乏金融服务的普及，农村居民对信用的理解通常停留在“借贷”的基本层面，缺乏对信用评分、信用数据管理等复杂概念的深入了解。这种认知局限直接影响了农村居民对信用体系的接受度和参与积极性，进而限制了信用体系在农村地区的推广与实施。进一步分析，农村居民的认知现状不仅受到社会结构的影响，也与教育水平密切相关。教育理论指出，个体的认知发展与其教育背景有直接关系。在许多农村地区，教育资源相对匮乏，居民的整体教育水平偏低，这导致他们在面对复杂的金融和信用概念时表现出认知困难。信息传播渠道的匮乏和金融知识的普及不足，也使得农村居民在了解信用体系时面临更多障碍。通过这些因素的交互作用，农村居民的信用认知水平长期处于低位，制约了信用体系的广泛认知与应用。这些认知上的差距给信用体系的推广带来了显著的挑战。依据传播学理论，信息的有效传播不仅取决于信息本身的内容和传播渠道，还受制于接收者的理解能力和态度。在农村地区，居民对信用体系的误解和偏见普遍存在，这使得信用体系的宣传和教育工作难以达到预期效果。为此，需要在推广策略上进行适应性的调整，如采用通俗易懂的宣传语言和形式，增强农村居民对信用体系的理解与信任，提高其认知水平，促进信用体系的有效推广。

① 张莹瑞，佐斌. 社会认同理论及其发展［J］. 心理科学进展，2006（3）：475—480.

（三）提升农村居民接受度的策略设计

1. 影响农村居民接受度的因素分析

提升农村居民接受度的策略必须基于对影响因素的深入分析。信息的不对称是影响接受度的主要因素之一。许多农村居民对信用体系的信息获取渠道有限，导致他们对信用体系的功能和好处知之甚少。经济条件的限制也可能影响接受度。农村地区的经济发展水平相对较低，居民可能因缺乏经济基础而对信用体系持保留态度。文化和习惯的差异也会影响接受度。传统的现金交易习惯可能导致居民对电子支付和信用评分机制产生抵触情绪。通过对这些影响因素的分析，可以为设计提升接受度的策略提供依据。必须针对信息不对称、经济条件和文化习惯等问题制定有针对性的对策，以提高居民对信用体系的认同和采纳意愿。

2. 提升接受度的教育与宣传策略

提升农村居民对信用体系的接受度，需要设计综合性的教育与宣传策略。教育内容应覆盖信用体系的基本知识、操作流程和实际案例，使居民能够全面了解信用体系的功能和优势。宣传策略应结合当地的文化特点和信息传播习惯，采用通俗易懂的语言和实际案例进行宣传。可以利用村庄会议、农民广播和社区公告等方式，将信用体系的相关信息传播到每个农村家庭。针对特定群体（如老年人、年轻人）制定差异化的教育和宣传策略也是提升接受度的重要措施。对于老年人，可以通过面对面的讲解和实地演示的方式提高他们对信用体系的理解；对于年轻人，可以通过社交媒体和互动式平台进行宣传，以提高他们的参与积极性。通过这些策略，可以有效提升农村居民对信用体系的认知和接受度，促进信用体系的推广和应用。

3. 基于心理学的接受度提升路径

基于心理学的接受度提升路径可以帮助更好地理解和解决农村居民的心理障碍。可以运用“积极心理学”（Positive Psychology）中的激励机制来提升居民的接受度。通过设立奖励机制和荣誉称号，激励居民积极参与信用体系相关活动，提升他们对信用体系的接受度。[①] 运用“行为改变理论”（Behavior Change Theory）中的阶段性干预方法，可以通过分阶段的行为改变策略，引导居民逐步接受和采纳信用体系的要求。从简单的信用信息查询开始，逐步过渡到更复杂的信用行为。可以运用“社会认同理论”（Social Identity Theory）中的策略，通过建立正面的社会规范和榜样效应，增强居民对信用体系的认同感。通过展示成功的信用管理案例和模范人物，激发居民的积极性和参与感，提升他们的接受度。这些基于心理学的策略可以有效克服居民对信用体系的心理障碍，提高他们的接受度和实际参与度。在提升农村居民对信用体系的接受度方面，教育与宣传策略必须以实际情况为依据，针对性地进行设计。心理学研究表明，个体对新事物的接受度往往受到社会心理和群体行为的影响。因此，提升农村居民的接受度需要从社会心理学的角度入手，通过群体心理干预和引导，改变农村居民对信用体系的态度。可以通过在农村社区内推广成功的信用应用案例，使居民看到信用体系带来的实际收益，增强他们的信任感和参与意愿。通过社

① 苗元江，余嘉元．积极心理学：理念与行动［J］．南京师大学报（社会科学版），2003（2）：81—87.

群互动和舆论引导，逐步改变农村居民的信用观念，形成社会氛围上的支持与认同，这将有助于提高他们对信用体系的接受度。教育是提升农村居民信用体系接受度的另一重要策略。根据认知发展理论，教育在个体认知能力的提升过程中起到了至关重要的作用。在农村信用体系的推广过程中，必须重视信用知识的普及教育，尤其是通过形式多样的教育途径，增强农村居民对信用体系的理解和认同。可以通过合作社、农村学校和社区活动等平台，组织专门的信用知识讲座和培训，帮助农村居民掌握信用管理的基本技能和理念。同时，应该考虑到教育内容的实用性和易懂性，避免因内容过于复杂而导致理解障碍，这将有助于提高教育效果，并最终提高农村居民对信用体系的接受度。在设计和实施这些教育与宣传策略时，必须同时考虑到区域的差异性。不同地区的农村居民在经济发展水平、教育背景、社会文化等方面存在显著差异，这要求在策略设计上必须具有灵活性和适应性。在经济发达地区，可能需要更多地强调信用体系对现代经济活动的支撑作用；而在经济相对落后的地区，宣传教育的重点可能需要放在信用体系如何帮助农民脱贫致富上。这种差异化的策略设计将有助于提升农村居民对信用体系的接受度，并为信用体系在农村地区的推广打下坚实的基础。

（四）认知与接受度的评估与优化

1. 认知与接受度评估模型的构建

构建认知与接受度评估模型需要综合运用定量和定性研究方法。定量研究可以通过设计量表和问卷，测量居民对信用体系的认知程度、接受态度和参与意愿。可以设计关于信用知识掌握情况、信用行为采纳情况以及对信用体系的总体认同度的调查问卷，通过统计分析得出整体认知水平和接受度。定性研究则可以通过深度访谈和焦点小组讨论，探索居民的具体认知障碍和接受难点，提供更为详细的反馈信息。评估模型的构建应包括数据收集、分析和反馈三个环节。数据收集阶段，通过多种方式获取居民的认知和接受度数据；分析阶段，通过统计分析和定性分析，深入理解数据背后的原因和问题；反馈阶段，根据分析结果，制定优化措施，并将改进方案反馈给相关部门和实施单位。通过这种系统化的评估模型，可以全面了解认知和接受度的现状，并为优化策略提供科学依据。

2. 评估结果的分析与反馈机制

评估结果的分析应综合考虑认知差距、接受度问题和影响因素。通过对评估数据的详细分析，能够揭示居民对信用体系认知和接受度的具体情况，以及影响这些因素的主要原因。分析可能发现某些地区的居民对信用体系的认知较低，或对信用行为的接受度较差。这些发现能够帮助制定针对性的改进措施，提高信用体系的推广效果。反馈机制的建立应包括将评估结果及时传递给相关部门，并根据反馈信息进行调整。通过建立定期评估和反馈机制，可以持续监测信用体系推广的进展情况，并及时解决发现的问题。同时，根据评估结果，调整宣传和教育策略，优化实施方案，确保信用体系的推广工作能够顺利进行并取得良好效果。

3. 优化策略的设计与实施路径

优化策略的设计应基于评估结果，针对发现的问题进行具体的改进措施。应根据评估结果，调整宣传和教育内容，使其更符合农村居民的认知需求。如果评估发现居民对信用体系的基本知识掌握不够，可以增加相关知识的宣传和教育。应针对接受度低的问题，设计有效的激励措施和推广策略，如设立奖励机制、开展培训活动等，以提高居民的参与积极性和接受度。

实施路径的设计应包括步骤明确的实施计划和监督机制。实施计划应详细列出优化措施的具体步骤、时间安排和责任分工，确保各项措施能够按照计划顺利推进。监督机制则包括对实施过程的监控和评估，及时发现问题并进行调整。通过科学的优化策略和有效的实施路径，可以提高农村居民对信用体系的认知和接受度，推动信用体系在农村地区的有效推广。在推动农村信用体系的过程中，对农村居民的认知与接受度进行持续的评估和优化至关重要。通过科学的评估模型，可以有效地捕捉到不同阶段居民认知和接受度的变化，为政策制定者提供及时的反馈。认知与接受度的评估不仅是对教育和宣传效果的检验，更是信用体系在农村地区推广过程中进行动态调整的重要依据。在评估方法上，可以借鉴行为经济学的相关理论，通过定量与定性相结合的方式，对居民的认知变化进行系统分析，找到认知提升中的关键影响因素。评估结果的反馈机制也需要在推广过程中得到充分的重视。基于评估反馈，策略的调整应当是及时且有效的，这需要在政策执行层面建立起一个灵活的调整机制。当发现某些地区居民的认知与接受度提升缓慢时，可以迅速调动资源，集中开展针对性的教育和宣传活动，弥补其认知缺陷。同时，反馈机制的有效性还取决于评估模型的准确性和科学性。因此，必须在评估过程中不断优化模型设计，以确保反馈结果的可靠性和可操作性。优化策略的设计与实施是提升农村居民信用体系认知与接受度的最后一环。在优化过程中，应结合评估结果，制订具体的行动计划，如调整教育内容、改变宣传形式、改进推广模式等。同时，还需考虑到新兴技术在提升认知与接受度中的应用潜力。通过利用互联网、社交媒体和大数据分析，可以更加精准地定位宣传对象，实现更为有效的信用体系推广。这种基于评估反馈的优化路径，将为信用体系在农村地区的长期可持续发展提供有力的保障。

三、社会参与在信用体系建设中的作用

（一）社会参与的理论框架

1. 社会参与在治理中的理论探讨

社会参与理论在治理中扮演着重要角色，公共参与理论认为，治理过程中的公众参与能够提升政策的透明度和接受度，增强政策的合法性和实施效果。这一理论认为，通过参与，公众能够对政策提出意见和建议，促使政策更加符合实际需求。在信用体系建设中，这种参与形式不仅包括信息的传递，还涵盖了政策制定和执行的各个阶段。通过公众的广泛参与，信用体系能够更好地适应社会变化，提高其灵活性和响应能力。协作治理理论进一步深化了对社会参与的理解。根据协作治理理论，有效的治理不仅依赖于政府的主导作用，还需要多方主体的协作，包括社会组织、企业和社区等。社会参与在这一框架下被视为多方协作的关键，政府需要通过建立有效的协作机制，与社会组织和公众共同推动信用体系的建设。政府可以通过设置咨询委员会、举办公共听证会等形式，邀请社会各界参与

信用政策的制定过程。这种协作治理模式帮助形成了更为开放和包容的决策环境，提高了政策的科学性和可操作性。制度理论则强调了社会参与对于制度变迁和制度稳定的重要作用。在信用体系建设中，制度的有效性不仅取决于政策本身的设计，还受到实施过程中的社会参与程度的影响。制度理论指出，制度的稳定性和变迁往往受到社会行为者的互动和反馈的影响。通过增强社会参与，可以在实施过程中不断优化制度安排，使其更加适应社会发展和公众需求。制度理论还强调，通过社会参与可以增强制度的合法性和社会认同，提升制度的执行力和持久性。

2. 社会资本在信用体系中的应用

社会资本理论（Social Capital Theory）提供了理解社会参与在信用体系建设中作用的重要视角。社会资本的核心概念包括社会网络、信任和社会规范，这些因素能够显著影响社会行为和社会结果。根据布特南（Robert Putnam）的定义，社会资本是指社会网络中的信任、规范和互助关系，这些因素能够提高社会的凝聚力和合作水平。在信用体系中，社会资本的积累能够增强信用体系的公信力和有效性。社会资本的应用主要体现在信息流通、信任建立和合作机制等方面。社会资本能够促进信息的流通。通过社会网络，信用信息能够更加迅速和广泛地传播，减少信息不对称，提高信用信息的透明度。社会资本有助于建立和维护信任。信任是信用体系的基础，社会资本的积累能够增强公众对信用体系的信任，提升其对信用政策的认可度。社会资本还能够促进社会合作，推动信用体系政策的实施。社区组织和社会网络通过集体行动和合作，能够在地方层面推动信用体系的落地和实施，提升政策的实际效果。社会资本的应用还包括构建有效的信用管理机制。通过社区组织和社会网络，可以建立信用信息共享平台，促进信用信息的收集和传播。这种机制不仅提高了信用信息的覆盖面，还增强了信息的准确性和可信度。社会资本还能够支持信用体系的社会监督和评估，增强社会对信用体系的参与和监督力度。

3. 社会参与机制的构建与优化路径

权力下放理论强调将决策权力下放至地方和基层，以便更好地响应社区需求。通过地方政府和社区组织的参与，可以实现信用体系政策的本地化和个性化，提高政策的适应性和实施效果。激励理论则关注如何通过合理的激励措施鼓励社会各界的参与。激励措施可以包括财政补贴、政策支持和荣誉奖励等。这些激励措施能够激发社会组织和个人的参与热情，提升其在信用体系建设中的积极性和主动性。政府可以通过提供财政支持，帮助社会组织开展信用体系相关的活动和项目。政策支持则包括为社会组织提供更多的政策便利，如简化审批流程、提供政策指导等。荣誉奖励则通过表彰社会组织和个人的贡献，提升其参与的积极性。

反馈机制理论强调建立有效的反馈机制，以便根据社会参与者的意见和建议进行调整和优化。反馈机制包括结果报告、讨论会和改进计划等环节。通过定期的反馈和调整，可以及时发现和解决参与机制中的问题，提高其有效性和适应性。可以设立专门的反馈渠道，收集社会参与者的意见和建议，并通过定期的讨论会对反馈结果进行分析和总结。还可以制订改进计划，根据反馈结果进行机制的调整和优化，确保参与机制的持续改进和优化。

（二）社会组织在信用体系建设中的角色

1. 社会组织的功能与作用分析

社会组织在信用体系建设中扮演着重要的角色，包括信息传播、信任建立和政策实施等功能。作为信息传播者，社会组织通过多种渠道向公众传递信用体系的相关信息，提高公众对信用体系的认知和了解。社会组织可以通过举办讲座、发布宣传材料等方式，向社区居民介绍信用体系的政策和服务。这种信息传播不仅提高了公众的认知度，还帮助社区居民了解信用体系的运作机制和相关规定。作为信任建立者，社会组织能够通过社区建设和网络合作，增强居民之间的信任，提升信用体系的社会认同感和执行力。信任是信用体系的基础，通过社会组织的参与，可以建立起一个更加信任和合作的社区环境，提升信用体系的稳定性和持久性。社会组织可以通过组织社区活动、促进居民交流，增强社区成员之间的信任关系，提高信用体系的公信力。社会组织还在政策实施中发挥重要作用。社会组织通过与政府部门和企业的合作，推动信用政策的实施，并提供本地化的服务和支持。社会组织可以协助实施信用评估、信用培训等服务，确保政策的有效执行。这种角色的发挥不仅提高了信用政策的覆盖面，还增强了政策的实际效果。

2. 社会组织参与的模式设计

社会组织参与信用体系建设的模式设计需要结合其功能和实际需求。合作网络模式（Collaborative Network Model）是一种有效的参与模式，通过建立多方合作网络，将政府、社会组织和企业等多主体的力量整合起来，共同推进信用体系的建设。在这一模式下，各方通过明确职责和合作机制，实现信息共享和资源整合。可以通过定期的协作会议、联合项目等形式，推动信用政策的实施和推广。伙伴关系模式（Partnership Model）则强调社会组织在信用体系实施中的中介作用，通过与政府和企业的紧密合作，推动政策的落实。社会组织可以通过签订合作协议、设立工作组等方式，明确合作内容和目标。在具体实施中，社会组织的角色可能包括信息传播、政策推广和服务支持等，根据地方和行业的特点，制定适合的合作框架和操作流程。在某些地区，社会组织可能主要负责信用培训和宣传，而在其他地区则可能承担更多的政策实施和服务支持任务。

3. 社会组织的激励机制与评估标准

社会组织参与信用体系建设的激励机制设计是确保其积极性的关键。激励机制可以包括财政补贴（Financial Subsidies）、政策支持（Policy Support）和荣誉奖励（Honorary Awards）。财政补贴可以为社会组织提供资金支持，帮助其开展信用体系相关的活动和项目。政策支持包括在政策制定中考虑社会组织的需求，提供更多的政策便利。荣誉奖励则通过表彰社会组织的贡献，提升其参与的积极性和主动性。评估标准的建立能够确保激励机制的有效性。评估标准应包括参与成效的定量指标（如参与人数、活动覆盖面）和定性指标（如参与者满意度、影响力）。通过定期评估和反馈，可以发现激励机制中的不足，并提出改进建议。评估结果应作为优化激励机制的依据，以提高其公平性和有效性。可以通过调查问卷、访谈等方式收集参与者的反馈，分析参与效果，并根据反馈结果进行改进。

（三）社会参与效果的评估与持续优化

1. 参与效果的评估标准与模型设计

社会参与效果的评估是确保参与机制有效性与优化的重要环节。评估标准的设计需要全面覆盖参与的各个方面，结合定量与定性方法，以确保评估的科学性与全面性。定量标准包括参与人数、活动频次、社会信用数据的变化等，这些指标能直观反映参与的广度和效果。参与人数的增加可以显示出活动的吸引力，而社会信用数据的改善则体现了参与的实际效果。定量数据可以通过统计分析方法，如描述性统计、回归分析等，揭示参与效果的趋势和模式。定性标准则涉及参与者的满意度、参与动机、参与质量等方面。这些指标可以通过问卷调查、访谈等方式进行收集和分析。问卷调查可以设计一系列关于参与体验、满意度和动机的问题，访谈则可以深入了解参与者的真实感受和建议。通过对这些定性数据的分析，可以获得对参与效果的深入理解，包括参与者对活动的认可度、改进建议等，为优化提供更为精准的依据。在模型设计方面，评估模型的选择与应用至关重要。常用的评估模型包括逻辑回归模型、层级分析法（AHP）和结构方程模型（SEM）。逻辑回归模型可以用来分析参与者特征与参与效果之间的关系，揭示哪些因素对参与效果有显著影响。层级分析法可以帮助确定各评估指标的权重，以反映其相对重要性。结构方程模型则能够揭示参与效果的潜在结构和影响路径，提供全面的效果分析。通过这些模型的应用，可以建立科学的评估框架，提供系统的评估结果，指导后续的优化工作。

2. 评估结果的反馈与持续改进

评估结果的反馈与持续改进是优化社会参与机制的关键步骤。评估结果的反馈需要确保信息的透明和及时。这可以通过定期发布评估报告、召开反馈会议等方式实现，将评估结果传递给各参与主体，进行必要的沟通与讨论。评估报告应包括结果的总结、存在的问题、改进建议等内容，确保参与主体了解评估结果及其含义。反馈的内容应详细、明确，包含对存在问题的深入分析和解决建议。如果评估结果显示某些参与者对活动不满意，可以分析其不满意的原因，如活动形式、内容或组织方式的问题，并提出改进措施，如调整活动设计、改进组织方式等。反馈机制应包括定期的效果跟踪与分析，以监测优化措施的实施效果，确保持续改进的有效性。持续改进则要求根据评估结果制定和实施具体的优化措施。如果评估结果表明参与度不足，可以通过调整活动形式、增加激励措施等方式提高参与率。如果发现参与者的满意度不高，则需要调查原因，改进活动内容和实施策略。持续改进的过程应包括定期的效果跟踪与分析，以确保优化措施的有效性。通过建立完善的反馈机制和改进流程，可以不断提升社会参与的质量和效果，为信用体系的推广提供持续的支持和动力。

3. 社会参与优化的创新路径

社会参与的优化需要不断探索和实施创新路径，以适应社会环境的变化和参与主体的需求。创新路径应包括新技术的应用。利用人工智能和大数据技术，可以实现对社会参与情况的实时监控与分析，提供数据驱动的优化建议。通过智能算法分析参与者的行为数据，可以精准识别参与障碍和改进点，制定更具针对性的优化措施。大数据技术还可以帮助分析参与者的需求和偏好，设计出更符合实际需求的参与活动。优化路径还应包括参与机制的多样化和灵活化。传统的参与方式可能难以满足多样化的需求，因此需要设计出更加灵活和多样的参与模式。可以探索线上线下结合的参与方式，通过虚拟平台与实体活动的结合，扩大参与范围和提高参与率。参与机制的灵活性也体现在能够根据不同阶段和情境调整策略和方法以适应不断变化的社会需求和参与环境。优化路径还应包括对参与者的激励和支持机制的创新。有效的激励措施可以提升参与者的积极性和投入度，激励机制可以包括物质奖励、荣誉奖励以及参与者的职业发展机会等。提供必要的支持服务，如培训和咨询，也可以增强参与者的信心和能力，提高参与效果。通过这些创新路径的实施，可以不断优化社会参与机制，提升参与效果，推动信用体系的广泛建设与深入发展。

第十章
农村社会信用体系建设的国际视野

第一节 国际社会信用体系建设的经验

一、发达国家社会信用体系的建设与发展

（一）发达国家信用体系的历史背景与制度框架

1. 信用体系发展中的政策导向与法律基础

发达国家的社会信用体系具有深厚的历史背景和坚实的制度基础，其形成过程与这些国家的经济、法律和社会发展的进程密切相关。以美国为例，早在 19 世纪末期，伴随着工业化的快速推进和资本市场的扩展，信用体系建设逐渐成为国家和社会治理的重要议题。美国的《公平信用报告法》（Fair Credit Reporting Act，FCRA）于 1970 年颁布，标志着现代信用体系的法律基础的确立。该法案为消费者提供了对个人信用报告的访问权和纠正权，同时对信用评级机构的行为进行了规范，以确保信用信息的准确性和公平性。相比之下，欧盟的《通用数据保护条例》则更加强调个人隐私保护，对信用信息的处理设立了严格的标准和程序。类似的，英国的《消费者信用法》也确立了信用信息管理的法律框架，保障了消费者在金融交易中的权利。这些法律不仅是对当时社会经济问题的回应，也为后来的信用体系建设提供了制度基础和规范。在农村信用体系建设初期，多数国家高度重视农村信用法律法规的构建，明确了农村各类经营主体的权益保护，制定了一系列综合性较强的农村信用法律法规或信贷、保证制度相关规范，较早地将农村信用体系建设纳入法治化轨道，依法推进农村信用体系建设。

发达国家的信用体系政策导向不仅体现在法律框架的制定上，还反映在国家对于信用体系发展的战略规划中。[①] 美国和欧盟的信用政策导向在全球范围内具有深远影响，推动

① 李依霖，王树恩．基于发达国家经验构建我国社会信用体系的研究［J］．生产力研究，2007（11）．

了其他发达国家的信用体系建设，为全球信用体系的法律和政策提供了示范。发达国家的信用体系建设与这些国家的金融市场发展密切相关。现代信用体系的兴起伴随着金融市场的复杂化和风险管理需求的增加。金融市场的发达使得信用成为个人和企业融资能力的核心评估因素，国家的政策导向因此更加重视金融信用体系的规范化。以美国为例，次贷危机后，信用评级机构的责任问题被提上日程，《多德－弗兰克法案》加强了对信用评级机构的监管，防止利益冲突，确保信用评估的公正性。这种监管政策的创新在其他发达国家中也得到了响应，成为信用体系持续发展的政策基石。

2. 社会信用评价机制的演变与实践

发达国家的社会信用评价机制自20世纪初期起步，经历了多个阶段的发展和演变，逐渐从早期的银行内部评级系统演变为如今依赖于大数据和人工智能技术的现代信用评价体系。[①] 在20世纪中期，美国率先通过标准化的信用评分体系，如FICO评分模型，将消费者的信用记录量化为数值化的信用评分，这一机制迅速被全球多个发达国家所借鉴。FICO评分系统通过对信用历史、还款记录、负债状况等多维度数据进行综合分析，为金融机构提供了评估贷款申请人信用风险的有效工具。德国的信用评估机构SCHUFA也采用了类似的评分体系，通过对公民和企业的金融行为进行全面评估，形成社会信用评分，这些评分不仅应用于金融交易，也逐渐扩展到社会的其他领域，如保险、住房租赁等。

随着技术的进步，社会信用评价机制在过去几十年中得到了进一步优化。现代信用评价体系不仅依赖于传统的金融数据，还逐步纳入了更多维度的信息，如社交媒体行为、电商交易记录等。以英国为例，Experian等信用评分公司已经开始使用大数据技术，通过分析消费者的消费习惯、社交活动以及互联网行为，来丰富信用评分的维度和精确度。大数据和人工智能技术的引入，使得信用评价机制更加动态化和智能化，能够更好地捕捉个体的信用状况变化。这种技术的应用不仅提高了信用评分的准确性，还大大扩展了信用评估的覆盖范围，使得更多人能够进入信用体系的评估范畴，促进了社会的诚信建设。

社会信用评价机制的演变也带来了一些新的挑战，尤其是在隐私保护和数据安全方面。发达国家在推行信用评价机制的过程中，面临着如何平衡数据利用与隐私保护的问题。欧盟在这一领域的经验尤为突出，通过《一般数据保护条例》（GDPR），欧盟严格限制了个人数据的使用和传播，确保信用信息的使用合法、透明，并保障了公民对自己信用数据的控制权。这一法律框架为其他国家提供了重要的参考，特别是在信用信息全球化流动的背景下，如何在国际信用体系建设中维护个人隐私和数据安全，已经成为各国共同面临的挑战。

3. 国家信用治理模式的创新与优化路径

发达国家的信用治理模式随着全球化和信息化的加速，逐渐从传统的监管模式向更加多元化和技术驱动的方向演变。[②] 以美国为例，其信用治理模式强调市场化导向，信用评级机构和金融机构在信用体系中发挥着主导作用。通过市场机制和法律框架的结合，美国的信用体系不仅服务于金融市场，还广泛应用于社会治理。近年来，美国通过“开放银

---

① 崔成泉，王晓芳．大数据大文化［M］．昆明：云南大学出版社，2024：124—125.

② 王敏．征信与现代社会［M］．北京：新华出版社，2006：181—182.

行”政策，允许第三方金融科技公司访问消费者的银行数据，从而促进信用数据的开放和共享。这种创新的信用治理模式为社会信用体系带来了新的发展动力，特别是在金融科技的推动下，信用治理变得更加灵活和高效。法国通过公共信用数据库，将个人和企业的信用信息集中管理，并将信用评分与社会公共服务、税务等领域相结合。在这种模式下，信用体系不仅服务于经济领域，还成为政府社会治理的重要工具，有效提升了政府对公民行为的监管能力和社会诚信度。① 德国则通过建立跨领域的信用信息共享机制，促进了信用体系在社会各个领域的综合应用。这种国家主导下的信用治理模式确保了信用信息的统一管理，避免了信用评分市场化可能导致的信息不对称和市场垄断问题。技术进步对发达国家信用治理模式的影响也不可忽视。近年来，区块链技术的应用逐渐成为信用体系优化的重要方向。② 区块链的去中心化特性为信用信息的安全性和透明度提供了保障，尤其是在信用信息的跨境传输和共享中，区块链技术能够有效防止信用数据的篡改和泄露。③ 英国和德国正在探索区块链在信用评级、身份认证等方面的应用，为未来信用体系的发展提供了新的技术路径。通过这些创新和技术的应用，发达国家的信用治理模式正逐渐迈向更加开放、透明和高效的新时代。

（二）社会信用体系在公共治理中的作用

1. 信用体系对国家治理效能提升的促进作用

在发达国家，社会信用体系被认为是提升国家治理效能的重要工具。其核心作用在于通过信用评分、评级机制等方式将社会成员的行为信息转化为可量化的指标，从而为公共政策的制定、执行及评估提供重要依据。以美国为例，其成熟的信用体系在税收征缴、福利发放以及金融监管等领域发挥了巨大作用。通过信用体系，政府可以更加精准地甄别守法公民与不法分子，从而优化资源分配，提高治理效率。信用体系的存在使得个人或企业的不良行为能够被迅速记录并在社会层面上产生约束效应，这种机制有效地促进了政府在执行各类社会政策时的高效运作，减轻了道德风险与信息不对称。

从国家治理的角度来看，社会信用体系的应用在加强政府监管能力的同时，也推动了政府决策的科学化与透明化。④ 在公共政策制定过程中，政府可以借助信用体系中积累的海量数据，进行更为精准的社会行为分析，从而制定出更符合实际需求的政策。在社会福利政策领域，信用评分不仅用于评估个人的财务状况，还被用来评估申请人是否存在信用欺诈行为。通过这种机制，政府可以将有限的资源分配给真正有需要的人群，提升公共服务的公平性与效率。信用体系的普及使得政府能够以更低的成本监控和管理社会成员的行为，减轻了行政负担，提高了公共资源的利用率。⑤

发达国家信用体系对国家治理效能的提升，还体现在危机管理和风险防控方面。通过信用数据的实时监测与分析，政府能够及早发现社会中的潜在问题，并迅速作出反应。在

① 于新循．政府信用理论与法制保障要论［M］．北京：中国政法大学出版社，2013：100.
② 洪银兴，任保平．论数字经济与社会主义市场经济的深度融合［J］．中国工业经济，2024（5）．
③ 长铗，韩锋．区块链——从数字货币到信用社会［M］．中信出版社，2016：160.
④ 陈新明，胡俊超．政务诚信的结构维度、发展测度及优化路径［J］．首都师范大学学报（社会科学版），2024（3）．
⑤ 李朝晖．政府经济职能研究——基于政府信用的视角［M］．武汉：华中科技大学出版社，2013：67—68.

2008 年金融危机后，美国政府通过分析信用评级机构的数据，发现了金融市场中的风险点并采取了相应措施。在此过程中，信用体系不仅为金融监管提供了强有力的工具，也为国家整体经济的稳定性提供了保障。这种基于信用信息的危机管理机制有助于提升国家应对风险的能力，优化国家治理的整体效能。

2. 社会信用体系在社会诚信建设中的功能

社会诚信的核心在于通过透明的信用信息和公平的信用评价机制，促进社会成员之间的信任关系。这一机制的运行有赖于信用信息的共享与透明化，使得每个社会成员的行为记录能够被广泛获取并用于评价其诚信水平。社会信用体系对社会诚信建设的另一个重要作用在于对违法失信行为的惩戒和约束。发达国家普遍通过信用体系对失信行为进行多维度的惩罚，例如限制贷款、增加保险费率、禁止特定职业的进入等。[①] 这种失信惩戒机制能够有效防止不诚信行为的泛滥，维护社会诚信秩序。社会信用体系还为国家和社会提供了更加有效的诚信教育手段。在德国和英国的信用评价体系中通过公开失信者名单等措施，起到了警示和教育作用，督促公民遵守社会契约，促进社会诚信文化的普及和深化。这种通过信用体系构建的诚信文化，不仅提升了社会信任水平，也有助于推动整个社会的可持续发展。

在发达国家，信用体系还通过促进企业诚信来推动社会诚信建设。[②] 企业作为社会经济的主要参与者，其行为不仅影响着市场的运行，也在一定程度上决定了社会诚信的整体水平。企业的信用记录不仅影响到其与金融机构之间的关系，也关系到其在公共采购、招投标等领域的竞争力。通过对企业信用行为的监控与评估，政府可以有效地引导企业遵守社会诚信规范，推动整个商业社会的诚信建设。这样的制度设计不仅提高了市场的公平性，还为发达国家的社会诚信体系提供了坚实的经济基础。

3. 发达国家信用体系与公共服务的衔接

发达国家的信用体系在国家治理和社会诚信建设中已经展示出了巨大的效能，其真正的优势还体现在与公共服务的深度衔接上。在美国，社会信用评分不仅影响个人的银行贷款资格，还与健康保险、住房补贴等公共服务挂钩。通过这种方式，信用体系成为政府调控公共资源的有效手段，不仅提高了资源分配的公平性，也确保了公共服务的有效性。信用体系与公共服务的衔接还体现在公共交通、医疗服务等领域。在日本，个人信用记录被用于管理公共交通的使用权，失信者可能会被限制使用某些公共设施。通过这一机制，信用体系有效促进了公共服务的合理利用，避免了浪费。信用评分还被用于医疗保险领域，通过分析个人信用行为，政府可以更好地预测医疗需求并优化资源分配。以英国的 NHS（国家医疗服务体系）为例，信用信息被广泛应用于医疗服务的管理，确保资源集中到最有需要的人群。通过信用体系与公共服务的有机结合，发达国家不仅优化了公共资源的配置，还提升了社会治理的效率和透明度。[③] 未来，随着信用数据的进一步开放与共享，信用体系将在公共服务中发挥更加深远的作用，推动发达国家社会治理模式的持续优化与

---

① 顾敏康．社会信用法概论［M］．北京：中国计划出版社，2021：124.

② 王伟．中国企业信用建设报告——2018—2019［M］．北京：中国法制出版社，2020：48.

③ 卢盛羽．社会信用建设实践：关键问题、实施路径和发展方向［M］．北京：中国经济出版社，2021：50—51.

创新。

（三）发达国家社会信用体系的持续优化与展望

1. 社会信用体系持续优化的政策创新

发达国家的社会信用体系经历了多次优化，且在政策创新方面展现出较强的前瞻性。政策创新通常体现在信用体系的管理机制、数据保护以及跨部门合作等方面。美国的《多德－弗兰克法案》颁布后，对信用评级机构的监管力度极大增强，避免了评级机构与市场主体之间的利益冲突，从而确保了信用评级的公正性和透明度。类似地，欧盟的《一般数据保护条例》（GDPR）在推动信用信息透明化的同时，强调了个人隐私的保护，使得信用体系在更高层次上获得了合法性和公众信任。这些政策创新不仅回应了社会信用体系运作中的实际问题，也为其未来发展提供了重要的政策基础。

在信用体系的持续优化过程中，发达国家还采取了更多跨部门、跨行业的合作模式，推动了信用信息的广泛共享和应用。在德国，信用数据不仅被用于金融领域，还被用于公共服务、交通管理等多个领域。这种政策创新为信用体系的多元化应用提供了基础，促使信用体系在提升国家治理能力、优化资源配置等方面发挥更大作用。政策创新还包括对新兴金融科技的监管与鼓励，如美国和英国相继出台了针对金融科技企业的监管沙盒政策，允许这些企业在受控环境下创新其信用评分和管理模式。这为信用体系的持续优化提供了动力和方向。

2. 未来社会信用体系发展的国际化趋势

随着全球化的不断深入，发达国家的社会信用体系发展也逐渐呈现出国际化趋势。[①]这种趋势不仅体现在各国信用体系的跨境合作上，还表现在全球范围内对信用标准的统一化探索。以美国、欧盟各国和英国为代表的发达国家已经逐步建立起跨国信用评级和信息共享机制，这一机制帮助各国政府和企业在全球范围内评估信用风险，增强了跨国经济合作的安全性和稳定性。未来，随着区块链和大数据技术的普及，全球信用体系的构建将会更加高效和透明。数字化趋势体现在信用信息的电子化处理和存储上，通过使用大数据和人工智能技术，提高信用信息的处理效率和准确性。信用体系国际化的趋势也推动了发达国家与发展中国家的合作与对接。欧盟通过"一带一路"倡议等项目，帮助部分发展中国家建立符合国际标准的信用体系。这不仅为发达国家的企业提供了更多商业机会，也为发展中国家的经济发展和金融稳定提供了支持。国际信用体系的发展趋势还包括信用信息在贸易、投资等领域的应用，通过国际化的信用评估，跨国企业和政府可以更加准确地评估合作方的信用风险，降低国际经济活动中的不确定性。在农村信用体系建设中，可以借鉴国际上的这些发展趋势，利用现代技术手段，提高信用体系的效能和创新性。同时，还需要关注国际经验中的潜在挑战，如数据隐私和安全问题，确保信用体系的建设既符合国际标准，又适应本国的实际需求。

3. 技术进步对社会信用体系的影响及其启示

技术进步是推动社会信用体系持续优化的重要动力。[②] 大数据技术通过整合多源信息，

---

① 虞李辉．公共信用信息归集制度的理论探析［J］．征信，2021，39（8）．

② 蒋震，商永亮．关于个人所得税征管信息体系的分析与思考［J］．国际税收，2018（7）．

如社交媒体数据、电商交易数据等，使得信用评估更加全面、动态。人工智能则通过对大数据的深度学习，提升了信用评分模型的精确度，减少了传统信用体系中的人为偏见和错误。区块链技术的去中心化和不可篡改性为信用数据的安全性和透明度提供了全新的保障①，特别是在信用信息跨国流动和共享过程中，区块链技术展现出巨大的应用潜力。这些技术进步为发达国家信用体系的持续发展带来了深远的启示。技术的不断进步要求国家在信用体系的政策设计中更加注重创新和灵活性，适应技术驱动的信用评估模式。技术的应用也促使信用体系更加透明和开放，使得社会成员在享有信用便利的同时，能够对自身的信用数据拥有更多的控制权。技术进步要求各国在推动信用体系发展的过程中，进一步加强对隐私和数据安全的保护，通过合理的政策设计，防止技术滥用，确保信用体系的公平性和合法性。

二、发展中国家社会信用体系的探索与创新

（一）发展中国家社会信用体系构建的现实挑战

1. 社会信用体系建设的资源与结构性瓶颈

在发展中国家，社会信用体系的构建面临着严重的资源短缺与结构性瓶颈。这些国家普遍存在经济发展滞后、基础设施不足以及人力资源有限等问题，这些因素直接影响到信用体系的建立与运行。信用体系的建设需要依托健全的金融基础设施与信息技术，而很多发展中国家在这些方面的投入不足。非洲的一些国家由于信息化水平较低，难以建立起统一的信用数据库，导致信用信息收集与管理的效率低下。这种基础设施的不完善使得信用体系的建设难以取得实质性进展。发展中国家在制度建设和法律框架方面也存在显著的不足。一个完善的信用体系需要依托健全的法律制度来确保信用信息的透明性和公正性。许多发展中国家缺乏明确的信用法律法规，信用信息的采集、使用和保护没有统一的标准，导致信用体系的实施常常受到法律争议。信用体系的建设需要大量的专业人才，如数据科学家、金融分析师等。发展中国家教育水平相对较低，技术人才储备不足，导致信用体系的技术实施和维护面临巨大的挑战。社会信用体系需要不断更新和优化，这要求具备相当高的技术研发能力，而发展中国家的科技研发投入普遍较低，使得信用体系难以跟上全球技术发展的步伐。

2. 社会信用体系发展中的技术与监管难题

技术和监管难题是发展中国家社会信用体系建设中的另一个重大挑战。社会信用体系的运行高度依赖于先进的信息技术，但很多发展中国家技术基础薄弱，特别是在大数据、区块链和人工智能等新兴技术的应用上，发展中国家与发达国家之间存在较大差距。大多数发展中国家缺乏系统的信用信息采集机制，信用信息的来源往往分散在不同的部门和机构，难以形成统一的信用数据库。即使有些国家开始尝试利用技术手段构建信用体系，但由于信息化水平低、技术人才不足，往往只能取得有限的成效。发展中国家的监管体系相

---

① 丁竞渊，王一军，应晓明．区块链赋能多层次资本市场［M］．北京：中信出版集团，2021：64.

对薄弱，信用信息的采集、存储和使用往往缺乏统一的监管标准。这导致社会信用体系的运行过程中常常出现信息泄露、滥用等问题，损害了信用体系的合法性和社会公信力。由于监管机制不健全，社会成员对信用体系的信任度较低，信用数据的采集工作也面临较大阻力。发展中国家还面临信用数据的隐私保护与安全问题。随着技术的进步，信用体系中的信息量不断增加，信用数据的安全性问题日益突出。2011 年，我国最大程序员网站的 600 万个人信息和邮箱密码被黑客公开，进而引发了连锁泄密事件。2013 年，中国人寿 80 万客户的个人保单信息发现被泄露。[①] 发展中国家的数据保护法律体系尚不完善，信用数据的安全性无法得到有效保障，特别是在一些国家，信用信息容易被滥用甚至出售。这不仅威胁到个人隐私，也使得信用体系失去了应有的公信力。

3. 发展中国家信用体系与经济发展的互动关系

社会信用体系不仅是金融领域的管理工具，更是推动经济发展的重要引擎。在发展中国家，信用体系的建设与经济发展的互动关系尤为显著。信用体系的健全有助于提升金融市场的透明度和信任度，为经济活动提供更为稳定的环境。在许多发展中国家，由于缺乏健全的信用评估体系，银行和其他金融机构难以对个人和企业进行准确的信用评估，导致信贷风险较高，金融市场效率低下。一旦信用体系得到完善，个人和企业的信用信息将变得更加透明，金融机构能够更为精准地评估风险，从而推动信贷市场的健康发展。信用体系的建立可以促进中小企业的发展。[②] 发展中国家的经济发展往往依赖于大量的中小企业，而这些企业由于缺乏足够的信用记录，难以获得金融机构的信贷支持。通过建立社会信用体系，金融机构能更好地评估中小企业的信用状况，从而为其提供更多的融资机会。[③] 这不仅有助于中小企业的发展，也为经济的可持续增长提供了新的动力。信用体系还可以促进创新创业的发展，信用评分的透明化使得风险投资者能够更好地识别和支持有潜力的创业项目，进一步推动经济的多元化发展。信用体系与经济发展的互动关系还体现在外商投资方面。发达的信用体系可以为外国投资者提供可靠的信用信息，减少信息不对称，从而吸引更多的外资进入发展中国家市场。信用体系的健全可以降低投资风险，增强发展中国家在全球经济中的竞争力。

（二）发展中国家信用体系的模式创新

1. 社会信用体系中的创新治理结构

在社会信用体系的构建过程中，发展中国家面临的挑战促使其探索创新的治理结构，以应对技术、资源和制度方面的局限。创新的治理结构体现在多元化的信用信息采集机制上。发展中国家由于基础设施不完备，难以实现统一的信用信息管理系统，因此在信息采集过程中，往往采用多渠道、多部门联合的方式。印度通过“阿达尔”（Aadhaar）系统，将个人身份信息与信用信息、社保信息等多种社会数据整合，为信用体系的构建提供了丰富的信息来源。这种创新的信用信息治理模式，不仅提升了信用体系的数据覆盖率，也为金融机构和政府部门提供了更为全面的决策依据。发展中国家还通过引入第三方信用评估

① 叶谦，常胜．征信理论与实务［M］．北京：高等教育出版社，2015：149.

② 崔智斌．社会信用、金融资源配置与中小企业破产风险［J］．统计与决策，2024，40（7）.

③ 吴晶妹．信用管理概论［M］．第 2 版，上海：上海财经大学出版社，2011：13.

机构，推动信用体系的多元化治理。在发展中国家，政府资源有限，难以承担全部的信用信息管理任务。为此，许多发展中国家通过引入民间信用评估机构，构建了政府与市场相结合的信用治理模式。中国在信用体系建设中，允许诸如芝麻信用等第三方信用评估平台参与社会信用评价工作。于是，发展中国家不仅分担了信用体系的建设成本，还提升了信用数据的公正性和社会认可度。社会信用体系的创新治理结构还体现在跨部门协作和国际合作上。信用信息涉及金融、税务、法律等多个领域，因此信用体系的构建往往需要跨部门的协作。① 在发展中国家，一些信用体系的建设项目通过建立跨部门的协调机制，实现了信用信息的共享与整合。发展中国家还与国际机构合作，引入发达国家的信用治理经验和技术支持，以弥补自身在技术和管理能力上的不足。

2. 信用信息管理与社会诚信的互联互通

社会信用体系的建设不仅关乎金融市场的稳定性，还与社会诚信建设密切相关。在发展中国家，信用信息管理的创新对社会诚信的提升起到了至关重要的作用。信用信息的透明化和公开化，使得社会成员的行为记录得以广泛传播，这为社会诚信建设提供了坚实的基础。巴西通过其公共信用信息平台，使个人和企业的信用记录可以被公众和金融机构查询，从而激励社会成员保持良好的信用行为。通过信用信息的透明管理，社会成员的行为受到更加严格的监督，促进了社会诚信的自我约束机制。信用信息管理与社会诚信的互联互通体现在对失信行为的惩戒机制上。发展中国家在构建信用体系的过程中，往往引入失信惩戒制度，将信用记录与社会生活的各个方面相挂钩。中国的“社会信用体系”通过对失信行为的公开曝光，使得失信者在就业、贷款、出行等方面受到限制。通过将信用记录与社会行为挂钩，发展中国家不仅提升了社会诚信水平，还在一定程度上促进了社会行为的规范化。信用信息管理与社会诚信的互联互通体现在社会文化的塑造上，并逐渐培养了一种以信用为核心的社会文化。在这一过程中，信用不再仅仅是金融领域的工具，而成为衡量社会成员行为规范的重要标准。这种文化的转变不仅提升了社会诚信水平，还促进了社会行为的规范化与透明化，为经济与社会的协调发展提供了重要保障。

3. 发展中国家信用体系建设的国际合作模式

国际合作在发展中国家信用体系的建设中发挥着关键作用。许多发展中国家在信用体系建设过程中，通过引入国际先进技术和经验，弥补了自身在技术和管理能力上的不足。比如，东南亚的一些国家通过与世界银行等国际组织合作，引入了发达国家的信用评估技术和管理经验。这些国际合作项目不仅为发展中国家提供了技术支持，还为其信用体系的建设提供了资金援助和政策咨询。国际合作体现在信用信息的跨国共享与互通上。随着全球化的发展，跨国信用信息共享已经成为全球金融市场的重要需求。发展中国家通过与发达国家和国际金融机构的合作，推动了信用信息的跨国互联互通。东非国家通过与国际信用机构的合作，建立了区域性的信用信息共享平台，实现了区域内的信用信息跨境流动。国际合作模式还促进了发展中国家信用体系的标准化建设。在与国际组织的合作中，发展中国家在信用体系建设过程中能够借鉴国际标准和规范，确保其信用体系与全球信用市场的接轨。这不仅有助于提升发展中国家信用体系的公信力，还为其在全球金融市场中的竞

① 周小昶，赵仁杰，曾艺．社会信用环境与企业专业化［J］．财贸经济，1—16.

争力提供了保障。

（三）发展中国家社会信用体系建设的前景分析

1. 未来信用体系建设的动力与方向

经济全球化和信息技术的迅猛发展，为发展中国家信用体系的建设提供了技术驱动。这些技术不仅能够帮助发展中国家更有效地收集、整理和分析信用信息，还可以提高信用体系的透明度与公信力。例如，区块链技术的引入使得信用数据的存储和传输更加安全可靠，减少了数据篡改和失信行为的可能性。发展中国家内部的经济发展需求也为信用体系建设提供了重要动力。近年来，许多发展中国家逐步意识到，健全的信用体系是实现经济高效运转的关键要素，特别是在促进中小企业融资、提升金融市场透明度等方面，信用体系的作用不容忽视。① 中小企业融资难问题在许多发展中国家普遍存在，而信用体系的建设可以为这些企业提供可靠的信用评估，减少信息不对称，提高贷款的可得性。这不仅有助于中小企业的发展，也为国家整体经济发展注入了新的活力。未来，发展中国家的信用体系建设还将朝着多元化、国际化方向发展。随着全球信用市场的互联互通，发展中国家信用体系的构建不仅要满足国内需求，还需与国际信用标准接轨。区域信用平台、跨国信用信息共享机制等将成为未来信用体系建设的重点。通过这些机制，发展中国家可以提升自身信用体系的全球竞争力，增强在国际市场中的信用评级，吸引更多的国际投资者。

2. 社会信用体系的区域差异与国际接轨

社会信用体系的建设在不同发展中国家存在显著的区域差异。这种差异主要表现在经济发展水平、政治体制和文化背景等方面。② 拉丁美洲和非洲的部分国家在信用体系建设上仍处于初步阶段，信息化基础设施较为薄弱，信用信息的采集和管理难以实现统一。而东南亚部分国家则已经开始依托国际合作和先进技术，逐步建立起较为完善的社会信用体系。这种区域差异不仅影响了各国信用体系的建设进度，也导致了不同国家信用体系在功能与结构上的差异。尽管存在区域差异，发展中国家的社会信用体系正在逐步与国际标准接轨。国际社会越来越关注信用信息的透明度和跨境共享，这为发展中国家信用体系的国际化发展提供了新的契机。东非国家通过与国际信用机构合作，建立了区域性信用信息共享平台，实现了信用数据的跨境流动。这不仅有助于这些国家信用体系的国际化进程，还为吸引外资提供了更为可靠的信用环境。在未来，随着全球化进程的加快，更多发展中国家将通过加强与国际机构的合作，实现信用体系的区域整合与全球接轨。信用评级、信用信息共享、信用数据保护等领域的国际标准化进程，将为发展中国家信用体系的可持续发展提供有力支撑。国际信用标准的普及也将促进发展中国家与发达国家之间的信用信息互联互通，进一步提升全球信用市场的整体效率。

3. 信用体系建设对社会治理现代化的推动

社会信用体系不仅在经济领域发挥着重要作用，还在社会治理现代化进程中扮演着关键角色。在发展中国家，信用体系的建设有助于提升社会治理的效能，促进社会诚信与法

---

① 马胜祥，王云琳，高英华．中小企业信用体系建设理论与实务［M］．石家庄：河北人民出版社，2014：78.

② 张原，陈玉菲．区域信用环境评价指标体系研究——以陕西省为例［J］．西北大学学报（哲学社会科学版），2015，45（1）.

治建设。信用体系可以为政府提供更为精准的数据支持，帮助其进行有效的社会管理。社会信用信息可以用于监控和管理公共服务质量、优化资源配置，以及监督社会成员的行为规范。信用体系的建设有助于推动发展中国家的法治化进程。通过建立透明、公正的信用信息平台，社会成员的行为将受到更加严格的监督和约束。信用信息可以作为衡量社会成员行为规范的重要标准，失信者将在社会生活的各个方面受到限制，从而激励社会成员遵守法律和社会规则。发展中国家可以通过信用体系对失信行为进行公开曝光，并将失信记录与就业、贷款等社会活动挂钩，从而促进社会诚信建设与法治化进程的深入。社会信用体系对社会治理现代化的推动还体现在社会公共服务的提升上。通过信用信息的透明化和数据化，政府可以更为精准地提供公共服务，提高资源分配的公平性和效率。[①] 信用记录良好的公民可以获得更多的社会福利和服务，而失信者则将面临相应的社会限制。这种基于信用数据的公共服务管理模式，不仅提高了公共服务的针对性和有效性，还在一定程度上促进了社会公平与正义的实现。信用体系的建设无疑为发展中国家社会治理现代化注入了新的动力，也为未来的社会治理提供了更加精准的工具。

三、国际经验对中国农村信用体系的启示

（一）发达国家经验在农村信用体系中的借鉴

1. 农村信用体系构建中的制度创新

发达国家的农村信用体系建设通常具有较为成熟的制度基础，并在长时间的演变过程中不断实现创新，这为中国的农村信用体系建设提供了一个重要的参考价值[②]。在欧美等发达国家，农村信用体系的建立源于政府、金融机构和地方社区的多方合作，通过制度设计保障农村地区的金融服务覆盖率。美国的农村信用合作社（Credit Union）体系已经形成了稳固的金融服务网络，尤其是在偏远和经济欠发达地区，这种体系以农户的生产经营能力和信用记录为基础，建立了一套完善的信用评价和贷款发放机制。这一制度创新主要依赖于农业合作组织、地方银行以及政府补贴和政策支持的有机结合，实现了风险分散和资源优化配置的功能。借鉴这一经验，中国在构建农村信用体系时也可以充分利用制度创新的优势。[③] 中国的农村信用体系需要建立一种集成政府支持、市场力量和地方社区互助机制的综合性制度框架。在此基础上，还应引入长期稳定的资金支持体系，例如设立农村信用合作基金或政府信用担保机制，以此鼓励商业银行和农村金融机构为信用良好的农户提供贷款服务。发达国家的农村信用制度强调信息透明与合作社组织的有效运行，这一点在中国的农村地区也可以得到应用。通过建立地方信用信息共享平台和农村合作社的组织化建设，中国农村信用体系可以进一步降低农村金融机构的运营成本，提高贷款发放的效率和覆盖率。

---

① 上海财经大学金融学院，上海财经大学信用研究中心，上海国际金融中心研究院．中国金融发展报告——社会信用体系建设的理论探索与实践2015版［M］．上海：上海财经大学出版社，2016：28.

② 钱瑜．我国农村信用体系建设模式的国际比较与启示［J］．农业经济，2017（4）.

③ 高云峰．中国西部地区农村信用体系建设与创新研究［M］．北京：中国农业出版社，2013：35—38.

2. 信用评价机制与农村经济发展的结合

发达国家在信用评价机制的建设中，注重将个人信用与经济行为高度结合[①]以确保农村经济主体能够获得稳定的资金支持。以加拿大为例，其信用评分系统不仅应用于城市金融体系，还深入农村地区，帮助农户和小企业主根据信用评分获得多元化的金融服务。加拿大的信用体系运作方式不仅评估个人和企业的信用历史，还会整合地区经济发展、产业结构，以及农产品市场前景等多种因素，确保信用评价结果更符合农村实际经济活动的需求。中国农村信用体系的未来发展方向应当是在信用评价机制中充分考虑农民的生产经营特点，以及农村经济发展的周期性、季节性等特殊因素。在信用评价过程中，如果仅以历史还款记录和当前收入为基础，而忽略了农产品的市场周期和农业生产的特殊性，可能会导致信用评分的偏差，进而影响农户的贷款可得性。中国可以借鉴发达国家的做法，在信用评价机制中引入更为多维的评价体系，将农户的生产周期、产品市场价格波动、地方政府政策扶持等因素纳入信用评价模型中。[②] 这一机制不仅能更好地反映农民的真实经济能力，还能确保金融资源的合理配置，进而促进农村经济的可持续发展。通过加强信用评价机制与金融产品的结合，金融机构可以依据农户的信用情况，设计出更加灵活的贷款产品，以适应农户的资金需求和还款能力。

3. 发达国家信用体系在农村治理中的应用

发达国家不仅在经济发展中重视信用体系的作用，还将其广泛应用于农村治理。以澳大利亚为例，农村信用信息不仅用于金融活动，还被广泛应用于土地承包、税务登记、农业保险等多个领域，信用记录的完善使得地方政府能够更准确地评估农户的生产能力和经营风险，从而在政策制定和资金分配中作出更加合理的决策。对于中国来说，农村信用体系在未来不仅应当着眼于金融支持，还需要将信用记录纳入农村治理的整体框架。在土地承包、农业补贴、扶贫资金发放等环节，政府可以根据农户的信用情况进行精准化管理。信用良好的农户可以获得更多的资源支持，而信用较差的农户则可能面临政策上的限制。这一机制不仅能够激励农户增强信用意识，还能够通过信用体系促进农村社会的良性治理秩序。发达国家的经验表明，信用体系的完善对农村社会结构的优化具有重要意义。通过信用体系的应用，农民与政府、金融机构之间的信任关系得以强化，这有助于减少农村社会的不确定性，提高社会资本的使用效率。对中国而言，农村信用体系的构建不仅是金融支持体系的组成部分，也应成为推进农村社会治理现代化的重要工具。

（二）发展中国家实践对中国农村信用体系的参考

1. 发展中国家农村信用体系建设中的难点与突破

许多发展中国家，包括非洲和南亚的一些国家，农村人口众多，但金融体系并未充分覆盖到这些地区。信用信息的不透明和不完善，导致金融机构在为农户提供信贷服务时面临较高的风险。尽管发展中国家在资源方面面临诸多挑战，但一些国家通过创新的信用信息采集方式和政府主导下的信用制度建设，取得了一定突破。以印度为例，其农村信用体

① 刘戒骄．个人信用管理［M］．北京：对外经济贸易大学出版社，2003：105.
② 李明明．信用评级业的功能、缺陷与市场结构研究［M］．北京：经济科学出版社，2021：34—37.

系建设以政府主导为特征，由政府发起组建农村合作金融机构，最典型的是地区农村银行，由政府和商业银行联办。[①] 在政府政策的大力支持下，印度的农村信用体系逐步构建起了基于生物识别技术的信用信息采集平台，这一平台有效解决了农户身份识别和信用记录缺失的问题。中国农村信用体系可以借鉴这一经验，通过技术创新解决信用信息采集难题。可以利用区块链技术和大数据分析，在偏远农村地区建立一套低成本、高效率的信用信息系统，提升信用体系的覆盖率和透明度。发展中国家在推动农村信用体系建设时，普遍依赖国际组织和多边金融机构的支持，例如世界银行和国际货币基金组织（IMF）在推动信用合作方面发挥了重要作用。对于中国来说，可以考虑通过加强与这些国际组织的合作，借助其在农村金融领域的资源和经验，进一步完善农村信用体系的制度设计和技术创新。[②]

2. 农村信用信息平台建设的技术支持

发展中国家在推动农村信用体系建设时，广泛利用信息技术作为支持手段。巴西、印度和肯尼亚等国在农村信用体系建设过程中，依靠移动互联网技术和生物识别技术，建立了简便高效的信用信息平台。这些平台通过采集农户的基本信息、信用行为和生产经营数据，为金融机构提供了可靠的信用评估依据。中国可以借鉴这些国家的经验，进一步加大技术创新在农村信用信息平台建设中的应用。通过移动互联网、物联网等技术的引入，中国的农村信用体系可以在偏远地区实现更高效的信用信息采集和管理。区块链技术的引入也可以有效解决信用信息篡改和数据泄露的问题，保障信用信息的完整性和安全性。中国在推动农村信用体系的信息化建设时，应当注重技术的可持续性。技术应用不仅应当关注当前的使用效能，还需要考虑未来的扩展性和可维护性。通过技术手段的创新，提升农村信用体系的覆盖率和管理效率，将有助于解决农村金融资源分配不均和信息不对称的问题。

3. 农村信用体系与金融普惠政策的结合

（1）金融普惠政策的定义与实施背景

金融普惠政策旨在为社会各个层次的人群，尤其是低收入和金融服务不足的人群，提供负担得起的、广泛可得的金融服务。[③] 对于农村地区而言，金融普惠政策的实施具有特别重要的意义，因为农村往往是金融资源较为稀缺的地区，农民群体普遍面临资金匮乏、贷款难度大等问题。普惠金融在中国得到了政府的高度重视，尤其在“十三五”规划中，普惠金融被列为农村经济振兴和扶贫的重要工具。农村信用体系的建设则是金融普惠政策落地的基础，通过信用体系的完善，金融资源能够更加有效、精准地流向信用良好的农户和小微企业。农村信用体系与金融普惠政策的结合，可以通过信用记录的完善，帮助农户更容易获得贷款和其他金融服务，降低他们的融资成本。信用体系的应用也有助于推动金融机构在农村地区开展更具针对性的产品和服务设计，例如基于信用评级的低息贷款、小额信贷和保险产品等。通过金融普惠政策与信用体系的结合，不仅能扩大金融服务的覆盖面，还能有效提升农户的信用意识和守信文化，从而促进农村社会的可持续发展。在此背

① 周雨．乡村振兴“新基建”：农村信用体系建设研究［M］．北京：中国金融出版社，2023：60.
② 韩杰．农村金融创新与乡村振兴融合发展研究［M］．西安：西北工业大学出版社，2021：182.
③ 蔡洋萍，肖勇光．我国农村普惠金融发展问题研究［M］．北京：经济管理出版社，2020：1—3.

景下，金融普惠政策的核心目标是通过制度设计和政策支持，确保农村地区的金融资源配置更加公平。[①] 信用体系作为其中的关键环节，通过记录农户的信用行为，帮助金融机构识别借款风险，也激励农户守信经营。

（2）金融普惠政策在农村信用体系中的作用机制

金融普惠政策通过多种形式直接与农村信用体系相结合，其中最显著的作用机制是通过政策性金融机构的介入，为信用良好的农户提供更加优惠的贷款条件。在中国，国家开发银行、农业银行等政策性银行和地方性农村信用合作社在金融普惠政策的实施中发挥了重要作用。这些机构根据农村信用体系提供的信用记录和信用评级，向符合条件的农户提供低息贷款和长期资金支持，从而降低了农村地区的融资成本，促进了农村经济的健康发展。一个典型的案例是中国人民银行主导的农村信用信息系统，该系统将农村个人和企业的信用数据纳入国家信用体系中[②]，通过对信用记录的共享和公开，减少了信息不对称现象，提高了金融机构对农户信用风险的判断能力。这种信用信息共享机制，促使银行等金融机构能够更加有效地识别农户的信用状况，进而为信用良好的农户提供更优的金融服务。金融普惠政策还通过财政补贴和税收优惠等手段，进一步降低农村金融机构的运营成本，激励它们为更多的农村群体提供金融服务。政府的这种支持机制与信用体系结合，为农户提供了更有保障的金融渠道，增强了他们参与市场经济的能力。在农村小额贷款领域，政府通常为信用良好的农户提供贷款贴息政策，减少了他们的贷款利息负担。这不仅提升了农户的经济效益，还通过金融资源的有效流动，推动了整个农村经济的繁荣。

（3）农村信用体系在金融普惠政策中的长远影响

从长远来看，金融普惠政策与农村信用体系的结合将在农村社会产生深远的影响，尤其是在提升农村经济韧性、促进农村社会治理现代化方面发挥重要作用。随着信用体系的逐步完善，农村社会的信用文化将逐渐建立起来，信用记录将成为农民获得金融服务的主要依据。这种信用文化的形成，不仅能激励更多的农户在经济活动中守信经营，还能帮助政府和金融机构更好地进行社会治理和风险控制。信用体系的建设为金融普惠政策提供了更加科学的决策依据。地方政府可以通过信用信息系统，了解各个村庄、社区的信用状况，从而有针对性地制定金融支持政策，促进农村经济发展。信用体系与金融普惠政策的结合，还能提升农村社会的整体治理能力。农户的信用记录不仅能应用于金融领域，还能在土地流转、扶贫资金分配、农业合作社运行等多个方面起到关键作用。这种多维度的信用应用，不仅能提高农村社会的透明度，还能促进农村治理的现代化进程。

金融普惠政策和农村信用体系的结合，为农村金融市场的长期健康发展奠定了基础。信用体系通过对农村经济主体信用行为的全面记录和评估，使得金融市场更加透明和有序。金融机构在风险可控的前提下，可以更加放心地为农村地区提供资金支持，推动农村金融市场的进一步开放和多元化发展。随着信用信息的积累和农村金融体系的完善，农村信用体系将逐渐成为农村经济发展的核心支柱，并为中国农村经济的转型升级提供强有力的制度保障。农村信用体系与金融普惠政策的结合，不仅在短期内解决了农户贷款难、融

① 孙悦，项松林．新内生发展理论视域下数字农村建设：机理、困境与路径［J］．湖南农业大学学报（社会科学版），2023，24（6）．

② 孙葆春．乡村振兴视阈下农村社会信用体系建设研究［M］．长春：吉林人民出版社，2020：177．

资贵的问题，更在长远上对农村经济的结构优化、社会治理的现代化产生了深远的影响。这种结合为中国农村经济的发展提供了一个可持续的路径，并为实现农村经济的现代化、可持续发展目标奠定了坚实的基础。

（三）国际经验对中国农村信用体系的启示

国际经验为中国农村信用体系的建设提供了重要的参考和借鉴。中国可以从发达国家的信用信息采集、管理和评价机制中学习，建立更为完善和科学的信用管理体系。借鉴国际信用体系的技术手段和应用模式，推动信用信息的数字化和智能化，提高信用体系的效率和透明度。结合国际经验中的法律和监管框架，制定和完善相关法律法规，保障信用信息的安全和隐私。从国际经验来看，欧盟各国、美国、日本等发达国家和地区社会信用体系和农产品质量安全治理体系建设起步较早、发展较快，法律法规及标准体系建设、全食物链监管理念、信息披露机制等相关实践经验比较丰富，值得深入学习和借鉴。中国的农村信用体系建设需要充分考虑国际经验的启示，结合本国实际情况，制定适合农村特点的信用管理和应用方案。如北京市按照农业生产经营主体的规模和生产类型，以责任主体和流向管理为重点，建立了主体追溯、履历追溯、全程追溯的农产品追溯模式，并整合监管、执法、检测等各部门数据，加强对产地环境、农业投入品等质量安全关键环节进行综合监管；陕西省安康市结合运用互联网、大数据等多种技术手段加强对农产品生产经营主体的信用服务和管理，并建立了农产品质量安全投诉举报激励、质量安全信用奖惩制度等，形成覆盖市、县、镇三级的农产品质量安全信用体系。

第二节　农村信用体系建设的国际合作

一、中国与国际社会的信用合作机制

（一）中外信用体系合作的背景与现状

1. 国际信用合作的历史与发展路径

国际信用合作始于20世纪中期，随着全球化的推进，国家之间的经济联系日益紧密，信用体系的国际合作成为经济合作的重要组成部分。起初，国际信用合作主要以发达国家之间的双边协定为主，主要集中于金融和商业领域。随着全球贸易与金融市场的开放，国际信用合作机制逐渐扩展到发展中国家，包括农村信用体系的建设。这种合作以国际经济组织和金融机构为中介，通过全球性的信用评级机构和标准化信用框架，推动了各国信用体系的互联互通。在中国的现代化发展过程中，国际信用合作的背景变得越发重要。自中国加入世贸组织以来，国际信用合作逐渐从金融和城市信用领域扩展至农村信用体系建设。这种国际合作为中国提供了宝贵的经验和技术支持，特别是在信用数据采集、信用信

息平台建设以及信用监管方面的合作，使得中国农村信用体系的发展加速融入全球信用框架。

在发展路径上，中外信用合作的推进主要表现为两个阶段：一是政策和法律层面的对接，中国可以在信用法律制度的设计中引入更多的保护措施，特别是针对农民信用信息的采集、处理和使用，建立更加严格的法律规范。农村信用法律法规体系是确保农村信用体系建设管理制度得以长效实施的重要保障。[①] 中国在制定农村信用法律时，除了要参考国际经验外，还应根据国内的实际情况，设计适合中国农村经济发展的法律和监管机制。随着中国农村信用体系的不断完善，越来越多的农村金融服务将面临跨国业务和国际合作的需求，这就要求中国的信用法律制度必须与国际法律标准接轨。中国还应积极参与国际信用法律的制定和修订，推动形成更加公平和透明的国际信用环境。二是技术层面的合作，包括信用数据的标准化、信息系统的互通，以及信用评级技术的引进与改良。在数字经济背景下推动社会信用体系的数字化转型，将促进数字经济与社会信用体系建设融合发展。要体现数字经济特征的数字化社会信用体系能够实现信用信息采集的多维化、信用信息传递的平台化、信用产品供给的多元化、信用联合惩戒的精准化以及信用监管的智能化，进一步拓展信用体系的内涵和外延，丰富信用管理的手段和范围；要回应数字经济需求的数字化社会信用体系能够以信用监管和信用治理支撑数字经济发展，有效解决数字经济模式下的信息不对称和道德风险，有助于营造开放、健康、安全的数字经济生态。

2. 国际信用体系标准在中国的实践

国际信用标准的核心在于建立统一的信用评价体系，这一标准体系由全球范围内的主要信用评级机构制定，并通过国际金融组织进行推广。对中国而言，国际信用标准在农村信用体系中的实践主要体现在三个方面：信用信息的采集和整合、信用数据的透明化管理，以及信用评价的标准化。信用信息的采集和整合是中国实践国际信用标准的关键环节。通过与国际信用评级机构的合作，中国农村信用体系逐渐引入了基于大数据技术的信用信息采集系统。这种系统通过整合农户的生产经营数据、金融交易记录以及社会行为数据，实现了信用数据的透明化和标准化，为农村信用评价提供了科学依据。国际信用标准的实践还体现在信用评价体系的建立上。通过引进国际先进的信用评分技术，中国逐渐形成了以信用评分为核心的农村信用评价机制。特别是在农户贷款、农业合作社信用评估等方面，信用评分机制的引入有效提高了农村金融服务的效率，也为信用体系的可持续发展提供了技术支持。

3. 中外信用合作机制中的技术与制度创新

国际信用合作不仅限于标准的对接，更重要的是技术与制度的双重创新。在技术层面，中外合作的成果主要体现在信用信息平台的建设和数据共享机制的优化。通过与发达国家的合作，中国农村信用体系逐步实现了信息技术的现代化，特别是在信用数据的采集、处理和分析上，通过大数据、云计算和人工智能等技术手段，推动了农村信用体系的技术升级。企业大数据服务平台——九次方企业征信大数据，就是平台利用互联网大数据挖掘技术采集互联网全部与企业相关的信用指标，比如企业违法违规信息、行政处罚信息

① 周雨．乡村振兴“新基建”：农村信用体系建设研究［M］．北京：中国金融出版社，2023：61

和客户投诉信息等。同时九次方还联合20多个省市政府，协助政府搭建当地的企业征信大数据平台获取地方政府的数据授权，通过脱敏处理之后，向银行、小贷公司、担保公司等客户提供企业信用分析服务。截至2014年9月，九次方大数据已拥有国内所有产业链的企业大数据信息。[①] 在制度创新方面，国际合作促使中国逐步建立起符合国际标准的信用监管制度。基于国际信用合作经验，中国在农村信用体系中引入了更加严格的信用管理规范，包括农户信用评级的标准化、农村金融机构的信用监管机制等。这些制度创新不仅增强了农村信用体系的规范性，也提高了其国际竞争力。

（二）国际信用合作的发展战略

1. 双边与多边信用合作的战略选择

在国际信用合作中，双边和多边合作各具特点。双边合作通常更具针对性和灵活性，特别是在特定的金融市场或信用体系发展较为薄弱的领域，双边合作能够更快形成共识并推进实际合作项目。多边合作则更强调信用体系的区域化和全球化发展，通过与多个国家和国际组织的合作，能够在更大范围内推动信用体系的标准化和互联互通。对于中国而言，选择双边或多边合作战略取决于具体的合作目标和合作对象。在推进农村信用体系的国际化过程中，双边合作常常适用于与“一带一路”共建国家的信用体系对接，因为这些国家与中国在农村经济发展水平上具有一定的相似性，双边合作可以更为有效地促进经验和技术的共享。而在全球信用体系的标准化进程中，多边合作更为重要。通过参与全球信用合作框架，特别是与联合国、世界银行等国际组织的多边合作，中国能够在信用标准的制定和推广中发挥更加积极的作用。

2. 国际信用合作中的资源共享与信息交流

资源共享与信息交流是国际信用合作中的重要内容。通过与发达国家和国际组织的合作，中国在信用信息平台、信用评估机制等方面实现了资源共享。特别是在农村信用体系的建设中，通过与国际伙伴共享信用数据、交换信用评估技术，中国有效提升了自身的信用体系能力。国际信用信息平台的建设是资源共享的关键一环。通过建立与全球信用信息平台的连接，中国逐步实现了信用数据的国际互通。在这一过程中，信息交流不仅包括技术层面的合作，还涉及信用政策、信用管理模式的交流与借鉴。通过参与国际信用论坛和会议，中国与其他国家分享了在农村信用体系建设中的经验和挑战，也借鉴了发达国家在信用监管和信用评估方面的先进做法。资源共享还体现在农村信用金融服务的合作上。通过与国际金融机构的合作，中国逐步引入了适合农村地区的信用金融产品，这些产品通过国际金融市场的资金支持，拓宽了中国农村信用体系的资金来源，有效推动了农村金融普惠政策的实施。

3. 国际信用合作对中国农村信用体系的启示

通过国际信用合作，中国农村信用体系的建设获得了许多启示。国际合作显示出信用体系的标准化和透明化是农村信用体系发展的核心。通过引入国际信用标准，中国逐步提高了农村信用信息的透明度，并通过标准化的信用评估机制提升了信用管理的效率。国际

---

① 叶谦，常胜．征信理论与实务［M］．北京：高等教育出版社，2015：146.

合作强调了技术在信用体系中的核心作用。通过借鉴发达国家的经验，中国在信用数据的采集、处理和评估技术上取得了重大进展，特别是在大数据和人工智能的应用方面，为农村信用体系的创新提供了重要支持。国际合作表明，信用体系建设需要制度创新。通过引进国际信用管理模式，中国逐步完善了农村信用体系的法律法规，特别是在信用监管和信用评估方面，形成了具有国际竞争力的信用管理制度。这一经验为中国在未来推进农村信用体系的全球化发展提供了重要参考。

（三）信用合作机制中的挑战与应对

1. 中外信用合作中的制度摩擦

尽管中外信用合作在许多领域取得了积极进展，但也面临着一定的制度摩擦问题。制度摩擦的产生主要源于各国在信用体系建设中的法律、文化、经济发展阶段的差异。发达国家的信用体系通常具备完善的法律保障、相对透明的监管机制，以及高度发达的信用评级和评估体系。而中国尤其是在农村信用体系建设方面，虽然近年来取得了快速进展，但在法律体系和信用监管制度的完善上仍存在不足，这种制度差距导致了在国际信用合作中难以完全适应发达国家的信用标准。制度摩擦体现在信用评级机制的不同。发达国家通常依赖于成熟的市场化信用评级机构，而中国农村信用体系在评级机制上还处于初级阶段，缺乏足够的市场化评级机构，信用评价的透明度和公正性仍有待提升。这使得中外合作中的信用数据对接和评估标准难以完全统一，增加了合作的不确定性。法律与监管差异是制度摩擦的重要来源。发达国家的信用体系通常依赖严密的法律框架和强有力的信用监管机构，确保信用信息的准确性和透明性。而在中国，特别是农村地区，信用信息采集的法律法规仍不够完善，信用监管制度也较为松散。这导致在中外信用合作过程中，双方在信用信息的使用和保护上存在较大分歧，可能影响到合作的稳定性和持续性。

2. 国际信用标准与中国现行制度的适配性

在推动中外信用合作的过程中，国际信用标准与中国现行信用制度的适配性问题逐渐显现。国际信用标准通常建立在高度发达的市场经济和法治环境中，而中国的信用体系特别是农村信用体系，依然处于不断发展的过程中。这使得中国现行的信用体系在某些方面难以完全匹配国际标准，特别是在信用信息的透明度、数据共享和风险管理等方面存在较大差距。信用信息的透明度是适配性问题的一个突出表现。在国际信用标准中，信用信息的公开性和透明度是保障信用体系公正性的基础，但在中国，特别是在农村地区，信用信息的公开程度较低，数据采集和共享机制尚不健全。这不仅限制了国际信用信息与中国信用数据的互通，也阻碍了跨境信用评价的准确性。适配性问题还体现在信用风险管理上。国际信用标准在信用风险评估和管理上有着严格的制度规范，依赖于科学的风险控制模型和完善的信用数据支撑，而中国农村信用体系中的风险管理机制尚未成熟，信用风险评估方法多样且标准不一。这种差异不仅影响了中外信用合作的效果，也增加了中国农村信用体系适应国际标准的难度。

3. 信用合作中的法律风险与规避策略

在中外信用合作中，法律风险是双方必须面对的重要问题。由于不同国家在信用信息保护、隐私权保障和信用数据使用上的法律差异，中外信用合作在这些领域容易出现法律冲突。尤其是在信用信息的跨境传输和数据共享上，法律风险尤为显著。发达国家通常有较为严格的数据保护法，而中国的信用信息保护制度还处于发展阶段，在法律法规的严密性和执行力上与国际标准尚有差距。为规避这些法律风险，中外双方应在合作过程中加强对法律风险的预估与管理。需要建立健全跨境信用信息传输机制，确保信用数据在传输过程中符合双方的法律要求。在法律保护方面，国际合作可以借助双边或多边法律框架，确保合作各方在法律上的责任明确，避免因法律冲突引发的合作中断或纠纷。在制度层面，中国应逐步完善信用信息的法律保护制度，通过引入国际先进的信用管理和数据保护经验，提高信用数据的保护水平，确保在国际信用合作中的法律安全。加强对信用数据使用的监管，制定清晰的法律边界，确保在信用数据共享与使用过程中不侵犯个人隐私和商业机密，降低信用合作中的法律风险。

二、国际信用标准与中国的接轨

（一）国际信用标准体系的构建

1. 国际信用标准的形成背景与现状

国际信用标准体系的构建源于全球经济一体化的加速发展，信用在现代经济活动中的地位越来越重要，跨国企业和金融机构对统一的信用评价标准提出了更高的需求。20世纪后期，随着国际金融市场的开放和跨国投资的增加，国际信用评级机构如标普、穆迪和惠誉等，逐步推动了全球信用评级标准的统一化。国际经济组织如世界银行、国际货币基金组织（IMF）也积极参与推动国际信用标准的构建，以期通过统一的信用标准降低国际金融市场中的信用风险，提升全球金融稳定性。国际信用标准体系不仅在金融领域发挥作用，还逐渐渗透到国家治理和社会信用评价等方面。[①] 通过对企业和个人的信用进行系统化评估，国际信用标准体系在社会诚信建设、金融普惠和公共服务领域也发挥了重要作用。如今，全球信用标准已成为跨国经济活动中的核心支柱，涉及信用评级、信用风险管理、信用数据共享等多个层面。当前的国际经济环境下，国际信用标准的现状表现为：标准化的信用评级体系已基本形成，主要集中于企业信用、国家信用和个人信用评级；信用信息的透明化和数据共享机制不断完善，特别是在发达国家，信用信息的公开性和透明度已成为全球信用标准的基础；国际信用标准的执行和监管机制逐步健全，特别是在跨国金融交易中，信用评级已成为投资决策的重要依据。

2. 国际信用标准体系的运作机制

国际信用标准体系的运作机制主要依赖于三个核心要素：标准的制定、信用数据的采集与分析，以及标准的执行与监管。标准的制定通常由全球主要信用评级机构和国际经济组织主导，通过对全球经济环境的动态监测和分析，制定适用于不同国家和地区的信用评级标准。这些标准不仅涵盖企业和个人信用，还包括国家信用和区域信用，确保在全球范围内具备统一的评价体系。信用数据的采集与分析是国际信用标准体系运作的关键环节。

① 薛毅．公共信用信息标准与法规应用解读［M］．石家庄：河北人民出版社，2019：11.

通过跨国信用信息平台的建设，国际信用标准体系能够实现全球信用数据的实时采集和共享。这些信用数据主要包括企业的财务报表、信用历史记录、经济活动表现等，经过专业化的信用评级机构进行分析和处理，形成最终的信用评分和评级。国际信用标准的执行与监管主要依靠独立的信用评级机构和全球金融监管体系的共同协作。各国政府、金融机构和跨国企业都必须遵循国际信用标准进行信用评估和风险管理，确保全球信用体系的稳定性和可靠性。国际信用标准体系还依赖于全球金融监管机构的监督，确保信用评级的透明性、公正性和合法性。

3. 国际信用标准的执行与监管机制

国际信用标准的有效执行和监管是确保其在全球范围内发挥作用的关键。国际信用标准的执行主要依赖于全球范围内的信用评级机构以及各国的金融监管机构。这些机构通过标准化的评级流程和严格的信用评估制度，确保在全球范围内形成统一的信用评价标准。监管机制的建立和完善是确保国际信用标准有效性的基础。发达国家通常拥有相对健全的信用监管机制，确保信用评级机构的独立性、公正性和透明度。美国证券交易委员会（SEC）以及欧盟的信用评级监管机构对信用评级活动进行严格的监管，确保信用评级机构不会因为外部利益而产生偏见。信用监管机构通过对信用评级的质量和过程进行定期审查，保障信用评级结果的公正性和准确性。在一些发展中国家，信用评级机构的独立性和公正性可能会受到限制，这也是国际信用标准执行中的一个重要挑战。在这些国家，信用信息的获取渠道有限，信用评级机构的独立性也容易受到政治或经济利益的干扰。为了确保国际信用标准能够在全球范围内得到有效执行，国际信用监管合作显得尤为重要。通过加强国际监管机构之间的合作，可以有效减少跨国信用评级中的偏差，推动全球信用评级标准的进一步统一。信用数据的安全性和隐私保护也是国际信用标准执行和监管中的重要问题。随着全球信用信息的互联互通，如何确保信用数据的安全性和隐私保护成为各国关注的焦点。发达国家通常通过严格的法律和技术手段，确保信用数据在共享过程中的安全性，避免数据泄露和滥用。

（二）中国农村信用体系与国际标准的接轨路径

1. 中国农村信用体系标准化的进程

中国农村信用体系标准化的进程可以追溯到20世纪末期，随着中国农村金融市场的发展和农村经济的现代化需求逐步提升，信用体系建设逐渐被提上日程。与城市信用体系相比，农村信用体系建设具有其独特的复杂性，农村地区的经济结构、社会文化和金融需求与城市存在较大差异，因此如何制定适应农村实际情况的信用标准成为一个关键问题。近年来，中国通过借鉴国际信用标准的经验，不断推动农村信用体系的标准化建设。① 信用信息的标准化是推进农村信用体系建设的基础。中国农村地区的信用信息采集工作曾一度滞后，缺乏统一的信用数据采集和管理机制。通过引入国际信用信息标准，中国逐步建立了农村信用信息管理系统，实现了信用信息的统一采集和规范化管理，提升了信用数据的质量和准确性。信用评级的标准化是农村信用体系接轨国际的另一重要环节。中国农村

① 周雨，陈海盛．农村信用体系建设的政策梳理、实践经验与发展趋势［J］．征信，2024（9）．

信用评级体系的标准化建设借鉴了国际评级机构的经验，通过制定科学的信用评分模型和评级标准，逐步建立了适合农村经济特点的信用评级机制。信用评级的标准化不仅帮助提升了农村信用信息的透明度，也为国际信用评级机构在中国农村市场的参与提供了基础。信用监管的标准化是农村信用体系接轨国际的关键步骤。通过与国际金融监管机构的合作，中国逐步引入了国际信用监管标准，强化了对农村信用信息和信用评级活动的监督，确保信用信息的公正性和透明性。这一过程不仅有助于提升中国农村信用体系的公信力，也为农村地区的金融市场开放和国际资本的引入创造了有利条件。

2. 国际信用标准对中国农村的适应性评估

国际信用标准通常建立在发达市场经济的基础上，而中国农村地区的经济发展水平和金融市场成熟度与发达国家存在较大差距。这种差距导致国际信用标准在中国农村的适用性受到一定限制。具体而言，国际信用评级标准通常基于透明的市场化信用信息和完善的信用记录系统，而中国农村地区由于信用信息采集机制的滞后，信用记录往往不够完整。这使得国际标准在中国农村信用评级中的应用存在难度。中国农村地区的经济结构相对分散，农民的收入来源多样且不稳定，传统的信用评级模型在评估农民的信用风险时存在局限性。因此，如何在引入国际标准的同时，进行本土化调整，使其适应中国农村的经济结构和信用需求，是中国农村信用体系建设的重要任务。国际信用标准在中国农村的适应性还受到文化因素的影响。中国农村地区的信用文化与国际信用文化存在差异，传统的中国农村社会更强调个人信用的社交属性，而国际信用标准则更注重信用的市场化运作。这种文化差异在一定程度上影响了国际信用标准在中国农村的推广。

3. 国际信用标准与中国农村信用评估机制的结合

为了使国际信用标准更好地适应中国农村的实际需求，推进国际信用标准与中国农村信用评估机制的结合成为关键。在信用信息管理方面，中国需要进一步完善农村信用信息采集与共享机制，确保信用数据的全面性和准确性。这不仅有助于提升信用评估的质量，也为国际信用标准在中国农村的应用提供了数据基础。信用评级模型的本土化是国际标准与中国农村信用体系结合的核心环节。中国农村的经济结构和信用需求决定了传统的信用评级模型难以完全适应。因此，在引入国际标准的同时，中国需要针对农村地区的特点，开发适合当地经济状况和信用特点的评级模型。可以考虑将农民的土地承包经营权、农业生产资料以及其他资产纳入信用评估体系中，以更全面地反映农民的信用状况。① 信用监管的结合是确保国际信用标准在中国农村有效实施的重要保障。中国可以通过加强与国际金融监管机构的合作，推动信用监管的国际化，确保信用评级机构的独立性和信用信息的透明性。借鉴国际信用监管经验，进一步完善中国农村信用体系的监管框架，确保信用评估的公正性和透明性。

（三）国际信用标准的本土化与持续优化

1. 中国农村信用体系标准化中的本土化挑战

在推动中国农村信用体系标准化过程中，国际信用标准的本土化面临诸多挑战。中国

① 马晓青．构建区域性农村信用评估与征信体系研究［M］．上海：上海财经大学出版社，2017：174—175.

农村信用体系的发展需要充分考虑中国农村的独特社会经济环境。与城市相比，中国农村地区的经济活动相对分散，社会资本的形成依赖于社区内的信任关系和人际网络，这与国际信用标准所强调的透明化、数据化的信用评估有很大差异。中国农村的信用信息基础设施薄弱，特别是在欠发达地区，信用信息的采集、存储和管理体系尚未完善。国际信用标准的应用要求全面、细致的信用信息，而中国农村地区的信用信息体系由于历史原因，存在信息不对称、数据缺失等问题。部分中国农村地区的经济模式较为传统，农民的收入来源多样且不稳定，信用评级的标准化很难完全契合这一经济结构。文化因素是国际信用标准本土化面临的另一个主要挑战。中国农村地区的信用文化与国际信用文化存在根本性的差异，农民更习惯于依赖农村内的熟人关系和社区信誉，社会信用制度对其生活影响相对较小。在这种背景下，推动国际信用标准的本土化，既要适应国际化信用体系的要求，又需要考虑中国农村地区的文化差异，避免强行推行外部标准导致的信用文化冲突。

2. 国际标准的优化与本土创新

在面临本土化挑战的同时，国际信用标准在中国农村信用体系的建设中也带来了诸多优化与创新的机遇。国际信用标准的引入为中国农村信用体系带来了先进的信用管理和评估技术。通过引入国际上成熟的信用评级模型和数据分析工具，中国农村信用体系的信用评估效率和质量得到了显著提升。特别是大数据技术和人工智能在信用信息管理中的应用，使得信用评估过程更加精准，信息不对称的问题得到了有效缓解。国际信用标准的优化推动了农村信用体系的制度创新。通过借鉴发达国家信用体系的管理经验，中国在农村信用信息采集、信用评估和信用监管方面进行了深层次的制度改革。农村信用信息的透明化和标准化建设不仅提升了信用体系的公信力，也为金融机构提供了更为全面的风险评估依据，有效推动了农村金融市场的发展。国际信用标准的本土化应用也为中国农村信用体系的制度创新提供了新的思路，结合国际经验与中国农村实际，构建符合中国国情的信用评级和管理体系，形成独具特色的农村信用体系。借鉴国际经验，中国通过创新性的信用产品和金融服务，帮助农村地区的低收入群体和小微企业更好地融入信用体系。信用评估的标准化和技术的引入，为金融机构提供了更为精准的风控工具，降低了金融机构向农村提供贷款的风险。这不仅提升了农村信用体系的普及率，也为中国农村经济的发展提供了强有力的金融支持。

3. 本土化信用标准体系对国际合作的推动作用

本土化的信用标准体系通过结合国际经验和中国农村的实际情况，形成了一套既符合国际标准又能够适应本地需求的信用体系，这为中国与其他国家在信用体系领域的合作奠定了基础。通过这种双向融合的标准，中国农村信用体系可以更加有效地参与全球信用评级和评估网络，提升中国农村在国际信用体系中的话语权。信用标准的本土化为国际合作提供了更多的创新实践经验。中国在推动农村信用体系与国际信用标准接轨的过程中，通过本土创新积累了大量的成功经验，如在信用数据采集、信用风险控制和金融服务创新等方面的探索。这些经验不仅为中国信用体系的优化提供了丰富的借鉴，也为其他发展中国家推进信用体系建设提供了参考。本土化信用标准体系为中国农村信用体系的国际化发展开辟了新路径。随着中国农村信用体系的不断完善，越来越多的国际信用评级机构开始关注中国农村信用市场的潜力，并通过各种形式参与其中。这种合作不仅为中国农村信用体系带来了国际化的视野，也为中国与全球信用市场的互联互通创造了条件。

三、国际信用体系中的中国农村案例

（一）中国农村信用体系建设的典型案例

1. 国际背景下的中国农村信用试点工程

在国际化背景下，中国的农村信用试点工程逐步走向全球化，并逐渐被认为是发展中国家信用体系建设中的典范。中国的农村信用体系试点起初是为了应对国内农村经济发展中存在的金融普惠难题，通过引入信用评级系统，增强农户的信用意识，并通过这一体系提升农户的贷款可得性，推动农村经济发展。在具体实施中，政府与地方金融机构合作，建立了一套以信用信息采集、信用评价和金融服务为核心的综合性信用体系。国际社会对中国这一模式的关注，也推动了相关国际合作的形成。中国在江苏、浙江、山东等地实施了信用农村建设的试点工程。在江苏省仪征市，积极推出“茶叶贷”农村信贷产品，着力打造茶产业链特色金融服务。仪征市以金融服务为乡村振兴持续注入“金融活水”，走出来一条茶农、茶商、茶企、茶机具企业、银行等“多赢”发展之路。[①] 这些试点地区通过信息化建设，建立了农民的信用档案，采集农户的生产经营、收入水平等信息，并利用大数据技术为农户生成信用评分。地方金融机构则根据农户的信用评分为其提供相应的贷款服务，减少了信息不对称带来的风险。这种模式不仅提升了金融服务的效率，也有效推动了农民的信用意识培养。国际组织，如联合国粮农组织（FAO），也对这一模式表示关注，认为这一模式可以在其他发展中国家推广。中国的信用农村试点工程还成功地探索了信用体系在贫困治理中的作用。以贵州省为例，信用体系的引入帮助贫困农民获得了更多金融资源，解决了过去依赖人际关系借贷的问题。通过试点工程的实施，中国农村信用体系建设不仅提高了国内农村经济发展的动力，也为全球农村信用体系的创新提供了宝贵经验。

2. 中国农村信用体系在国际合作中的典范项目

中国在农村信用体系的建设过程中，逐步融入国际合作，并形成了一些具有全球影响力的典范项目。这些项目不仅展示了中国的经验，也为其他国家提供了可行的模板。在中国与非洲国家的合作项目中，通过将农村信用体系的建设经验分享给非洲国家，推动了当地农村金融市场的完善。中国—非洲信用合作项目的典型案例之一是中国与肯尼亚在农村信用体系方面的合作。该项目通过引入中国的信用评分体系和农村信用平台，帮助肯尼亚农民提升了贷款的可得性，促进了当地的农业生产和经济发展。在该项目的实施过程中，中国的农村信用体系建设经验被应用于当地农民的信用评估和贷款服务中。通过大数据技术和互联网金融平台，农民的信用信息得以快速采集和分析，从而提升了金融机构对农户信用的评估能力。在国际层面，这一合作项目展示了中国在农村信用体系建设中的全球领导力，也为中国的农村信用体系建设积累了更多的国际合作经验。东南亚的一些国家，如越南、柬埔寨等，也开始与中国合作，引入中国的农村信用体系建设经验。通过这些国际

---

① 周雨．乡村振兴“新基建”：农村信用体系建设研究［M］．北京：中国金融出版社，2023：80.

合作项目，中国的农村信用体系逐渐在全球范围内得到推广，并成为发展中国家信用体系建设中的重要参考。这些典范项目不仅推动了中国与这些国家的经济合作，还增强了中国在全球信用体系建设中的话语权。

3. 农村信用体系对外合作中的成功经验与不足

农村信用体系是社会信用体系的重要组成部分，广西那坡县瞄准农村信用体系建设瓶颈，运用“互联网+”和大数据思维，对农户信用信息系统进行升级，成功打造出依托“PC端+手机App”的农户信用信息系统。2017年以来，中国人民银行运城市中心支行依托山西省中小微企业与农村信用信息系统，建成“整村授信”的农村信用体系建设模式，利用“整村授信”模式，对信用户贷款投向和农业生产进行事前评级，事中动态管理，事后监督生产经营，确保了支农信贷资金的安全高效运行和精准“滴灌”。截至2019年6月末，共评定信用户33.86万户、信用村453个、信用乡11个，共为信用户授信104亿元、发放贷款72亿元，实现了农户和银行的双赢。[①] 尽管中国在农村信用体系建设中取得了显著成效，但在对外合作中，仍然面临一些挑战和不足。因此，如何根据不同国家的国情调整信用体系的建设模式，是中国在对外合作中需要解决的重要问题。中国的农村信用体系在技术方面相对领先，但在国际合作中，技术转移的过程并不总是顺利。许多发展中国家的信息基础设施建设不够完善，无法充分支持信用信息的采集和管理，这给信用体系的推广带来了技术障碍。虽然中国在农村信用体系的技术创新上积累了丰富的经验，但如何将这些技术适应于其他国家的国情，并确保其可持续性，仍然是需要进一步探索的问题。中国的农村信用体系在国际合作中还面临法律和政策方面的风险。不同国家的法律制度和监管政策各不相同，这可能导致信用体系的跨境合作中出现合规性问题。在一些国家，个人信用信息的采集和使用受到严格的法律限制，这在一定程度上限制了中国信用体系的推广。因此，中国在推进农村信用体系的国际合作时，需要特别注意法律合规性问题，并加强与当地政府的沟通与合作，确保信用体系的建设符合当地的法律法规。

（二）中国农村信用体系在国际中的独特性

1. 中国农村信用体系在国际合作中的角色分析

随着全球信用体系的逐步完善，发展中国家对信用体系的需求越发强烈，而中国作为世界上最大的发展中国家，所积累的农村信用体系建设经验得到了广泛的国际认可。在国际信用合作中，中国的农村信用体系以其独特的运行机制和本土化创新，成为国际合作中的重要一环。中国通过与其他发展中国家的信用体系合作，展示了其在信用信息采集、信用评分以及信用管理上的独特优势。在国际合作中，中国不仅是农村信用体系建设的贡献者，还是规则制定的参与者。[②] 中国通过参与国际信用体系标准的制定，推动了全球信用体系的多元化发展。特别是在“一带一路”倡议框架下，中国与沿线国家在农村信用体系建设方面展开了广泛合作。这些合作项目不仅为中国农村信用体系的国际推广提供了契机，也让中国在全球信用治理中获得了更多的发言权。中国农村信用体系在国际合作中的

① 温源，李慧．农村信用体系建设助力乡村振兴［N］．光明日报 2019－07－25．

② 马忠法，吴昱．论中国国际信用建设与国家软实力的提升［J］．首都师范大学学报（社会科学版），2023（6）．

角色也反映了中国在全球治理中的责任和担当。这种基于信用信息的农村金融服务模式，不仅提升了当地的金融市场效率，也为全球农村金融体系的完善作出了贡献。

2. 中国农村信用体系中的文化与体制特色

中国的农村信用体系在设计时，充分考虑到了中国农村社会的传统文化因素，例如，中国农村社会中的“熟人社会”特征，这种社会结构决定了信用信息的采集和管理方式与西方国家存在显著不同。在中国农村地区，许多信用信息依赖于邻里之间的评价和反馈，这与西方国家依靠大数据和信用评分系统的做法形成了鲜明对比。在中国，农村信用体系的建设得到了政府的大力支持，通过政策引导和资源配置，推动了信用体系在全国范围内的快速扩展。尤其是在贫困地区，政府通过财政支持和政策倾斜，鼓励农村金融机构积极参与信用体系的建设。中国农村信用体系的文化特色还体现在其注重社区合作和互助的特点上。中国的农村信用体系不仅是一个金融工具，还在一定程度上促进了农村社区的和谐与稳定。在信用体系的推动下，农村社区成员之间的信任关系得到了加强，形成了良好的信用文化。这种基于社区互助的信用体系模式，为其他发展中国家提供了有益的借鉴，尤其是在那些传统文化深厚的农村地区，中国的信用体系模式展现了其独特的适应性。

3. 农村信用体系对国际信用合作的贡献

中国的信用体系通过其成功的试点项目，为其他国家提供了信用体系建设的模板。尤其是在发展中国家，中国的经验为解决农村地区金融普惠难题提供了新的思路。中国的信用体系不仅帮助其他国家提升了农村金融服务的效率，还推动了这些国家信用文化的形成。中国通过互联网金融和大数据技术的应用，实现了信用信息的高效采集和管理。这些技术的推广，帮助其他国家加速了信用体系的建设进程，尤其在那些信息基础设施相对落后的国家，中国的技术创新提供了宝贵的经验。中国的农村信用体系通过国际合作，促进了全球信用标准的多元化发展。中国的信用体系模式为全球信用标准的制定提供了新的视角，推动了国际信用治理的创新与变革。通过参与国际信用体系的规则制定，中国为全球信用体系的稳定与发展作出了重要贡献。这种多边合作的模式，不仅有利于中国的农村信用体系走向国际，也为全球信用体系的未来发展提供了更多的可能性。

第十一章 农村信用体系的评估与优化

第一节 信用体系建设中的问题与应对策略

一、农村信用体系建设中的瓶颈与挑战

（一）信用信息收集与管理的制度性障碍

1. 数据采集渠道的不足与信息不对称

农村信用体系建设的核心问题之一在于信用信息的采集渠道较为有限①，并且存在严重的信息不对称现象。由于农村地区基础设施的欠缺，数字化和信息化程度较低，信用数据的获取和收集面临诸多障碍。许多农户的经济活动无法通过传统渠道获取完整的信用记录。这种数据的缺失导致了金融机构对农户信用状况的评估存在较大误差，进而阻碍了信用体系的建设。而阿克尔洛夫的“柠檬市场”理论可以解释这一现象。由于金融机构与农户之间和在市场中交易双方所掌握的信息是不对称的，掌握更多信息的一方可以从信息贫乏的一方获益。使得金融机构无法准确评估农户的信用状况，从而倾向于将所有借贷者视为“高风险”群体，导致农村信贷市场发展受限。

农户由于无法证明自身的信用水平，也难以获得公平的贷款条件，从而限制了他们的经济活动。解决这一问题需要建立更为完善的信用信息采集机制，引入现代化的数字技术。政府和金融机构需要建立跨区域、跨行业的信息共享机制，以提高信用信息的覆盖面和准确性。《湖北省社会信用信息管理条例》（2017 湖北省第十二届人民代表大会常务委员会公告第 214 号）第六条规定，省人民政府应当建立全省统一的社会信用信息服务平台，通过汇集系统与有关部门、组织和地方建立的信用信息服务系统互联互通，实现社会

① 陈永富，孟凡泽．农村信用体系建设实践与思考——以辽宁省北票市为例［J］．征信，2019，37（3）．

信用信息跨部门、跨领域、跨地区共享使用。[①] 这不仅有助于金融机构更精准地评估农户的信用风险，也能为农户提供更多样化的金融产品和服务。通过降低信息不对称性，农村信用体系能够更好地服务于农村经济发展，提高社会的整体信用水平。

2. 信用信息的区域差异与城乡不平衡

中国农村信用体系建设中的另一个重要问题是城乡之间以及区域之间的信用信息收集与管理的差异。这种区域差异不仅体现在经济发展水平上，还体现在信用信息系统的可达性上。东部地区的金融机构可以通过现代化的数字平台和完善的信息系统收集到农户的信用数据，而中西部农村的金融机构则难以获取完整的信用信息，导致其在信用评估中面临较大的不确定性。这种不平衡使得农户在申请贷款时处于不利地位，也加剧了城乡金融服务的不平等现象。

为了解决这一问题，政府和金融机构应推动区域间信用信息系统的互联互通，建立全国范围内统一的信用信息共享平台。在统筹推进信用基础设施建设方面，优化信用信息平台功能，在提升信用监管效能方面，建立健全统一规范、协同共享、科学高效的信用修复机制。据了解，框架协议从信用机制共建、信用信息共享、信用应用共认、市场发展共促、信用课题共研、诚信氛围共造六方面进行起草，有助于加快大南昌都市圈社会信用体系合作共建步伐，进一步优化区域营商环境，为推动大南昌都市圈规范有序建设营造良好社会信用环境。建立区域间公共信用信息和市场信用信息的互通、共享机制，依托江西省公共信用信息平台，实现“五市一区”信用信息系统的互联互通和信用信息的共享交换。[②]

3. 信用数据隐私保护与安全管理问题

在农村信用体系建设中，随着信用信息的不断收集和使用，如何保护农户的隐私成了一个重要问题。农户的信用数据涉及个人财务状况、收入水平、资产情况等敏感信息，这些信息如果得不到有效保护，可能会被非法使用或泄露，从而对农户的经济利益造成损害。[③] 不仅如此，隐私保护不足还可能会引发社会信任危机，削弱信用体系的公信力。根据 GDPR 等国际标准以及中国的《个人信息保护法》，信用信息的使用必须遵循合法、正当、必要的原则。政府和金融机构在推进信用体系建设时，必须制定严格的隐私保护政策，确保信用数据在采集、存储和使用过程中不会被滥用或泄露。金融机构可以采用数据加密技术、多重身份验证机制等措施来保障信用信息的安全性。

数据的安全管理问题同样不容忽视。农村地区的信息化基础设施较为薄弱，网络安全防护能力相对较低，这为黑客攻击和数据泄露提供了可乘之机。因此，政府和相关部门需要加强对农村信用体系的信息安全投入，提升数据安全管理水平，确保农户的信用数据不会因为技术漏洞而被非法获取。只有通过加强隐私保护和数据安全管理，才能进一步增强农户对信用体系的信任，推动农村信用体系的可持续发展。

---

① 类延村．中国诚信——法律速览［M］．北京：社会科学文献出版社，2020：102.

② 信息来源：信用中国网，www. creditchina. gov. cn，访问日期：2024 - 9 - 28.

③ 张鹏．个人信息的收集、利用和保护——论我国个人征信体系法律制度的建立和完善［M］．北京：中国政法大学出版社，2012：119—127.

（二）信用体系覆盖范围与适用性的局限性

1. 农村信用体系在贫困地区的覆盖困境

农村信用体系在贫困地区的覆盖面临较大的困境，主要体现在信用数据的缺乏和金融基础设施的薄弱。贫困地区的农村居民由于经济活动较为单一，主要依赖农业收入，缺乏多样化的收入来源，导致信用体系难以获取多维度的数据进行评估。并且由于贫困地区的金融服务滞后，金融机构的覆盖范围有限，导致许多农户无法获得有效的信贷支持。这些因素共同造成了贫困地区信用体系覆盖的困境。

这种现象可以通过“贫困陷阱”理论来解释。所谓“贫困陷阱”是指由于经济中存在恶性循环，使发展中国家陷于贫困落后之中难以摆脱。而萨克斯提出的贫困陷阱观点指出，贫困地区的居民由于缺乏资本积累和收入来源，难以摆脱贫困状态。这种信贷困境进一步限制了他们的经济发展潜力，使得贫困地区的农户在信用体系中处于被动地位。要打破这一局面，政府和金融机构需要共同推动贫困地区信用体系的建设。具体而言，可以通过引入农村合作社和社会组织的参与，建立信用互助机制，逐步提高贫困地区农户的信用覆盖率，或政策制定者通过精准扶贫政策，加大对贫困地区信用信息基础设施的投入，以提升这些地区的金融服务水平。

2. 信用评估在不同农村群体中的适应性差异

在农村信用体系建设过程中，农户的经济结构、文化背景和生活方式的多样性导致了信用评估在不同群体中的适应性差异。不同于城市居民，农村居民的信用记录往往不够完善，这使得信用评估模型在应用到农村群体时，面临诸多挑战。理论上，这可以通过信息经济学中的“逆向选择”来解释。它是指市场的某一方如果能够利用多于另一方的信息使自己受益而使另一方受损，倾向于与对方签订协议进行交易。[①] 农村居民由于缺乏足够的信用记录，金融机构难以准确评估其信用风险，从而可能过度低估或高估其信用水平。

要解决这一问题，需要引入更为灵活和多样化的信用评估标准。金融机构可以通过与农村合作社、农业企业等组织合作，整合农户的生产和交易数据，作为信用评估的重要依据。或通过推广金融知识教育，提升农户对信用体系的认知水平，通过这种多元化、灵活性的信用评估机制，更好地适应不同农村群体的需求，促进信用体系在农村的全面应用。

3. 城乡信用信息系统在连接性与融合性上的不足

城乡信用信息系统的连接性和融合性问题是农村信用体系建设中的一个重要障碍。当前，农村与城市的信用信息系统往往处于割裂状态，农村信用信息的收集和管理与城市系统存在较大差异，导致信用信息在城乡之间难以实现有效的互通和共享。这种城乡信用信息系统的割裂现象，不仅阻碍了农村信用体系与城市金融市场的有效对接，还限制了农村金融服务的发展空间。

这一问题可以通过信息基础设施差距理论来加以阐释。城乡之间的信息基础设施建设存在显著差异，城市地区的信用信息系统往往依托于高度发达的数字化平台，而农村地区由于信息化水平较低，信用信息的收集和管理往往依赖传统的线下模式。使得农村居民难

---

① 彭程，陈元胜．机构投资者实地调研与企业数字化转型［J］．财经论丛，1—12.

以在城市金融市场中获得平等的信用评估和服务。为了推动城乡信用体系的有效融合，政府和金融机构需要通过政策引导和技术创新，推动城乡信用信息系统的互联互通。建立全国统一的信用信息共享平台，实现农村信用信息与城市系统的无缝对接，或通过引入区块链等新兴技术，确保信用信息在不同区域和系统之间的透明度和安全性，从而提高信用信息的可信度和共享效率。

（三）信用体系制度化建设中的执行障碍

1. 信用法律法规的滞后与缺失

信用体系建设中的一个关键问题在于信用法律法规的滞后与缺失，特别是在农村信用体系中，现行的信用法律框架往往无法适应农村地区的特殊经济和社会结构。① 农村经济活动以小规模农业生产为主，且多数交易行为并未纳入正式的金融和信用体系。这使得现有的信用法律法规难以有效约束和指导农村信用体系的建设。另外，由于信用体系的发展速度较快，现有的法律制度往往滞后于实际需求，导致农村信用体系在实施过程中缺乏法律保障。

“法律滞后理论”可以很好地解释这一现象。该理论认为法律本身的特性决定了它不能对未来发生的和正在发生还没有定型的事物进行规定。因此，法律总是在试图追赶社会的发展，而不是引领社会的发展。法律的制定往往滞后于经济和技术的发展，尤其在新兴领域，法律法规的缺乏或不完善往往会成为阻碍发展的瓶颈。在农村信用体系建设中，由于缺乏明确的法律规范，信用信息的采集、管理和使用面临诸多不确定性，甚至可能引发隐私泄露和信用滥用等问题。这不仅制约了农村信用体系的有效运行，也增加了农村居民对信用体系的疑虑和不信任感。

为了解决这一问题，政府应加快信用法律法规的制定和修订，特别是针对农村信用体系的特殊性，制定一系列具有针对性的法律条款。可以出台《农村信用信息管理条例》，对农村信用信息的采集、管理和使用进行规范，以保障农户的权益。同时，政府还应加大对现有信用法律法规的执行力度，确保法律规定能够真正落地实施，为农村信用体系的建设提供强有力的法律保障。

2. 信息共享机制不健全导致的管理问题

在农村信用体系建设过程中，信息共享机制的不健全成为管理过程中的一个关键障碍。信用信息的有效共享不仅有助于提升信用评估的准确性，也能提高金融机构在为农户提供信贷服务时的效率。② 现实中，农村地区的信用信息收集渠道多样且分散，政府、金融机构、农户间的信用信息共享机制尚未完善，导致信用信息在不同部门和机构之间无法顺畅流通。这一现象使得信用评估数据的可靠性和及时性受到影响，从而制约了信用体系的广泛应用。该问题可以通过“碎片化理论”来进行解释，信息在多个部门和机构之间呈现碎片化的状态，不同的信用主体由于缺乏统一的数据标准和共享平台，难以实现数据的有效整合和应用。

---

① 汪育明．社会信用管理：中国社会信用体系建设理论与实践［M］．北京：中国市场出版社，2020：118—127.

② 陈卫洪，刘纯，马志懿．数字能力对农户农药施用强度影响的研究——基于 CRRS 微观调查数据分析［J］．中国生态农业学报（中英文），2024，32（11）：1—14.

要解决这一问题，需要推动信用信息共享机制的建设和完善。政府应当发挥主导作用，建立全国统一的农村信用信息共享平台，制定信用信息的采集标准和共享协议，确保不同部门和机构之间的数据可以无缝对接。技术创新也是关键，区块链技术可以为信用信息的共享提供强有力的技术支持。区块链的分布式账本技术，可以确保信用信息在多个节点之间的透明、安全和不可篡改性，提升信用信息共享的可靠性。

二、政策与实践中的信用体系建设矛盾

在农村信用体系建设的推进过程中，政策与实践之间往往存在一定的矛盾，这些矛盾不仅反映了政策设计中的问题，还揭示了实践中由于技术、资源和环境的差异导致的实施效果不佳的现象。农村信用体系建设要求多层次的协调和跨部门的合作，而政策目标与实践执行的脱节问题，成为建设过程中亟待解决的瓶颈。

（一）信用政策设计与实际执行效果的差距

1. 政策目标与信用体系实际运行效果的脱节

农村信用体系建设的政策设计与实际执行效果之间存在明显的脱节现象，尤其是在地方政府的政策实施中，往往无法实现预期的政策目标。政策制定者在设计信用体系政策时，通常依据宏观经济和社会发展的总体需求，政策在具体实施过程中，由于地方政府的资源有限、基层执行力薄弱，往往难以达到预期的效果。“政策执行差距理论”指出，政策从制定到执行，往往会因实施环境、执行主体能力、资源分配等因素而产生显著差距。在农村信用体系建设中，中央与地方政府在资源分配和目标认知上的差异，导致了政策执行的偏差。再者，农村地区的经济基础较为薄弱，金融体系的不健全也使得信用体系政策难以落地实施，造成政策设计与实际效果之间的明显脱节。

为了缩小政策设计与执行效果的差距，政策制定者需要充分考虑地方政府的实际能力和农村地区的具体情况。在政策制定时，应引入更多的地方参与，通过调研和实地考察，了解地方政府的资源现状和执行能力。同时，中央政府应加大对地方政府的财政和技术支持，尤其在贫困地区，提供专项资金和技术援助，帮助地方政府更好地落实信用体系政策。只有通过政策目标与地方执行能力的协调，才能缩小政策设计与实际运行效果之间的差距，提升农村信用体系的整体运行效率。

2. 政策执行过程中的技术瓶颈与资源限制

在农村信用体系建设中，政策的执行过程中经常遇到技术瓶颈和资源限制的问题。尽管在政策层面已经明确了推进农村信用体系建设的目标和要求，但在具体的执行过程中，由于信息系统建设资金不足、技术人员短缺、数据处理能力有限，信用信息的采集和管理难以达到预期效果。技术瓶颈在很大程度上来源于农村地区的数字鸿沟。根据“数字鸿沟理论”，在全球数字化进程中，不同国家、地区、行业、企业、社区之间，由于对信息、网络技术的拥有程度、应用程度以及创新能力的差别而造成的信息落差及贫富进一步两极分化。且技术资源分布往往集中在经济发达地区，农村地区则因基础设施薄弱和经济发展滞后，难以享受到同等的技术支持。这种技术差距不仅限制了信用信息的有效采集和管

理，还影响了信用体系在农村地区的推广。

资源限制也是影响政策执行的重要因素。地方政府在推动农村信用体系建设时，往往面临资金短缺的问题。[①] 由于农户的金融素养普遍较低，对信用体系的认知不足，无法积极参与信用信息的采集和评估过程，这进一步限制了信用体系的有效运行。要突破技术瓶颈与资源限制，政府和金融机构需要在几个方面进行改进。首先，国家应加大对农村信息技术基础设施的投资，尤其是加强宽带网络和移动支付系统的建设，提升信用信息采集和传输的技术水平。其次，政府和金融机构应合作开展大规模的技术培训计划，提升地方政府和农户的金融素养和技术应用能力。最后，通过政策扶持和财政补贴，鼓励更多的社会资本进入农村信用体系建设领域，为信用体系的可持续发展提供资源支持。

3. 信用政策的地方适应性与区域性差异化问题

农村信用体系的政策设计往往以国家层面为主导，政策制定者在考虑整体经济发展需求的同时，往往忽略了地方的具体差异和需求。因此，信用政策在地方的适应性和差异化问题逐渐凸显。政策设计者在制定信用体系建设的相关政策时，通常采用统一的标准和要求，但这些政策在具体实施时，往往无法很好地适应地方的具体情况。“地方适应性理论”指出，任何全国性政策在实施时，都需要根据地方的实际情况进行调整和优化。在农村信用体系的建设中，东部沿海地区的经济发展水平较高，农民的金融需求多元化，信用体系的建设进程较快；而在中西部贫困地区，农民的金融需求单一，地方政府和金融机构的资源有限，信用体系的推进则相对缓慢。[②]

这种区域性差异不仅影响了信用体系的普及率，也导致了地方政府在执行国家政策时，往往无法很好地贯彻中央的政策目标。为解决信用政策的地方适应性问题，政策制定者应充分考虑地方差异，制定更加灵活和差异化的政策。可以引入“政策试点”的方式，通过在不同地区设立政策试点，探索信用体系在不同区域的最佳实践，积累经验后再进行推广。地方政府还应当根据当地的实际情况，制订适应本地需求的信用体系建设计划，确保信用政策在地方的有效执行。除此之外，中央政府在制定信用政策时，还应与地方政府加强沟通，充分听取地方政府和农民的需求反馈，确保政策的地方适应性和可行性。

（二）信用体系法律制度与社会实践的不匹配

1. 信用法律体系的滞后性与法律空白问题

中国农村信用体系的法律建设起步较晚，现有的信用法律体系在许多方面尚不完善，尤其是在应对快速发展的信用信息技术和大数据应用时，法律的滞后性越加明显。现有法律法规对于信用信息的采集、处理、共享以及使用缺乏明确的规定和约束，这使得农村信用体系在法律框架内的运行显得较为模糊，导致了信用数据滥用、隐私泄露等问题的频发。另外，信用体系相关的法律空白也使得地方政府和金融机构在实施信用体系时缺乏法律依据，影响了信用体系的推广和实施效果。

“法律滞后理论”认为，法律体系的制定和完善往往落后于技术和社会实践的发展。

---

① 石宝峰．推进农村信用体系建设的方向与策略［J］．人民论坛，2024（11）．

② 高云峰．中国西部地区农村信用体系建设与创新研究［M］．北京：中国农业出版社，2013：18—37.

农村信用体系作为一个新兴的社会和经济领域，其发展速度远远超过了现有法律的反应能力，导致了法律滞后的现象。[①] 信用信息的采集和管理涉及个人隐私、数据安全以及信用评估的公正性等问题，现行法律对这些问题的规定并不明确，缺乏统一的法律框架。为解决法律滞后性和法律空白问题，国家应加快信用体系相关法律法规的制定和完善。出台全国统一的信用信息管理法律法规，明确规定信用信息的采集、处理、使用和共享的法律界限，确保信用信息管理的合法性和规范性。法律制定者还应密切关注信用技术的发展趋势，及时修订和补充相关法律法规，加强法律的实施和监督，确保农村信用体系在法律框架内的健康运行。

2. 信用信息管理中的法规不一致性

在农村信用体系建设中，信用信息的管理和共享是核心环节，而现阶段法律法规的不一致性成为阻碍信用体系有效运行的重要问题之一。农村信用信息的采集和管理涉及多个部门和不同层级的政府机构，但由于现行法律法规之间存在冲突和不统一，使得信用信息的流通和共享受到阻碍。这不仅影响了信用数据的质量和准确性，也导致了农村信用体系建设过程中信息孤岛现象的加剧，无法实现信用数据的有效整合和共享。由于各个法律法规的出台时间和背景不同，它们在内容上往往存在冲突和不一致的地方。比如，《个人信息保护法》强调对个人隐私的保护，而《征信业管理条例》（中华人民共和国国务院令第 631 号）则注重推动信用信息的广泛采集与使用。这种法律法规之间的冲突，导致在实践中地方政府和金融机构在操作时面临诸多困扰，难以找到法律依据来处理具体的信用信息问题。

“法律整合理论”指出，当多个法律在同一领域产生重叠和冲突时，必须通过法律的整合和协调，确保各项法律的协调一致性。在农村信用体系建设中，法律的不一致性导致了多个部门之间的矛盾，解决这一问题，国家应加大对现有信用信息管理法律法规的整合力度，确保信用信息管理的法律框架具有统一性和一致性。可以明确各类信用信息管理法律的适用范围，制定统一的法律解释和操作指南，确保地方政府和金融机构在操作时有明确的法律依据。还可以加强跨部门、跨地区的法律协调，确保不同部门和地区在信用信息管理中的法律规定能够互相衔接，减少信息共享和流通过程中的法律障碍。或通过法律整合的方式，推动信用信息管理的标准化和规范化，为农村信用体系的健康发展提供坚实的法律保障。

3. 社会对信用体系法治化建设的需求与阻碍

随着农村信用体系建设的推进，社会对信用体系法治化的需求日益增加。在实际推广过程中，信用体系的法治化建设仍然面临着多重阻碍，包括法律滞后、法规执行力度不足以及社会对信用体系的认知不足等问题。[②] 这些阻碍不仅限制了信用体系的推广和应用，也削弱了社会对信用体系的信任和支持。“社会需求理论”认为，任何制度的建立和运行都必须满足社会的实际需求，而信用体系的法治化建设正是为了回应社会对信用数据安全、公正性和透明度的诉求。在农村地区，随着金融市场的逐步开放和金融服务的多样化，农户对于信用体系的需求逐渐提升，因此，农户对信用体系法治化建设的期望也在增加。

---

① 顾玲玲．农村普惠金融体系建设的法律保障［J］．人民论坛，2020（11）．

② 陈伟杰，汤玉秀，张涛．环境信用监管下相关主体策略行为的随机演化分析［J］．复杂系统与复杂性科学，2024，1—10．

当前信用体系法治化建设的阻碍主要体现在法律的滞后性导致许多新兴的信用技术和应用场景缺乏相应的法律约束，法律执行力度不足，社会对信用体系的认知不足。这些都导致信用体系的法治化建设面临社会基础的薄弱。要推动信用体系的法治化建设须从多个层面入手。国家应加快完善信用信息管理的法律体系，加大法律的执行和监督力度，确保地方政府和金融机构在信用体系建设中严格遵守法律规定，提升信用信息管理的规范性和透明度。或通过教育和宣传，提高农村社会对信用体系法治化建设的认知，鼓励农户积极参与信用体系的建设和监督，形成社会共治的局面。

（三）政策优化与信用体系实践路径的融合

信用体系建设中的政策与实践路径的优化融合，是解决当前体系建设中所遇到问题的关键。现行的政策设计和执行机制需要通过反馈和实践路径的调整，确保政策能够与农村实际情况相适应，同时能够促进信用体系在地方层面的可持续发展。

1. 政策反馈机制的建设与信号传递机制

政策反馈机制是确保信用体系建设能够与实际情况相契合的关键工具。在农村信用体系的构建过程中，地方政府、金融机构以及村民等各个层面都是信用政策执行的主体。现行的农村信用体系政策在设计和执行过程中往往缺乏完善的反馈机制，政策制定者无法及时了解到政策在实践中的效果，也难以根据地方具体情况进行实时调整。根据“政策反馈理论”，政策执行的效果离不开其反馈机制，及时的反馈不仅能够提高政策的适应性，还能有效避免政策与实践之间的脱节现象。

在农村信用体系建设中，政府和金融机构通常根据上级政策文件进行信用信息收集和信用评估工作，但因缺乏明确的反馈渠道，政策执行中的问题难以向上反映。未能及时反馈给上级部门，导致政策无法进行有效调整，进而影响了信用体系的推广效果。为了应对这一挑战，国家和地方政府应建立系统化的政策反馈机制，包括定期的政策效果评估会议、实时的政策反馈平台，以及专门的调研小组，通过深入地方了解政策的具体执行情况，收集政策执行过程中的数据和反馈，形成自上而下的信号传递系统。还包括对政策执行效果的定量评估，确保政策调整能够基于实际的信用评估数据和社会经济发展状况进行科学决策。

2. 信用体系建设中的政策试点与优化实践

在信用体系建设过程中，政策的试点工作对于政策的科学性和可行性验证起了至关重要的作用。通过政策试点，能够在较小的范围内检测政策的效果，并在全面推广前对政策进行优化调整。政策试点可以通过“实验治理理论”来进行解读。实验治理理论认为，在复杂的政策环境中，先行的小规模实验有助于识别和纠正政策设计中的不足，从而提高政策的实际执行效果。好比，针对贫困地区和经济发展较为落后的农村地区，信用体系政策的适应性往往较弱，若在这些地区先行开展信用体系的政策试点，能够提前发现政策设计中的问题，如信用信息采集的困难、数据隐私保护的缺陷等，从而为后续的政策调整提供依据。

未来的农村信用体系建设应加强政策试点的实施，并对试点结果进行系统评估。政策制定者应根据不同地区的经济社会情况制订差异化的政策试点方案，确保试点工作能够覆盖到不同类型的农村地区，从而为信用体系的全面推广积累经验。同时，试点工作还应与地方政府、金融机构等各方紧密合作，确保政策的执行能够结合地方特色进行调整。通过这种方式，政策试点能够有效提升信用体系政策的科学性和适应性，避免因盲目推广带来的负面效果。

3. 政府与市场力量在信用体系建设中的互动机制

政府和市场的互动在农村信用体系建设中起到了重要的协调作用。信用体系的建设需要依靠政府的政策支持与市场的实际运行相结合，才能发挥其最大效能。政府通过制定政策、提供法律保障、推动公共信用信息平台的建设，来为信用体系的运行提供框架。而市场则通过实际的信用评估、信用产品开发、金融服务等手段，来使信用体系在经济生活中得以实践。根据“政府与市场关系理论”政府和市场在资源配置中扮演着重要角色和作用。在现代市场经济中，政府和市场都是资源配置的重要手段，两者相互依存、相互补充。政府通过制定政策、提供公共服务、监管市场等手段来维护市场秩序和公平竞争，而市场则通过供求关系和价格机制等手段来调节资源的配置和使用。在信用体系的建设中，仅靠政府的力量并不足以全面推进信用体系建设，还需要依靠市场力量的有效参与。

在实际操作中，政府与市场的互动机制往往存在协调不足的问题。特别是在一些贫困地区，由于市场化力量薄弱，金融机构缺乏足够的资源和动机进行信用信息采集和信用评估工作，导致信用体系建设进展缓慢。因此，未来的农村信用体系建设需要加强政府与市场的协调互动，确保政府能够通过政策引导和资源配置来激发市场力量的积极性，同时，市场也能够通过创新和技术手段来提升信用体系的运作效率。信用体系建设中的政策与实践融合是确保信用体系能够发挥其应有功能的关键。通过健全的政策反馈机制、有效的政策试点工作，以及政府与市场力量的有机互动，农村信用体系的建设将能够逐步克服当前的瓶颈与挑战，实现可持续发展。

三、社会对信用体系的认知与接受问题

农村社会对信用体系的认知与接受程度是影响信用体系建设成败的关键因素。虽然政策层面推动了信用体系在农村地区的普及，但社会对于信用体系的理解和接受仍存在诸多不足。在信用文化教育缺乏、社会对信用评分的误解以及信息透明度不高的情况下，信用体系建设面临了严重的认知障碍与信任危机。

（一）农村社会对信用体系的认知不足

1. 信用文化在农村地区的推广与教育缺乏

信用文化的推广是信用体系得以建立的基础。在我国农村地区信用文化教育的缺失，导致农村居民无法充分认识到信用体系在经济活动和社会生活中的重要性，这直接影响了信用体系在农村的接受度。根据皮埃尔·布迪厄（Pierre Bourdieu）的文化资本理论，相对于经济资本和社会资本而言，通过家庭所传递的文化资本具有资本继承性的最佳的隐蔽方式，是一种最隐蔽、最具社会决定意义的教育投资。而社会文化的传播与积累是通过教育和社会化过程来实现的。在我国农村地区，受教育水平普遍偏低，居民对于现代金融知

识的理解也较为有限，大多数农民缺乏关于信用体系的基本认知，无法理解信用评分、信用贷款等概念，及其对个人生活的长远影响。这使得信用体系的推广和使用面临巨大阻力，即便一些政策已开始实施，居民的参与意愿仍然较低。

解决这一问题的关键在于加强农村信用文化的教育与推广。政府和金融机构应通过多渠道、多层次的教育方式，尤其是通过与农村居民生活密切相关的媒介，如农村广播、移动通信平台等，向居民普及信用知识。同时，教育应当与农村的实际情况相结合，设计通俗易懂的教育内容，确保广大农村居民能够理解信用体系的运作原理及其重要性。只有信用文化深入人心，信用体系的建设才能真正落到实处。

2. 农村居民对信用评分系统的认知误区

在农村地区，信用评分系统是信用体系的核心工具，但许多农民对其存在误解和错误认知。这种错误认知极大地影响了农村居民参与信用体系的积极性，甚至导致了一些抵触心理。根据心理学中的“自我认知理论”（self - perception theory），一个人对自己存在的觉察和认识，包括对自己的行为、思想和情感的认识，个体的行为和态度受到其对外部环境的认知影响。在信用评分系统的推广过程中，由于信息传播的缺失和误导，许多农村居民将信用评分视为一种外在的“威胁”或负担，而非一种可以增强其金融信贷能力的工具。部分农民认为信用评分一旦过低，将导致他们无法获得贷款，甚至影响子女教育和家庭生活，因而产生了对信用体系的不信任。

为纠正这一问题，政府和金融机构应加强与农村居民的沟通，采取个性化、定制化的信用教育方案，澄清信用评分系统的功能和作用。特别是在信用评分机制的解释中，应避免复杂的金融术语，转而使用简单、直白的语言，以确保农村居民能够理解并接受信用体系。通过信用评分与农村经济活动的具体关联，如信贷优惠、政府补贴等，让居民切实感受到信用体系的正面影响，打破认知误区，增强其对信用体系的认同。

3. 信用信息透明度对社会信任的影响

信用信息的透明度是影响社会信任的关键因素之一。在信用体系建设过程中，信用信息的透明度不高，导致农村社会对信用体系产生了信任危机。居民担心个人信用信息的滥用或误用，尤其是在农村地区，信息披露与透明机制相对薄弱，导致信用体系在运行过程中，容易引发信息不对称、数据安全等问题，从而削弱了农村居民对信用体系的信任感。根据“社会信任理论”（social trust theory），社会信任的建立依赖于信息的公开性和透明度。在信用体系的实际运行中，许多农村居民并不清楚他们的信用信息如何被采集、存储和使用。他们担心个人信息被滥用，或信用评分会因错误信息导致不公正的评估结果。

农村居民对于如何查阅、修改和纠正个人信用信息缺乏了解，使得他们感到信息的收集和使用存在“暗箱操作”，从而对信用体系的公正性产生怀疑。为了提高信用信息透明度，增强农村居民对信用体系的信任，金融机构和政府应当建立更加透明、公开的信用信息管理机制。[①] 信用信息的采集和使用应当遵循“知情同意”原则，确保信息使用的合法性和公正性。建立便捷的信息查询和纠错机制。通过提高信用信息的透明度，增强信用体系的公信力，逐步提升农村社会对信用体系的信任和支持。如呼和浩特市积极打造信用信

① 朱毅峰，吴晶妹．信用管理学［M］．北京：中国人民大学出版社，2005：98—108.

息共享公开的总“枢纽”，建成了上联自治区、下联旗县区、横向联通市直各部门的信用信息共享平台，承担着信息归集、联合奖惩、信用记录查询、信用公示、大数据分析等功能，打破信息孤岛，解决信息不对称的问题，呼和浩特市多渠道提高信用信息透明度，推进社会信用体系建设各项工作的落实，为推进决策、执行、管理、服务、结果公开和政务诚信建设提供了重要支撑。①

（二）信用体系的社会参与反馈机制

1. 农村居民在信用体系中的利益相关性

在信用体系的建设过程中，社会参与度是关键，农村居民对信用体系的利益相关性直接影响参与意愿。农村居民常认为信用体系与自身的经济活动关联不大，这使许多居民对参与信用体系缺乏动力。从“利益相关者理论”（stakeholder theory）来看，它认为随着时代的发展，物质资本所有者在公司中地位呈逐渐弱化的趋势。因此，信用体系的建设应充分考虑各类利益相关者的需求，尤其是在农村地区，居民的金融需求与城市不同。农村居民的收入来源多样化，往往依赖于农业生产、手工艺和小规模的个体经营，这些经济活动在传统金融体系中的信用评估中往往得不到有效反映。信用体系需要通过设计灵活的信用评估模型，充分考虑农村居民的实际经济活动，使其在参与信用体系中切实感受到利益相关性。

政府和金融机构应当通过提供适合农村地区的金融产品和服务，激发居民的参与热情。通过信用积分的积累，居民可以获得更优的贷款条件，享受政府的相关优惠政策，从而激励更多居民主动参与信用体系建设。同时，通过引入社区参与机制，让农村居民在信用评估和体系运行中拥有发言权，增强其对信用体系的参与感和认同感。

2. 社会对信用体系评估结果的认同与接受度

信用体系的运行结果，尤其是信用评分是否被社会广泛接受，决定了信用体系的有效性。在农村地区，信用体系的评估结果往往面临较大的社会认同问题。很多居民认为，信用评估的标准并不公平，无法真实反映他们的实际经济状况，尤其是一些外界因素，如农业风险和自然灾害，可能导致信用评分的下滑，使得信用体系在农村地区的认可度受到质疑。这种现象可以通过“公平理论”（equity theory）来解释。农民往往认为，信用体系未能充分考虑农村生产活动中的自然风险，如恶劣天气、市场波动等对其信用表现的影响。相比城市居民，农村居民的收入波动性更大，这也使得信用评分在不同情况下无法公平地评估其还款能力。因此，许多农村居民对信用评估结果的认同度较低，认为信用体系并没有提供公平的评估标准。《深圳市企业信用征信和评估管理办法》（2001 深圳市人民政府令第 106 号）中第三十二条中规定，评估机构的评估标准应当按照科学、公正的原则确定，制定评估办法并向被评估企业解释或说明。评估机构的评估办法应当包括评估程序、评估标准的说明和信用等级的评级、复议、跟踪制度等内容。②

3. 信用体系反馈机制的透明性与公信力

信用体系的透明性和公信力直接影响着社会对其的接受程度，特别是在农村地区，居

---

① 信息来源：信用中国网，www. creditchina. gov. cn，访问日期：2024 - 9 - 28.

② 类延村．中国诚信——法律速览［M］．北京：社会科学文献出版社，2020：403.

民对信用评估结果的质疑和对信息处理的信任问题尤为突出。反馈机制的缺失或不透明往往会导致农村居民对信用体系的不信任，而这种不信任会进一步削弱信用体系的有效性，甚至影响到整个信用环境的健康发展。从“制度信任理论”（institutional trust theory）的角度看，制度的透明性是构建社会信任的基础。信用体系作为一项复杂的制度，其反馈机制如果缺乏透明度，农民会觉得自己对信用信息的控制和知情权受到限制，从而引发不信任。

提升信用体系的透明性，建立有效的反馈机制是关键。信用体系应当提供明确的反馈通道，让每个农村居民都能方便地查阅其信用信息，并了解评分背后的具体原因和标准。金融机构应为居民提供及时、清晰的解释服务，对于评分异常情况，能够提供合理的解决方案。这不仅有助于增强信用体系的透明性，也能提升农民对信用体系的信任和认可度。公信力的建立离不开信息的对称和公众的参与。信用体系应引入第三方独立评估机构，对信用数据和反馈机制进行定期审查，确保评分过程和结果的公平、公正。只有当信用体系的每一环节都做到公开透明，反馈机制能够有效运行，才能真正提升信用体系在农村社会中的公信力，逐步建立起农民对信用体系的信任。完善的社会信用体系是供需有效衔接的重要保障、资源优化配置的坚实基础，也是良好营商环境的重要组成部分，对促进国民经济循环高效畅通、构建新发展格局具有重要意义。

（三）提升农村社会对信用体系的信任与支持

1. 信用教育与社会动员的多层次推进

要提升农村社会对信用体系的信任与支持，需要在基层社会中推进多层次的信用教育与社会动员。信用体系的构建不仅是金融制度的完善，也涉及社会文化的传播与教育。当前农村居民对信用体系的认知不足，在很大程度上与信用教育的缺乏有关。因此，政府与相关金融机构需要开展多维度的信用教育，尤其是在农村层面，通过各种渠道向居民普及信用体系的基本原理与作用，逐步提升他们对信用体系的信任感。

根据“社会认知理论”（social cognition theory），个体的认知与社会行为密切相关。通过持续的信用教育，农民可以从“陌生”逐步过渡到“熟悉”，从而形成积极的信用意识。在这一过程中，教育方式的多样性和内容的贴近性显得尤为重要。传统的书本教育方式在农村地区效果有限，因而，采用更加灵活的宣传方式，如农村大喇叭、移动短信平台以及农村集市的宣传活动等，能够更加有效地向农民传达信用信息。信用教育还应当与当地的社会结构和文化背景相结合。通过农村领袖、农村合作社等具有社会影响力的组织与个人，带动信用教育的深入推进，使信用体系的理念能够在基层得到更广泛的传播与应用。

2. 社会信用制度的普及与推广策略

除了教育之外，社会信用制度的普及与推广也是提升农村居民对信用体系支持的关键一步。当前信用体系在农村的覆盖面较为局限，特别是在偏远贫困地区，信用体系的推广难度较大。要解决这一问题，政府需要制定更加具有针对性的推广策略，以确保信用体系能够在农村地区得到更广泛的应用。从“创新扩散理论”（diffusion of innovation theory）来看，在这个过程中，主观感受到的关于某个新主意的信息被传播。通过一个社会构建过程，创新的意义逐渐显现。信用体系作为一种制度创新，其推广需要经历“早期接受者”到“大众普及”的过程。在这一过程中，政府应注重培养信用体系的“早期采用者”，即通过选取信用意识较强、信用需求较高的农民个体或群体，先行开展信用体系的试点推广。通过这些“早期采用者”的成功案例，逐步带动更多的农民参与信用体系。

政府还应采取多种激励措施，鼓励农民积极参与信用体系的建设。通过信用积分奖励制度，对信用评分较高的农民提供金融信贷优惠、政府补贴优先权等，这不仅能够直接激励农民参与，还能通过口碑传播，提升信用体系在农村的知名度和认可度。同时，政府还应当加强对社会信用制度的政策支持，尤其是在金融服务、社会保障等领域，通过政策与信用体系的有机结合，推动信用体系在农村社会中的普及化进程。

3. 政府与社会合作机制在信用体系中的推动作用

在农村信用体系建设中，政府与社会的合作机制是推动信用体系广泛应用的重要力量。信用体系的构建不仅需要政府的顶层设计与政策引导，也需要社会力量的广泛参与，包括金融机构、企业、社会组织等多方协同合作，才能真正推动信用体系的落地与推广。政府在信用体系建设中承担着至关重要的角色。政府需要为信用体系的运作提供完善的法律和政策保障，确保信用体系在法律框架内公平公正地运行。政府还应当积极推动信用信息的共享与合作，通过构建跨部门、跨区域的信用信息共享平台，使得农村信用信息能够在各个相关机构之间实现互通互享，从而提升信用体系的运行效率。

社会力量的参与也是信用体系建设不可或缺的一环。特别是在农村地区，社会组织与金融机构往往与农民有着更为紧密的联系，因此在信用体系的推广和执行中，社会力量能够发挥重要的桥梁作用。例如，农村合作社、农产品交易市场等社会组织，可以通过信用体系的引入，提升农民的交易信用和经济活动的规范性。金融机构也可以通过创新金融产品，针对农村居民的实际需求，设计出更加灵活的信用贷款方案，以推动信用体系在农村地区的深入应用。通过政府与社会的紧密合作，农村信用体系的建设能够得到更加全面的推动，信用体系的普及和应用也将更加深入人心。在政府政策的引导下，社会力量的广泛参与和多方合作机制的建立，将为信用体系在农村地区的长远发展提供强有力的支持。

第二节　信用体系的持续发展与创新

一、信用体系的动态调整与适应性发展

（一）信用数据更新与动态管理机制的构建

1. 数据实时更新机制与信用信息动态调控

在现代信用体系的运行中，数据的实时更新机制至关重要。信用体系的运转依赖于大规模的信用信息数据，而这些数据如果不能保持足够的及时性，将无法反映社会经济活动

的最新变化，进而导致信用体系的滞后和失效。[①] 因此，构建一套高效的信用信息动态调控机制，能够确保信用数据及时更新，不仅是提升信用评估准确性的重要保障，也是规避金融风险的关键措施。实时更新的信用数据有助于金融机构对农民的信用状况作出准确的评估，从而为他们提供适时的金融支持。通过这种动态监测和数据更新机制，可以大幅度提升信用体系的运行效率。

动态管理机制意味着信用信息的持续调控。在信用评估过程中，系统需要根据不同主体的行为变化，不断调整其信用分数和信用等级。农民在市场中的行为一旦发生显著的变化，信用体系就应及时调整对其的信用评估。这种调控不仅要依赖数据的准确性和及时性，还需要复杂的风险评估算法，通过历史数据和预测模型对信用主体的未来行为进行合理的预估，从而作出更加前瞻性的信用评估。制度支持和基础设施建设也是动态管理机制得以实现的重要因素。动态调控机制要求政府和金融机构的政策协同，以及数据共享的法律保障。为了保证数据的安全性和隐私性，必须有完善的数据管理法律法规来进行保障。同时，金融科技的发展也为这种动态机制提供了必要的技术支持。只有在大数据技术、云计算平台和人工智能算法的支持下，才能真正实现信用信息的动态更新和调控。

2. 信用记录的及时性与准确性保障措施

信用记录的及时性与准确性是信用体系持续发展的核心问题之一。如果信用数据不能保持及时更新或者存在较大的误差，将直接影响信用评分的客观性和公正性，进而导致金融机构在信贷决策上的偏差。于是，如何通过技术和制度手段来保障信用记录的及时性和准确性，已经成为信用体系建设的一个重要研究课题。在这一过程中，技术手段和制度设计的结合是实现高效信用管理的基础。现代化的信用体系通过大数据技术和信息化平台，能够实现数据的实时采集和传输。农民在使用贷款或参与信用评估时，其金融行为会被实时记录并上传至系统中。这种高效的信息传输机制确保了信用记录的及时性，使金融机构能够迅速获取最新的信用信息，从而作出及时的决策。

准确性保障措施是信用体系的另一重要基石。信用数据的准确性不仅影响个体或企业的信用评估，还直接关系到整个金融系统的稳健性。信用记录的准确性需要通过完善的法律法规进行保障。随着信用体系的不断发展，信用信息的管理越来越依赖于规范化的法律框架。在这一过程中，政府可以通过制定相应的法规，来约束信用信息的收集、存储和使用行为。确保金融机构和信用评估机构在采集信用数据时必须遵循数据隐私保护的相关法律，防止信用信息的滥用。同时，信息审核机制的引入也有助于提高数据的准确性，确保所有信用记录都经过严格的审查和校验。

3. 技术支持与数据管理的基础设施建设

技术支持与数据管理基础设施的建设是现代信用体系得以高效运行的关键所在。随着信用信息量的快速增长，信用体系对数据存储、处理和分析的要求也越来越高。信用体系的发展不仅依赖于先进的技术手段，还需要强大的数据管理基础设施来保障信息的安全性和稳定性。因此，构建一套完善的技术支持体系和数据管理基础设施，是信用体系持续发展的必然要求。

---

① 寇纲．大国信用：国家信用体系建设与信用大数据应用［M］．成都：西南财经大学出版社，2022：21—37.

在技术支持方面，现代信用体系依赖于大数据、云计算和人工智能等技术的全面应用。通过大数据技术，信用体系可以对这些信息进行高效的存储和处理，从而提高信用评估的精确度。人工智能技术也为信用体系的风险评估和信用评分提供了智能化的解决方案。在农村信用体系中，数据管理的基础设施建设尤其重要。农村地区的金融机构往往缺乏完善的数据管理能力，云计算平台的引入可以帮助这些机构实现信用信息的高效管理。数据的分布式存储和多层加密技术可以确保信用数据在传输过程中不会被泄露或篡改。

政府和金融机构的合作是技术支持与数据管理基础设施建设的重要推动力。信用体系的发展不仅是一个技术问题，还涉及政府政策的引导和金融机构的协同合作。政府可以通过提供政策支持和资金扶持，帮助农村地区的金融机构建设现代化的数据管理基础设施。再者，金融机构也可以通过与技术公司合作，推动信用体系的技术升级和创新。通过多方合作，信用体系的技术支持和数据管理基础设施将会更加完善，从而为信用评估的准确性和稳定性提供坚实的保障。

（二）信用体系适应农村经济结构调整的灵活性

1. 信用体系在农村经济转型中的适应能力

农村经济的转型和发展给信用体系带来了新的挑战，也为其提供了发展机遇。传统的农村经济以农业为主，但随着乡村振兴战略的实施，农村经济逐步多元化，包括现代农业、旅游业、加工业等新兴产业。信用体系在面对这种经济结构的变化时，需要具备足够的灵活性，才能适应农村经济转型的需求。这种灵活性体现在信用评估的标准、模式和范围的动态调整上，使信用体系不仅能够为传统农业提供支持，还能为新兴产业的发展注入金融活力。信用体系需要针对不同的经济主体设立多样化的信用评估标准，随着农村经济的多样化，信用评估必须扩展到新的领域。

信用体系的灵活性还体现在风险评估模型的动态调整上。金融机构在这一过程中，需要根据不同行业的风险特征，灵活调整信用评估模型。因此，信用体系必须建立动态的风险预警机制，通过对行业数据的实时监测和分析，随时调整信用评估的风险权重。信用体系的适应能力还体现在政策引导和技术支持的协同作用上。政府可以通过制定灵活的金融政策，推动金融机构为农村新兴产业提供更具针对性的信用支持。与此同时，金融科技的发展为信用体系的灵活性提供了技术支持。这种灵活适应的信用体系不仅促进了农村经济结构的优化升级，也为乡村振兴战略的全面实施提供了强有力的保障。

2. 信用体系对农村新兴经济模式的支持策略

农村新兴经济模式的快速崛起，正不断改变传统的农村经济结构。这些新兴产业，如农村电商、生态农业、农村旅游等，不仅带动了农村经济的发展，还为信用体系的改革和创新提供了新思路。[①] 为了更好地支持这些新兴经济模式，信用体系需要从多个维度进行优化，包括信用评估的精准性、金融产品的多样化以及风险管理的智能化。通过这些支持策略，信用体系能够在助力农村新经济发展的同时，实现自身的可持续发展。信用体系需要提升对新兴经济主体的信用评估精准度和深入了解其行业特性和经营模式。

---

① 鲁俊辉．新农村经济发展与管理实务研究［M］．哈尔滨：东北林业大学出版社，2023：136—163.

金融产品的创新和多样化是信用体系支持农村新兴经济的另一重要策略。传统的农村金融产品多集中于农业贷款和小额信贷，而新兴经济模式的资金需求更加多样化。为了满足这些新兴经济主体的需求，信用体系应推出更多创新型的金融产品，如电商专属贷款、生态农业绿色金融等。这些产品不仅可以为新兴产业提供更具针对性的金融支持，还可以通过灵活的利率和还款方式，降低金融风险。

智能化的风险管理体系是支持新兴经济模式的基础保障。农村新兴产业的风险具有高度的不确定性，尤其是在市场需求和技术创新方面，风险的波动性极大。① 因此，信用体系需要通过智能化风控系统，实时监测市场变化，预测未来的风险走向。人工智能和区块链技术在这一过程中可以发挥重要作用，如人工智能可以通过对大数据的深度学习，建立风险预警模型，帮助金融机构在风险发生之前及时调整策略。区块链技术则可以确保信用信息的透明化和可追溯性，从而提高信用体系的可信度。

3. 信用体系在乡村振兴战略中的作用深化

乡村振兴战略的实施为信用体系提供了新的发展契机。在这一过程中，信用体系不仅是推动农村经济发展的重要金融工具，也是优化农村治理结构、提升农民生活质量的重要手段。信用体系通过为农村经济主体提供精准的信用评估和金融支持，逐步建立起多层次、广覆盖、可持续的农村信用工程，充分发挥地方金融主力军的作用，继续推进“整乡授信”工作向纵深发展，不断提升信用乡镇的精度和力度，实现普惠金融真正惠及千家万户，为乡村振兴发展赋能加劲。从农村基础设施建设到农民生活质量的提升，信用体系在乡村振兴中的作用日益深化，并且逐渐成为推动农村现代化的重要力量。信用体系在农村基础设施建设中发挥了关键作用。通过信用体系，农村金融机构可以为基础设施建设项目提供长期的融资支持，从而为农村经济的进一步发展奠定坚实的基础。

信用体系在提升农民生活质量方面也发挥着积极作用。乡村振兴的最终目标是实现农民生活水平的全面提升，而信用体系通过为农民提供金融服务，帮助他们实现收入增长和生活改善。信用体系可以为农民提供小额贷款，帮助他们购买生产资料或扩大经营规模，从而提高收入。信用体系还可以通过消费信贷的形式，帮助农民改善生活条件，购买住房、汽车等耐用消费品，提升生活质量。信用体系在农村治理中的应用也在逐步深化。信用体系通过建立农村社会的信用评价机制，可以有效促进农村的社会治理和公共服务。比如，在农村合作社的管理中，信用体系可以帮助合作社评估成员的信用状况，确保合作社内部的资金和资源分配更加合理。

（三）信用体系适应农村社会结构变迁的策略

1. 农村人口流动对信用体系建设的影响

农村人口的流动性是当前中国农村社会结构变化的重要特征，尤其在乡村振兴和城镇化进程的双重推动下，越来越多的农村劳动力外流，留下的多为老年人和妇女等弱势群体。这种人口结构的变迁给信用体系建设带来了多层次的挑战和机遇。如何应对这种人口流动性，将信用体系与社会结构变迁有机结合，成为学术研究中的重要课题。由于大量农

① 韩璐．基于信用数据的风险管理模型与应用方法研究［M］．北京：对外经济贸易大学出版社，2017：1—2

村人口外出务工，许多人与其原籍的信用记录逐渐脱节，导致信用信息收集的不连续性和不完整性。这就需要构建动态信用信息管理机制，尤其需要借助金融科技手段，通过实时数据追踪和跨区域的信息共享，确保流动人口的信用记录能够持续保持更新。

外出务工人员的收入变化带来信用需求的异质性，这需要信用体系灵活应对。信用体系需要针对外出务工群体制定更加灵活的信用评估标准，考虑到其收入来源的多元性和不稳定性，可以通过多维度的信用信息收集，确保信用评估的精准性。信用体系还可以通过合作社或农村金融机构，整合外出务工人员的信用需求，为其提供定制化的信贷产品。农村信用体系在应对人口流动性时，需要加强信用教育与普及工作。就需要金融机构和政府通过多种途径，增强外出务工人员的信用意识。通过设立信用教育基地，开展针对农村居民的信用知识讲座，提升他们对信用评分、信用记录和信用风险的认知。

2. 农村社会组织对信用体系的推动作用

农村社会组织在信用体系建设中扮演着重要的桥梁角色，既是信用信息收集的中介，也是信用评估和金融服务的执行者。[①] 农村合作社、农民协会等基层组织，在一定程度上增强了信用体系在农村的渗透力，为信用体系与农村经济、社会的深度结合提供了平台。随着农村社会组织的不断发展，信用体系在这些组织的推动下，逐渐由外部的制度框架转变为内生的社会机制，为农村的社会治理和经济发展提供了有力支撑。农村社会组织在信用信息的收集与管理中发挥着不可替代的作用。由于农村地区的信息不对称和信用记录不完整，传统的金融机构难以全面掌握农村居民的信用状况，而农村合作社等社会组织则凭借其对成员的深刻了解，能够为信用体系提供更精准的信用信息。

农村社会组织通过信用互助模式，增强了信用体系在农村社会中的影响力。信用互助是一种基于成员之间相互信任的金融模式，该模式通过集体担保或信用联合，帮助缺乏抵押物的农民获得贷款，这不仅有助于缓解农村金融市场的融资难题，还增强了信用体系在农村的适应性。农村社会组织在信用教育和推广中扮演着积极的引导者角色。相比于政府或金融机构，农村社会组织在与农民的日常互动中，更容易获得他们的信任和理解。

3. 信用体系在农村基层治理中的延展应用

信用体系在农村社会结构中的作用不仅限于金融服务，还逐渐延伸到农村基层治理的各个层面，成为农村治理现代化的重要工具。通过信用记录和信用评分，农村的村委会和基层组织可以更好地管理村庄内部的事务，提升治理的效率和公信力。信用体系的延展应用，不仅有助于优化农村的经济结构，还为农村的社会治理带来了新的可能性。信用体系可以在农村社会治理中发挥奖惩机制的作用。这种奖惩机制不仅能够有效规范村民的社会行为，还能提高基层治理的透明度和公正性。

信用体系在农村的公共服务领域也有广泛的应用前景。农村信用体系可以帮助村委会评估村民的信用状况，作为提供农田水利建设、农村道路修缮等公共服务的依据。通过信用记录的分析，政府部门可以更好地分配资源，确保公共服务的公平性和高效性。信用体系在农村社会纠纷的调解和解决中也具有积极的作用。同时，信用体系还可以作为社会监督的工具，帮助村民自我规范和相互监督，提升农村社会的信任度和和谐度。

---

① 李爱勇．当代中国农村信用合作史论［M］．北京：中国经济出版社，2022：5—8.

二、信用体系的技术创新与应用前景

（一）区块链技术在信用信息管理中的前沿应用

1. 区块链技术的安全保障与去中心化优势

区块链技术作为一种分布式账本技术，因其去中心化、不可篡改和高度安全的特性，正逐渐成为信用信息管理领域的创新驱动力。区块链的去中心化特性消除了对中央权威机构的依赖。在传统信用体系中，信用数据的存储和管理由少数机构掌控，容易导致信息垄断和不公平现象。这种设计不仅提高了系统的容错性，还防止了单点失效的问题。对于农村信用体系而言，去中心化的优势尤为突出，能够有效降低偏远地区因网络基础设施薄弱而导致的信用数据获取困难。另外，去中心化还增强了信用数据的透明度和公信力，减少了信息不对称带来的风险。

区块链的不可篡改性确保了信用信息的真实性和完整性。在区块链网络中，一旦信息被记录并经过网络中大多数节点的验证，便难以被篡改或删除。这一特性对于信用信息的管理至关重要，能够防止信用数据被恶意修改，保护个人和企业的信用记录。区块链技术的安全保障还体现在其加密算法和共识机制上。区块链采用了高级别的加密技术，如哈希函数和非对称加密，确保了数据在传输和存储过程中的安全性。共识机制通过复杂的数学算法，防止恶意节点对网络的攻击。对于信用体系而言，这意味着信用数据在整个生命周期内都受到保护，降低了数据泄露和被攻击的风险。这一特性在当前信息安全威胁日益增加的背景下，具有重要的现实意义。

2. 区块链在信用信息存储与交易记录中的应用

区块链技术在信用信息的存储和交易记录方面展现出了独特的优势，能够有效提升信用体系的效率和透明度。通过区块链技术的引入，有望解决长期困扰信用体系发展的瓶颈。区块链的分布式账本特性可以实现信用信息的共享与互通。信用数据由多个节点共同维护，每个节点都持有完整的数据链条。对于金融机构、信用评估机构和监管部门而言，可以通过区块链网络快速获取所需的信用数据，提升业务处理效率。同时，个人和企业也能够更方便地访问自己的信用记录，增强对信用数据的掌控。

区块链技术可以记录信用交易的全过程，实现信用行为的可追溯性。通过区块链，每一笔信用交易都会被记录在区块中，并与前后的区块相连接，形成一条完整的信用历史链。智能合约的应用进一步拓展了区块链在信用信息管理中的功能。在信用体系中，智能合约可以用于自动化贷款审批、还款计划执行等场景。比如说当借款人达到特定的信用评分或还款条件时，智能合约可以自动触发贷款发放或调整还款计划。这不仅提高了信用业务的处理效率，还降低了人为干预带来的错误和风险。

3. 区块链技术推动信用数据透明化的前景

区块链技术在推动信用数据透明化方面具有巨大的潜力，这对于提升信用体系的公信力和促进社会信用环境的改善具有重要意义。[①] 信用数据的透明化可以增强信息对称性，

① 刘海英．“大数据＋区块链”共享经济发展研究——基于产业融合理论［J］．技术经济与管理研究，2018（1）．

减少信用欺诈和信息垄断，促进公平竞争和资源的有效配置。区块链的公开透明特性使得信用数据的访问和验证更加便捷。在区块链网络中，信用数据的记录是公开的，任何有权限的参与者都可以查看和验证数据的真实性。这种透明性有助于消除信息不对称，金融机构和信用评估机构可以基于真实可靠的数据进行风险评估和决策。对于个人和企业而言，也可以方便地核实自己的信用信息，及时发现和纠正错误记录。

区块链推动的信用数据透明化还有助于加强监管和风险防控。监管部门可以通过区块链网络实时监控信用市场的运行情况，及时发现异常行为和潜在风险。这为宏观审慎监管提供了有力的技术支持，提升了金融体系的稳健性。信用数据的透明化也可以促进市场参与者的自律行为，减少信用欺诈和恶意违约等不良现象。区块链技术在推动信用数据透明化的同时，也需要注意数据隐私和安全的问题。在技术上需要引入零知识证明、同态加密等隐私保护机制，确保在实现数据透明的同时，保护个人和企业的隐私权益。

（二）大数据与人工智能在信用体系中的创新作用

1. 大数据技术对信用风险评估的影响

大数据技术的兴起为信用风险评估带来了革命性的变化。传统的信用风险评估主要依赖于财务报表、历史还款记录等有限的数据源，评估结果的准确性和全面性受到限制。而大数据技术的应用，使得信用风险评估可以利用海量、多样化的数据源，显著提升了评估的精度和效率。大数据技术扩展了信用风险评估的数据维度。这些数据不仅可以提供更全面的信用主体画像，还可以揭示传统数据无法捕捉的行为特征。

大数据技术提高了信用风险评估的实时性和动态性。大数据技术可以实时采集和分析数据，动态更新信用评分和风险评估结果。这对于金融机构的风险管理至关重要，可以及时调整信贷策略，防范潜在的信用风险，借助机器学习和数据挖掘技术，信用风险评估可以从海量数据中自动提取有价值的模式和特征，构建更加精准的风险预测模型。但大数据技术在信用风险评估中的应用也面临挑战。数据质量和数据隐私是主要问题。海量数据的收集和处理，需要确保数据的准确性和合法性，避免数据噪声和偏差对评估结果的影响。同时，数据隐私保护的法规要求，需要在技术上采取措施，确保个人信息不被滥用。

2. 人工智能驱动的信用评分模型优化

人工智能（AI）技术在信用评分模型的优化中展现了强大的创新力量。传统信用评分模型主要依赖于静态的财务和行为数据，运用规则较为僵化，容易错过许多动态变化和复杂特征。而AI技术的引入，通过深度学习、机器学习等算法，可以挖掘出数据中潜藏的非线性关联，从而构建出更加灵活、精准且具有适应性的信用评分模型。[①] 人工智能技术极大提升了信用评分模型的预测准确性。传统的评分方法，如基于回归分析的FICO评分，虽然能够捕捉某些数据模式，但其评估逻辑是线性的，无法有效处理复杂的非线性关系。相比之下，深度学习算法能够自主学习海量多维度数据中的深层次模式，发现数据间隐秘的相关性。

人工智能的学习能力使信用评分模型能够适应不同行为模式的变化。传统的信用评分

---

① 孟宪坤．AI风暴：人工智能的商业运作［M］．北京：中国商业出版社，2022：33—40.

往往是静态的，难以应对个体信用行为在短时间内的波动。而AI则能够通过不断学习和更新数据，动态调整信用评分。人工智能技术还能识别出潜在的欺诈行为，减少信用风险。AI通过复杂的行为识别算法，能够检测出借款人、交易者行为模式中不寻常的偏差，甚至可以通过多维度的数据整合建立反欺诈模型。对于金融机构而言，AI驱动的信用评分模型不仅提高了风险控制能力，还降低了违约和欺诈的可能性，从而提升了整个信用体系的安全性和可靠性。

人工智能的普及使得信用评分变得更加公平和多样化。传统的信用评分模式通常依赖于过往的信贷历史，这对没有信贷记录的人群存在较大的歧视性。而AI技术能够结合多元化的非传统数据，建立一个更广泛的信用评估体系。这不仅拓宽了信用评估的基础，还使更多没有传统信用记录的人群能够融入信用体系，享受到金融服务。AI在信用评分模型中的应用也面临着一定的挑战。模型的复杂性增加了信用评分的“黑箱”问题，导致评分结果不透明，用户和监管机构难以理解评分过程。AI算法在训练过程中容易受到数据偏差的影响，可能加剧社会不平等。所以引入AI技术的如何应用也是信用体系创新过程中需要重点解决的问题。

3. 智能化风控系统在信用体系中的应用

智能化风控系统在现代信用体系的构建中发挥了不可或缺的作用，尤其在应对复杂且快速变化的信用风险时，展现出其独特的优势。基于大数据和人工智能的智能风控系统，不仅提升了风险管理的精确性，还极大地减少了人为判断的偏差和错误。① 智能化风控系统可以实时监控信用风险。智能化风控系统借助于人工智能和大数据技术，能够实时收集和分析来自多源的海量数据，构建出一个全面的信用风险画像。

智能化风控系统能够进行个性化风险评估。智能风控系统通过机器学习算法，能够根据每个客户的信用行为和风险特征，量身定制个性化的风险评估方案。智能化风控系统还可以自动化处理大量复杂的风控流程，减少了人工干预的成本和错误。通过引入自动化处理流程，智能风控系统能够高效完成从信用评估、风险识别到决策执行的全流程管理。智能化风控系统的另一个显著优势在于其对于风险的前瞻性预测能力。系统可以结合宏观经济数据、行业动态和个体行为模式，预测未来某个时间段内信用风险的变化。这一预测能力使得金融机构能够提前做好风险防控准备，避免因信用风险爆发而遭受重大损失。

智能化风控系统在应用过程中也存在一定的挑战。数据质量是影响风控系统准确性的重要因素。智能风控系统的复杂性也增加了系统解释性的难度，特别是在面对监管和法律审查时，如何确保算法的透明度和合规性，是信用体系未来创新中的重要课题。技术的不断进步和监管的完善，将为信用体系的持续创新和发展提供有力的保障。

（三）金融科技在信用体系中的推动力量

1. 数字支付与信用体系深度融合的趋势

随着金融科技的飞速发展，数字支付在全球范围内得到了广泛的应用，并与信用体系实现了深度融合。这一融合不仅推动了金融交易的便利化，也对信用信息的采集、评估和

① 杨正洪，郭良越，刘玮．人工智能与大数据技术导论［M］．北京：清华大学出版社，2019：58—62.

管理产生了深远的影响。数字支付为信用数据的采集提供了新的途径。数字支付技术的普及，使得信用数据的采集变得更加便捷和高效。通过数字支付，为信用评估提供了更加全面和动态的数据基础。这种实时性和高频次的数据流动，使得信用评估的准确性和及时性得到了显著提升。

数字支付与信用体系的融合促进了信用服务的普及化。数字支付的便捷性使得更多的人能够参与信用体系。通过数字支付平台，用户可以方便地进行小额贷款、分期付款等金融操作，建立自己的信用记录。这为没有传统银行信贷记录的人群提供了进入信用体系的机会，扩大了信用体系的覆盖面。数字支付技术的安全保障和数据加密手段，使得信用体系中的交易更加安全可靠。数字支付平台通常采用先进的加密技术和身份验证机制，确保用户交易的安全性。但也伴随着一定的风险和挑战。数字支付的普及可能加剧金融风险的集中化和系统性风险的传播，如何平衡数据隐私与信用数据的开放共享，也是未来信用体系创新过程中需要面对的重要课题。

2. 金融科技对信用数据管理的创新实践

金融科技在信用数据管理中的应用，极大地推动了信用体系的变革与创新。金融科技，尤其是大数据、区块链和人工智能的结合，为信用数据的存储、分析、传输以及安全性提供了革命性的技术支持，从而使得信用体系在信息管理方面更加精准、灵活与安全。尽管金融科技在信用数据管理中的应用带来了许多革命性变革，仍然面临诸多挑战。首先，数据隐私和安全问题始终是一个不可忽视的难题。其次，信用数据管理的智能化与自动化虽然提高了效率，但也引发了“黑箱”效应——用户和监管者难以理解复杂的算法和评分过程，从而质疑信用评估的公正性。《海南省征信和信用评估管理暂行规定》（2002 海南省人民政府令第 197 号）中第四条规定，从事征信和信用评估活动，应当遵循合法、客观、公正的原则。[①] 如何在技术创新与数据隐私、透明性之间找到平衡，是信用体系未来发展中需要解决的重要问题。金融科技在信用数据管理中的创新实践，不仅为信用体系的透明化、动态化和智能化提供了强有力的技术支持，还为提升信用体系的效率、公正性和风险管理水平创造了新的机遇。随着大数据、区块链和人工智能等技术的不断发展，信用数据管理将在未来的信用体系建设中扮演更加重要的角色。

3. 信用体系在金融科技支持下的创新模式

在金融科技的推动下，信用体系逐渐呈现出多元化、个性化和智能化的发展趋势，创新模式层出不穷。这些创新不仅推动了信用评估的深度和广度，也在金融市场和社会中形成了新的信用生态。金融科技对信用体系的支持，已经不仅是技术上的进步，更是一种信用管理模式的全新变革。金融科技通过创新模式大幅度提升了信用评估的效率和精度。在金融科技的支持下，信用评估得以实现实时化和自动化。金融科技的介入使得信用评分模型变得更加灵活多样，能够适应不同场景和用户需求，进一步提升了信用体系的公平性和精准度。

金融科技还推动了信用体系的跨界融合和生态扩展。在金融科技的推动下，信用数据和信用评估逐渐渗透到社会生活的各个方面。电商平台通过用户的购物行为、物流信息等

---

① 类延村．中国诚信——法律速览［M］．北京：社会科学文献出版社，2020：277.

数据，建立了基于消费行为的信用评价系统，成为信用体系的重要组成部分。同样，在共享经济领域，用户的租赁行为、支付信用、社交评价等信息也被纳入信用评估体系，形成了跨界融合的信用生态。这种多元化的信用体系不仅为个人和企业提供了更多的信用参考依据，也为社会信任机制的重建提供了技术基础。

金融科技在信用体系创新中的应用，也带来了某些潜在的风险和问题。如技术垄断问题，随着金融科技企业在信用数据和技术应用领域的深耕，个别企业可能通过掌握大量用户数据和先进技术，形成数据垄断和市场垄断，从而对信用体系的公平性和竞争性构成威胁。信用数据的过度使用和滥用也可能带来社会隐私风险和伦理问题。① 如何在信用体系的创新过程中，确保技术的公开性、透明性和监管性，将是未来信用体系面临的重大挑战。金融科技的快速发展为信用体系带来了前所未有的创新动力，不仅提升了信用评估的效率、广度和公平性，还推动了信用体系向多元化、普惠化和生态化方向发展。随着金融科技与信用体系的深度融合，未来的信用体系将更加智能化、个性化，为乡村振兴提供精准的金融服务，推动社会治理现代化。

三、信用体系在乡村振兴中的创新与突破

（一）信用体系在农村经济结构调整中的适应性

农村信用体系的建设始终面临着经济结构调整带来的挑战。在这一背景下，信用体系的适应性成为至关重要的议题。农村经济从以农业为主逐步向多样化发展，包括农村电商、农业合作社、旅游业等新兴经济模式。这些新的经济形式对传统的信用评估和融资方式提出了新的要求，要求信用体系具备足够的灵活性和动态性，以适应农村经济的变迁和发展。② 在以农业为主的传统经济模式中，信用评估往往侧重于农民的土地、生产工具等资产作为主要担保方式。随着农村电商的兴起，农民的信用记录可能更多地与电商平台的交易记录、物流数据、客户评价等非传统金融数据相关。因此，信用体系应将这些非传统金融数据纳入信用评估的框架，使信用评估能够更好地反映农村新兴经济体的信用状况。

信用体系应与农村经济转型中的风险管理相结合。农村经济多样化带来了更多的机遇，但同时也伴随着不确定性和风险。农业合作社作为一种新型的生产经营模式，虽然为农民提供了更大的市场化平台，但其运作中的信用风险也更高。这就要求信用体系需要发展出更灵活的风险控制机制。农村信用体系还应当与国家的乡村振兴战略紧密结合。在党中央、国务院的高度重视下，在有关部门的大力推动下，农村信用体系建设成效有目共睹，乡村振兴战略的实施又为农村信用体系建设带来难得的历史机遇。③ 乡村振兴的目标之一是促进农村经济的可持续发展，而信用体系作为金融资源分配的核心机制，能够为农村发展提供更稳定的资金支持和信用保障。

---

① 李仪，郎书林．智慧服务背景下个人信用数据的安全风险及协同治理对策研究［J］．重庆邮电大学学报（社会科学版），2024，1—20.

② 周雨．乡村振兴“新基建”农村信用体系建设研究［M］．北京：中国金融出版社，2023：37—46.

③ 周雨．乡村振兴“新基建”农村信用体系建设研究［M］．北京：中国金融出版社，2023：47.

（二）信用体系与农村社会结构变迁的融合

信用体系的建设不仅与经济结构的变化密切相关，还必须考虑到农村社会结构的深刻变迁。近年来，随着城乡人口的流动和农村城镇化的推进，农村的社会组织和人口结构发生了重大变化。这种变迁对信用体系提出了新的挑战和要求。随着农村劳动力大量外出务工，农村的常住人口逐渐减少，留守在农村的多为老年人和儿童。这种人口结构的变化导致了信用数据的流失和信用记录的中断。外出务工人员虽然在城市工作，但他们的信用行为并未完全纳入农村信用体系的框架之中。为解决这一问题，信用体系需要打破城乡之间的信用数据壁垒，建立起城乡信用信息互通共享的机制，使外出务工人员的信用记录能够在城市和农村之间无缝对接。只有这样，才能有效应对农村人口流动带来的信用信息缺失问题。

随着农村社会组织的发展，信用体系应当积极利用社会组织的力量推动信用建设。农村合作社、农民协会等社会组织可以在信用数据的采集、评估和管理过程中发挥重要作用。信用体系还应在农村基层治理中发挥更为积极的作用。[①] 农村基层治理不仅依靠传统的行政手段，信用体系的引入也为基层治理提供了新的工具。通过信用评级制度，可以激励农民遵守村规民约、按时缴纳各项费用，提升农村社区的整体信用水平。同时，信用体系还可以为农村基层组织提供信用支持，推动农村的社会秩序更加稳定与和谐。

（三）技术创新驱动下的信用体系前景

随着科技的快速发展，技术创新正成为推动农村信用体系持续发展的重要动力。区块链技术为信用数据的安全性和透明性提供了革命性的保障。区块链技术通过其去中心化和不可篡改的特性[②]，有效解决了信用信息在不同机构之间流通时的安全问题。大数据和人工智能技术为信用体系的智能化升级提供了可能。通过大数据分析，信用评估机构可以从非传统的数据源中提取有价值的信息，构建更具个性化的信用评分模型。而人工智能的自学习能力则可以使信用评估模型不断优化和更新，确保信用体系能够应对不断变化的农村经济和社会环境。金融科技在推动农村信用体系发展的过程中扮演了重要角色。

数字支付、移动金融和在线借贷等金融科技应用，不仅拓宽了农村金融服务的渠道，例如 2021 年 6 月发布的《中国人民银行 银保监会 证监会 财政部 农业农村部 乡村振兴局关于金融支持巩固拓展脱贫攻坚成果 全面推进乡村振兴的意见》（银发〔2021〕171 号）在“持续完善农村基础金融服务”方面提出，因地制宜深入推进农村信用体系建设等[③]，还为信用体系提供了更多的数据来源。通过这些科技手段，农村居民能够更加便捷地获得金融服务，并通过数字化手段积累信用记录。这种技术驱动的信用体系创新模式，将在未来进一步推动农村信用体系的普及与优化，为农村经济的可持续发展提供强有力的支持。

农村信用体系的创新与突破需要紧密结合农村经济和社会结构的变化，利用技术创新推动信用体系的动态发展。通过区块链、大数据和人工智能等前沿技术，信用体系将更加智能化、透明化，并在农村经济和社会中发挥更为重要的作用。随着技术的不断进步，信用体系的未来发展将为乡村振兴战略提供强大的支撑，并推动中国农村信用环境的全面提升。

---

① 周雨，陈海盛．农村信用体系建设的政策梳理、实践经验与发展趋势［J］．征信，2024（9）．
② 李保旭，韩继炀，冯智．互联网金融创新与风险管理［M］．北京：机械工业出版社，2019：145.
③ 周雨，乡村振兴“新基建”农村信用体系建设研究［M］．北京：中国金融出版社，2023：11.

第十二章
农村信用体系建设的未来发展

第一节　信用体系建设的未来挑战

一、信用体系的持续推进与政策保障

（一）政策支持与农村信用制度的协调发展

1. 国家政策在信用体系中的核心作用

在农村信用体系的建设过程中，国家政策起着决定性的指导作用。国家政策不仅为信用体系的整体框架提供了方向性指引，还为其实际操作提供了法制与制度保障。从信用体系的构建来看，政策的介入能够直接决定信用评估标准的实施范围与适应性。例如，中国在信用体系建设中所推行的《社会信用体系建设规划纲要（2014—2020 年）》（国发〔2014〕21 号）便提供了较为全面的政策指引，明确了信用信息的采集、管理及应用的总体框架。在农村信用领域，国家政策不仅决定了信用评估标准的适用范围，还直接影响了信贷融资、信用担保等关键环节的运作。权威学者认为，信用体系的政策支持需要从制度设计的顶层入手，充分考虑农村信用主体的多样性和特殊性，确保政策的灵活性和适应性，使之能够在多元化的经济环境中有效落地。

国家政策通过一系列激励机制推动农村信用体系的可持续发展。在信用体系中，政策的作用不仅体现在法制层面，还体现在制度激励与约束机制中。例如，通过对信用表现良好的个体和机构进行税收减免、补贴等方式，可以有效激励农村经济主体参与信用体系的建设与维护。经典的社会契约理论也表明，政府作为信用体系的重要推动者，其政策支持是社会信任的基础①，而这一信任体系在农村经济发展中的作用尤为关键。政策的核心作用还体现在信用体系建设中的规范化管理。通过严格的政策标准和监管体系，国家能够确

① 让·雅克·卢梭. 社会契约论［M］. 王田田，译. 北京：中国人民大学出版社，2013：234.

保信用信息的透明度与真实性。国家政策为信用信息的收集、处理、共享与使用设定了法律框架，保证了信息的公正性与一致性。哈耶克的制度经济学理论强调，市场经济的发展必须建立在有效的信用体系之上，而政策支持则是确保这一体系有序运行的基石。[①] 在农村信用体系的构建中，国家政策的这一核心作用尤为显著，能够确保信用体系在全国范围内的统一性与公正性。

2. 政策实施的地方化适应策略

在农村信用体系建设过程中，国家政策的制定虽然起到了顶层设计的作用，但其具体的执行和落实依然依赖地方政府及相关机构的适应性操作。农村信用体系的发展面临着多样化的地区特点和差异化的经济、社会结构，因此，国家政策必须通过地方化的实施策略来实现有效落地与本地化适配。地方政府如何将国家层面的宏观政策有效转化为符合地方需求的具体措施，成为农村信用体系发展中至关重要的环节。地方政府在政策执行过程中，必须注重与当地实际经济结构和社会条件的有机结合。不同地区的经济基础、产业结构、信用文化存在较大差异。沿海经济发达地区的农村信用体系建设侧重于服务农村电商、合作社以及农业现代化融资需求，而内陆欠发达地区则可能更需要基础信用信息的采集和普惠金融的支持。因此，地方政府需要在国家政策的框架下，根据区域性经济发展状况制定具有地方特色的实施细则。地方政府应当灵活应对不同发展阶段的需求，确保信用体系建设与当地经济发展同步推进。通过根据本地特色调整信用政策，地方政府可以更好地提升政策实施的有效性，避免“一刀切”的政策实施方式造成的低效或资源浪费。

地方化适应策略还体现在政策执行过程中地方政府对市场主体的引导和协调作用。在农村信用体系的具体建设过程中，地方政府往往通过提供政策扶持、财政激励等手段，引导市场主体积极参与信用体系的构建。尤其在信用信息采集和评估方面，地方政府通过与金融机构、信用服务公司合作，建立跨部门的信用信息共享平台，实现信息流动的透明化和标准化。地方政府的协调作用在这里尤为重要，它不仅能够解决市场信息不对称问题，还能够通过公共资源的整合，降低信用信息获取成本，提升信用评估的覆盖面和精准度。波特（Michael Porter）的竞争优势理论提到，区域经济竞争力的提升需要各类资源的有效整合和协同运作。[②] 地方政府在信用体系建设中所扮演的协调者角色，正是对这一理论的现实应用。值得注意的是，地方化适应策略的成功实施还离不开地方政府对政策执行的持续监督和评估。政策执行并不是“一次性工程”，而是一个需要不断调整和优化的动态过程。在农村信用体系建设过程中，地方政府需要根据政策执行效果，定期进行监督和评估，确保信用体系的各项功能得以有效运作。例如，地方政府可以定期评估信用信息采集的覆盖率、信用评级的准确性以及信用产品的应用效果，针对不足之处进行政策调整。这种基于反馈机制的政策优化过程，能够确保政策实施的灵活性和适应性，最终推动农村信用体系的可持续发展。麦克卢汉（Marshall McLuhan）的媒介理论强调，媒介不仅是信息的传播工具，也是文化变迁的载体。[③] 在信用体系的构建中，地方政府作为信息的主要传

① 韦森．哈耶克式自发制度生成论的博弈论诠释——评肖特的《社会制度的经济理论》［J］．中国社会科学，2003（6）：43—57.

② 肖梦．波特理论模式：发挥国家竞争优势［J］．经济社会体制比较，1991（5）：40—45.

③ 曹智频．媒介偏向与文化变迁：从伊尼斯到麦克卢汉［J］．学术研究，2010（8）：129—133.

播者和政策执行的媒介，其执行和评估的有效性将直接影响信用体系的实际效果。

地方化适应策略的实施不仅能够提升政策执行的灵活性与针对性，还能够增强农村居民对信用体系的认同感和参与感。地方政府通过灵活调整政策实施方式，可以确保信用体系的构建不仅是外部强加的制度安排，而是与当地经济文化融为一体的有机体系。在这种地方化的实施策略下，农村信用体系不仅能够顺利构建，还能够为农村经济的可持续发展提供强有力的制度保障。

3. 政府与市场在信用体系中的双向推动机制

农村信用体系的构建不仅依赖政府的宏观调控与政策指引，市场力量同样是推动其有效落地的核心要素。政府与市场之间的双向推动机制形成了这一体系得以顺利发展的关键动能。在这一机制中，政府扮演的是战略制定者和制度保障者的角色，而市场则通过技术创新和资源配置，实现在农村信用体系中的实践运作和持续优化。这一相互依存、共同发展的模式，符合哈耶克（F. A. Hayek）提出的“自生秩序”理论，强调市场和政府应当各自扮演适当角色，在信用体系的构建过程中，各自发挥优势，以实现信用资源的优化配置和使用效率的最大化。① 政府的政策引导为信用体系提供了框架性保障。农村信用体系的发展往往面临基础设施不完善、数据获取困难以及信用环境相对薄弱的问题，政府在此过程中通过政策扶持、制度设计等手段为信用体系建设奠定了制度性基础。尤其在信用信息的法律保障与监管机制的建立上，政府具有不可替代的作用。例如，通过立法明确信用信息的合法性、隐私保护、数据使用等条款，不仅能够保护农村居民的信用权益，还能为信用体系的稳定运行提供法律依据。这一点在制度经济学的理论框架下得到了充分的证明，诺斯（Douglass C. North）的“制度变迁”理论表明，任何制度的建立和维护都离不开政府的强力推动，尤其是在信用体系这种需要依赖广泛社会参与和市场互动的制度设计中，政府的角色尤为重要。②

政府的政策激励机制有助于增强市场对信用体系建设的参与度。例如，地方政府可以通过财政补贴、税收减免等方式鼓励金融机构、信用服务机构积极参与农村信用评估的各个环节。尤其在欠发达地区，由于信用市场较为不成熟，信用评估机构和金融机构参与度较低，政府可以通过特定的激励机制弥补市场短板，推动更多的市场主体加入农村信用体系的构建。例如，江苏省泗洪县金锁镇深化农村信用体系建设，在农村治理中探索推行“信用积分＋”模式，有效解决了村级各项事务群众参与度低、主体作用发挥不充分等问题，实现了农村治理由“村里事”变成“家家事”，发挥信用建设在农村治理中的积极作用，为乡村振兴输送源源不断的动力。该镇党委、政府高度重视“信用积分＋”模式推广，党政“一把手”领衔成立全镇积分应用工作领导小组，出台《金锁镇积分超市管理实施方案》，压实镇、村两级责任，建立信用积分“一月一评议”机制，至少每月开展1次“积分兑换生活用品”等活动，推动了农村信用体系建设。③ 这种政策激励措施不仅能够提高信用评估的覆盖率，还能促进信用信息的透明和标准。

单靠政府的力量并不足以推动农村信用体系的长期发展。市场作为重要的资源配置主

① 哈耶克，邓正来．正义：法律与权利［J］．环球法律评论，2001，23（1）：73—83.
② 刘文革，刘婷婷．以诺斯为代表的制度变迁理论评析［J］．学术交流，2007（3）：61—65.
③ 信息来源：信用中国网站，https：//www.creditchina.gov.cn/，访问日期：2024年10月7日。

体，在信用体系的实际运作和技术创新中起到了不可或缺的作用。市场力量通过技术创新提升了信用评估的精准性和自动化水平。在大数据、人工智能等技术的支持下，市场主体能够利用农户的生产经营记录、历史信贷行为等多维度数据，构建更加全面、动态的信用评级模型。这不仅提升了信用评估的准确性，还能够为金融机构提供更具参考价值的信贷决策依据。例如，金融科技企业通过构建智能信用评分系统，能够快速、高效地处理农村经济主体的海量数据，生成客观的信用报告，大幅缩短了传统信用评估中冗长的人工审核流程。这种技术突破为农村信用体系的发展提供了新的可能性。

市场力量在信用体系中的另一大作用体现在资源配置的优化上。市场主体，尤其是商业银行、互联网金融平台等机构，通过资本运作和市场化手段，能够大规模降低信用信息获取的成本，并提高信息使用效率。这种市场化的信用信息流动机制，不仅能够提升信息获取的便捷性，还能通过市场的自发调节机制，优化资源的配置效率。此外，市场主体还可以通过信贷产品的创新，进一步推动信用体系在农村经济中的应用。例如，基于农户信用评分的微贷产品、小额信贷保险等，为农村居民提供了更加灵活的金融服务，这些创新产品的推出不仅有效解决了农村金融服务覆盖率低、农户融资难的问题，也推动了信用体系在农村经济中的应用和发展。

双向推动机制的关键在于政府与市场的相互协同，而非彼此替代。政府通过政策引导为信用体系提供了宏观制度框架和法律保障，而市场则通过创新与竞争提升了信用体系的运行效率和技术水平。在此过程中，两者形成了相互促进的良性互动关系。比如，政府可以通过引导金融机构参与信用评估，制定统一的信用评级标准，而市场主体则可以通过实际操作，不断优化和完善这些标准，最终形成既符合国家战略要求又具有市场适应性的信用评级体系。

从长期发展的角度来看，政府与市场的双向推动机制能够确保农村信用体系的可持续发展。政府通过政策引导不断调整制度框架，以适应农村经济的动态变化，而市场则通过技术创新和资本力量，推动信用体系在实践中的深入应用。随着农村经济结构的进一步调整和转型，政府与市场的合作方式也将不断演进。政府在未来的角色可能更多地从直接干预转向政策监督和标准制定，而市场则会在信用信息的技术创新、产品设计和资本运作中扮演更加重要的角色。

理论上，这种双向推动机制符合熊彼特（Joseph Schumpeter）的创新理论，即经济发展依赖于市场的创新驱动力，而这种创新往往需要制度环境的保障。[①] 在农村信用体系建设的背景下，政府与市场共同推动的创新与优化过程，正是这一理论的生动体现。政府通过提供制度性支持和政策保障，确保了信用体系的基础框架，而市场则通过不断地技术创新和实际运作，提升了信用体系的有效性和适应性。这种双向推动机制不仅有助于解决当前农村信用体系建设中的技术和制度瓶颈，还为未来信用体系的发展提供了重要的理论和实践支持。

结论上看，政府与市场的双向推动机制将是农村信用体系长期稳定发展的关键。政府的政策支持与市场的创新推动相辅相成，共同形成了信用体系的动力引擎。而随着信用体

---

① ［美］约瑟夫·熊彼特．经济发展理论［M］．北京：中国人民大学出版社；2019：252.

系的不断优化与发展，政府与市场的合作将更加深入，推动农村信用体系的国际化进程，以及信用信息共享机制的进一步完善。

（二）信用体系建设中的技术瓶颈

1. 农村信用数据获取的技术难题

在当前信息化社会中，数据已成为现代信用体系建设的核心要素。但农村地区的信用数据获取却面临着诸多技术难题。由于农村地区的经济活动形式多样且分散，许多经济交易行为并未被正式记录，这导致数据的收集不完整。传统的数据获取方式主要依赖于人工调查和报表统计，这种方式在面对动态变化的农村经济环境时，往往显得力不从心。与城市相比，农村的信息化程度较低，电子化数据的覆盖率不足，难以实现实时监测和动态管理。农村地区基础设施的相对落后也成为数据获取的一大障碍。许多偏远地区网络覆盖不足，信息技术设备陈旧，限制了信用数据的即时采集与传输。即便是已经实现网络覆盖的地区，也因技术设备的老旧和维护成本高昂，造成数据采集的准确性和时效性问题。数据安全问题在农村信用数据获取中同样突出。农村居民对数据隐私的保护意识较为薄弱，信息安全技术的缺失，使得信用数据在传输和存储过程中容易遭受泄露或篡改，进一步增加了信用数据管理的难度。

2. 大数据与人工智能在信用评估中的应用瓶颈

随着大数据和人工智能技术的广泛应用，信用评估的精准度和效率得到了显著提升。在农村信用体系的实际应用中，这些技术的推广和应用却依然面临诸多瓶颈问题。首先是数据质量问题，由于农村地区数据来源的复杂性和多样性，大数据的收集和整理过程中，往往充斥着大量的冗余数据和噪声数据。这些数据在未经清洗和筛选的情况下，可能会导致信用评估模型产生偏差，从而影响评估结果的准确性。人工智能技术在农村信用评估中的应用还受到算法适应性的制约。传统的信用评估算法多是基于城市经济环境设计的，而农村的经济模式、生产方式与城市有很大不同，导致这些算法在农村信用评估中可能失去应有的效用。人工智能技术在农村信用体系中的应用还面临着技术人才缺乏的问题。由于农村地区经济发展水平相对落后，高端信息技术人才匮乏，难以支持人工智能技术在信用评估中的深入应用和推广。

为了突破这些瓶颈，未来应当加强大数据技术在农村信用评估中的应用，建立专门针对农村信用环境的评估模型，通过机器学习算法对农村经济行为进行精准分析。推动相关技术人才的培训和引进，搭建产学研合作平台，增强农村地区在大数据和人工智能技术应用中的自主研发能力。通过技术的改进和人才的培养，逐步消除大数据和人工智能在农村信用评估中的应用瓶颈，提升信用评估的科学性和可行性。

二、信用体系的全球化背景与本土化挑战

（一）全球信用评级标准的借鉴与本土化应用

1. 国际信用标准的适应性研究

在全球化背景下，信用体系的建设不仅需要关注国内经济环境的特殊性，还必须借鉴

国际信用评级标准的先进经验和技术。国际信用评级体系，如穆迪（Moodys）和标准普尔（Standard & Poor's）等机构，其评级标准已经成为全球信用市场中的权威指标。但是这些评级标准主要适用于成熟的资本市场，对于农业主导的农村经济，其适应性显然有限。国际评级标准偏重于企业的财务数据、市场风险和宏观经济因素，而农村信用体系则更关注个体信用历史、社区信用文化以及农村经济的季节性波动等独特因素。

因此，适应性研究成为全球信用标准在农村信用体系建设中的关键步骤。必须通过对全球评级体系的结构性分析，明确其核心指标与权重分配，辨析这些指标在农村经济环境中的适用性。例如，国际信用评级往往依赖于企业的财务报表和市场表现，但在农村地区，个体农户和中小企业的信用信息多为非结构化数据，财务报表较为简单甚至缺失，无法直接使用这些评级标准。对此，可以引入更多适合农村信用主体的非传统数据指标，如农业生产记录、土地资源使用情况、社区信用互助行为等，从而对国际标准进行适应性调整。

适应性研究还应注重地方政府在信用评级中的政策影响。不同于发达经济体，农村地区的信用主体往往依赖于政府的金融支持和政策倾斜。因此，在适用全球信用评级标准时，需要纳入地方政府的政策扶持力度和财政资源配置，这些都对信用风险评估产生重要影响。未来的农村信用评级体系必须在全球经验的基础上，构建一套符合中国农村经济现实、兼具国际通行标准与本土化需求的评估体系。

2. 本土化信用评级模型的构建路径

在全球化背景下，中国农村信用体系的构建并非简单照搬国际信用评级模型，而应根据本土化需求进行有机融合和创新。构建本土化信用评级模型，应立足于农村经济的实际需求和特点。中国农村经济具有较强的分散性和非正规性，许多农村信用活动并未纳入正式的金融体系，这使得信用评估模型的构建面临信息不对称问题。本土化模型应更加注重数据多样性和动态性，基于大数据技术采集农户的生产、消费、交易等行为数据，形成多维度的信用评价指标体系。

农村经济结构的复杂性要求本土化模型的构建要有更强的适应性。农村地区的信用主体包括农户、农村中小企业、农村合作社等，传统的信用评级模型难以涵盖这些不同主体的信用风险。因此，必须设计多层次的信用评级标准，根据信用主体的不同风险特征，设置针对性评级标准。例如，对于农户，信用评级可以更多依赖其农业生产的历史数据、收入稳定性和社区信用声誉，而对于中小企业，则应更多考量其财务数据和市场表现。

本土化信用评级模型的构建还应充分考虑中国农村经济的政策环境。农村信用体系的发展与国家政策密切相关，尤其是政府在金融资源配置、农业补贴、扶贫项目等方面的政策导向，直接影响农村信用主体的信用状况。因此，政策变量应成为本土化模型中的重要考量因素。通过结合全球评级体系的技术经验，设计出能够有效反映农村经济活动特征、政策环境影响和信用主体风险的本土化评级模型，不仅能够提升信用评估的准确性，还可以推动农村金融资源的合理配置。

（二）全球信用体系中的本土特色发展

1. 中国信用体系建设在全球背景下的独特挑战

在全球化的背景下，信用体系的发展并不仅是经济活动的国内生产物，而是受多种国际化因素影响的复杂过程。中国作为全球第二大经济体，其农村信用体系建设既面临来自全球信用规则的外部压力，也需处理本土经济结构的复杂性和信用主体多样化的独特挑战。农村信用体系的建设，不仅要应对国际信用标准的适应问题，还需处理国际资本流动、跨境信用信息交换以及国际金融市场规则对农村经济活动的影响。

中国农村信用体系面临的独特挑战在于如何应对全球信用评级机构的标准适应性问题。国际信用评级机构的评级标准在全球范围内被广泛接受，但其核心评价体系更多基于成熟市场经济体的规则和制度框架，而忽视了中国农村经济的多样性和复杂性。例如，国际评级模型往往强调财务透明度、市场规模和行业竞争力，而中国农村地区的许多信用主体，如农户和中小企业，难以提供标准化的财务报表和具有国际化特征的市场表现，这在某种程度上增加了其在全球信用体系中的信用风险。因此，如何在保持全球化背景下信用体系与国际标准接轨的同时，平衡本土经济的实际需求，成为当前农村信用体系建设中的核心挑战之一。

全球资本流动的复杂性加剧了中国农村信用体系建设的挑战。随着国际金融市场的联动性日益增强，全球资本的流动不仅影响城市经济发展，也逐渐渗透到农村地区。农村经济体在面对国际资本时，往往缺乏有效的信用支撑体系，难以抵御外部资本的冲击。例如，国际资本的短期流入和流出可能对农村经济的稳定性构成威胁，尤其是在农业价格波动剧烈的情况下，资本市场的快速变化可能引发农户或农村企业的信贷风险。因此，构建能够应对国际资本流动的农村信用体系，既要考虑国际资本的流动规律，也要结合中国农村经济的特殊需求，制定具有灵活性和适应性的信用评级和信贷风险管理机制。

中国农村信用体系的国际化发展还需要应对跨境信用信息共享的复杂性。全球信用信息互联互通的趋势逐渐加强，跨境信用信息交换在全球信用市场中的重要性日益凸显。但中国农村地区的信用信息基础设施建设相对滞后，信用数据的采集和管理存在较大差距，导致农村信用体系难以快速适应国际信息共享机制。这种信息不对称不仅限制了农村信用主体参与全球市场的能力，也增加了国际信用体系对中国农村信用体系的质疑。因此，在推动信用信息全球化发展的过程中，中国农村信用体系必须加强信用信息的标准化管理，提升农村信用信息的透明度和可获取性，从而增强其在全球信用体系中的竞争力。

2. 全球经验对中国农村信用建设的启示

全球信用体系的发展为中国农村信用建设提供了丰富的经验和启示。全球信用体系的成功经验表明，信用信息的标准化管理和信用数据的全面收集是信用体系建设的关键。欧美国家的信用体系建立在高度标准化的信息采集和管理基础上，信用信息的透明度和广泛的可获取性提高了信用评估的准确性和信贷市场的流动性。相较之下，中国农村信用信息基础设施建设还不够完善，信息采集渠道单一，数据利用率较低，导致农村信用主体难以被全面评估。因此，中国可以借鉴欧美的经验，进一步加大对信用信息基础设施的投入，建立完善的农村信用数据采集、存储和分析体系，从而提升信用信息的使用效率。

全球经验表明，信用评级的多维度评估机制对提高信用体系的准确性至关重要。国际信用评级机构不仅依赖财务数据，还会综合考虑市场环境、行业竞争力、信用主体的治理结构等多方面因素，以提高信用评级的全面性和准确性。中国农村信用体系的建设也应采纳这一多维度评估思路，特别是在数据相对缺乏的农村地区，应将信用评估的视野拓宽至农户的生产活动、社交网络、合作社的信用保障机制等，形成一个涵盖多维度信用信息的综合评价体系。

全球经验还表明，政府在信用体系建设中发挥着重要的支持作用。在许多发达国家的信用体系建设过程中，政府通过制定相关法律法规、建立公共信用信息平台以及提供财政支持，推动了信用体系的完善与发展。中国农村信用体系的发展同样离不开政府的政策引导与支持。政府可以通过建立全国性农村信用信息平台，加强农村信用数据的公开和透明度，推动农村信用信息的共享与互通。政府还可以为农村信用主体提供政策性金融支持，降低信用评级中因数据缺乏导致的信用风险，从而促进农村信用体系的稳定发展。

3. 区域性信用体系的国际化战略考量

在全球信用体系的背景下，区域性信用体系的国际化战略是中国农村信用建设面临的又一重要课题。区域性信用体系的国际化不仅需要提升本土信用评级模型的适应性，还需关注如何将区域性信用体系与全球信用体系有效对接。随着国际资本和跨境贸易的发展，农村信用体系必须具备更强的国际化能力，以便为农村经济主体参与国际市场提供可靠的信用保障。为此，区域性信用体系的国际化发展战略应包括两方面的考量：一是提升信用评级标准的国际通用性，使其能够被全球资本市场认可；二是加强区域间信用信息的互联互通，推动区域性信用体系的全球化发展。

应考虑到中国农村经济的独特性。区域性信用体系往往依赖于区域经济的特点和信用文化的历史积淀，在国际化过程中如何保持其独特性是战略中的重要部分。例如，中国农村的信用文化注重人与人之间的信任关系，这一社会资本在农村经济活动中发挥着重要作用。然而，国际信用市场更强调数据驱动的信用评估模式，如何在全球化过程中保持区域性信用文化的独特性，是中国农村信用体系建设中的一大挑战；区域性信用体系的国际化战略还需要考虑国际市场的法律和监管环境。不同国家和地区的法律体系对信用信息的采集、存储和使用有着不同的规定，区域性信用体系的国际化必须遵循这些法律和监管规则。为此，中国农村信用体系的国际化发展不仅要在技术上与国际接轨，还需建立符合国际法律规范的信用数据管理体系，确保信用信息的合规使用与国际互联互通。

（三）信用信息共享机制的全球化趋势

1. 跨国信用信息互联与共享框架

随着全球经济一体化进程的加速，信用信息的跨国互联与共享逐渐成为国际金融体系的重要组成部分。对于中国农村信用体系而言，跨国信用信息的共享机制既是机遇，也是挑战。跨国信用信息互联能够有效提升信用评估的精准性，减少信息不对称所带来的信用风险，从而促进农村经济主体融入全球市场。如何在这一过程中构建适应中国农村经济环境的信用信息共享框架，仍是亟待解决的重大课题。

跨国信用信息互联的关键在于信用信息的标准化与统一化。国际信用评级机构和跨国金融机构普遍依赖高度标准化的信用信息进行评估和决策。中国农村信用体系的信息标准与国际标准存在较大差异。在中国农村经济体中，许多信用信息的获取方式依赖于地方性资源和非正式渠道，这种信息往往难以满足国际信用评估的要求。因此，中国农村信用体系需要在推动本土化发展的同时，与国际信用标准接轨，建立标准化的信用信息采集与管理机制。例如，可以通过立法和政策引导，将农村经济主体的信用信息标准化，确保其在国际信用信息互联框架中具有可对比性与透明性。

跨国信用信息共享机制的建立，要求不同国家和地区之间的信用信息系统具有较高的互操作性（interoperability）。这一点对于中国农村信用体系的建设至关重要，因为中国农村经济的信用主体小而分散，信用信息的采集和存储多样化且不统一。中国农村信用信息系统需要具备一定的开放性，以适应国际信用信息共享框架的要求。通过与国际信用信息平台的对接，推动中国农村信用信息系统的国际互通，使得国际资本和跨国企业能够更好地评估农村经济主体的信用风险，从而促进中国农村信用体系的国际化发展。

跨国信用信息共享机制的建立，还需解决信用信息的安全与隐私问题。随着全球信用信息共享的不断深化，信息安全问题越发突出。信用信息的跨境传输和共享涉及大量个人和企业的敏感数据，如果没有完善的法律和技术保障，这些数据可能面临被滥用的风险。为此，中国农村信用体系的建设在推动信用信息跨国共享的同时，必须加强对信用信息的保护，建立健全的隐私保护制度和信息安全机制，确保信用信息在共享过程中得到充分的保护和合理的使用。

2. 区域间信用信息共享的技术支持

区域间信用信息的共享是全球化信用体系的重要环节，它不仅能够增强区域间经济体的信用互信度，还能够推动信用市场的融合，促进资本流动与经济合作。中国农村信用体系要在全球信用体系中占据一席之地，区域间信用信息的共享技术支持是不可或缺的关键因素。技术创新为信用信息的共享提供了更多可能性，但同时也带来了新的挑战，特别是在农村地区技术基础设施相对薄弱的情况下，如何利用技术推动信用信息的高效共享成为当务之急。

区域间信用信息共享的技术支持，需要依赖于大数据和云计算等先进技术的应用。信用信息的共享需要处理大量的异构数据，这些数据来自不同的信用主体、不同的经济区域，甚至不同的国家和文化背景。大数据技术的引入，可以有效处理这些复杂的异构数据，提升信用信息的分析和共享效率。例如，在中国农村信用体系的建设中，可以借助大数据平台将分散在各地的信用数据进行汇总和分析，形成一套完整的信用评估体系，从而促进区域间信用信息的高效共享。

区块链技术为信用信息的安全共享提供了全新的解决方案。区块链的去中心化特点，可以有效解决信用信息共享过程中信息篡改和数据泄露的风险。通过区块链技术，农村信用主体的信用信息可以在一个去中心化的网络上进行透明、可追溯的存储和共享，从而保障信息的真实性与安全性。例如，在区域间信用信息的共享过程中，可以利用区块链技术建立分布式账本，将不同地区的信用信息连接在一起，确保信息在不同区域间共享时的透明性和可靠性。

人工智能（AI）技术的应用也为区域间信用信息的共享提供了强大的技术支持。AI可以通过智能算法对海量的信用数据进行分析和预测，从而提高信用评估的精准度。在中国农村信用体系的建设中，AI 技术可以帮助分析农户和农村中小企业的信用行为，预测其未来的信用风险，进而为区域间信用信息的共享提供更为精确的数据支持。例如，通过AI 算法对不同区域的信用数据进行分析和建模，可以生成更为细致的信用风险评估报告，为区域间信用合作提供可靠的决策依据。

3. 信用信息全球化带来的治理与法律问题

信用信息的全球化不仅带来了技术上的突破，也引发了诸多治理与法律问题。随着信用信息的跨境流动日益频繁，如何确保这些信息在不同国家和地区的合法使用，成为各国政府和国际组织亟待解决的难题。中国农村信用体系的全球化发展，必须面对这一系列复杂的法律与治理问题，确保信用信息的共享在法律框架内进行，并且避免潜在的法律风险。

信用信息的全球化面临着各国法律体系的差异性挑战。不同国家和地区对信用信息的管理和使用有着不同的法律规定。例如，欧盟的《通用数据保护条例》（GDPR）对个人数据的使用有着严格的限制，而美国的信用信息管理法律则相对宽松。[①] 对于中国农村信用体系而言，在推动信用信息的跨境共享时，必须仔细研究目标市场的法律环境，确保信用信息的共享符合当地的法律要求。同时，中国也应制定符合国际标准的信用信息管理法规，避免因法律冲突而导致信用信息共享的障碍。信用信息的全球化还带来了数据主权问题。随着信用信息的跨境流动，信用信息的所有权和管理权逐渐模糊化。中国农村信用体系的建设必须明确信用信息的归属和使用权限，确保在跨国信用信息共享过程中，农村信用主体的权益不会受到损害。例如，信用信息的跨境传输需要明确各方的责任与义务，确保信息的使用符合数据主权原则，避免信息滥用或数据泄露带来的法律纠纷。

第二节　信用体系的可持续发展路径

一、信用体系的绿色发展与生态文明

（一）绿色金融在信用体系中的发展前景

1. 生态信用评估模型的构建

生态信用评估模型的构建是绿色金融与信用体系融合的关键基础。传统信用评估侧重于借款人的财务状况和还款能力，但在当前全球环保意识增强的背景下，信用评估不仅要衡量财务能力，还需综合考量环境因素。构建生态信用评估模型的首要挑战在于如何量化农村经济主体的生态表现。比如，如何通过数据和技术手段来评估企业或个人在资源消耗、污染排放、土壤修复等方面的行为。这需要信用体系与绿色金融的深度融合，特别是在可持续发展框架下，利用新型数据分析工具对环境影响进行量化，以增强信用评估的全面性。

---

① 黄闪闪，林田．欧洲通用数据保护条例（GDPR）视角下深度学习算法的理据性问题刍议［J］．系统科学学报，2021，29（1）：31—34，66.

这种生态信用评估模型的构建不仅能够引导金融资源向绿色项目倾斜，也可以通过市场机制促进农民和农村企业采取更加环保的经营方式。例如，在农产品的生产过程中，评估其使用的化肥和农药对环境的影响，并在信贷决策中将其纳入评估范围，这将促使农民采用更环保的生产方式。同时，生态信用评估模型也有助于提升信用体系的国际竞争力。在全球化的背景下，绿色金融标准逐渐成为国际金融体系的一部分，农村信用体系的生态化转型将有助于中国在国际绿色金融市场中占据有利地位。权威理论如环境、社会和治理（ESG）标准体系为生态信用评估模型的构建提供了理论支撑。[①] ESG 标准不仅涵盖了财务和环境指标，还涉及社会责任和公司治理等多维度评价。中国在此基础上可以建立适合本土经济和生态环境的信用评估框架，从而为农村信用体系的可持续发展奠定基础。

2. 环保政策对农村信用体系的影响

环保政策的逐步推进极大地影响了农村信用体系的发展方向。自中国政府提出生态文明建设以来，环保政策逐渐渗透到各个经济领域，农村作为国家生态文明建设的重要组成部分，受影响较大。在这种背景下，信用体系需要与环保政策协调发展，将环保合规作为信用评级的重要考量因素。这意味着，企业或个人若能够在环保合规方面表现突出，将在信用评分中获得更高评级，从而享受更优惠的贷款条件和融资渠道。环保政策在信用评估中起到了杠杆作用。例如，在农业生产领域，信用体系可以通过引入环保指标，如土地使用、能源消耗和废物处理等，将环保合规与金融资源的分配挂钩。这样一来，农民和农村企业就会受到激励去追求更加环保的生产方式，进而推动整个农业领域的绿色转型。国际经验表明，环境合规和金融激励结合的政策设计能够有效提升环境治理的效果，美国和欧盟的绿色金融政策在这方面提供了有益的借鉴。

农村信用体系应充分利用政府的环保政策优惠政策，如环保补贴、绿色信贷贴息等，来引导农村经济朝着可持续的方向发展。这不仅有助于提升农村地区的环境治理水平，也可以增强农村信用体系的社会责任感，从而在政策与市场之间形成良性互动，推动绿色金融的进一步发展。

3. 绿色经济中的信用支持路径

绿色经济的发展依赖于金融资源的支持，而信用体系作为金融资源的配置机制，在绿色经济中扮演了至关重要的角色。特别是在农村地区，绿色经济的发展主要依赖于农业、可再生能源和生态旅游等产业，这些行业需要大量资金支持来推动其发展。因此，信用体系必须通过创新绿色信贷产品，来提供充足的金融支持路径。

绿色信贷产品能够帮助农村企业获得发展绿色产业所需的资金。[②] 例如，发展可再生能源的企业可以通过绿色信贷的支持，进行光伏发电、风力发电等项目的建设。这不仅为农村地区提供了经济增长点，也减少了对传统能源的依赖，提升了整个地区的可持续发展能力。绿色信贷还可以支持农业生产中的环保措施，例如减少化肥和农药的使用、推广有机农业等。这些措施不仅能够提升农产品的质量，还减少了对环境的负面影响，有利于推动绿色农业的可持续发展。

---

① 操群，许骞．金融“环境、社会和治理”（ESG）体系构建研究［J］．金融监管研究，2019（4）：95—111．

② 周孟亮，王立聪．绿色信贷对农村产业振兴的“助推”机制与“三重”困境——基于新型农业经营主体的微观视角［J］．农村金融研究，2024（6）：17—29．

值得注意的是，绿色信贷不仅是简单的资金支持，它还必须具备监管和激励功能。通过信用体系对资金流向的管理，确保信贷资金被合理地用于绿色项目，并通过信贷产品设计中的激励机制，鼓励农村企业和农民参与绿色生产。国际金融机构如世界银行、国际货币基金组织（IMF）等已经通过绿色债券等方式为全球绿色经济提供资金支持，这为中国的绿色信贷体系发展提供了有益的参考。

（二）信用体系对可持续农业发展的支持

1. 信用与现代农业的创新融合

信用与现代农业的创新融合，是推动农业可持续发展的核心动力之一。现代农业不仅依赖于自然资源，还依赖于先进的科技手段和管理模式。而信用体系作为金融资源分配和风险评估的重要工具，必须与现代农业的创新需求紧密结合。传统的信用评估往往基于农户的财务状况和历史信用记录，但在现代农业中，科技应用、数据驱动、创新能力等因素也逐渐成为评估信用的重要标准。

现代农业中应用的精准农业技术、大数据分析和智能化管理系统，极大地改变了农业生产的方式。这使得农户和农业企业能够通过数字化手段获取更多的生产信息和市场预测，从而提高农业生产的效率与可持续性。与此同时，这种创新技术的广泛应用，也对信用体系提出了新的挑战。比如，如何将农户的技术水平、创新能力以及环境友好型生产模式纳入信用评估体系中，这是亟待解决的问题。

国际经验表明，现代农业与信用的创新融合能够有效降低农业生产中的金融风险。美国、荷兰等国家的信用体系通过引入科技创新指标，逐步实现对农户信用的动态监控与管理，确保金融资源更精准地支持到具备创新能力和可持续发展潜力的农业主体。中国的农村信用体系也应借鉴这一经验，将信用评估与现代农业科技创新更紧密地结合，通过大数据、智能化工具的使用，提升信用体系的评估精度与效率。

2. 农业合作社与绿色信用融资的结合

农业合作社作为农村集体经济的重要形式，在推动农业现代化和可持续发展中扮演了关键角色。绿色信用融资则为合作社的可持续发展提供了重要的金融支持。农业合作社通过集体行动，能够有效提升资源的利用效率和规模效应，而绿色信用融资的介入则为这些合作社提供了开展绿色项目、提升生态效益的资金来源。绿色信用融资的关键在于它不仅关注合作社的财务表现，还特别强调其生态和社会责任表现。在融资评估过程中，绿色信用体系将合作社的生态环境保护措施、可持续发展项目，以及其在节能减排、污染治理等方面的贡献纳入信用评分标准。这种评估方式确保了资金流向符合环保目标的合作社项目，从而推动农业合作社实现绿色转型。绿色信用融资的成功实施，依赖于多层次的政策支持和信用体系的完善。农业合作社的绿色转型，不仅需要国家政策的引导，还需要信用体系与金融机构的密切合作，确保绿色项目获得长期、稳定的资金支持，从而实现可持续发展。

3. 绿色信贷在农村经济中的作用

绿色信贷在推动农村经济可持续发展中，起到了至关重要的作用。作为一种专注于支持环保项目和绿色产业发展的金融工具，绿色信贷不仅为农村地区的生态保护和可持续经济增长提供了资金支持，也引导了农村经济向绿色方向转型。绿色信贷的核心在于通过金融杠杆，引导农业企业和农户在生产经营中采用更加环保和节能的方式。在绿色信贷的推动下，农村经济的结构逐步调整。传统的高能耗、高污染型经济模式正在逐步被绿色、低碳的经济模式所取代。例如，农村地区的光伏发电、风能发电项目得到了绿色信贷的支持，推动了可再生能源的发展。这种经济结构的调整，不仅降低了对环境的负面影响，也提升了农村经济的竞争力。通过对信用体系的严格评估和监管，确保绿色信贷的资金流向真正符合可持续发展的项目，从而有效推动农村经济的绿色转型。这种绿色信贷模式的推广，不仅有助于改善农村地区的生态环境，还为全球范围内的绿色经济提供了可借鉴的经验。

（三）信用体系与农村生态文明的互动发展

信用体系在农村生态文明建设中的作用日益突出，其不仅是经济活动的保障机制，也逐步成为生态治理和可持续发展的核心推动力。农村生态文明的建设要求在生产和生活方式上实现绿色转型，而信用体系作为一种资源分配和行为规范的工具，可以在这一过程中发挥重要的引导和促进作用。在农村生态治理中，信用机制能够有效补充传统的法律和行政手段，成为推动生态治理的重要工具。通过引入信用评价体系，政府可以将环保行为纳入农民和农村企业的信用评级范围，激励各类经济主体自觉履行环保责任。这种信用与生态治理相结合的模式，不仅能够提升农村居民的环保意识，还能够建立起一套长效的生态治理机制。

在实际应用中，政府可以通过绿色信用积分的形式，对农户和企业的环保行为进行量化评估。比如，减少农药、化肥的使用量，使用环保生产方式，或者参与农村生态建设活动的农民，可以获得绿色信用积分。这些积分不仅可以用于改善其在金融机构的信用记录，还可以兑换政策补贴、贷款优惠等实际利益。这一信用机制在激励环保行为的同时，也提高了农村生态治理的效率，使得农村社会的可持续发展目标更容易实现。信用机制的引入还可以促进更多社会资本进入生态治理领域。通过生态信用担保机制，农村企业和农户可以利用绿色信用获得更多金融支持，从而投入更多资源用于环保技术的引进和应用。这种生态治理与信用体系的联动，最终会在整个农村经济中形成一个以信用为核心的绿色发展生态。

二、信用体系建设中的社会责任与伦理

（一）信用体系中的社会公平与责任

1. 农村弱势群体的信用支持政策

农村信用体系的设计应特别关注弱势群体的信用支持。与城市中的小微企业和中产阶级相比，农村弱势群体由于资源稀缺和金融基础薄弱，面临着严峻的信用获取困境。特别是在农户贷款等金融服务中，这些群体常常因为缺乏信用记录和抵押物而无法获得贷款。针对这一问题，一些学者提出了社会责任视角下的信用体系优化路径，主张在农村信用政

策设计中引入更多支持弱势群体的机制。这样的机制不仅是对农村金融资源分配的不公平现状的回应，更是信用体系社会责任的体现。“公平优先理论”提出，社会资源的分配不应仅考虑效率，更应当优先确保最弱势群体的基本权益。[①] 在信用体系中，这意味着国家与金融机构应当为弱势群体提供更多的信用支持政策，如减免贷款利息、提供无担保的信用贷款等。此外，社会企业与政府还可以通过构建信用担保基金等方式，为这些群体提供额外的信用保障，从而实现信用体系在社会责任上的突破。

2. 信用评估中社会伦理问题的探讨

信用评估过程不仅关乎经济利益，还涉及深层次的社会伦理问题。信用体系中的伦理问题包括对个人信用记录的公平评价、信息透明度的维护以及道德风险的防控。社会信用评估的本质在于如何在公平与效率之间找到平衡，以确保信用资源的合理分配与使用。在农村信用体系中，由于信用评估机制相对简单粗放，社会伦理问题尤为突出。有学者认为，农村信用评估不仅要关注经济指标，还应将社会责任、道德行为等软性因素纳入评估框架。[②] 例如，一位农户即便在经济上并不占优势，但其在社区中的贡献或环保方面的表现优异，这些行为应当作为信用评估的附加分，从而为其在信用体系中的表现增色。这一思路与 Amartya Sen 的“能力论”有相通之处，即社会资源的分配应充分考虑个人的社会责任与能力，而非单纯的经济能力评价。

伦理风险问题在农村信用评估中也需要特别关注。在当前的农村信用体系中，部分金融机构可能通过过度依赖数据分析来作出信用决策，而忽视了具体农户的现实生活背景。这种做法虽然提升了信用评估的效率，但可能导致部分农户因为“数据差距”而被排除在信用体系之外。为避免这一问题，信用评估中的伦理约束应当得到强化，特别是通过引入更多的社区参与机制和多维度评估标准，确保信用评估的公平性与伦理性。

3. 信用体系中的包容性与公平性

信用体系中的包容性与公平性，是确保农村金融体系可持续发展的关键。在金融资源分配中，包容性意味着信用体系不仅要为有经济优势的群体提供支持，还需对弱势群体开放，确保不同经济层次的农民都能获得信用支持。这一理念要求在信用评估与金融服务设计中，采取更加包容和多元的策略，特别是在数据获取和评估模型的设计上，充分考虑农村社会的多样性。在农村信用体系中，包容性可以通过引入差异化的信用评估标准来实现。针对不同地区、不同经济基础的农户，制定不同的信用评估规则，使每一类农户都能通过合理的信用途径获得金融资源支持。

（二）信用体系的社会价值与公共认知

1. 农村居民对信用体系的认知与参与

农村居民的信用认知与参与，是信用体系能否成功运行的关键。由于传统金融机构在农村的覆盖面有限，许多农民对信用评估机制和信用记录的维护并不熟悉。这种信息不对称阻碍了信用体系的普及和推广。因此，提升农村居民对信用体系的认知，尤其是教育其

---

① 金太军．从公平与效率的关系看“扶贫”［J］．中国社会工作，1997（6）：29—30.

② 崔学敏，马丽玉，季曦．对建立全国统一模式农户信用风险评估体系的思考［J］．征信，2012，30（6）：13—17.

如何参与信用体系，成为推动信用体系可持续发展的重要任务。根据以上认知，金融机构与政府可以通过农民教育、社区宣传等形式，帮助农民了解信用评估的运作机制，增强其对信用体系的信任与参与感。在农村居民的认知与参与中，农村信用体系的发展还需要依赖农村社群的自我组织与信用文化的推广。通过在社区中设立信用顾问或建立信用互助合作社，能够有效提升农民对信用体系的信任与参与感，从而实现农村信用体系的社会价值。

2. 信用体系中的教育与宣传机制

农村信用体系建设的成功与否，取决于广大农村居民对其重要性的认知和对信用机制的主动参与。因此，教育与宣传机制在此过程中起到了至关重要的作用。建立有效的教育与宣传机制，不仅能够帮助农民理解信用体系的作用，更能够促使其通过正确的方式参与信用建设，从而增强整个农村社会的信用文化氛围。

理论上，教育与宣传应当涵盖信用体系的各个方面，包括如何维护个人信用记录、信用评级对未来经济活动的影响，以及信用违规行为的后果等。通过构建多层次的教育体系，农村居民能够逐步从理论上理解信用的重要性并落实到实践中。经典的传播理论指出，知识的获取和信息的传播是态度转变的第一步，唯有通过长期的教育，才能让农村居民逐渐建立起良好的信用行为习惯。具体到农村信用体系中，这种教育不仅限于传统的课堂教学，还应当结合农村的实际情况，通过农村集市、社区会议、农村广播等多种渠道开展宣传。并且宣传机制的设计需要紧密结合农村居民的认知水平和文化背景。

在一些偏远地区，互联网的普及率较低，传统的电视、广播和面对面的宣传活动仍然是主要的传播方式。在这一过程中，地方政府和金融机构应当与基层组织紧密合作，利用村委会等平台进行信用教育的普及。在此基础之上，还可以通过生动的实例，比如成功的信用融资案例、信用记录良好的农户获得的经济收益等来增强教育的实际效果。这种案例式的宣传有助于降低农民对信用体系的抽象感，使其能够从具体的经济利益中感受到信用机制的实际作用。教育与宣传机制还应当长期持续，不可一次性开展便期望见效。信用文化的培育需要时间的积累，特别是在农村社会中，信用体系的构建还处于起步阶段，农民对其的认知和参与积极性普遍不高。因此，金融机构和地方政府应当将信用教育作为长期政策的一部分，定期开展信用知识讲座和培训，帮助农民逐步掌握信用维护和使用的技巧。除此之外，农村学校也可以将信用教育纳入课程体系，从青少年时期就开始培育信用观念，为农村信用体系的长期发展打下坚实的社会基础。

（三）农村信用体系中的伦理道德约束

1. 信用信息的保护与隐私权保障

在农村信用体系的发展过程中，信息保护与隐私权的保障问题是重要的议题之一。随着信用数据的广泛收集和应用，农民的个人隐私也面临着前所未有的风险。特别是在信用信息共享和大数据技术的支持下，如何在推动信用体系建设的同时，确保农民的个人信息安全，是一个亟须解决的伦理问题。隐私权的保护不仅是法律问题，更是信用体系的伦理责任。根据“隐私权理论”，个人的隐私权是其基本人权之一，任何侵犯隐私的行为都应当受到严格的限制。[①] 在农村信用体系的建设过程中，政府和金融机构应当制定明确的信息保护政策，确保农民的信用数据不会被滥用。个人信用数据的收集应当遵循“知情同意原则”，即农民在授权金融机构收集其信用信息时，必须明确知晓数据的用途和保护措施。信用信息的共享与应用也应当受到严格监管，避免因信息泄露导致农民利益受损。

隐私权的保护还应当包括对数据使用过程的透明度要求。金融机构在进行信用评估时，应当向农民提供清晰的信用评分解释，使其了解信用决策的依据和过程。如果农民认为其信用信息存在错误或不公正的评估结果，应当有权进行申诉和纠正。这种透明度不仅有助于提升农民对信用体系的信任感，还能够避免因信息不对称而引发的伦理争议。随着农村信用体系的发展，隐私保护技术也应当不断更新。当前，大数据和区块链技术为信用信息的安全存储和传输提供了新的可能性。通过区块链技术，农民的信用信息可以得到更为安全的加密处理，确保在信息共享过程中不会被篡改或泄露。农村信用体系的可持续发展离不开对农民隐私权的充分尊重和保护，只有在伦理道德框架内推进信用建设，才能实现信用体系的长期稳定。

2. 信用评估中的道德风险问题

在农村信用体系建设过程中，除了技术层面的挑战，伦理道德问题尤其是道德风险逐渐成为一个不容忽视的重要议题。道德风险通常指的是在信用体系中，某些参与者可能会因为信用评估体系的缺陷或不透明，而采取不负责任或不诚实的行为，从而损害整个信用体系的稳定性。特别是在农村地区，受限于经济发展水平和信息不对称性，信用评估中的道德风险问题更为复杂和难以解决。农村信用评估中道德风险问题的根源在于信息不对称现象。由于农村地区的信用信息采集和评估机制相对滞后，金融机构很难全面、准确地掌握农民的真实信用状况。这种信息不对称为某些借贷者提供了规避信用评估的机会，导致信用体系无法有效反映个人或集体的真实信用状况。某些农民可能夸大自己的还款能力或隐瞒自己的负债情况，以获取更多的贷款。而一旦贷款获得，这些借款人可能并不会遵守最初的还款承诺，甚至可能直接违约。这种情况加剧了金融机构对农村信用市场的怀疑，导致了农村信用供给不足和融资成本增加。

信用评估中的道德风险问题还与农村社会的特殊性密切相关。农村地区的经济活动和社会关系通常具有很强的地方性特征，许多经济行为建立在亲缘和地缘关系的基础上。这种紧密的社会网络虽然有助于增强社区的凝聚力，但也可能导致信用体系的失效。在这种环境下，信用评估往往受到非正式制度的影响，比如基于亲友关系的信用互保机制，这使得农民即便信用评级不佳，依然可以通过社会网络获取融资。这种现象不仅增加了金融机构的风控难度，也加剧了农村信用体系中的道德风险。

为了应对信用评估中的道德风险问题，相关政策制定者和金融机构需要采取多方面的措施。应当加强信用信息的透明度和公开性，通过更为全面和细致的信息采集机制，减少信息不对称的发生。比如，政府可以推动建立全国性农村信用信息平台，金融机构通过平台可以共享和核实农民的信用信息，避免个体在不同金融机构间“套利”；信用评估的过程需要更加规范化和透明化，确保评估标准的一致性和公正性；应当在农村信用体系中引

① 任颖．数字时代隐私权保护的法理构造与规则重塑［J］．东方法学，2022（2）：188—200.

入道德教育和法律约束，帮助农民理解道德风险对社会的危害，建立信用与诚信相结合的社会机制。这一方面可以通过加强农村信用文化的培育来实现，另一方面可以通过引入更加严格的法律和监管框架，确保信用违约行为受到应有的惩罚。

经济学理论中的“道德风险”概念，最早由美国经济学家肯尼斯·约瑟夫·阿罗（Kenneth Arrow）提出，他认为信息不对称是道德风险的关键成因，而信用市场的道德风险会导致市场失灵。[①] 应用到农村信用体系中，阿罗的理论揭示了信息透明度对降低道德风险的关键作用。因此，政府和金融机构应当通过提高信用信息的透明度，减少道德风险的发生，促进农村信用体系的健康发展。

3. 道德风险对信用体系长效机制的影响

道德风险不仅是短期内影响信用市场稳定的因素，长期来看，它还可能对整个农村信用体系的长效机制产生深远的影响。如果农村信用体系中道德风险得不到有效控制，不仅会导致信用违约率上升，进一步恶化信用环境，还可能动摇金融机构对农村市场的信心，进而影响到农村经济的整体发展。

频繁的道德风险事件会导致信用成本的增加，金融机构为了防范风险，不得不提高贷款利率或收紧贷款标准。这将导致农村地区的融资渠道更加狭窄，特别是对那些信用记录较差或无信用记录的农民而言，获得资金支持将变得更加困难。而这种资金匮乏又会反过来限制农村经济的发展，形成恶性循环。因此，信用体系中长期存在的道德风险问题，不仅影响个体的融资能力，更会削弱农村地区的整体经济活力。道德风险对农村信用文化的影响也是不可忽视的。如果农村地区的信用体系长期缺乏有效的道德约束，农民对于信用的信任感将会逐渐下降，整个社会的信用文化可能会因此受到破坏。

在这样的环境下，诚信观念难以在农村社会中扎根，农民之间的经济交往可能会更加依赖个人关系而非信用体系，这将进一步阻碍信用体系的正常运转。因此，道德风险不仅是一个经济问题，它还与社会的伦理道德紧密相连。道德风险的持续存在还可能引发一系列的法律和监管问题。为了应对道德风险，政府和金融机构可能会逐步加强对农村信用市场的监管，制定更为严格的信用评估标准和违约惩罚措施。但是这种“事后监管”通常难以从根本上解决道德风险的问题，反而可能会加重市场的负担。因此，从长远来看，农村信用体系的建设需要更多地依赖“事前预防”，即通过教育和文化建设，帮助农民树立正确的信用观念，从源头上减少道德风险的发生。

经济学家约瑟夫·斯蒂格利茨（Joseph Stiglitz）提出的信息经济学理论进一步深化了对道德风险的理解。[②] 他指出，市场中的信息不对称和激励结构往往是道德风险的主要来源，因此，减少信息不对称并设计合理的激励机制是解决道德风险的关键。这一理论对农村信用体系建设具有重要的启示作用：政府和金融机构不仅要通过技术手段提升信息透明度，还需要通过合理的激励措施，鼓励农民遵守信用规则，减少违约行为。基于上述理论，农村信用体系中的道德风险问题不仅影响当前的信用市场秩序，还对未来的信用文化、法律体系和经济发展具有深远的影响。因此，解决道德风险问题需要多方合作，包括

① 刘源，喻迎，陈宏民．数据产品开发的激励机制研究：道德风险理论视角［J］．管理评论，2024，36（6）：19—29.

② 《信息经济学：基本原理》——《斯蒂格利茨经济学文集》开篇之作［J］．西南金融，2007（5）：8.

政府、金融机构、农民和社会组织，共同推进农村信用文化的建设和完善，确保农村信用体系的可持续发展。

第三节 信用体系建设的前景展望

一、信用体系建设的长期发展目标

（一）农村信用体系的未来战略规划

1. 信用体系建设的中长期规划目标

在农村信用体系的建设中，制订明确的中长期规划目标至关重要。当前农村信用体系在中国社会和经济中的作用日益重要，但其发展的长期可持续性仍有待增强。因此，构建一个中长期的战略框架不仅能够指导信用体系的稳步发展，还能够确保其在农村经济转型和乡村振兴过程中发挥更大的作用。中长期规划需要关注农村信用体系的制度化建设。在这一过程中，政策的连续性和信用数据的积累尤为关键。通过长期稳定的政策支持，信用制度能够在农村经济环境中逐步植入，并形成系统性框架。这一发展路径需要政府层面的高度重视，尤其是在政策协调和资源调配方面。

技术创新也是长期规划中不可忽视的方面。随着区块链、大数据等技术的发展，农村信用体系的数据管理和信用评估方式逐步走向智能化。这些技术不仅能够提升信用评估的准确性，还能够加强信用数据的透明度和可追溯性，从而降低信用风险，提高信用体系的公信力。

2. 信用体系在乡村振兴中的支撑作用

信用体系在乡村振兴战略中具有重要的支撑作用。在乡村振兴战略的五大重点任务中，产业兴旺、生态宜居、乡风文明、治理有效和生活富裕无一不与信用体系密切相关。信用体系通过提高金融资源的可获得性，有助于农业产业升级、农民收入增加以及农村基础设施的建设。在农村经济发展的过程中，信用体系的作用尤为突出。通过合理的信用评级机制和金融资源的有效配置，农村的金融需求能够得到更好满足。特别是在推动农村中小企业和农业合作社的资金周转和发展上，信用体系通过搭建“信用桥梁”，将农村经济主体与金融市场紧密连接起来。信用体系的建设还为乡村振兴提供了文化层面的支撑。通过信用文化的普及和推广，信用理念逐渐在农村社区扎根。这不仅提升了村民的信用意识，也在一定程度上改善了农村社区的社会秩序，使得农村的治理更加有效。这一作用体现在农村信用体系对农村合作社、农业企业和农户之间的信任建设中，通过信用的积累和评估，形成互信互助的社区氛围。

（二）信用体系建设中的创新发展方向

1. 技术创新推动信用体系优化的路径

技术创新在信用体系优化中的核心作用体现在提升信用评估的效率、准确性和透明度。近年来，区块链、大数据和人工智能等技术的进步，为农村信用体系提供了崭新的发展路径。这些技术不仅提升了信用数据的管理水平，还优化了农村信用体系的运行模式。

区块链技术在信用体系中的应用，提供了去中心化和不可篡改的信用记录。这使得农户的信用信息得以长期保存，信用记录的透明性和公信力显著提升。区块链技术还能够使不同金融机构之间的信用信息共享更为顺畅，从而减少重复信用评估的成本，提升金融机构的决策效率。霍夫曼（Hoffman，2015）在研究中指出，区块链技术为信用体系的透明度带来了革命性的变化，大幅减少了信用信息中的信息不对称问题。[①] 通过大数据分析，金融机构能够动态调整信贷政策，更好地匹配农户的需求，实现精准扶持。人工智能技术则通过智能化的信用评估系统，大幅提升了评估的速度和准确性。机器学习算法可以分析海量数据，并根据借款人的信用历史和金融行为，自动生成信用评分。通过自动化流程，信用评估的决策时间大幅缩短，降低了农村金融服务的成本。人工智能的应用不仅简化了信用评估流程，还提高了金融机构的风控水平。

2. 数据化与智能化在农村信用体系中的前景

数据化和智能化技术的进一步发展，将为农村信用体系带来深远的影响。随着技术的不断成熟，信用体系将在信息采集、风险评估和决策支持等方面实现全面的智能化和数据化。数据化不仅能够提升信用评估的效率，还能为农村经济发展提供更加精准的金融支持。

通过数据化手段，信用体系能够从更广泛的渠道采集信用数据。例如，农户的土地使用权、农业生产数据、社交网络信息等都可以成为评估信用的重要指标。相比于传统的信用评估方式，这种数据化的评估方式更加全面，能够更好地反映农户的实际经济状况。斯坦利（Stanley，2020）指出，数据化评估体系通过整合多种数据来源，能够更准确地反映借款人的信用状况，从而提升金融服务的匹配度。[②] 智能化的发展也使得农村信用体系的运作更加灵活和高效。

智能化系统能够实时监测农户的信用状况，自动调整信用额度和贷款条件，从而实现对农村金融服务的动态管理。这种智能化的信用管理方式能够减少人为干预，降低错误评估的风险，增强金融市场的稳定性。同时，智能化系统还能够根据农户的生产周期、市场波动等外部因素，自动调节贷款利率，帮助农户更好地管理财务风险。未来，随着5G、物联网等新兴技术的逐步应用，农村信用体系的智能化程度将进一步提升。通过智能化网络，金融机构可以实现对农村借款人的全方位跟踪和管理，实时掌握农户的信用情况，为农村金融市场提供更加稳定、可靠的支持。

---

① 潘俊林，罗海燕．采纳区块链技术的两级供应链信息共享博弈［J］．控制理论与应用，2024，41（8）：1341—1350.

② 陶志欢．思想意识数据化呈现的逻辑反思与边界校勘——对大数据与思想政治教育的关联性评估［J］．思想理论教育，2019（7）：106—111.

3. 创新信用模式对农村经济结构转型的影响

信用模式的创新为农村经济结构转型提供了新的动力。通过引入更加灵活、便捷的信用评估方式，创新信用模式能够更好地适应农村经济发展的多样性，满足不同经济主体的金融需求。这一过程不仅加速了农村经济的转型升级，还推动了农村金融市场的创新。在传统的信用模式中，农户往往因缺乏抵押物和信用记录而难以获得金融支持。创新的信用模式通过引入新的信用评估工具，打破了这一瓶颈。基于农户生产经营数据、社交网络行为等非传统数据的信用评分系统，能够为缺乏信用记录的农户提供金融服务。这种创新信用模式不仅扩大了农村金融服务的覆盖范围，还提升了农村借款人的融资能力。

创新信用模式能够通过降低贷款门槛，帮助更多农村经济主体获得金融支持，从而推动农村经济的多元化发展。创新信用模式还推动了农村金融产品的多样化发展。通过创新的金融工具，如绿色金融、农产品期货等，金融机构能够为农户提供更加多样化的融资选择，帮助其更好地管理农业生产风险。这些创新产品不仅能够提高农户的金融收益，还能够促进农村经济结构的优化升级。长期来看，创新信用模式的推广将对农村经济结构转型产生深远影响。通过创新的信用机制，农村金融市场的资源配置将更加合理，农村经济主体的融资需求将得到更好满足。这不仅有助于推动农村经济的高质量发展，还能够促进农村经济的现代化转型，提升农村经济的国际竞争力。

信用体系的创新发展方向展望表明，技术进步和数据智能化的广泛应用将为信用体系的建设提供持续动力。这一趋势不仅能够优化农村信用体系的运行模式，还为农村经济的可持续发展提供了新的契机。未来，随着技术和金融模式的进一步创新，信用体系将成为推动农村经济结构转型和现代化的重要工具。

（三）信用体系与农村经济协同发展的前景

1. 信用体系与农村产业链的互补性

信用体系的发展与农村产业链的建设密不可分，两者相辅相成，共同推动农村经济的持续发展。在现代农村经济中，产业链的延展性和多样化要求更高效的信用支持，而完善的信用体系则能够为整个产业链的运作提供保障。

信用体系为农村产业链上的各类主体提供金融保障，帮助其克服资金短缺的瓶颈问题。农业生产的季节性和不确定性使得农户和农业企业面临较高的资金需求波动。通过信用体系，农户能够根据自己的生产周期和市场预期获得相应的贷款，确保农业生产的顺利进行。同时，农村产业链上其他环节如运输、加工和销售等也需要信用支持，以应对市场价格波动和生产成本的变化。波特（Porter，1998）提出的价值链理论表明，产业链中的各个环节都需要有充足的资金支持，才能实现资源的优化配置和效率提升。[①]

信用体系能够通过信用评级、信用担保等方式，为农村产业链中的企业和合作社提供信用背书，降低其融资成本。农村产业链上的小微企业往往因信用记录不足、抵押物匮乏而难以获得商业银行的融资支持，而通过信用体系，这些企业能够获得信用评级，提升其

① 姚立新．迈克尔·波特的“国家竞争优势论”评析［J］．厦门大学学报（哲学社会科学版），1998（4）：102—106.

融资能力。信用体系还能够通过引入担保机制，为产业链上的小微企业提供风险缓释工具，减少其因信用不足而面临的融资障碍。这种信用支持机制为农村产业链的发展提供了持续动力，推动产业链的延伸和升级。信用体系的完善还能够提升农村产业链的整体竞争力。通过信用体系的有效运作，产业链中的各个环节得以更加高效地运作，资源能够在不同环节之间实现合理配置，从而提高产业链整体的生产效率。信用体系的规范化运作也有助于提升产业链的透明度和公信力，增强其在国内外市场中的竞争力。兰卡斯特（Lancaster，1979）的产品差异化理论表明，在市场竞争日益激烈的背景下，农村产业链如果能够通过信用体系的支持实现效率提升，将能够更好地应对市场挑战。①

2. 信用制度对农村经济区域一体化的推动

信用制度的完善对农村经济的区域一体化进程具有重要的推动作用。农村经济的区域一体化，要求不同区域之间的资源、资金、技术和信息实现更高效的流通，而信用制度则为这一过程提供了金融保障和制度支持。信用制度通过信用信息的共享与互通，打破了区域间的信息壁垒，促进了资金的跨区域流动。农村经济的区域一体化需要大量的资本投入，而传统的农村金融市场由于信息不对称、信用体系不完善，难以有效匹配资本供需。信用制度通过建立跨区域的信用信息共享平台，使得金融机构能够更加全面地掌握借款人的信用信息，从而为跨区域资金流动提供依据。克鲁格曼（Krugman，1991）在新经济地理学中指出，区域经济一体化需要金融市场的高效运作，而信用制度的完善能够为跨区域的资本流动提供有力支持。

信用制度能够通过信用评级和担保机制，为跨区域合作提供信用保障。农村经济的区域一体化进程中，农业合作社、产业联盟等形式的跨区域合作日益增多，而这种合作的基础在于各方能够信任彼此的信用状况。信用制度通过信用评级和担保机制，为不同区域的经济主体提供信用背书，增强了区域合作的可行性和稳定性。通过信用评级，金融机构可以更好地评估跨区域合作项目的风险，提供相应的融资支持；而信用担保机制则能够为合作双方提供风险保障，增强其开展合作的信心。

信用制度的规范化运作能够为区域一体化中的资金链条提供保障。农村经济的区域一体化不仅要求生产资料和产品的跨区域流通，还涉及资金链条的顺畅运作。信用制度通过对区域内外金融机构的信用监管，确保了资金流动的安全性和可靠性，避免了因信用问题导致的资金链断裂问题。这种信用保障机制为农村经济区域一体化提供了长期的制度保障，推动了区域经济的协调发展。

3. 长期信用支持政策对农村经济持续发展的作用

长期信用支持政策在推动农村经济持续发展中发挥着至关重要的作用。通过为农村经济主体提供长期稳定的信用支持，相关政策能够确保农村经济的持续增长和结构优化。长期信用支持政策能够为农业现代化提供稳定的资金支持。农业现代化要求大量的资本投入用于技术更新、基础设施建设等，而短期资金无法满足这一需求。长期信用支持政策通过提供低息贷款、长期债务融资等方式，帮助农户和农业企业获得充足的资金支持，从而推

① 郭富红，陈艳莹．产品差异化理论研究综述——基于产品差异化程度越高市场势力越大视角［J］．现代管理科学，2016（9）：97—99.

进农业现代化进程。舒尔茨（Schultz，1964）的农业发展理论指出，农业现代化的关键在于技术进步和资本积累，而长期的信用支持政策正是实现这一目标的金融保障。

长期信用支持政策能够为农村创业和创新提供动力。在乡村振兴背景下，农村地区的创业创新活动不断增多，创业者却往往面临资金不足的困境。长期信用支持政策通过设立专项基金、风险投资等机制，为农村创新创业项目提供长期融资支持，减少创业者的资金压力。信用支持政策还能够为创新型农业项目提供金融保障，促进农村经济结构的多元化发展。舒伯特（Schumpeter，1942）的创新理论表明，创业创新活动需要长期资本支持，而信用支持政策能够为农村经济的创新发展提供持久动力。

长期信用支持政策还能够为农村社会福利的改善提供资金保障。农村地区的基础设施建设、教育医疗等公共服务领域需要长期的资本投入，而信用支持政策则能够通过政府担保、长期贷款等方式为这些领域提供资金支持。这不仅有助于改善农村居民的生活质量，还能够推动农村地区的可持续发展，实现乡村振兴的长期目标。

信用体系与农村经济的协同发展前景广阔，信用体系通过产业链互补、区域一体化以及长期政策支持，能够为农村经济的可持续发展提供多层次的金融保障。在未来，随着信用体系的不断完善，农村经济将能够在更高水平上实现协同发展，推动农村经济的现代化和可持续发展。

二、信用体系在乡村振兴中的战略意义

（一）信用体系与农村治理的协同机制

1. 信用机制在基层治理中的应用

信用体系不仅是经济发展中的关键工具，还在农村基层治理中发挥着至关重要的作用。通过引入信用机制，农村基层政府能够有效应对传统治理模式中存在的监督缺失、资源分配不均等问题。信用机制通过对农户和农村企业的信用状况进行全面评估，能够为政府提供准确的社会信用数据，从而使得治理政策能够更具针对性和科学性。通过信用评分系统，基层政府可以识别出有良好信用记录的农户，并将其作为农村公共资源的优先分配对象，保证公共资源的合理利用。信用机制在农村基层治理中能够有效约束不良行为，提高农村社会的诚信水平。基层治理过程中，政府难以对每个社会主体进行全方位监督，而信用机制通过构建一套公开透明的信用评价体系，能够使农户的行为受到市场和社会的双重监督。例如，信用评级较低的农户在农村合作社、农村金融机构中的话语权和信用融资能力将受到限制，从而形成对其行为的约束。

布坎南（Buchanan，1965）的公共选择理论表明，社会中的个体在面对公共资源时容易产生机会主义行为，而信用机制作为一种外部约束工具，能够有效抑制机会主义行为，提升社会资源配置效率。[①] 信用机制在基层治理中的应用还能够提高政府的行政效率。在传统治理模式下，政府往往需要投入大量人力物力进行监督和管理，而信用机制能够通过

---

① 宋延清，王选华．公共选择理论文献综述［J］．商业时代，2009（35）：14—16.

自动化的信用评级和管理系统，将这些事务进行数据化处理，减少政府的行政负担。例如，通过大数据技术和区块链技术，基层政府能够实时监控农户的信用情况，迅速处理违规行为，大幅提升了治理效率。韦伯（Weber，1947）的官僚制理论表明，现代社会治理需要依赖规范化的管理制度，而信用机制作为一种新的管理工具，能够在基层治理中发挥出巨大的效率优势。

2. 信用评级制度在农村公共服务中的实践

信用评级制度在农村公共服务领域的应用是信用体系建设的重要实践之一。通过引入信用评级制度，农村政府能够根据居民和企业的信用状况进行公共资源的精准分配，提升公共服务的效率和公平性。

信用评级制度为公共资源的分配提供了科学依据。在农村公共服务领域，信用评级较高的个人和企业能够获得更多的公共资源和服务，这种基于信用的资源分配模式提高了公共服务的效率。例如，在农村土地流转过程中，信用评级较高的农户能够优先获得土地使用权，从而促进了土地资源的合理利用和农业生产效率的提升。斯密（Smith，1776）在《国富论》中提到，市场中的资源分配应当以效率和公平为基础，而信用评级制度正是通过信息透明化的方式，优化了农村公共资源的分配效率。① 信用评级制度能够提升农村公共服务的公平性，减少资源分配中的腐败现象。传统的农村公共服务分配往往受制于人际关系和政治关系，存在不公正的现象，而通过引入信用评级制度，政府能够根据客观的信用数据进行公共资源的分配，减少了权力寻租和资源浪费。例如，在农村医疗保障体系中，信用评级较高的农户能够优先享受到医疗服务，减少了因关系或贿赂而导致的医疗资源分配不公现象。贝克尔（Becker，1992）的人力资本理论指出，公平的资源分配机制能够提升社会的整体福利水平，而信用评级制度作为一种科学的资源分配工具，为农村公共服务领域的公平性提供了保障。②

信用评级制度的应用能够促进农村公共服务的透明化建设。在传统的农村治理中，公共服务的分配过程往往缺乏透明度，容易引发村民对政府的信任危机。通过信用评级制度，农村政府能够将公共服务的分配标准和过程公开化，增强公共服务的透明度和公信力。例如，在农村的低保申请过程中，信用评级系统能够对申请者的信用状况进行全方位评估，将分配标准公开化，减少了因信息不对称引发的社会不满和质疑，提高了政府的公信力和行政效率。

（二）信用体系对农村经济复苏的驱动力

1. 信用制度对农村创新创业的扶持作用

在推动农村经济复苏的过程中，信用制度扮演着不可或缺的角色，特别是在支持农村创新创业方面发挥了巨大推动作用。农村的创新创业活动，通常面临资金匮乏、技术落后、市场信息不足等诸多挑战，而信用体系的建设为解决这些问题提供了有效路径。通过信用评级，创业者的信用记录得以量化，并成为评估其借贷风险的重要依据，进而帮助其

① 亚当·斯密．国富论［M］．重庆：重庆出版社：2015：557.

② 王敏．我国农村人力资本投资探析——基于舒尔茨的人力资本理论视角［J］．生产力研究，2011（5）：25—28.

获得更有利的融资条件。这种机制使得金融机构能够更精准地识别潜在风险，降低了为创新创业活动提供贷款的门槛。依据熊彼特（Schumpeter，1934）提出的“创新经济学理论”信用制度在促进资本流动的同时，也激发了农村市场的创新活力。[①]

信用评级制度为农村创新创业提供了有效的信用背书。在传统的农村金融体系中，由于缺乏有效的信用信息，银行和其他金融机构通常难以准确评估农村创业者的还款能力和信用风险，导致农村创业者难以获得足够的资金支持。而通过信用体系的建设，创业者的信用记录得以数字化、透明化，金融机构能够更精准地判断借款人的信用状况，从而提供更灵活的融资方案。在部分地区，信用良好的农村创业者可以通过政府或金融机构提供的低息贷款和信用担保基金，获得更大的创业资金支持，这为他们开拓市场、进行技术创新提供了资金保障。

信用体系为农村创业者提供了更广泛的市场准入渠道。在以往的农村经济结构中，创业者难以进入现代化市场体系，原因在于信息不对称和市场壁垒较高。而通过信用体系，创业者的信用评级不仅成为资金获取的凭证，还可以作为进入市场的门票。在电商平台上，信用评级较高的农产品创业者可以优先获得平台推广、流量支持等优惠政策，从而降低市场进入壁垒。这种信用背书机制不仅增强了创业者的市场竞争力，也为农村经济的升级注入了新的动力。信用体系还为农村创新创业提供了多元化的支持服务。在信用体系的框架下，农村创业者不仅能够获得金融贷款，还能够享受更加精准的技术、培训、信息等支持服务。例如，信用评级较高的创业者可以通过政府和企业联合提供的创业孵化器和技术创新平台，获取最新的农业科技、市场信息和专业培训，从而提升其创新创业的成功率。波特（Porter，1990）的竞争优势理论指出，企业的成功不仅依赖于资金和市场，还依赖于技术、信息等资源的支持，而信用体系通过为创业者提供全方位的支持服务，增强了其在市场中的竞争力。

2. 农村经济升级中的信用体系支持模式

农村经济的升级转型是实现乡村振兴的核心目标，而信用体系在这一过程中起到了重要的支持作用。农村经济的升级需要大量的资本、技术和市场资源，而信用体系通过为这些资源的流动提供保障，为农村经济的结构转型提供了坚实基础。信用体系为农村经济升级提供了资金支持。在农村经济转型升级的过程中，企业和农户需要大量的资金投入以实现技术创新、市场拓展和产业升级。而通过信用体系的建设，金融机构能够更加精准地为这些升级项目提供资金支持。信用评级较高的农村企业能够通过信用担保和信用贷款获得更多的融资额度，从而加快了农村经济的技术升级和产业转型。信用体系为农村经济升级提供了技术支持。

技术创新是农村经济升级的核心驱动力，而信用体系通过为技术创新项目提供融资支持，为农村经济的技术进步提供了基础保障。信用评级较高的农村企业和合作社能够通过政府和金融机构提供的专项资金，进行技术引进和自主研发，提升其技术水平和市场竞争力。弗里德曼（Friedman，1962）的自由市场经济学理论指出，技术进步是经济增长的重要来源，而信用体系作为资金和技术流动的桥梁，能够有效促进农村经济的技术升级。信

① 何明．创新经济学的六大切入点［J］．理论探讨，2006（3）：149—151.

用体系为农村经济升级提供了市场支持。[①] 在农村经济的升级过程中，企业和农户需要开拓更广泛的市场，而信用体系通过为市场准入提供信用背书，为农村经济的市场扩展提供了保障。例如，信用评级较高的农村企业能够更容易进入国内外市场，提升其产品的市场竞争力。这种市场支持模式不仅推动了农村产品的出口，也为农村经济的国际化发展奠定了基础。

信用体系在推动农村经济复苏和振兴过程中扮演着关键角色。通过为农村创新创业提供信用背书和融资支持，信用体系加速了农村经济的创新和发展。同时，信用体系在乡村振兴融资中的战略地位，使得农村地区能够更加顺利地获取资金，推动农村经济的复苏与升级。未来，随着信用体系的进一步完善，农村经济的升级转型将迎来更加广阔的前景。

① 王志伟．新自由主义经济学中的方法论——以弗里德曼为视角的研究［J］．河南社会科学，2008，16（4）：52—55.

第十三章 研究的局限性与未来方向

第一节 研究的局限性

一、研究方法与数据的局限性

（一）数据收集与分析的时效性

1. 农村信用数据的动态变化与采集难题

在中国农村信用体系的研究中，数据的时效性是一个突出的问题。农村经济具有显著的周期性和季节性特征，许多与信用相关的行为往往随季节变化。农产品的生产周期和价格波动直接影响农民的借贷需求与还款能力。现有的信用数据采集机制大多基于年度或季度数据，这种低频数据的收集难以反映农户实际的借贷状况和信用行为。随着时间的推移，这种滞后数据可能无法为信用风险管理和政策制定提供足够的支持，导致农村金融机构难以精准评估风险。未来研究需要更加关注如何通过高频数据采集工具（如区块链技术和物联网设备）来提升数据的时效性，确保信用数据的及时更新和分析。

另一个值得注意的问题是数据采集的基础设施问题。中国的农村地区，特别是偏远地区，金融基础设施和信息化水平较低，这使得实时监控和信用数据的及时收集更加困难。一些小型农村金融机构缺乏数字化工具和专业人才来跟踪农户的信用行为。现有的信用数据往往依赖于农户的自我申报或金融机构的手工记录，这不仅增加了数据错误的风险，还降低了信用评级的准确性。要解决这一问题，未来的研究需要关注如何通过新型的技术手段，移动支付、远程传感器等技术，来实现数据的实时捕捉和分析。

随着乡村振兴战略的推进，农村经济发展正在加速，农户的信用行为和借贷需求也呈现出更加复杂的动态变化。这使得传统的信用评估方法难以适应新形势下的需求。随着农村产业结构的调整，农户的收入来源逐渐多元化，不再局限于农业生产，这使得传统的基于农业收入的信用评估模型不再适用。未来研究应进一步发展动态信用评估模型，能够实时捕捉农户的收入变化和还款能力，为金融机构提供更加精准的信用风险管理工具。

2. 数据获取的地域不平衡性与解决途径

在中国农村信用体系的研究中，数据获取的地域不平衡性是另一个重要的限制因素。东部沿海地区经济发达，信息化水平高，金融基础设施完善，这些地区的信用数据采集较为全面。而在中西部欠发达地区，由于金融机构覆盖率低、基础设施不健全，导致信用数据的获取非常困难。这种数据获取的不平衡性直接影响了研究的广泛性和适用性，无法全面反映全国范围内农村信用体系建设的现状。研究中所依赖的数据样本大多来自经济较为发达的农村地区，这限制了研究结果的普适性。特别是中西部地区，农户的信用行为、借贷需求与东部地区有显著差异，忽视这些区域的数据将导致农村信用体系研究的片面性。

与此同时，研究者还应考虑如何在现有的条件下最大化利用有限的数据资源。通过与其他数据源的结合，如农业生产数据、人口流动数据等，研究者可以在数据不足的情况下构建更加全面的信用评估体系。此外，研究还应注重数据的跨区域比较，探索不同地区农村信用体系的差异性，以此为政策制定提供更具针对性的建议。通过多层次、多维度的数据获取与分析，未来的研究将能够更加全面地反映中国农村信用体系的实际运行状况，推动信用体系建设的健康发展。

3. 数据分析工具与农村信用环境的匹配度

现有的信用数据分析工具大多是基于城市金融市场的特点开发的，难以完全适用于农村信用体系的研究。农村经济具有特殊性，包括季节性、周期性、区域性等特点，这使得许多传统的信用评估工具在农村地区的适用性较差。传统的信用评分模型大多基于稳定的收入来源和消费行为，而农村农户的收入来源常常不稳定，特别是在农业收入季节性强、市场波动大的情况下，信用评分的结果可能无法准确反映农户的实际还款能力。① 这一问题直接影响了农村信用体系的有效性，也使得金融机构在农村地区开展业务时面临更高的信用风险。

要解决这一问题，研究者需要开发适应农村信用环境的专门数据分析工具。可以结合农村地区的经济特点，设计更加灵活的信用评分模型，这些模型应考虑到农户的收入季节性、非现金收入（如实物交换、土地租金等）等特殊因素。此外，研究还可以借助机器学习和人工智能技术，开发适应农村信用体系的自动化信用评估系统。这些系统可以实时更新信用数据，自动调整信用评估结果，从而提高信用评分的准确性和时效性。通过这些创新的分析工具，农村信用体系的研究将能够更加精准地反映农村经济的实际情况，推动信用体系建设的健康发展。

现有数据分析工具与农村信用环境的匹配性问题是限制农村信用体系研究的重要因素。未来的研究需要在工具的适应性和灵活性上进行深入探索，确保信用评估工具能够准确反映农村经济的动态变化。同时，研究者还应关注如何通过技术手段提升信用评估的自动化和智能化水平，为农村信用体系建设提供更加可靠的技术支持。

---

① 王正位，周从意，廖理，等. 消费行为在个人信用风险识别中的信息含量研究［J］. 经济研究，2020，55（1）：149—163.

（二）定性与定量分析的局限

1. 定性与定量研究结合度的提升

在农村信用体系的研究中，定性与定量分析的结合问题长期以来困扰着研究者。定量分析以数据为基础，能够揭示农村信用体系中的某些规律性现象；而定性分析则可以更深入地探索信用机制背后的社会文化、制度约束和个人动机等问题。然而，当前的农村信用体系研究往往偏重于定量研究，忽视了定性分析的重要性。具体表现为，许多研究过度依赖数据模型进行信用评估和风险分析，而对农村地区独特的社会文化背景缺乏深入理解。在某些农村社区，社会关系、信任网络对信用行为有着显著的影响，这种社会资本在定量分析中难以量化。因此，定性研究在补充定量分析的不足方面至关重要，可以帮助揭示数据背后的深层次动因和机制。

定性与定量研究的结合还可以通过多元数据源的整合来实现。现有的定量研究大多依赖金融机构提供的信用数据，但这些数据往往忽略了农户的非正式信用行为（如亲友借贷）以及农村社区中存在的互助机制。这些非正式信用行为在农村经济中占据重要地位，对信用体系的稳定性具有深远影响。通过整合定性数据（如访谈记录、地方政府的政策文件、社区组织的历史资料等），研究者可以构建更为全面的信用评估框架，将定性与定量数据有机结合，提升研究的深度和广度。

2. 农村信用体系研究中的数据可获取性问题

定量分析在农村信用体系研究中扮演着至关重要的角色，然而数据可获取性问题却始终是定量分析的一大障碍。农村地区的信息化水平相对较低，许多农户的信用行为并未被金融机构完整记录。尤其是那些处于金融服务“盲区”的偏远农村，农户的信用数据往往散见于地方性的小额贷款组织或传统的借贷渠道，无法与国家级信用信息系统对接。[①] 这导致农村信用体系的定量研究在数据上存在明显的局限性，无法全面、精准地反映农户的真实信用状况。

农村信用体系中存在大量的非正式信用行为，这些行为难以通过现有的数据获取渠道进行量化。许多农户之间通过熟人介绍进行互助借贷，这种基于信任的借贷行为并不依赖于正式的金融机构，因此无法被信用评分系统捕捉到。然而，这类非正式信用行为在农村经济中占据重要地位，对农户的生产经营有着重要的支持作用。如果仅依赖于正式金融机构提供的数据进行研究，可能会导致对农村信用体系的片面理解。因此，未来的研究需要更多关注如何将这些非正式信用行为纳入数据分析框架中，以全面评估农村信用体系的运行状况。

为了解决数据获取的难题，研究者需要进一步探索多元化的数据收集途径。可以通过与地方政府、农村合作社、民间金融组织等机构合作，获取更多关于农村信用行为的第一手数据。此外，研究还可以借助新兴的金融科技手段（如移动支付平台、大数据分析工具等），以非传统的方式收集农户的信用数据。通过这些途径，不仅可以弥补传统数据来源

---

① 邓国文，韦愈．贫困地区信用建设与普惠金融协调发展探讨——以广西河池市为例［J］．征信，2020，38（5）：52—58.

的不足，还能为定量研究提供更加丰富的样本和信息，从而提升分析的准确性和科学性。

3. 数据分析工具与农村实际情况的匹配性

现有的定量分析工具和方法多半源自城市金融市场的经验，这些工具在农村信用体系的研究中存在显著的适用性问题。农村地区的经济活动与信用行为与城市相比有很大的不同。[①] 农户的收入周期性强、波动大，且大量农户依赖农业生产，其收入具有较大的不确定性，这与城市居民相对稳定的收入和消费模式形成了鲜明对比。[②] 因此，传统的信用评分模型和风险评估工具在农村的适用性较差。

数据分析工具还应更加关注农村金融机构的实际需求。农村金融机构的资源有限，数据处理能力和专业化水平较低，这意味着复杂的金融分析工具在实际应用中可能并不适用。因此，未来的研究需要在工具的简化和优化上下功夫，开发出既能够满足农村信用体系研究需要，又易于推广应用的数据分析工具。可以设计一些简化版的信用评分模型，适合小额贷款组织或农村合作社使用，帮助它们在资源有限的情况下进行信用评估和风险管理。

（三）样本选择的局限性

1. 区域差异与样本多样性不足

在农村信用体系的研究中，样本选择的区域差异和多样性不足是一个显著的问题。中国幅员辽阔，不同地区的经济发展水平、农业生产结构、文化背景和社会环境有着显著差异，而这些差异直接影响了农户的信用行为和农村信用体系的运行模式。然而，现有的研究大多集中在经济发达地区或特定的研究样本上，忽视了对经济欠发达地区或边远农村的关注，导致研究结果缺乏全面性和普遍适用性。这种样本区域性的局限性不仅限制了研究对不同区域农村信用体系特征的全面认知，也使得研究结论在推广到全国范围时面临巨大的适用性挑战。东部沿海地区的农村信用体系可能更加依赖于现代化的金融工具和信用评级体系，而中西部农村则更多依靠传统的互助借贷和熟人信用。这种信用行为上的差异在样本选择中没有得到充分体现，导致研究结果无法全面反映中国农村信用体系的全貌，甚至可能出现对部分地区信用行为的误判。

为了克服这一局限，未来的研究必须更加关注样本的区域多样性。研究者需要在不同经济发展水平的地区进行跨区域的实地调研和数据收集，特别是要加强对中西部欠发达地区、少数民族地区以及边远农村的研究。这不仅能够为研究结论提供更广泛的支持，也有助于揭示农村信用体系在不同区域背景下的运行特点和发展瓶颈。此外，样本的多样性还应该包括农村人口的年龄、性别、职业等维度，以便对不同社会群体的信用行为进行更加精确的分析。

2. 研究结果的外部可推广性挑战

样本选择的局限性直接影响了研究结果的外部可推广性。由于农村信用体系研究中样

---

① 王曙光．农村金融市场开放和民间信用阳光化：央行和银监会模式比较［J］．中共中央党校学报，2007（2）：49—54.

② 孟祥林．京津冀城市圈发展布局：差异化城市扩展进程的问题与对策探索［J］．城市发展研究，2009，16（3）：6—15.

本往往集中在经济发达或特定类型的农村地区，导致研究结论在推广到其他区域或全国范围时面临挑战。具体来说，现有研究的样本数据可能无法充分代表中国农村信用体系的多样性和复杂性，尤其是在一些经济欠发达地区，农户的信用行为与信用体系运行模式与研究样本存在显著差异。这种情况使得研究结论在实际应用中可能会出现偏差，难以为政策制定者和金融机构提供可靠的决策依据。

为了解决这一问题，研究者需要在样本设计中加入更加广泛的考虑，特别是在外部可推广性方面进行更细致的论证。可以通过设计多样化的样本框架，涵盖不同区域、不同经济发展水平、不同文化背景的农村群体，确保研究结果具有更强的代表性和适用性。此外，还可以通过进行跨区域的比较研究，分析不同区域农村信用体系的共性与差异，从而为政策推广提供更为准确的指导。

3. 数据样本中的时间跨度问题

农村信用体系的研究不仅需要考虑样本的区域多样性，还需要关注样本时间跨度的局限性。现有的研究大多依赖于某一特定时间点的数据，忽视了农村信用体系在不同时间阶段的动态变化。然而，农村信用体系是一个长期发展、不断演化的系统，特别是在乡村振兴战略背景下，农村经济结构和农户信用行为正在发生深刻变化。因此，时间跨度不足的样本数据往往无法反映农村信用体系的动态特征，研究结论也因此显得片面和静态。

农村金融政策的调整、农业生产方式的变化以及外部市场环境的波动，都会对农村信用体系的运作产生重大影响。如果研究只基于某一时间点的数据，而忽视了时间维度上的变化，这些重要的动态因素将难以在研究中得到反映。在某些时期，农产品价格的波动可能会极大地影响农户的还款能力，但这一点如果没有在数据样本中得到充分体现，研究者就可能得出与实际不符的结论，甚至对信用风险作出错误判断。

为了解决样本时间跨度的问题，研究者应尽可能采用长期跟踪的数据进行研究，特别是在研究信用风险和信用评级等动态指标时，时间跨度的延展性至关重要。可以通过建立长时间序列的样本数据库，跟踪同一群体的信用行为变化，分析影响信用体系的长期趋势和短期波动。此外，研究还可以结合宏观经济指标和政策调整的时间节点，深入分析农村信用体系在不同政策环境和市场条件下的变化特征。这种时间维度上的扩展不仅能够提高研究结论的准确性和科学性，还能为政策制定者提供更具前瞻性的建议。

二、研究范围与理论框架的局限性

（一）理论体系的适用性与局限

1. 现有信用体系理论与农村特殊经济结构的匹配度

当前关于农村信用体系的研究大多借鉴了城市信用体系的理论框架，但由于农村地区的经济结构、社会文化和信用环境与城市存在显著差异，现有理论在适用性上存在局限。城市信用体系的理论通常依赖于市场经济高度发达的背景，其基础是高度专业化的金融机构和完备的信用评级系统。然而，中国广大农村地区经济发展不平衡，传统农业经济仍然占据主导地位，农村金融机构相对缺乏，农户间的信用体系更多依赖于熟人社会的信任机制，而非金融机构的信用评级。

这一现实情况使得现有的信用体系理论在应用于农村时，难以有效解决农村信用供给不足和信用风险评估失准等问题。尤其是在一些经济欠发达的农村地区，传统的“以物换物”或“口头协议”仍然占据相当一部分交易行为，这与城市经济中的合同化、制度化信用体系形成鲜明对比。为弥补这一局限，未来的理论研究必须更加关注农村经济的特殊性，探索适合农村地区的信用理论。可以在现有信用理论的基础上，结合中国农村的熟人社会结构、农业经济特征，发展出新的信用评估模式，强调人与人之间的社会信任关系、农村集体经济的作用以及农村金融机构的创新机制。通过理论创新，能够使信用体系理论更好地服务于农村信用体系的建设。

2. 理论模型的普适性挑战

信用体系的理论模型往往假设市场条件、经济环境和制度背景相对均衡，但在中国农村，由于地区经济发展水平、基础设施建设、文化背景的多样性，这种均衡假设难以成立，理论模型的普适性也因此受到挑战。现有的信用理论模型大多基于发达地区或城市的信用环境设计，信用评级模型通常依赖稳定的经济增长和规范化的金融市场，这些假设在农村的信用环境中可能并不适用。农村经济具有较强的波动性，特别是在农业生产季节性强、自然灾害风险大的背景下，农户的收入和偿还能力具有较大的不确定性。这种不确定性直接影响了现有信用体系理论模型的适用性。

为应对理论模型的普适性挑战，未来的研究需要在现有模型的基础上进行本土化改造，针对中国农村地区的特殊情况进行模型的调适和创新。可以引入大数据和人工智能技术，基于农户的生产经营数据、土地资源、气候环境等多维度数据进行信用风险评估，从而提高模型的适用性和预测能力。同时，政策制定者和金融机构也应当根据农村的经济发展特点，设计更加灵活、动态的信用评价体系。

3. 理论基础与实证之间的脱节

在农村信用体系的研究中，理论基础与实证研究之间的脱节是一个长期存在的问题。许多学者在构建农村信用体系的理论框架时，过于依赖现有城市信用体系的理论和数据，未能充分考虑农村地区的现实情况。实证研究与理论构建之间的差距，导致理论成果难以在实际中得到有效检验和应用。这种脱节的一个典型表现是，理论研究往往侧重于从制度设计和政策建议的角度出发，忽略了农村地区金融环境的复杂性和多样性。许多研究者在分析农村信用体系时，假设农户可以轻易获得银行贷款或其他金融服务，而实际上，由于农村金融基础设施薄弱、信贷渠道不畅，许多农户的金融服务需求未能得到满足。[①] 为了弥合理论与实证之间的差距，研究者应更多地依赖基层调研和实地考察，收集来自农村地区的第一手数据，了解农户在信用体系中的实际需求和行为模式。同时，理论构建应更加注重与实践的结合，充分考虑农村地区在信用体系建设中的特殊性，如农民的文化背景、传统信用观念等。此外，实证研究的结果应反馈到理论研究中，推动理论的修正与完善，从而使理论与实践相互促进，实现良性互动。

---

① 邹建平．农村金融服务充分性调查——以四川广安市为例［J］．西南金融，2007（11）：39—40.

（二）研究范围的局限

1. 农村信用体系研究的区域局限

在现有的研究中，关于农村信用体系的讨论往往局限于特定的经济发达地区或典型的农村样本，而未能广泛覆盖全国范围内的农村地区。这种研究范围的局限性带来了显著的问题，即研究结论的普遍适用性受到限制。中国农村地区地域辽阔，各区域之间的经济发展水平、自然条件、文化背景差异巨大，这使得某些地区的研究成果难以直接推广至其他区域。

为了解决这一问题，未来的农村信用体系研究需要扩大研究的地理范围，开展更加广泛的跨区域比较研究。研究者应注重收集来自不同地区的农村经济数据，分析不同区域农村信用环境的特点，提出具有普适性的理论框架和实践指导。同时，研究还应探讨不同地区在推广信用体系时的经验教训，以指导政策的差异化设计，推动信用体系在全国范围内的可持续发展。

2. 跨区域与跨行业的比较研究缺失

当前农村信用体系的研究多集中于单一区域或特定行业，缺乏对不同地区、不同产业的信用机制进行系统性的跨区域与跨行业比较研究。由于中国农村经济形态多样，各地区在农业、工业、服务业等方面的发展水平差异显著，不同产业对信用体系的需求和运作模式也存在差异。如果研究局限于单一行业或区域，可能导致信用体系设计和实施过程中忽略其他产业的需求和运作特性，进而影响政策的有效性。某些农业发达地区的信用体系建设主要围绕农产品生产和销售链条展开，而一些农村旅游业发达的地区，其信用需求则更加侧重于服务行业的信用保障。这种行业间的差异性往往在现有研究中未得到足够的重视，导致信用体系的设计无法充分应对不同产业对信用管理的特殊要求。这种跨行业研究将有助于提升信用体系的包容性，使其更加适应农村经济的多元化发展。

3. 农村信用体系对社会经济发展的全局性研究不足

农村信用体系不仅对农村经济发展具有重要意义，同时也是整个社会信用体系的重要组成部分。然而，现有研究往往将农村信用体系视为独立的研究对象，忽视了其对社会经济发展全局的影响。这种研究视角的局限性，使得研究者未能充分揭示农村信用体系与整个国家经济体系之间的互动关系，从而在政策设计和实际应用中存在脱节。事实上，农村信用体系不仅影响农民的融资能力和经济发展，还在整个社会信用体系的构建中起到了基础性的作用。尤其是在推动乡村振兴战略的过程中，农村信用体系能够为农民和农村企业提供更加有效的融资渠道，提升农村地区的金融普惠性，进而推动农村经济向现代化、市场化方向发展。

未来的研究应更加注重农村信用体系与社会经济全局的关系，探索信用体系在城乡融合发展中的作用。同时，研究者还应加强对农村信用体系对国家宏观经济政策影响的研究，如探讨信用体系在农村金融改革、乡村振兴政策中的作用，分析农村信用体系建设与国家信用制度改革的互动关系。这种全局性的研究视角有助于提升农村信用体系研究的理论深度和实践指导性，从而为国家整体信用体系的建设提供更加全面的支持。

（三）跨学科融合的不足

1. 农村信用体系与生态经济理论的联动研究不足

在中国的乡村振兴战略背景下，农村信用体系的建设不仅是解决农村金融问题的关键手段，也是推动农村经济可持续发展的核心机制之一。然而，现有的研究大多局限于金融学和经济学的范畴，忽略了农村信用体系与生态经济理论之间的潜在联动效应。中国农村的可持续发展需要更多关注生态环境的保护与修复，而信用体系作为一种社会经济调控工具，能够在这一过程中发挥重要作用。然而，目前的研究尚未充分探讨如何通过信用体系来促进农村生态经济的发展，特别是在激励机制、资源合理配置以及生态信用的构建方面，存在较大的研究空白。生态经济理论强调经济发展与环境保护的协调统一，而农村信用体系如果能够与生态经济理论相结合，将能够激励农村企业和个体农户在经济活动中采取更加环保和可持续的行为。通过构建基于生态绩效的信用评分体系，能够鼓励农户和企业采用环保生产方式，从而推动农村地区的绿色发展。

未来的研究应加强农村信用体系与生态经济理论的结合，探讨如何通过信用机制引导农村经济主体在经济活动中践行生态保护理念。研究可以通过案例分析或实证研究，挖掘生态信用的构建方法，探讨绿色金融工具在农村信用体系中的应用，并通过政策建议推动生态经济理论在信用体系中的落地。

2. 社会学与信用机制的相互作用研究不足

农村信用体系的构建不仅是金融和经济问题，更是一个深刻的社会问题。① 信用文化作为社会信任体系的核心，深刻影响着农村经济活动的有效运转。然而，目前的研究大多集中于技术层面或制度层面的探讨，忽视了社会学视角下的信用文化建设问题。信用体系在农村地区的推广和实施，往往受到当地社会结构、文化习俗、社会信任水平等多方面因素的影响。如果研究者不能将社会学理论与信用机制相结合，就难以准确捕捉到农村社会的信用文化特征以及其对信用体系建设的深远影响。

未来的研究应当加大社会学理论与信用机制的融合，重点探讨信用文化在不同农村社会中的演变，以及如何通过社会化手段推动信用体系在农村的普及与应用。研究者可以从社会网络分析、文化习俗研究等角度入手，分析农村社区内部的信任关系如何影响信用体系的实施，并探索如何通过信用体系的建设推动农村社会的文化转型和信任体系的现代化。②

3. 跨学科研究的潜在盲点

尽管近年来农村信用体系的研究在逐步跨越金融学和经济学的界限，开始涉及更多学科的交叉研究，如信息技术、数据科学等领域的应用，但跨学科研究仍然存在诸多盲点。尽管金融科技在推动信用体系建设中的重要性日益凸显，但许多研究者在探讨区块链、大数据等新技术时，往往忽略了这些技术在实际农村环境中的适用性和局限性。此外，许多跨学科研究倾向于关注新兴技术的前沿应用，而忽视了传统学科与新兴领域结合的潜在价

---

① 蒋定之．农村金融改革发展三十年［J］．中国金融，2008（23）：12—15.

② 汪锦军，张振威．双重嵌入："国家—社会"视角下内生性社会秩序的生成机制——基于浙江 D 镇"信用＋社会治理"创新的研究［J］．浙江社会科学，2023（4）：40—48＋157—158.

值。法学、伦理学等在信用体系的法制建设和社会伦理规范中的作用，往往被忽视。法学研究可以为农村信用体系的法律框架设计提供重要参考，而伦理学研究则可以帮助探讨信用体系在农村社会中的公平性、正义性等问题。

为了解决跨学科研究中的盲点，未来的研究需要更加注重传统学科与新兴技术的有机结合，并充分考虑农村地区的特殊环境。研究者应通过跨学科的合作，探讨信用体系建设过程中可能遇到的法律、技术和社会伦理问题，为信用体系的长期可持续发展提供更加全面的理论支持。

第二节　研究的未来发展方向

一、未来研究的重点领域

（一）乡村振兴与信用体系的协同

1. 信用体系对农村产业转型的支撑

乡村振兴战略的核心在于促进农村产业结构的优化升级，而信用体系在这一过程中扮演着至关重要的角色。信用体系的建立为农村产业转型提供了资金支持和风险保障。通过完善的信用评价机制和信贷产品，农村企业和农户可以获得所需的资金，以推动产业的技术改造和创新发展。信用评估可以帮助金融机构准确评估项目的风险与收益，从而提供更为精准的融资服务。这种支持不仅有助于解决农村企业的资金瓶颈，还能促进农村产业的多样化和高质量发展。信用体系的完善有助于建立稳定的产业链和供应链。通过信用信息的共享与传递，农村企业能够更好地与上下游合作伙伴进行对接，形成高效的产业链和供应链体系。这不仅有助于提高产业链的整体效率，还能增强农村产业的竞争力和抗风险能力。

2. 信用制度在农村经济中的长效机制

建立长效的信用制度是实现乡村振兴目标的关键。长效的信用制度需要以科学的信用评估体系为基础。通过建立全面、客观的信用评估标准，可以有效评估农村经济主体的信用状况，确保信用信息的真实可靠。这种评估体系不仅有助于提升金融服务的精准度，还能增强农村经济主体的融资能力。长效的信用制度还需建立完善的信用信息管理系统。[①]这种平台不仅可以提高信用信息的透明度，还能帮助金融机构和相关部门更好地掌握农村经济主体信用状况，从而作出更加科学的决策。信用制度的长效机制还需建立有效的信用风险防控机制。通过建立信用风险预警系统，可以及时识别和应对信用风险，从而减少信

① 蔡昌，曹晓敏，王爱清．大数据技术驱动税收信用管理创新：逻辑、架构与实现路径［J］．税务研究，2023（12）：57—65.

用风险对农村经济的影响。此外，还可以通过制定完善的信用修复措施，帮助失信主体重新建立信用，从而实现信用体系的良性循环。

3. 农村金融体系中的信用治理模式

农村金融体系中的信用治理模式是实现乡村振兴战略的重要组成部分。信用治理模式需要以社会化的信用管理为基础。通过加强对农村金融机构和社会组织的管理，可以实现对农村信用体系的有效治理。可以通过建立农村信用委员会，对信用信息进行监督和管理，从而确保信用信息的真实性和有效性。信用治理模式还需建立多元化的信用评价机制。通过引入社会评价、市场评价等多种评价方式，可以全面评估农村经济主体的信用状况。这种多元化的评价机制不仅可以提高信用评价的准确性，还能增强信用治理的透明度和公正性。

（二）信用体系的区域差异性研究

1. 农村信用体系的区域特性分析

农村信用体系的区域特性分析是理解和优化信用体系的重要基础。不同区域的农村信用体系存在显著的差异，这些差异受到区域经济发展水平、社会文化背景、政策支持力度等多种因素的影响。经济发达地区的农村信用体系通常较为成熟，信用信息的获取和管理也较为便利；而经济欠发达地区则可能面临信用信息缺乏、信用体系不完善等问题。研究者应深入分析不同区域的信用体系特性，揭示其存在的问题和挑战，从而为区域性的信用体系优化提供理论支持。区域特性还涉及信用需求的差异。不同区域的农村经济结构和产业特点不同，其对信用产品和服务的需求也有所差异。农业大省可能对农业生产贷款有更大的需求，而以农村旅游和新兴产业为主的地区，则可能需要更多的创新型信用产品。研究者应关注这些差异，探索如何根据区域特性设计和提供适合的信用产品和服务。

2. 区域发展差异对信用制度的影响

区域发展差异对信用制度的影响是未来研究的重点。区域经济发展的不平衡可能导致信用制度实施效果的差异。在经济发达地区，信用制度通常具有较好的基础设施和资源支持，能够有效实施；而在经济欠发达地区，信用制度的实施可能面临资源不足、基础设施薄弱等问题。这种差异可能导致信用制度的效果不尽如人意，从而影响信用体系的整体运行。区域发展差异对信用制度的影响还体现在信用政策的制定和执行上。不同地区的信用政策需求和实施效果可能存在差异，这需要在政策制定和执行过程中充分考虑区域的发展实际。研究者应分析区域发展差异对信用政策的影响，并提出针对性的政策建议，以提高政策的针对性和有效性。

3. 农村信用机制的跨区域比较

跨区域比较研究可以揭示农村信用机制的不同特点和实践经验。通过对不同区域的农村信用机制进行比较，可以识别出各区域在信用体系建设中的优势和不足。一些区域可能在信用信息共享、信用风险管理等方面取得了显著的成效，而另一些区域则面临着信息不对称、信用管理不规范等问题。通过比较研究，可以总结出成功的经验和教训，为其他区域提供借鉴和参考。

跨区域比较研究还需关注不同区域在信用政策和实践中的创新。不同区域可能在信用政策和实践中采取了不同的创新措施，某些区域可能引入了先进的信用评估技术，某些区域则可能探索了新的信用产品和服务。通过比较研究，可以发现这些创新措施的成效和适用性，为信用机制的进一步创新提供参考。

二、研究方法的改进与创新

（一）新兴数据分析技术的应用

1. 大数据与人工智能在信用体系中的应用

大数据和人工智能技术在信用体系中的应用，为提升信用评估和管理提供了新的可能性。大数据技术可以帮助信用机构从海量的数据中挖掘有价值的信息，通过对大数据的分析，可以更全面地了解借款人的信用状况。通过分析农户的交易记录、社交媒体活动、环境数据等，可以对其信用状况进行更为准确的评估。这种全面的数据分析有助于提高信用评估的准确性和可靠性，从而降低信用风险。人工智能技术可以优化信用评估和风险管理的过程。人工智能算法可以通过机器学习和深度学习技术，对大量的信用数据进行智能分析，从中识别出潜在的信用风险和违约概率。① 通过机器学习算法，可以预测借款人的还款能力，识别出潜在的风险客户。这种智能分析可以提高信用评估的效率和准确性，从而提升信用管理的效果。

2. 实时数据监测与预测模型的建立

实时数据监测和预测模型的建立，是提升信用管理能力的重要手段。实时数据监测可以帮助信用机构及时掌握借款人的信用状况变化，通过建立实时监测系统，可以对借款人的交易行为、还款记录等进行实时跟踪，从而及时发现潜在的信用风险。这种实时监测能够提高对风险的预警能力，及时采取措施防范风险。预测模型的建立可以帮助信用机构预测未来的信用风险和市场变化。通过建立基于历史数据的预测模型，可以对未来的信用风险进行预测，从而制定相应的风险管理策略。预测模型不仅能够帮助信用机构优化信贷决策，还能为信用政策的制定提供数据支持。实时数据监测和预测模型的建立还需关注数据质量和模型准确性。实时数据监测的效果受到数据质量的影响，而预测模型的准确性则取决于模型的设计和数据的使用。研究者应关注如何提高数据质量和模型准确性，从而提升实时监测和预测模型的效果。

3. 数据驱动下的信用决策优化

数据驱动下的信用决策优化，是提升信用管理水平的关键。数据驱动的信用决策能够提高决策的科学性和准确性。通过对大数据的分析，可以获取更加全面和准确的信用信息，从而优化信用决策。利用数据分析工具，可以对借款人的还款能力、信用历史等进行全面评估，从而作出更为科学的信贷决策。数据驱动的信用决策优化还需关注数据安全和隐私保护。在数据分析过程中，必须保障数据的安全性和用户的隐私权。研究者应关注数据安全技术的发展，并探索如何在数据驱动的信用决策中平衡数据的使用和隐私保护。

---

① 李亦雯，冉净斐．大数据技术与个人征信评估：作用机制和实践路径［J］．征信，2024，42（5）：65—72.

（二）多维度实证研究的深化

1. 增强实证研究的跨行业适用性

增强实证研究的跨行业适用性，是提升研究成果应用价值的关键。不同行业的信用风险特征可能存在显著差异，农业、制造业和服务业的信用风险状况不同。因此，实证研究应关注不同领域的信用风险特征，从而提供针对性的研究成果。在农业领域，研究者应关注农产品价格波动对信用风险的影响；在制造业领域，则应关注生产成本波动的风险。跨行业的实证研究可以揭示不同行业信用机制的共性和差异。通过对多个行业的信用机制进行比较分析，可以总结出各行业在信用管理中的共性问题和挑战，从而提出改进建议。这种跨行业的比较研究有助于提升信用体系的整体水平，并为政策制定提供参考。

2. 多维数据分析与研究结论的结合

多维数据分析与研究结论的结合，是提高研究深度和广度的重要手段。多维数据分析可以提供对复杂问题的多角度理解。通过结合经济、社会、环境等多方面的数据，可以全面分析信用风险的成因和影响因素。这种多维度的分析能够揭示信用风险的复杂性，并为制定有效的风险管理策略提供依据。多维数据分析的结合还需关注数据整合和分析方法的创新。研究者应探索如何将不同类型的数据进行有效整合，并应用先进的数据分析方法，以提高研究成果的深度和广度。这可以通过引入新的数据分析技术和方法，优化数据分析过程来实现。

3. 新技术下信用数据采集方法的改进

新技术下信用数据采集方法的改进，是提升信用数据质量和研究成果的关键。新技术可以提高信用数据采集的效率和准确性。通过使用物联网技术和移动应用，可以实时采集和更新信用数据，提高数据采集的及时性和准确性。这种技术改进有助于确保信用数据的真实性和可靠性，从而提高研究成果的质量。新技术下的信用数据采集方法还需关注数据隐私和安全问题。随着数据采集技术的发展，数据隐私和安全问题变得更加重要。研究者应关注数据隐私保护技术的发展，并探索如何在数据采集过程中平衡数据使用和隐私保护，以确保数据采集的合规性和安全性。

三、跨学科研究与新兴技术的融合

（一）信用文化与社会信任的协同机制

1. 社会网络对信用信息传播的影响

社会网络对信用信息传播的影响是理解和优化信用机制的重要方面。社会网络可以显著影响信用信息的传播速度和范围。通过社交媒体和在线社区，信用信息可以迅速传播到大量用户，这有助于提高信用信息的透明度和可获取性。然而，社会网络的影响也可能带来信息传播的失真和偏差，因此，研究者应关注如何优化社会网络中的信息传播机制，以提高信息的准确性和可靠性。社会网络对信用信息传播的影响还需关注网络结构和成员关系的作用。社会网络中的核心节点和关键成员可能对信息传播有重要影响，研究者应关注这些节点的角色和作用，并探索如何利用社会网络中的关键成员，提高信用信息的传播效果和影响力。

2. 社会信任与信用机制的互动关系

社会信任与信用机制之间的互动关系是信用体系研究的重要内容。社会信任对信用机制的有效性具有重要影响。在高信任的社会环境中，信用机制通常能够更好地发挥作用，因为信任能够减少交易成本和信用风险。然而，在低信任的环境中，信用机制的效果可能受到影响，因此，研究者应关注如何通过增强社会信任，提升信用机制的有效性。社会信任与信用机制的互动关系还需关注文化和社会背景的影响。不同文化和社会背景可能对社会信任和信用机制的作用产生不同的影响，研究者应分析这些影响因素，并探索如何在不同的文化和社会环境中优化信用机制，以促进社会信任和信用体系的健康发展。

3. 社会学理论在信用体系研究中的应用

社会学理论在信用体系研究中的应用，能够提供对信用机制的深入理解。社会学理论可以帮助揭示信用机制的社会基础和结构。通过应用社会资本理论，可以分析信用机制在社会网络中的作用和影响，从而揭示信用机制的社会基础和结构。这种理论应用有助于理解信用机制的形成和发展，并为优化信用机制提供理论支持。社会学理论在信用体系研究中的应用还需关注理论与实证的结合。研究者应结合社会学理论和实证数据，探索如何通过理论分析和数据验证，提升对信用机制的理解和优化。这种理论与实证的结合有助于提高研究成果的深度和广度，从而推动信用体系的理论发展和实践应用。

（二）金融科技与信用机制的融合

1. 区块链技术在信用管理中的应用

区块链技术在信用管理中的应用，为提升信用体系的透明度和安全性提供了新的解决方案。区块链技术的去中心化特性可以增强信用信息的透明度和不可篡改性。通过在区块链上记录信用信息，可以确保信息的真实性和完整性，从而减少信息造假和篡改的风险。这种透明度和不可篡改性有助于提升信用体系的公信力和有效性。区块链技术的智能合约功能可以优化信用管理的流程和效率。通过智能合约，可以自动执行信用协议和条款，从而减少人工操作和中介成本。这种自动化的处理方式能够提高信用管理的效率，并降低操作风险。此外，智能合约还能够实现对信用交易的实时跟踪和监管，从而增强信用管理的透明度和可控性。区块链技术的应用还需关注技术的普及和实施挑战。虽然区块链技术具有巨大的潜力，但其应用也面临技术成熟度和实施成本等挑战。研究者应关注这些挑战，并探索如何通过技术创新和合作，克服实施障碍，推动区块链技术在信用管理中的应用。

2. 数字货币对农村信用机制的影响

数字货币对农村信用机制的影响，是未来研究的重要方向。数字货币可以改变农村金融体系的运行方式。通过数字货币的引入，可以实现更加高效和便捷的支付和结算，从而改善农村金融服务的效率和质量。这种改变有助于提升农村金融体系的整体水平，并促进农村经济的发展。数字货币的普及还需关注其对农村经济的全面影响。数字货币的引入可能对农村经济结构和发展模式产生深远的影响，研究者应分析这些影响，并提出相应的政策建议，以促进数字货币在农村经济中的健康发展。[①]

3. 农村金融与科技融合的信用体系发展趋势

农村金融与科技的融合，是推动农村信用体系发展的重要趋势。科技的应用可以提升农村金融服务的覆盖面和可及性。通过移动金融技术和互联网金融服务，可以实现对农村金融服务的广泛覆盖，从而提升农村金融服务的可及性和便利性。这种科技应用有助于缩小城乡金融服务的差距，并促进农村金融体系的发展。农村金融与科技的融合还需关注技术应用的公平性和普惠性。虽然科技的应用具有巨大的潜力，但其普及和应用也面临着技术成本和数字鸿沟等挑战。研究者应关注这些挑战，并探索如何通过政策支持和技术创新，推动科技在农村金融领域的公平应用，从而促进农村信用体系的全面发展。

四、结论与展望

（一）总结

本书综述了农村信用体系的研究现状和发展趋势，重点探讨了农村信用体系的构建与完善、数据分析与实证研究、多维度研究的深化、跨学科融合以及研究成果的应用等方面。通过对现有文献和实践案例的分析，本书总结了农村信用体系在理论和实践中的主要问题和挑战，并提出了相应的研究方向和政策建议。

农村信用体系的构建与完善需要关注信用数据的采集和应用、信用评价体系的优化以及信用风险管理的提升。数据分析与实证研究的深化可以为信用体系的优化提供数据支持和理论依据，包括实时数据监测与预测模型的建立、多维度实证研究的增强以及新技术下数据采集方法的改进。此外，跨学科研究与新兴技术的融合有助于推动信用体系的发展，社会信任与信用机制的互动、金融科技的应用等。研究成果的应用对政策制定和农村实际的实施具有重要意义，需要关注政策建议的科学性、实践经验的总结以及战略的协调性和可持续性。

（二）展望

未来的研究应关注以下几个方面：一是深入探讨农村信用体系在不同区域和行业中的应用，以提高研究的广泛性和实用性；二是加强对新兴技术在信用管理中的应用研究，区块链技术和数字货币的进一步探索；三是关注社会信任和文化因素对信用机制的影响，以提高信用体系的社会适应性和有效性；四是推动研究成果在政策制定和农村实际中的有效应用，以实现乡村振兴战略的目标。通过不断深化研究和实践探索，可以推动农村信用体系的不断发展和优化，为实现乡村振兴和经济发展提供有力支持。

---

① 马征．基于数字化转型视角的金融科技赋能乡村振兴影响因素研究［J］．金融发展研究，2022（6）：86—89.

参考文献

［1］全国社会信用标准化技术委员会．信用基本术语［M］．北京：中国标准出版社，2018.

［2］李新庚．信用理论与制度建设研究［M］．北京：中国书籍出版社，2018：120—140.

［3］黄勃．现代信用体系建设［M］．中国人民大学出版社，2023.

［4］刘宗胜．社会信用法［M］．北京：高等教育出版社，2021.

［5］［英］伯特兰·罗素．西方哲学史［M］．何兆武，译．北京：商务印书馆，2020.

［6］［英］詹姆斯·麦克唐纳（James Macdonald）．债务与国家的崛起［M］．杨宇光，译．北京：社会科学文献出版社，2021.

［7］骆玉鼎．信用经济中的金融控制［M］．上海：上海财经大学出版社，2000.

［8］杜金富，张红地．过渡期进一步完善我国农村信用体系建设研究及政策建议［J］．开发性金融研究，2023（10）：3—10.

［9］周荣华．信用规范的第三形态研究——基于信用学的视野［J］．征信，2024（5）：13—21.

［10］［法］皮埃尔·布迪厄（Pierre Bourdieu）．实践感［M］．蒋梓晔，译．南京：译林出版社，2003.

［11］［美］詹姆斯·科尔曼（James S. Coleman）．社会理论的基础［M］．邓方，译．北京：社会科学文献出版社，1990.

［12］费孝通．乡土中国生育制度［M］．北京：北京大学出版社，1998.

［13］罗聪．社会资本助力乡村振兴的理论逻辑、现实困境与优化路径［J］．中国集体经济，2024，（24）：101—104.

［14］习近平．高举中国特色社会主义伟大旗帜为全面建设社会主义现代化国家而团结奋斗——在中国共产党第二十次全国代表大会上的报告［M］．北京：人民出版社，2022.

［15］陈怀宇，张子源，梁瑜璠．社会资本对防洪中村民自助互助意识影响分析［J］．中国安全生产科学技术，2023，19（4）：28—34.

［16］吴晶妹，韩家平．信用管理学［M］．北京：高等教育出版社，2015.

［17］周雨．乡村振兴“新基建”农村信用体系建设研究［M］．北京：中国金融出版社，2023.

［18］郑海锋，佟会宝．美德信用积分在普惠金融领域的应用研究——基于沂水的探

索实践［J］. 金融发展研究，2024，(7)：90—92.

［19］［德］弗里德里希·恩格斯. 英国工人阶级状况［M］. 北京：中央编译出版社，2022.

［20］周明. 信息管理学［M］. 重庆：重庆大学出版社，2020.

［21］王伟. 信用监管的逻辑与机理［J］. 中国市场监管研究，2021，(8)，26—30.

［22］郑曦.《刑事诉讼法》与《数据安全法》《个人信息保护法》衔接问题研究［J］. 中国刑事法杂志，2024 (2)：107—123.

［23］吕柏乐. 信用评级中的量化研究方法与应用［M］. 北京：中国财政经济出版社，2021.

［24］李朝晖. 政府经济职能研究——基于政府信用的视角［M］. 武汉：华中科技大学出版社，2013.

［25］郭家巧. 中国农村合作金融［M］. 北京：中国金融出版社，2006.

［26］陈勇阳. 个人信用管理：理论、实务及案例［M］. 重庆：重庆大学出版社，2016.

［27］于新循. 政府信用理论与法制保障要论［M］. 北京：中国政法大学出版社，2013.

［28］陈丽君. 中国社会信用监管体系构建研究［M］. 杭州：浙江大学出版社，2020：25—73.

［29］吴昊. 大数据时代中国政府信息共享机制研究［M］. 北京：中国社会科学出版社，2020.

［30］孙贵珍. 中国农民信息不对称问题对策研究：基于信息需求侧和供给侧［M］. 北京：人民出版社，2019.

［31］张照新. 农民合作社内部信用合作实践探索与发展思路［M］. 北京：中国发展出版社，2018.

［32］马一宁. 乡村振兴战略下河北省农户信用评级体系构建［M］. 长春：吉林人民出版社，2021.

［33］刘卫平. 社会信任：民间金融与经济转型［M］. 北京：中国人民大学出版社，2021.

［34］张强，黄卫东主编. 社会信用体系建设的理论与实践——信用经济与信用体系国际高峰论坛文集［M］. 长沙：湖南大学出版社，2009.

［35］孙昌兴，钟金仟. 对农村信用合作社定位社区银行的思考［J］. 河南金融管理干部学院学报，2009，27 (3)：96—99.

［36］穆鹏云，张守夫. 数字普惠金融、农业现代化与农民农村共同富裕［J］. 统计与决策，2024，40：134—139.

［37］翟相娟. 个人信用信息采集最小化原则的适用困境与替代方案［J］. 南京大学学报（哲学·人文科学·社会科学），2024，61：73—82 + 158.

［38］厦门国信信用大数据创新研究院. 信用蓝皮书——社会信用体系建设年度报告（2021—2022）［M］. 北京：中国市场出版社，2022.

［39］景欣，陈耿宣，李雨珈．农地融资中信用担保的功能异化与治理［J］．农村经济，2022：28—38.

［40］孙宁华，戴嘉．数字货币：货币本质的延续与颠覆［J］．兰州大学学报（社会科学版），2022，50：43—52.

［41］冯兴元，李铖，燕翔．乡村振兴视角下全面推进农信机构为农服务能力研究［J］．财经问题研究，2024：90—104.

［42］巢洋，范凯业，王悦．乡村振兴战略：重构新农业［M］．北京：中国经济出版社，2019.

［43］皮埃尔·布尔迪厄．布尔迪厄作品［J］．中国图书评论，2017（4）：2.

［44］朱兴涛，李一凡．信用如何生成？初探新型农村资金互助社中关系的结构化［J］．社会发展研究，2021，8（2）：124，244.

［45］段程旭．中国式现代化下农村集体经济发展的金融制度保障［J］．青海民族大学学报（社会科学版），2023，49（2）：39—49.

［46］冉勇．基于乡村振兴战略背景下的农村治理研究［M］．长春：吉林人民出版社，2021.

［47］车耳，王涛．高信用社会：信托与信用制度［M］．北京：人民邮电出版社，2020.

［48］李振宇．法律传播学［M］．北京：中国检察出版社，2004.

［49］廖茂忠，曹淑蓉．资本主义精神的伪道德性审视——以《新教伦理与资本主义精神》为中心的考察［J］．吉首大学学报（社会科学版），2023，44（3）：112—120.

［50］梁建新，龚君．论文化影响力系统结构的构成要素［J］．湘潭大学学报（哲学社会科学版），2022，46（2）：121—126.

［51］陈伟光，裴丹，钟列炀．数字经济助推全国统一大市场建设的理论逻辑、治理难题与应对策略［J］．改革，2022，（12）：44—56.

［52］LeBlanc Robert Jean. Pierre Bourdieu and the religious political economy of schooling［J］. Review of Education, Pedagogy, and Cultural Studies, 2021, 43（4）：275—292.

［53］刘澄，李锋，王未卿，鲍新中，刘祥东．信用管理［M］．北京：人民邮电出版社：2015：3—12.

［54］钟祥虎．乡村振兴战略下的农村文化建设研究［M］．北京：新华出版社，2022：7—20.

［55］张科．基于集成学习的互联网消费金融信用评价研究［M］．南京：南京大学出版社，2021.

［56］赵凯．农民专业合作社融资机理研究［M］．咸阳：西北农林科技大学出版社，2014.

［57］卞辉．现代乡规民约与农村基层社会治理创新［M］．北京：中国民主法制出版社，2020.

［58］高承实．区块链技术本质与应用［M］．北京：人民邮电出版社：2022.

［59］吕其镁，常江．乡村振兴背景下农村传统信用观的现代性转换：基础与路径

[J]. 财经理论与实践，2022，43（5）：131—137.

[60] 马翠军．“权力场域”下的民族国家［J]. 读书，2024，(9)：95—104.

[61] 巴曙松，关师育，张兢．金融监管的溢出效应——基于企业创新视角［J]. 财经问题研究，2024，(8)：51—63.

[62] 刘志峰，田欣．数字政府背景下盲盒营销的信用监管［J]. 世界经济与政治论坛，2022，(4)：153—172.

[63] 宋帅官，汤吉军．财政支持、源头创新与产业链安全［J]. 技术经济与管理研究，2024，(8)：70—75.

[64] 王亚柯，邵骄阳，杨建海．金融素养、家庭资产配置与财富积累［J]. 南开经济研究，2024，(6)：167—184.

[65] 陈夏阳．信用评级双层监管框架研究［J]. 学术界，2024，(4)：198—209.

[66] 秦前红，陈芳瑾．地方信用立法的探索模式研究［J]. 法治社会，2021，(4)：81—90.

[67] 黄少安．中国版制度经济学体系的基本框架［J]. 江海学刊，2023，（1)：95—102 + 255.

[68] 王维平，靳永茂．基于虚拟经济与实体经济协调发展的四维度信用体系构建［J]. 理论探索，2018，(6)：82—88.

[69] 郭金良．论我国金融监管职能配置的法律困境与制度优化［J]. 现代法学，2024，46（4)：53—68.

[70] 宗一鸣．乡村振兴背景下农户借贷供需及政策启示研究［J]. 云南大学学报（社会科学版)，2023，22（3)：79—86.

[71] 王毓．乡村振兴背景下新型农村社区治理困境及优化路径［J]. 农业经济，2024，(3)：47—50.

[72] 郭俊华，卢京宇．乡村振兴：一个文献述评［J]. 西北大学学报（哲学社会科学版)，2020，50（2)：130—138.

[73] 刘菁，杨柳．诚信文化建设略论［J]. 首都师范大学学报（社会科学版)，2022，(3)：61—69.

[74] 韩家平．我国社会信用体系建设面临的主要挑战及对策建议［J]. 征信，2024，42（2)：1—5.

[75] 宋华，韩思齐，刘文诣．数字化金融科技平台赋能的供应链金融模式——基于信息处理视角的双案例研究［J]. 管理评论，2024，36（1)：264—275.

[76] 周雨．农村信用体系建设的历史演进与路径选择［J]. 宏观经济管理，2024，(4)：53—62.

[77] 谢勇，李五志．便利与约束：守信激励与失信惩戒机制的功能定位［J]. 首都师范大学学报（社会科学版)，2023，(1)：160—169.

[78] 石宝峰．推进农村信用体系建设的方向与策略［J]. 人民论坛，2024，(11)：84—87.

[79] 沈岿．社会信用体系建设的法治之道［J]. 中国法学，2019，(5)：25—46.

[80] 朱晓娟．合同法［M］．北京：中国政法大学出版社，2021.

[81] 龚钰淋．和谐社会视域下失独家庭社会救助体系研究——以北京市为例［M］．北京：中国政法大学出版社，2021.

[82] 王博阳．信用联合奖惩的制度演化与法理逻辑［J］．法商研究，2024，41（3）：137—151.

[83] 刘西川，江如梦．小农户抵押担保融合贷款模式创新：机理与条件——基于3个反担保贷款案例［J］．中国农村经济，2023，（6）：114—138.

[84] 孙葆春．乡村振兴视阈下农村社会信用体系建设研究［M］．长春：吉林人民出版社，2020.

[85] 库勒．欧洲数据保护法：公司遵守与管制（第二版）［M］．旷野，杨会永，等，译．北京：法律出版社，2018.

[86] 赵景欣，岳星辉，冯崇朋，等．基于通用数据保护条例的数据隐私安全综述［J］．计算机研究与发展，2022，59（10）：2130—2163.

[87] 顾敏康．社会信用法概论［M］．北京：中国计划出版社，2021.

[88] 李彩容．基于主动防御的个人信息安全保护研究［M］．武汉：湖北人民出版社，2020.

[89] 张一帆．探索农牧地区信用体系建设［J］．中国金融，2024，（8）：94—97.

[90] 姜景锋，李军．区块链技术的应用实践［M］．北京：北京邮电大学出版社，2020.

[91] 张勖，王东滨，邵苏杰等．区块链技术及可信交易应用［M］．北京：北京邮电大学出版社，2022.

[92] 孙葆青．乡村振兴视阈下农村社会信用体系建设研究［M］．长春：吉林人民出版社，2020.

[93] 祁述裕．文化建设前沿问题研究［M］．北京：社会科学文献出版社，2020.

[94] 汪育明．社会信用管理：中国社会信用体系建设理论与实践［M］．北京：中国市场出版社，2020.

[95] 韩杰．农村金融创新与乡村振兴融合发展研究［M］．西安：西北工业大学出版社，2021.

[96] 甘忠培．共享经济的法律规制［M］．北京：中国法制出版社，2018.

[97] 王俊豪，胡飞，冉洁．中国特色政府监管立法导向与法律制度体系［J］．浙江社会科学，2021，（1）：13—22+12+155.

[98] 魏斌．法律科技的变革：从计算机化到数字化与智能化［J］．法学家，2024，（3）：16—29+190—191.

[99] 袁林，赵小勇．论违规信息披露法律责任追究中“重大性”的认定标准——以法秩序统一为视角［J］．经济法论坛，2021，27（2）：157—173.

[100] 王继福，刘丹．仲裁原理与案例研习［M］．秦皇岛：燕山大学出版社，2020.

[101] 刘萍．农村民事调解与法律服务研究［M］．长春：吉林人民出版社，2020.

[102] 吴勇，黎梦兵．新兴信息技术赋能环境治理的风险及其法律规制［J］．湖南师

范大学社会科学学报，2022，51（2）：76—85.

［103］卢元昕，唐魁玉．自主性权力的基层生成与特征分析——基于H县乡镇政府服务能力建设案例研究［J］．学术交流，2024，（4）：136—153.

［104］周翼翔．新创企业创业政策效果模型构建及评估：“供—需”匹配和感知价值视角［J］．科研管理，2022，43（2）：18—26.

［105］董玮，张雪溪，秦国伟．农业农村优先发展的资源配置逻辑与保障机制［J］．行政管理改革，2020，（2）：69—77.

［106］崔晶．基层治理中的政策“适应性执行”——基于Y区和H镇的案例分析［J］．公共管理学报，2022，19（1）：52—62＋168.

［107］刘彦喆．区域性股权市场服务乡村振兴的思考［J］．现代农村科技，2024，（9）：11—12.

［108］岳颖初，霍国庆．创新联合体利益主体间的利益冲突及博弈研究［J］．科学学研究，2024，42（5）：1088—1097＋1120.

［109］崔聪聪．个人信息的内生安全机制及其实现［J］．东方法学，2024，（1）：96—107.

［110］阮一凡．人工智能技术在金融风控中的应用研究［J］．商展经济，2024，（7）：89—92.

［111］崔成泉，王晓芳．大数据大文化［M］．昆明：云南大学出版社，2024.

［112］洪银兴，任保平．论数字经济与社会主义市场经济的深度融合［J］．中国工业经济，2024，（5）：5—19.

［113］长铗，韩锋．区块链——从数字货币到信用社会［M］．北京：中信出版社，2016.

［114］陈新明，胡俊超．政务诚信的结构维度、发展测度及优化路径［J］．首都师范大学学报（社会科学版），2024，（3）：90—102.

［115］卢盛羽．社会信用建设实践：关键问题、实施路径和发展方向［M］．北京：中国经济出版社，2021.

［116］丁竞渊，王一军，应晓明．区块链赋能多层次资本市场［M］．北京：中信出版集团，2021：64.

［117］叶谦，常胜．征信理论与实务［M］．北京：高等教育出版社，2015.

［118］崔智斌．社会信用、金融资源配置与中小企业破产风险［J］．统计与决策，2024，40（7）：156—160.

［119］李明明．信用评级业的功能、缺陷与市场结构研究［M］．北京：经济科学出版社，2021.

［120］蔡洋萍，肖勇光．我国农村普惠金融发展问题研究［M］．北京：经济管理出版社，2020.

［121］孙悦，项松林．新内生发展理论视域下数字农村建设：机理、困境与路径［J］．湖南农业大学学报（社会科学版），2023，24（6）：55—62.

［122］马忠法，吴昱．论中国国际信用建设与国家软实力的提升［J］．首都师范大学学

学报（社会科学版），2023（6）：63—72.

［123］类延村．中国诚信——法律速览［M］．北京：社会科学文献出版社，2020.

［124］顾玲玲．农村普惠金融体系建设的法律保障［J］．人民论坛，2020（11）：104—105.

［125］陈伟杰，汤玉秀，张涛．环境信用监管下相关主体策略行为的随机演化分析［J］．复杂系统与复杂性科学，2024（1）：1—10.

［126］寇纲．大国信用：国家信用体系建设与信用大数据应用［M］．成都：西南财经大学出版社，2022.

［127］鲁俊辉．新农村经济发展与管理实务研究［M］．哈尔滨：东北林业大学出版社，2023.

［128］李爱勇．当代中国农村信用合作史论［M］．北京：中国经济出版社，2022.

［129］孟宪坤．AI风暴：人工智能的商业运作［M］．北京：中国商业出版社，2022.

［130］杨正洪，郭良越，刘玮．人工智能与大数据技术导论［M］．北京：清华大学出版社，2019.

［131］李仪，郎书林．智慧服务背景下个人信用数据的安全风险及协同治理对策研究［J］．重庆邮电大学学报（社会科学版），2024，1—20.

［132］李保旭，韩继炀，冯智．互联网金融创新与风险管理［M］．北京：机械工业出版社，2019.

［133］让·雅克·卢梭．社会契约论［M］．王田田，译．北京：中国人民大学出版社：2013.

［134］哈耶克，邓正来．正义：法律与权利［J］．环球法律评论，2001，23（1）：73—83.

［135］约瑟夫·熊彼特．经济发展理论［M］．北京：中国人民大学出版社：2019.

［136］黄闪闪，林田．欧洲通用数据保护条例（GDPR）视角下深度学习算法的理据性问题刍议［J］．系统科学学报，2021，29（1）：31—34，66.

［137］周孟亮，王立聪．绿色信贷对农村产业振兴的“助推”机制与“三重”困境—基于新型农业经营主体的微观视角［J］．农村金融研究，2024，（6）：17—29.

［138］任颖．数字时代隐私权保护的法理构造与规则重塑［J］．东方法学，2022，（2）：188—200.

［139］刘源，喻迎，陈宏民．数据产品开发的激励机制研究：道德风险理论视角［J］．管理评论，2024，36（6）：19—29.

［140］潘俊林，罗海燕．采纳区块链技术的两级供应链信息共享博弈［J］．控制理论与应用，2024，41（8）：1341—1350.

［141］王正位，周从意，廖理等．消费行为在个人信用风险识别中的信息含量研究［J］．经济研究，2020，55（1）：149—163.

［142］汪锦军，张振威．双重嵌入：“国家—社会”视角下内生性社会秩序的生成机制——基于浙江D镇“信用+社会治理”创新的研究［J］．浙江社会科学，2023，（4）：40—48+157—158.